Copyright © 2002 by Harcourt, Inc.

All rights reserved. No part of this publication may be reproduced or transmitted in any form or by any means, electronic or mechanical, including photocopy, recording, or any information storage and retrieval system, without permission in writing from the publisher.

Requests for permission to make copies of any part of the work should be mailed to the following address: School Permissions, Harcourt, Inc., 6277 Sea Harbor Drive, Orlando, Florida 32887-6777.

HARCOURT and the Harcourt Logo are trademarks of Harcourt, Inc.

Acknowledgments appear in the back of this work.

Printed in the United States of America.

ISBN 978-0-15320286-5

9　0930　14 13

4500446157

Harcourt
Lenguaje

AUTORAS
Alma Flor Ada ◆ F. Isabel Campoy

Orlando   Boston   Dallas   Chicago   San Diego

Visita *The Learning Site!*
www.harcourtschool.com

Contenido

Introducción 18

Gramática: Oraciones
Escritura: Expresiva 22

Unidad 1

Estudios sociales

CAPÍTULO 1 Oraciones

Oraciones declarativas e interrogativas 24
Oraciones imperativas y exclamativas 26
La puntuación en cuatro clases de oraciones 28
Práctica adicional 30
Repaso del capítulo 32
■ **Escuchar y hablar:** Ser buen oyente y orador 33

CAPÍTULO 2 Sujetos/Sustantivos

Sujetos completos y simples 34
Los sustantivos en los sujetos 36
Combinar oraciones: Sujetos compuestos 38
Práctica adicional 40
Repaso del capítulo 42
■ **Destrezas de estudio:** Estrategias para tomar pruebas 43

CAPÍTULO 3 El arte de escribir: Voz personal

Modelo de literatura: de *La aventura del delfín: Una historia real*
   por Wayne Grover 44
Lenguaje figurado e imágenes 46
Punto de vista del escritor 47
Párrafo descriptivo 48
   Antes de escribir y hacer el bosquejo • Editar • Compartir y
   reflexionar
■ **Observar:** Observar obras de arte 51

CAPÍTULO 4 — Predicados/Verbos

Predicados simples y compuestos **52**

Los verbos en el predicado **54**

Combinar oraciones: predicados compuestos **56**

Práctica adicional **58**

Repaso del capítulo **60**

■ **Observar:** Comprender las líneas cronológicas **61**

CAPÍTULO 5 — Oraciones simples y compuestas

Oraciones **62**

Oraciones simples y compuestas **64**

Combinar oraciones **66**

Práctica adicional **68**

Repaso del capítulo **70**

■ **Tecnología:** Usar un fichero electrónico **71**

CAPÍTULO 6 — Narrativa personal

Modelo de literatura: de *La hora de los cuentos*
por Eloise Greenfield y Lessie Jones Little **72**

Antes de escribir • Bosquejo • Revisar • Corregir • Publicar **78**

■ **Escuchar y hablar:** Cómo ser un orador efectivo **83**

Repaso de gramática de la unidad **84**

Conclusión de la unidad

Escribir sobre otras materias **88**

Libros recomendados **89**

Unidad 2

Ciencias

Gramática: Más sobre los sustantivos y verbos
Escritura: Informativa/Explicativa/(Explicación) 90

CAPÍTULO 7   Más sobre los sustantivos

Sustantivos comunes y propios 92
Sustantivos en singular y en plural 94
Abreviaturas y títulos 96
Práctica adicional 98
Repaso del capítulo 100
■ **Escuchar y hablar:** Escuchar para determinar el propósito y la idea principal 101

CAPÍTULO 8   Artículos, conjunciones e interjecciones

Definición del artículo 102
Definición de la conjunción 104
Definición de la interjección 106
Práctica adicional 108
Repaso del capítulo 110
■ **Destrezas de estudio:** Usar materiales de referencia 111

CAPÍTULO 9   El arte de escribir: Organizar información

Modelo de literatura: de *¡No olvides las anchoas! Un libro sobre pizza* por Shelley Rotner y Julia Pemberton Hellums 112
Organizar información 114
Uso de palabras de secuencia 115
Escribir instrucciones 116
    Antes de escribir y hacer bosquejo • Editar • Compartir y reflexionar
■ **Escuchar y hablar:** Dar instrucciones 119

CAPÍTULO 10 — Verbos principales y verbos copulativos

Verbos de acción	**120**
Verbos copulativos	**122**
Usar formas del verbo *ser*	**124**
Práctica adicional	**126**
Repaso del capítulo	**128**
■ **Observar:** Comparar imágenes visuales	**129**

CAPÍTULO 11 — Verbos principales y verbos auxiliares

Verbos principales y verbos auxiliares	**130**
Más sobre verbos principales y verbos auxiliares	**132**
Verbo auxiliar *haber*	**134**
Práctica adicional	**136**
Repaso del capítulo	**138**
■ **Escuchar y hablar:** Trabajo en equipo	**139**

CAPÍTULO 12 — Ensayo de instrucciones

Modelo de literatura: de *Semillas de frutas* por Angela Wilkes	**140**
Antes de escribir • Bosquejo • Revisar • Corregir • Publicar	**146**
■ **Tecnología:** Gráficas de computadoras	**151**

Repaso de gramática de la unidad **152**

Conclusión de la unidad

Escribir sobre otras materias	**156**
Libros recomendados	**157**

Repaso acumulativo: Unidades 1–2 .... **158**

Unidad 3

Arte/Creatividad

Gramática: Más sobre los verbos
Escritura: Persuasiva 162

CAPÍTULO 13   Verbos en tiempo presente

Tiempos verbales.. 164
Verbos en tiempo presente 166
Concordancia entre el sujeto y el verbo 168
Práctica adicional 170
Repaso del capítulo 172
■ **Escuchar y hablar:** Escuchar hechos y opiniones 173

CAPÍTULO 14   Verbos en tiempo pasado

Verbos en tiempo pasado 174
Más sobre los verbos en tiempo pasado 176
Concordancia entre el sujeto y el verbo 178
Práctica adicional 180
Repaso del capítulo 182
■ **Destrezas de estudio:** Usar un diccionario general y uno
   de sinónimos... 183

CAPÍTULO 15   El arte de escribir: Oraciones efectivas

Modelo de literatura: de *Me llamo María Isabel*
   por Alma Flor Ada 184
Oraciones introductorias 186
Captar la atención del lector................................. 187
Carta comercial persuasiva 188
   Antes de escribir y hacer el bosquejo • Editar • Compartir y
   reflexionar
■ **Escuchar y hablar:** Debate para persuadir................ 191

CAPÍTULO 16 — Verbos en tiempo futuro

Verbos en tiempo futuro **192**

Más sobre los verbos en tiempo futuro **194**

Elegir el tiempo correcto. **196**

Práctica adicional **198**

Repaso del capítulo. **200**

■ **Observar:** Usar medios visuales para comparar puntos
de vista **201**

CAPÍTULO 17 — Verbos irregulares

Los verbos irregulares **202**

Más verbos irregulares. **204**

Verbos usados incorrectamente **206**

Práctica adicional. **208**

Repaso del capítulo **210**

■ **Vocabulario:** Prefijos y sufijos. **211**

CAPÍTULO 18 — Ensayo persuasivo

Modelo de literatura: de *Promesa de hermano*
por Pam Conrad **212**

Antes de escribir • Bosquejo • Revisar • Corregir • Publicar **220**

■ **Escuchar y hablar:** Dar un discurso. **225**

Repaso de gramática de la unidad **226**

Conclusión de la unidad

Escribir sobre otras materias **230**

Libros recomendados. **231**

Unidad 4

Ciencias

Gramática: Pronombres, adjetivos y adverbios

Escritura: Informativa/Explicativa/Clasificación 232

CAPÍTULO 19 Pronombres

El pronombre y su antecedente	234
Pronombres personales y de complemento	236
Concordancia en género y número	238
Práctica adicional	240
Repaso del capítulo	242
■ **Escuchar y hablar:** Conducir una entrevista	243

CAPÍTULO 20 Más sobre los pronombres

Pronombres posesivos y demostrativos	244
Pronombres posesivos	246
Pronombres demostrativos	248
Práctica adicional	250
Repaso del capítulo	252
■ **Tecnología:** Usar la información electrónica de las bibliotecas	253

CAPÍTULO 21 El arte de escribir: Elaboración

Modelo de literatura: de *One Small Square Backyard*
   (Un pequeño patio cuadrado) por Donald M. Silver 254

Palabras de gran impacto 256

Razones y detalles 257

Un párrafo que contrasta 258

   Antes de escribir y hacer el bosquejo • Editar • Compartir y reflexionar

■ **Vocabulario:** Palabras que señalan un contraste 261

8

CAPÍTULO 22 Adjetivos y adverbios

Adjetivos **262**

Adverbios **264**

¿Adjetivos o adverbios? **266**

Práctica adicional **268**

Repaso del capítulo **270**

■ **Vocabulario:** Usar claves de contexto y estructurales **271**

CAPÍTULO 23 Más sobre adjetivos y adverbios

Adverbios de modo, de tiempo y de lugar **272**

Adverbios de cantidad **274**

Comparar usando adjetivos y adverbios **276**

Práctica adicional **278**

Repaso del capítulo **280**

■ **Vocabulario:** Sinónimos y antónimos **281**

CAPÍTULO 24 Ensayo de ventajas y desventajas

Modelo de literatura: de *Salvaje, mojado y tempestuoso* por
Claire Llewellyn **282**

Antes de escribir • Bosquejo • Revisar • Corregir • Publicar **288**

■ **Tecnología:** Usar un programa procesador de palabras **293**

Repaso de grámatica de la unidad **294**

Conclusión de la unidad

Escribir sobre otras materias **298**

Libros recomendados **299**

Repaso acumulativo: Unidades 1–4 . . . . **300**

Unidad 5

Estudios sociales

Gramática: Frases y cláusulas
Escritura: Informativa/Explicativa (Informe de investigación) 306

CAPÍTULO 25 — Preposiciones

Preposiciones **308**
El complemento de la preposición **310**
Usar frases preposicionales **312**
Práctica adicional **314**
Repaso del capítulo **316**
■ **Destrezas de estudio:** Estrategias de lectura. **317**

CAPÍTULO 26 — Frases y cláusulas

Cláusulas independientes **318**
Cláusulas dependientes **320**
Distinguir las cláusulas independientes y dependientes **322**
Práctica adicional **324**
Repaso del capítulo **326**
■ **Destrezas de estudio:** Tomar notas y hacer un resumen **327**

CAPÍTULO 27 — El arte de escribir: Organizar párrafos

Modelo de literatura: de *Ríos y lagos* por Neil Morris **328**
Palabras que indican secuencia. **330**
La oración principal y los detalles **331**
Escribir párrafos informativos **332**
   Antes de escribir y hacer bosquejo • Editar • Compartir y reflexionar
■ **Tecnología:** Buscar información en el Internet **335**

CAPÍTULO 28 — Oraciones complejas

Oraciones complejas **336**

Más sobre las oraciones complejas **338**

La coma y las oraciones complejas **340**

Práctica adicional **342**

Repaso del capítulo **344**

■ **Tecnología:** Preparar un vídeo **345**

CAPÍTULO 29 — Fragmentos de oración y oraciones seguidas

Fragmentos de oración **346**

Oraciones seguidas **348**

Corregir errores en las oraciones **350**

Práctica adicional **352**

Repaso del capítulo **354**

■ **Observar:** Usar ayudas visuales para divulgar información **355**

CAPÍTULO 30 — Informe de investigación

Modelo de literatura: de *Los Ríos en la
selva tropical* por Saviour Pirotta **356**

Antes de escribir • Bosquejo • Revisar • Corregir • Publicar **364**

■ **Tecnología:** Hacer una presentación con medios audiovisuales . . **369**

Repaso de gramática de la unidad **370**

Conclusión de la unidad

Escribir sobre otras materias **374**

Libros recomendados **375**

Unidad 6

Salud y educación física

Gramática: Uso y puntuación
Escritura: Expresiva 376

CAPÍTULO 31 Coma y dos puntos

La coma 378
Los dos puntos 380
Cuándo usar la coma y los dos puntos 382
Práctica adicional 384
Repaso del capítulo 386
■ **Vocabulario:** Palabras de otros idiomas 387

CAPÍTULO 32 Puntuación en los títulos, puntos suspensivos, punto y coma

La puntuación en los títulos 388
Los puntos suspensivos 390
Cuando usar el punto y coma y el punto seguido 392
Práctica adicional 394
Repaso del capítulo 396
■ **Vocabulario:** Lenguaje coloquial, regional y modismos 397

CAPÍTULO 33 El arte de escribir: Selección de vocabulario

Modelo de literatura: de *Spider, el gato horripilante*
  por Nanette Newman 398
Palabras vívidas 400
Detalles sensoriales 401
Estudio de personaje 402
  Antes de escribir y hacer el bosquejo • Editar • Compartir y reflexionar
■ **Vocabulario:** Hacer gráficas lineales de palabras 405

CAPÍTULO 34 — Puntuación en los diálogos

Comillas en citas directas **406**

Uso del guión en diálogos **408**

La puntuación en diálogos y citas **410**

Práctica adicional **412**

Repaso del capítulo **414**

■ **Tecnología:** Usar el Internet y explorar los sitios de la red **415**

CAPÍTULO 35 — Negación y palabras homófonas

Palabras que expresan negación **416**

La negación doble **418**

Palabras homófonas **420**

Práctica adicional **422**

Repaso del capítulo **424**

■ **Observar:** Ilustraciones **425**

CAPÍTULO 36 — Cuento popular

Modelo de literatura: de *La tortuga y la liebre* por
Susan Lowell **426**

Antes de escribir • Bosquejo • Revisar • Corregir • Publicar **434**

■ **Escuchar y hablar:** Presentar una historia **439**

Repaso de gramática de la unidad **440**

Conclusión de la unidad

Escribir sobre otras materias **444**

Libros recomendados **445**

Repaso acumulativo: Unidades 1-6 . . . . **446**
Práctica adicional **454**

Manual

Diagramar oraciones

Modelos de escritura

Narrativa personal	**484**
Ensayo de instrucciones	**486**
Ensayo persuasivo	**488**
Ensayo de ventajas y desventajas	**490**
Informe de investigación	**492**
Cuento	**494**
Carta comercial con sobre	**496**
Párrafo de información	**498**
Carta amistosa	**499**
Párrafo de comparación	**500**
Párrafo de contraste	**501**
Poesías: con rima y sin rima	**502**
Invitación	**504**
Mensajes telefónicos y formularios	**505**

Pautas para la escritura ... **506**

Destrezas de estudio y estrategias

Dar un vistazo y repasar un texto	**512**
Tabla de BP3R	**513**
Tabla de S-D-A	**513**
Usar partes de un libro	**514**
Usar un diccionario	**516**
Usar Internet	**518**

Usar una enciclopedia **520**

Usar periódicos y diarios **522**

Usar un atlas **524**

Usar un almanaque **525**

Usar mapas **526**

Usar gráficas **527**

Usar tablas **528**

Usar cuadros **529**

Tomar notas **530**

Resumir información **532**

Citas bibliográficas **533**

Esquema **534**

Estrategias para tomar una prueba **535**

Pruebas de respuestas múltiples **536**

Pruebas de ensayo **537**

Estrategias para la ortografía **538**

Palabras que suelen escribirse mal **540**

Modelos de caligrafía **542**

Diccionario de sinónimos **544**

Glosario **562**

El poder de las palabras **578**

Índice **580**

Un vistazo

Gramática

Adjetivos 262

Adverbios 264

Oraciones 62

    errores en las oraciones 350

    oraciones complejas 338

    oraciones compuestas 336

    oraciones declarativas 24

    oraciones exclamativas 26

    oraciones imperativas 26

    oraciones interrogativas 24

    oraciones simples 64

    oraciones varias 185

    predicados 52, 54, 56

    sujetos 34, 36, 38

Preposiciones 308, 310, 312

Pronombres . . . 234–236, 244, 246–248

Sustantivos 92–94

Verbos 120–122, 124, 130–132, 164–166, 168, 174–176, 178, 192–194, 202, 204, 206

Uso y puntuación

Abreviaturas 96

Coma 340, 378, 382, 392

Concordancia en género y número 238

Concordancia entre el sujeto y el verbo 168

Contracciones 102

Dos puntos 380

Formas del verbo *ser* 124

Negación 416–418

Oraciones combinadas 38, 56, 66

Palabras que suelen escribirse mal 540–541

Puntos suspensivos y punto seguido 390, 394

Puntuación en los diálogos 406–408, 410

Signos de exclamación 26

Signos de interrogación 24, 32

Títulos 388

Uso y separación de palabras 408

Modelos de escritura

Bibliografía 533

Bosquejo de un personaje 398, 402–404

Carta amistosa 382–383, 499

Carta de negocios 184–191, 212–219, 488–489, 508

Cómo escribir 140–145, 486–487, 507

Comparaciones y contrastes . . . 254, 258–261, 501–501

Cuadros 355, 513, 529

Cuento popular 426–433

Descripciones 44–45, 48

Diálogos 408–414

Direcciones 116–118

Ensayo de ventajas y desventajas 282–287, 490–491, 509

Entradas de diario 21, 25, 35, 41, 47, 59, 69, 93, 109, 115, 121, 131, 167, 177, 187, 195, 203, 239, 247, 257, 269, 275, 309, 319, 331, 347, 383, 395, 401, 407, 419, 423

Escritura informativa 112–119, 254–261, 328–335, 507, 509–510

Escritura persuasiva 184–191, 212–219, 488–489, 508

Esquema 327, 534

Formulario 505

Gráfica 355, 527

Gráficas lineales de palabras 405

Historia 398, 439, 511

Informe de investigación 356–363, 492–493, 510

Invitación 504

Leyendas 355

Línea cronológica 61

Mapa 355, 524, 526

Mensaje por correo electrónico 518–519

Mensaje telefónico 505

Narrativa personal 72–77, 484–485, 506

Notas de agradecimiento 504

Poema 502–503

Preguntas para una entrevista 243

Publicidad 129

Reflexionar sobre lo escrito 47, 50, 82, 118, 150, 190, 224, 260 292, 334, 368, 404, 438

Resumen 532

Tabla 528

Tomar notas 327, 530–531

Gramática: Así funciona el lenguaje

Todos nosotros hablamos sin pensar cómo funcionan las palabras. Por ejemplo, los niños que crecen hablando español aprenden a decir *las hojas verdes* en vez de *las verdes hojas* antes de aprender sobre los adjetivos y los sustantivos. Luego estudiamos gramática, las normas de nuestro idioma. Aprender gramática nos ayuda a conocer el idioma y a ser mejores escritores.

Los elementos fundamentales del lenguaje

Las palabras en español se pueden clasificar como diferentes partes del lenguaje oral. Éstos son los elementos fundamentales del lenguaje.

sustantivo una palabra que nombra una persona, un lugar, una cosa, o una idea

verbo una palabra que dice lo que algo es o hace

pronombre una palabra que toma el lugar de uno o más sustantivos

adjetivo una palabra que describe un sustantivo o un pronombre

adverbio una palabra que describe un verbo

conjunción una palabra que une

preposición una palabra que muestra cómo un sustantivo o un pronombre se relaciona con otra palabra en una oración.

Escritura: Entender el proceso de escritura

Cuando lees un libro no ves el proceso que el escritor siguió para hacerlo. Lo que está impreso tal vez no tenga mucho que ver con el primer plan del libro. El autor puede que lo haya vuelto a escribir muchas veces.

El proceso de la escritura generalmente se divide en cinco etapas. La mayor parte de los escritores salta de un paso a otro. No hay una sola manera correcta de escribir.

Antes de escribir

En esta etapa planificas lo que vas escribir. Seleccionas un tema, identificas propósito y público, te inspiras y organizas las ideas y la información.

Bosquejo

En esta etapa escribes tus ideas en oraciones y párrafos. Sigues tu plan de *antes de escribir* y haces una primera versión de tu composición.

Revisar

En esta etapa editas por primera vez tu escritura. Esto puedes hacerlo tú mismo, con un compañero o en un grupo. Haz cambios que mejoren tu escritura.

Corregir

En esta etapa vas a terminar de editar tu escritura puliendo tu trabajo. Revisas los errores de gramática y de ortografía. Y haces una copia final de tu composición.

Editar

Finalmente, seleccionas la manera de presentar tu trabajo a una audiencia. Puedes agregarle fotos, hacer un libro de clases o leerlo en voz alta.

Cómo usar estrategias de escritura

Una **estrategia** es un plan para hacer algo bien. Usar estrategias te puede ayudar a ser mejor escritor. Lee la lista de las estrategias que aparece debajo. Aprenderás acerca de éstas y de otras estrategias en este libro. A medida que escribas, repasa la lista para que recuerdes las **estrategias que usan los buenos escritores**.

Estrategias que usan los buenos escritores

- Establecer un propósito para escribir.
- Concéntrate en tu público.
- Enumera o dibuja tus ideas principales.
- Usa una organización lógica.
- Usa tu voz personal.
- Escoge palabras exactas, vívidas.
- Usa una variedad de oraciones efectivas.
- Escribe con datos y detalles.
- Agrupa tus ideas en párrafos.
- Revisa para corregir los errores.

El diario de un escritor

Muchos escritores tienen diarios. En un diario puedes hacer una lista de tus ideas para escribir. Incluso puedes reflexionar, escribir libremente, tomar notas, y experimentar con las palabras.

Para empezar tu propio diario de escritor, escoge una libreta. Decora la portada si lo deseas. Luego empieza a llenar las páginas con ideas y notas.

El poder de las palabras

Además de escribir en tu diario, quizás quieras también llevar un "banco de palabras" con diferentes tipos de palabras que puedes usar cuando escribes. Busca en cada capítulo la palabra que aparece en *El poder de las palabras*. Incluso, puedes agregar otras palabras como adjetivos interesantes y verbos fuertes.

Llevar un portafolio

Un portafolio es una colección de trabajos, escritura o dibujos. Se utiliza a veces para enseñar el trabajo de una persona a otras.

Los estudiantes escritores generalmente usan dos tipos de portafolios. El **portafolios de trabajo** incluye piezas en las que estás trabajando y en el **portafolios de exhibición** muestras las piezas que ya has terminado y quieres mostrar a los demás.

Selecciona la piezas que quieres pasar **del portafolio de trabajo** al **portafolio de exhibición**.

Cuando te reunas con el maestro, puedes usar tus portafolios y hablar de tu trabajo. Di lo que estás haciendo y lo que te gusta hacer. Establece tus metas como escritor.

Unidad 1

Gramática Oraciones

Escribir Escritura expresiva

CAPÍTULO 1
Oraciones 24

CAPÍTULO 2
Sujetos/Sustantivos 34

CAPÍTULO 3
El arte de escribir: Voz personal 44
Escribir un párrafo descriptivo

CAPÍTULO 4
Predicados/Verbos 52

CAPÍTULO 5
Oraciones simples y
    compuestas 62

CAPÍTULO 6
Proceso de escritura completo
Escribir una narrativa personal 72

Mi diario

28 de septiembre

Hoy visité el monumento a Lincoln con mi tía Abby. La estatua de Abraham Lincoln es muy impresionante. Mañana iremos al Monte de Vernon.

CAPÍTULO 1
Oraciones

Oraciones declarativas e interrogativas

Una **oración** es un conjunto de palabras que expresan un pensamiento completo.

Una **oración declarativa** afirma algo. Usa un punto (.) al final de una oración declarativa. Una **oración interrogativa** pregunta algo. Usa un signo de interrogación al comienzo (¿) y al final (?) de una oración interrogativa.

Ejemplos:

Oración declarativa

Algunos carteros hacen su trabajo a pie.

Oración interrogativa

¿Qué destrezas necesitan los carteros?

El poder de las palabras

o•cu•pa•ción *s.* Trabajo mediante el cual una persona se gana la vida.

Práctica dirigida

A. Clasifica cada una de las siguientes oraciones como declarativa o interrogativa. Explica cómo lo sabes.

Ejemplo: ¿Te gustan los trabajos al aire libre?
interrogativa, porque pregunta algo

1. Mi vecino es cartero.
2. Los carteros trabajan para el Correo de Estados Unidos.
3. Reparten y recogen el correo.
4. ¿Puede una persona de dieciocho años ser cartero?
5. Se toma un examen por escrito para conseguir este trabajo.
6. ¿Tienes que leer un mapa?
7. ¿Qué otros exámenes tomas?
8. Tomas un examen de conducir.
9. ¿Necesitas tener un buen expediente de conductor?
10. Sí, debes tener un buen expediente de conductor.

Práctica individual

B. Indica si cada oración es declarativa o interrogativa.

Ejemplo: La carrera es el trabajo de toda la vida de una persona.   *declarativa*

11. Hay muchas maneras de escoger una carrera.
12. Una de las maneras es pensar en lo que te gusta hacer.
13. ¿Te gusta trabajar con la gente?
14. ¿Prefieres trabajar adentro o afuera?
15. ¿Te gustaría viajar?

C. Escribe cada oración declarativa o interrogativa. Usa mayúsculas al comienzo de las oraciones. Coloca los signos de puntuación correctos al comienzo y al final de cada una.

Ejemplo: quizás quieras ser programador de computadoras
Quizás quieras ser programador de computadoras.

16. ¿te gusta leer y escribir cuentos ?
17. quizás llegues a ser escritor
18. sabías que hay muchos tipos de escritores
19. los reporteros escriben para periódicos, radio y televisión
20. ellos explican la información claramente

> **Recuerda**
> que una oración declarativa afirma algo. Una oración interrogativa pregunta algo.

Conexión con la escritura

Diario de un escritor: Idea para la escritura
Piensa en uno o dos trabajos o carreras que te interesan. Describe lo que harías en esos trabajos. Lee tu descripción y anota las preguntas que tengas acerca de esas carreras. Asegúrate de usar correctamente las mayúsculas y los signos de puntuación en tus oraciones.

CAPÍTULO 1
Oraciones

Oraciones imperativas y exclamativas

Las **oraciones imperativas** dan órdenes. Las **oraciones exclamativas** expresan emociones fuertes.

La mayoría de las oraciones imperativas comienzan con una palabra de acción, como *llama*, *di* o *ve*. La palabra *tú* se sobreentiende. Usa un punto (.) al final de una oración imperativa. Usa un signo de exclamación al comienzo (¡) y al final (!) de una oración exclamativa.

Ejemplos:

Oraciones imperativas	Oraciones exclamativas
(Tú) Llama a un veterinario.	¡Ay, Bosco se lastimó la pata!
(Tú) Dile que Bosco tiene problemas con la pata.	¡Está cojeando!

Práctica dirigida

A. Clasifica cada oración como imperativa o exclamativa.

Ejemplo: Levanta a Bosco y ponlo en el carro. *imperativa*

1. Pon a Bosco en la mesa de examen.
2. Dame tu pata mala, Bosco.
3. ¡Ay, aquí hay una espina en su pata!
4. Mantén a Bosco quieto mientras se la quito.
5. ¡Ya salió!
6. Dale a Bosco dos de estas pastillas todos los días.
7. Ponle esta medicina en la pata una vez al día.
8. Tráelo otra vez en una semana.
9. ¡Qué valiente eres, Bosco!
10. ¡Ah, eres un perro increíble!

Práctica individual

Recuerda que una oración imperativa expresa una orden. Termina con un punto. Una oración exclamativa expresa una emoción fuerte y se escribe entre signos de exclamación.

B. Clasifica cada oración como imperativa o exclamativa.

Ejemplo: ¡Me encantaría ser veterinario!
exclamativa

11. Saca buenas notas en la escuela.
12. Toma cursos de ciencias sobre los animales.
13. ¡Oh, hay tantos cursos de ciencias!
14. Averigua cuánta educación vas a necesitar.
15. ¡Siete u ocho años en la universidad es mucho tiempo!

C. Escribe cada oración imperativa o exclamativa. Usa mayúsculas al comienzo, y el signo correcto al comienzo y al final de cada oración.

Ejemplo: mira cómo la veterinaria del zoológico examina al orangután
Mira cómo la veterinaria del zoológico examina al orangután.

16. dale al orangután la medicina para dormir
17. ah, esa fórmula de verdad que funciona
18. que no se despierte en el camino
19. examina su ritmo cardíaco y respiratorio
20. escucha su corazón y sus pulmones

Conexión con la escritura

El arte de escribir: Clases de oraciones Imagínate que eres entrenador de perros. ¿Cómo les hablarías a los perros? Escribe cinco oraciones imperativas y cinco exclamativas que podrías usar al entrenar a un perro.

CAPÍTULO 1

Oraciones

USO Y PUNTUACIÓN

La puntuación en cuatro clases de oraciones diferentes

La **puntuación** es una manera de expresar el significado de una oración.

Toda oración comienza con letra mayúscula y comienza y termina con sus signos de puntuación apropiados. Las oraciones declarativas e imperativas terminan con un **punto** (.). Las oraciones interrogativas comienzan (¿) y terminan con un **signo de interrogación** (?). Las oraciones exclamativas comienzan (¡) y terminan con un **signo de exclamación** (!).

Ejemplos:

Declarativa: A Ben le entusiasma la computación.

Interrogativa: ¿Qué clase de carrera es?

Imperativa: Dile que te lo explique.

Exclamativa: ¡Parece ser un trabajo muy bueno!

Práctica dirigida

A. Indica si cada oración es declarativa, interrogativa, imperativa o exclamativa y qué signos de puntuación necesita.

Ejemplo: Ben quiere hacer animación en computadora
declarativa, punto

1. Qué hacen los artistas de animación en computadora
2. Un artista de animación en computadora hace películas con computadoras
3. Dime cómo puedo llegar a ser artista de animación en computadora
4. Puedes estudiar esa carrera en una escuela de arte
5. Ah, yo quiero aprender a hacer animaciones

Práctica individual

B. Clasifica cada oración como declarativa, interrogativa, imperativa o exclamativa, y escribe la puntuación correcta.

Ejemplo: Carmen quiere trabajar en el Internet
declarativa, punto

6. Qué tipo de trabajo en el Internet quiere Carmen
7. Quiere ser directora de páginas web
8. Los directores de páginas web administran los sitios web del Internet
9. Qué trabajo mas interesante
10. Cuéntame más sobre los directores de páginas web

C. Clasifica cada oración como declarativa, interrogativa, imperativa o exclamativa. Luego, escribe la oración con la puntuación que corresponde.

Ejemplo: Dónde trabajan los directores de las páginas web.
interrogativa, ¿Dónde trabajan los directores de las páginas web?

11. Sabes cuántas compañías tienen páginas web
12. Piensa en el tipo de compañías que tienen sitios de web en el Internet
13. Cualquier compañía que tiene un sitio en el Internet tiene un director de página web
14. Los directores de las páginas web trabajan para compañías de computación y entretenimiento
15. Ah, debe haber muchos puestos de trabajo

Recuerda

que hay cuatro clases de oraciones. Las oraciones declarativas e imperativas terminan con un punto. Las oraciones interrogativas comienzan y terminan con signos de interrogación. Las oraciones exclamativas comienzan y terminan con signos de exclamación.

Conexión con la escritura

Estudios sociales Escoge una carrera de la cual te gustaría aprender más. Escribe cinco preguntas para alguien que trabaje en ese campo. Revisa tus preguntas para asegurarte de que has usado la puntuación correcta en cada oración.

CAPÍTULO 1

Oraciones

Práctica adicional

A. La palabra entre paréntesis ( ) después de cada oración indica qué clase de oración es. Vuelve a escribir cada oración correctamente. *páginas 24–29*

Ejemplo: mi papá trabaja como bombero (declarativa)
Mi papá trabaja como bombero.

1. describe lo que hacen los bomberos en su trabajo (imperativa)
2. los bomberos apagan incendios (declarativa)
3. rescatan personas en los edificios que están en llamas (declarativa)
4. es un trabajo tan peligroso (exclamativa)
5. los bomberos también limpian el lugar del incendio (declarativa)
6. limpiar todo un edificio quemado es un trabajo inmenso (exclamativa)
7. sabías que los bomberos también hacen inspecciones de seguridad (interrogativa)
8. ahora cuéntanos otras cosas (imperativa)
9. qué hacen los bomberos entre una alarma de incendio y otra (interrogativa)
10. secan las mangueras y las estiran para que se conserven mejor (declarativa)

B. Añade palabras a cada grupo de palabras para convertirlo en el tipo de oración que se indica entre paréntesis ( ). *páginas 24–29*

Ejemplo: otros trabajos de los bomberos (imperativa)
Cuéntanos acerca de otros trabajos de los bomberos.

11. Los inspectores de incendios (declarativa)
12. ¿Cómo (interrogativa)
13. inspeccionan los edificios buscando posibles causas de incendios. (declarativa)
14. lo que pueden encontrar los inspectores (imperativa)
15. una ocupación muy interesante (exclamativa)

Recuerda

que una **oración** expresa un pensamiento completo. Una **oración declarativa** afirma algo. Una **oración interrogativa** pregunta algo. Una **oración imperativa** da una orden. Una **oración exclamativa** expresa emociones fuertes. Una oración comienza con mayúscula y comienza y termina con los signos de puntuación correctos.

Para más actividades con diferentes clases de oraciones, visita *The Learning Site*:
www.harcourtschool.com

C. **Escribe las siguientes oraciones añadiendo a cada una las mayúsculas y los signos de puntuación correctos.** *páginas 28–29*

> **Ejemplo:** qué pruebas hay que pasar para ser bombero
> *¿Qué pruebas hay que pasar para ser bombero?*

16. los bomberos normalmente deben tener un diploma de escuela secundaria
17. qué otros requisitos hay
18. deben reunir ciertas cualidades físicas
19. dinos cuáles son
20. esas exigencias físicas son muy duras

D. **Escribe cada oración corrigiendo los errores.** *páginas 28–29*

21. Sabes por qué los bomberos deben estar en buena forma física.
22. ¿Es que deben cargar de 80 a 100 libras de equipo?
23. Imagínate lo que es subir muchas escaleras cargando tanto peso
24. los bomberos también tienen que tumbar puertas con hachas pesadas.
25. Con razón los bomberos deben ser fuertes?

Conexión con la escritura

Escritura de la vida real: Entrevista Trabaja con un compañero. Tu pareja te hará las preguntas que escribiste para la lección anterior. Presta atención. Contesta las preguntas como si fueras la persona en la carrera que has descrito. Da respuestas claras y completas. Después, intercambien papeles y entrevista a tu pareja.

¿LO SABÍAS?
Benjamin Franklin, uno de los líderes de la Guerra de Independencia, fundó el primer cuerpo de bomberos del país. Lo fundó en la ciudad de Philadelphia en 1736.

CAPÍTULO 1
Oraciones

Repaso del capítulo

Lee el pasaje. Algunas oraciones están subrayadas. Selecciona el mejor modo de escribir cada una de las oraciones subrayadas y marca la letra que corresponde a tu respuesta. Si la oración subrayada no requiere cambio, selecciona *No hay error*.

> Mark es geólogo. Estudia las rocas. (1) <u>Cómo lo hace?</u> Primero, Mark hace un mapa del área. (2) <u>¿Puede pasar varios días haciendo el mapa?</u> Luego, hace su trabajo de campo. (3) <u>imagínate a Mark en un lugar lejano.</u> Mark excava en la tierra. (4) <u>¡Por qué lo hace!</u> Quiere extraer rocas de las profundidades de la tierra. (5) <u>Mark escribe un informe sobre las rocas.</u> (6) <u>¿Muestra a otros su informe?</u>

SUGERENCIA
Asegúrate de entender las instrucciones antes de comenzar a contestar las preguntas.

1
- **A** cómo lo hace.
- **B** ¡Cómo lo hace!
- **C** ¿Cómo lo hace?
- **D** No hay error.

2
- **F** Puede pasar varios días haciendo el mapa.
- **G** Puede pasar varios días haciendo el mapa
- **H** ¡Puede pasar varios días haciendo el mapa!
- **J** No hay error.

3
- **A** ¡imagínate a Mark en un lugar lejano!
- **B** ¿Imagínate a Mark en un lugar lejano?
- **C** Imagínate a Mark en un lugar lejano.
- **D** No hay error.

4
- **F** Por qué lo hace.
- **G** ¿Por qué lo hace?
- **H** por qué lo hace.
- **J** No hay error.

5
- **A** ¡Mark escribe un informe sobre las rocas!
- **B** ¿Mark escribe un informe sobre las rocas?
- **C** Mark escribe un informe sobre las rocas
- **D** No hay error.

6
- **A** ¿muestra a otros su informe?
- **B** muestra a otros su informe.
- **C** Muestra a otros su informe.
- **D** No hay error.

Para más preparación para la prueba, visita *The Learning Site:* www.harcourtschool.com

Ser buen oyente y orador

ESCUCHAR Y HABLAR

Escuchar es una de las mejores maneras de aprender. Hablar es una manera de compartir las ideas y los sentimientos con los demás. A continuación, se dan ciertas sugerencias para que puedas escuchar y hablar mejor.

Si estás escuchando:

- Presta toda tu atención al que habla.
- Mira a la persona que habla.
- No molestes a los otros que están escuchando.
- Haz las preguntas cuando la persona haya terminado de hablar.
- Toma notas que te ayuden a recordar lo que dijo.

Si estás hablando:

- Habla clara y correctamente.
- Toma tu tiempo y no hables demasiado rápido.
- Mira a tu público.
- Usa movimientos expresivos para ilustrar lo que dices.
- Demuestra tu interés en lo que estás diciendo.
- Pide al público que te haga preguntas.

AHORA TE TOCA A TI

¿QUIÉN SOY YO? Formen pequeños grupos y jueguen a "Adivina la carrera misteriosa". Viste como si fueras a ese trabajo. Luego, preséntate al grupo. No digas cuál es tu carrera. El grupo debe hacerte preguntas para adivinar tu ocupación. Practica las destrezas de escuchar y hablar que has aprendido mientras haces este juego.

CAPÍTULO 2
Sujetos/Sustantivos

Sujetos completos y simples

El **sujeto** de una oración nombra a la persona, animal o cosa de la que se habla en la oración.

El **sujeto completo** incluye todas las palabras que indican quién o qué está haciendo algo en la oración. El **sujeto simple** es la principal palabra o palabras del sujeto.

En los siguientes ejemplos, el sujeto completo aparece subrayado una vez y el sujeto simple subrayado dos veces.

Ejemplos:

Justin Smith es bombero.

Muchos bomberos son voluntarios.

El equipo de los voluntarios siempre está listo.

Práctica dirigida

A. Identifica el sujeto completo en cada oración.

Ejemplo: Muchos voluntarios ayudan en el departamento de bomberos.   *Muchos voluntarios*

1. Algunos voluntarios lavan los camiones de bomberos.
2. Otras personas revisan las mangueras.
3. La estación necesita una limpieza.
4. El nombre del jefe es Garrison.
5. Garrison le explica a la gente cómo ayudar.

B. Identifica el sujeto simple en cada oración.

Ejemplo: Ron trabaja en la estación de bomberos. *Ron*

6. Él les enseña a los voluntarios a apagar incendios.
7. Los amigos de Ron también trabajan allí.
8. Este pueblo es muy pequeño.
9. Muchas personas trabajan para el departamento de bomberos.
10. Algunos voluntarios trabajan duro.

El poder de las palabras

vo·lun·ta·rio *s.*
Persona que se ofrece para ayudar o trabajar sin recibir salario.

Práctica individual

Recuerda que el sujeto de una oración nombra a la persona o cosa de la que trata la oración.

C. Escribe cada oración. Subraya una vez el sujeto completo y dos veces el sujeto simple.

Ejemplo: Muchos lugares necesitan voluntarios como Maggie.
<u>Muchos <u>lugares</u></u> necesitan voluntarios como Maggie.

11. Los pacientes del hospital quieren mucho a Maggie.
12. El hospital local siempre necesita voluntarios.
13. Roger trabaja como voluntario en el segundo piso.
14. A los pacientes de Roger les gustan las revistas que él les trae.
15. A Roger le gusta traer revistas humorísticas.
16. Los cuentos humorísticos hacen que la gente se sienta mejor.
17. Algunos voluntarios leen los cuentos en voz alta.
18. Una artista local pinta cuadros para algunos pacientes.
19. A esta artista le gusta animar a la gente con sus pinturas.
20. A las enfermeras también les gustan sus cuadros.
21. Muchos animales mansos hacen de voluntarios en los hospitales.
22. Los animales para la terapia ayudan a que los pacientes mejoren.
23. Los animales sociables ayudan a que la gente se relaje.
24. Los animales voluntarios deben comportarse bien.
25. A los pacientes de hospitales les agradan las visitas de los animales.

Conexión con la escritura

Diario de un escritor: Idea para la escritura
Los escritores suelen mostrar su personalidad en lo que escriben. Escoge un tema que conozcas bien. Escribe un poema, una carta, una canción, un cuento o una nota crítica. Muestra tu personalidad usando palabras y frases que te parezcan naturales y expresivas. Subraya tus sujetos completos una vez y tus sujetos simples dos veces.

CAPÍTULO 2
Sujetos/Sustantivos

Los sustantivos en los sujetos

El sujeto simple de una oración es a menudo un sustantivo.

Ya sabes que el sujeto de una oración nombra a la persona o cosa de la que trata la oración. Un sustantivo es una palabra que nombra a una persona, lugar, cosa o animal.

Ejemplos:

Los **entrenadores** de la pequeña liga son Larry y Ann.
El sujeto simple es entrenadores.

En el equipo juegan doce **niños**.
El sujeto simple es niños.

Práctica dirigida

A. **Identifica el sujeto simple en cada oración. Recuerda que cada sujeto simple también es un sustantivo.**

Ejemplo: Mi deporte favorito es el béisbol.   *deporte*

1. El campo de béisbol está bien cuidado.
2. El entrenador se para cerca de la banca de espera.
3. El árbitro del equipo guarda las pelotas.
4. El merendero está cerca de las gradas.
5. En el merendero se venden palomitas con mantequilla.
6. Los cascos duros protegen las cabezas de los jugadores.
7. Los bates de aluminio se guardan en la banca.
8. Las inmensas gradas están hechas de concreto.
9. Los árbitros no han llegado todavía.
10. Los entrenadores del equipo son voluntarios.

Práctica individual

Recuerda que los sujetos simples son a menudo sustantivos.

B. Copia cada oración. Subraya el sujeto completo una vez. Subraya dos veces el sustantivo que corresponda al sujeto simple.

Ejemplo: <u>Algunas personas</u> se ofrecen como voluntarios para ayudar a los animales.

11. Sid caminaba por la playa.
12. Las gaviotas blancas se juntan en la playa.
13. Las olas son muy grandes.
14. Un inmenso león marino se dirige hacia el mar.
15. Este animal anda despacio porque está herido.
16. Una mujer alta llama al asilo de animales para que ayuden al animal.
17. Tres trabajadores llegan para auxiliar al león marino.
18. Muchos niños observan lo que sucede.
19. Una persona examina la aleta del león marino.
20. El león marino volverá a nadar.
21. Un pequeño cangrejo sale de su cueva en la arena.
22. Un niño pequeño corre detrás del cangrejo.
23. Las tenazas del cangrejo lo podrían pellizcar.
24. Su madre le advierte que no toque al cangrejo.
25. Una ola se lleva el cangrejo al mar.

Conexión con la escritura

Escritura de la vida real: Artículo para periódico Imagínate que eres un reportero del periódico de tu comunidad. Piensa en una actividad entretenida para tu comunidad como una feria, un desfile o un concierto. Con un compañero, escribe un artículo de noticias sobre esa actividad. Escribe sobre los voluntarios, incluyendo sus nombres y lo que cada uno hace. Subraya tus sujetos completos una vez. Luego encierra en un círculo el sustantivo que sea el sujeto simple.

CAPÍTULO 2
Sujetos/Sustantivos

USO Y PUNTUACIÓN

Combinar oraciones: Sujetos compuestos

Un **sujeto compuesto** está formado por dos o más sujetos unidos por *y* o por *o*. Los sujetos compuestos tienen el mismo predicado.

Las oraciones simples que tienen el mismo predicado pueden ser combinadas en una sola oración con un sujeto compuesto. Se usa la coma para separar un sujeto compuesto que tenga mas de tres sujetos. Une los últimos dos sujetos con *y* o con *o*.

Ejemplos:

Gloria pintará el mural.
Roger pintará el mural.

> **Gloria y Roger** pintarán el mural.

El alcalde aparecerá en el mural.
El gobernador aparecerá en el mural.
El presidente aparecerá en el mural.

> **El alcalde, el gobernador y el presidente** aparecerán en el mural.

Práctica dirigida

A. Identifica el sujeto compuesto en cada oración.

Ejemplo: La madera y el yeso se pueden pintar
La madera y el yeso

1. Niños y niñas tienen que ayudar.
2. Thomas o Elizabeth van a pintar.
3. Un niño, un bibliotecario y un carpintero se detienen para observar.
4. El hombre mayor, el hombre más joven y la mujer joven preguntan qué van a pintar en el mural.
5. Carlos y yo pintamos un mural con niños, venados y ríos.

Práctica individual

Recuerda que un **sujeto compuesto** está formado por dos o más sujetos simples unidos por *y* o por *o*.

B. Copia cada oración y subraya el sujeto compuesto.

   Ejemplo: Los parques y las playas necesitan mantenerse limpios.
   <u>Los parques y las playas</u> necesitan mantenerse limpios.

   6. Estudiantes y maestros van a ayudar.
   7. El suelo y las escaleras están sucios.
   8. Mayo y octubre son meses de limpieza.
   9. Tom, Jeff o Luke van a arrancar la yerba.
   10. Tina, Leah o Mark van a recoger basura.

C. Combina las dos oraciones para formar una oración con un sujeto compuesto. Une los sujetos con una *y* o con una *o*.

   Ejemplo: Emily decidió ser voluntaria.
   Mia decidió ser voluntaria.
   Emily y Mia decidieron ser voluntarias.

   11. La buena comida puso a todo el mundo de buen humor. Los refrescos fríos pusieron a todo el mundo de buen humor.
   12. La limpieza continúa después del almuerzo. El trabajo continúa después del almuerzo.
   13. Emily podría pasear por la playa. Linda podría pasear por la playa.
   14. Las latas se tiran en la basura. Las botellas se tiran en la basura.
   15. Las playas están limpias. Las veredas están limpias.

Conexión con la escritura

Estudios sociales Imagínate que te han pedido que consigas personas para ayudar en tu comunidad. Diseña un cartel para persuadir a la gente a que sean voluntarios. Usando sujetos compuestos, escribe varias razones explicando por qué la gente debería hacer trabajo voluntario.

CAPÍTULO 2
Sujetos/Sustantivos

Práctica adicional

A. Escribe cada oración. Subraya el sujeto completo una vez y el sujeto simple dos veces. páginas 34–35

Ejemplo: Los vecinos dejan que Tom juegue en su jardín.
  Los vecinos dejan que Tom juegue en su jardín.

1. Tom oyó un chillido de llantas.
2. Su amigo también lo oyó.
3. Un camión grande se pasó el ALTO.
4. La señal estaba oculta detrás de un árbol.
5. El conductor paró justo a tiempo.
6. Un carro pequeño pasaba por la esquina.
7. El camión casi choca con el carro.
8. La reacción rápida del conductor evitó un accidente.
9. El aire olía a caucho.
10. Los trabajadores colocaron señales más grandes en esa esquina.

B. Usa al menos dos palabras para escribir un sujeto completo para cada oración. Luego, escribe la oración y subraya el sujeto simple. páginas 34–35

Ejemplo: _____ es el hijo del alcalde.
  Aquel joven es el hijo del alcalde.

11. _____ se enteró del accidente por su hijo.
12. _____ leyó varios artículos en el periódico.
13. _____ fue convocado a una reunión.
14. _____ estuvieron de acuerdo con sus ideas.
15. _____ les pidió que votaran para poner nuevas señales de ALTO.
16. _____ harán más seguras las calles de la ciudad.
17. _____ tendrán que detenerse en cada esquina de la ciudad.
18. _____ podrán cruzar las calles sin peligro.
19. _____ ahora está contenta con las señales.
20. _____ han hecho de la comunidad un lugar más seguro.

Recuerda

que el **sujeto** nombra la persona o cosa de la que trata la oración. El **sujeto completo** incluye todas las palabras del sujeto. El **sujeto simple** es la palabra principal del sujeto completo. Un **sujeto compuesto** está formado por dos o más sujetos unidos por *y* o por *o*.

Para más actividades con sujetos completos y simples, visita **The Learning Site:**
www.harcourtschool.com

40

C. **Escribe la oración. Subraya el sujeto compuesto. Encierra en un círculo la palabra que une los sujetos.** *páginas 38–39*

Ejemplo: Hombres, mujeres y jóvenes trabajan por todo el país para ayudarse unos a otros.
<u>Hombres, mujeres</u>ⓨ<u>jóvenes</u> *trabajan por todo el país para ayudarse unos a otros.*

21. Las ciudades y regiones tienen programas variados.
22. Los voluntarios, los trabajadores y otras personas trabajan mucho.
23. Niños y adultos voluntarios ayudan con el proyecto.
24. Los trabajos al aire libre o los trabajos bajo techo deben hacerse.
25. Los necesitados y toda la comunidad se benefician.

D. **Combina las dos oraciones para formar una oración con un sujeto compuesto. Usa una *y* o una *o* para unir los sujetos.** *páginas 38–39*

Ejemplo: Frank quiere escalar la montaña. Liz quiere escalar la montaña.   *Frank y Liz quieren escalar la montaña.*

26. Frank escala la montaña. Liz escala la montaña.
27. Los equipos de rescate corren al lugar del accidente. Los voluntarios corren al lugar del accidente.
28. Hombres y mujeres ayudan. Adolescentes ayudan.
29. La nieve y el hielo hacen difícil la labor. La oscuridad hace difícil la labor.
30. Frank grita pidiendo ayuda. Liz grita pidiendo ayuda.

Conexión con la escritura

Diario de un escritor: Anotar ideas Piensa en un amigo, compañero de clase o animal que hayas ayudado. Usando sujetos compuestos, escribe un párrafo que explique lo que hiciste y cómo esto ayudó. Indica qué otras cosas podrías hacer para ayudar a otros.

CAPÍTULO 2
Sujetos/Sustantivos

Repaso del capítulo

Lee cada oración. Las palabras subrayadas pueden ser un sujeto completo, simple, o compuesto. Si no lo son selecciona *Ninguno de los anteriores*.

1 <u>Lois Jones y Judy Engels</u> son voluntarias.
  A Sujeto completo
  B Sujeto compuesto
  C Sujeto simple
  D Ninguno de los anteriores

2 <u>Muchos niños</u> van a la guardería cada día.
  E Sujeto completo
  F Sujeto compuesto
  G Sujeto simple
  H Ninguno de los anteriores

3 <u>Niños y niñas</u> corrieron.
  A Sujeto completo
  B Sujeto compuesto
  C Sujeto simple
  D Ninguno de los anteriores

4 Los niños <u>mayores</u> participan en proyectos.
  E Sujeto completo
  F Sujeto compuesto
  G Sujeto simple
  H Ninguno de los anteriores

5 A muchos <u>niños</u> mayores les gusta pintar.
  A Sujeto completo
  B Sujeto compuesto
  C Sujeto simple
  D Ninguno de los anteriores

6 <u>Judy, Lois y los niños</u> van a hacer tazones.
  E Sujeto completo
  F Sujeto compuesto
  G Sujeto simple
  H Ninguno de los anteriores

7 <u>Lois enseña</u> a pintar.
  A Sujeto completo
  B Sujeto compuesto
  C Sujeto simple
  D Ninguno de los anteriores

8 <u>Los padres</u> están muy contentos de que Lois sea voluntaria.
  E Sujeto completo
  F Sujeto compuesto
  G Sujeto simple
  H Ninguno de los anteriores

SUGERENCIA
Antes del examen, repasa mentalmente el sujeto simple, el sujeto completo y el sujeto compuesto.

Para más preparación para la prueba, visita *The Learning Site:*
www.harcourtschool.com

Estrategias para tomar pruebas

DESTREZAS DE ESTUDIO

Existen destrezas que te pueden ayudar a salir bien en la prueba, además de estudiar. La próxima vez que vayas a tomar un examen, pon en práctica estas estrategias:

1. Escucha atentamente las instrucciones que da el maestro. Si las instrucciones están por escrito, léelas cuidadosamente antes de comenzar. Si en las instrucciones se te pide hacer más de una cosa, asegúrate de que entiendes los distintos pasos que debes seguir.

2. Lee todas las opciones para la respuesta antes de escoger la que consideres correcta. Las posibles respuestas pueden ser muy similares, y si trabajas demasiado de prisa, es fácil escoger una respuesta errónea.

3. Elimina las opciones de respuestas que sabes que son incorrectas. Esto te ayudará a determinar cuál es la correcta.

4. Contesta primero las preguntas más fáciles. Si no estás seguro de una respuesta, sigue con la siguiente pregunta. Después, vuelve a las preguntas que no contestaste. De ese modo no se te acabará el tiempo antes de haber contestado todas las preguntas.

5. Marca tus respuestas y revisa tu trabajo. Asegúrate de que sabes cómo hay que marcar tu respuesta. Pueden pedirte que la subrayes, la encierres en un círculo o le escribas su letra o número. Si tienes tiempo, revisa tus respuestas para asegurarte de que marcaste cada una correctamente.

AHORA TE TOCA A TI

TOMAR UNA PRUEBA Trabaja con un compañero para inventar una prueba de opciones múltiples. Primero, escriban un párrafo de cinco oraciones. Cada oración debe tener un error. Subrayen el error. Después, escriban preguntas en las que se den cuatro maneras de corregir el error. Sólo una de las opciones debe ser la correcta. Luego, escriban instrucciones explicando cómo hacer la prueba. Cambien las pruebas con otra pareja. Con la ayuda de las sugerencias en esta página, tomen el examen tú y tu compañero.

CAPÍTULO 3

Escritura expresiva

El arte de escribir

Voz personal

DESCRIPCIONES Es probable que te expreses a diario **describiendo** cosas. Cuando haces una **descripción** de algo, estás diciendo cómo se ve. Puede que también digas cómo suena, cómo se siente al tacto, cómo huele, a qué sabe o qué hace.

Lee el siguiente pasaje del capítulo "Un día especial", del libro *Dolphin Adventure: A True Story* (Aventuras con un delfín: Una historia real). Nota la manera como el autor describe ese día especial.

> **MODELO DE LITERATURA**
>
> Aquella mañana el mar estaba tan liso como un cristal, sin olas y sin nada de viento. La bruma ascendía y el sol estaba muy fuerte.
>
> Cuando miré el agua, pude ver el fondo, que estaría a unos ocho pies de nuestro barco. El día estaba perfectamente claro, el cielo era de un azul intenso y el aire era fresco y agradable. Había habido otros días perfectos, pero por alguna razón extraña, éste era el mejor de todos.
>
> —de *Dolphin Adventure: A True Story*, escrito por Wayne Grover

El poder de las palabras

a·pro·xi·ma·da·men·te *adv.* Cerca de, alrededor de, más o menos, casi.

1. ¿Qué había de especial respecto a ese día?

2. ¿Qué palabras y frases emplea el escritor para describir el día?

3. ¿Cómo te ayuda a entender el escritor cómo era la mañana?

Usar tu voz personal

La **escritura descriptiva** se emplea para describir algo. Cuando escribes, usas tu **voz personal**, que es tu forma propia de expresarte. Todo escritor tiene su voz personal característica. Estudia la tabla de la página siguiente.

44

Cómo desarrollar tu voz personal

Puedes desarrollar tu voz personal empleando el **lenguaje figurado** y las **imágenes,** y expresando tu **punto de vista.**

El lenguaje figurado permite hacer comparaciones de cosas distintas. Entre los distintos tipos de comparaciones tenemos los **símiles,** en los cuales se emplea *como,* y las **metáforas,** en las que se dice que una cosa es otra.

Símil: La bicicleta de Sam era como un caballo fugitivo, galopando por la carretera. (se compara bicicleta con caballo, usando *como*)

Metáfora: La bicicleta de Sam era un caballo fugitivo, galopando por la carretera. (se compara bicicleta con caballo)

Crear imágenes es emplear un lenguaje vívido que ayude al lector a crear una imagen mental.

Ejemplo: Enormes gotas de delicioso jugo resbalaban de la rodaja de melón.

Expresa tu **punto de vista** para que el lector entienda lo que sientes en relación a un tema. Por ejemplo, según tu punto de vista, puedes describir a una araña como algo *aterrorizador* o *extraordinario.*

AHORA TE TOCA A TI

ANALIZAR LA ESCRITURA DESCRIPTIVA **Trabaja con varios compañeros para encontrar escritos descriptivos, ya sea en cuentos, artículos o poemas. Hablen de cómo el autor usó su voz personal.**

Contesta estas preguntas:

1. ¿Qué es lo que describe el escritor? ¿Puedes imaginarlo?

2. ¿Emplea el escritor un lenguaje figurado? Si lo emplea, toma nota de algunos ejemplos y coméntalos con tu grupo.

3. ¿Usa el escritor imágenes? Toma nota de algunos ejemplos y coméntalos.

4. ¿Cuál es el punto de vista del escritor? ¿Cómo lo sabes?

CAPÍTULO 3

Escritura expresiva

Lenguaje figurado e imágenes

A. Elige una palabra del cuadro para completar cada símil o metáfora. Escribe en tu hoja la oración completa.

campana	manta	pelota
copos de nieve	soldado	estrellas

Símiles

1. Los trocitos de papel blanco caían como si fueran _____.

2. El cachorro es redondo como una _____.

3. La torre alta es como un _____ de pie junto al castillo.

Metáforas

4. Los ojos de la niña eran _____ brillantes.

5. Su voz era una _____ que repicaba en el jardín.

6. La nieve es una _____ blanca que cubre el suelo.

B. Modifica cada oración. Usa imágenes para ayudar a tu lector a crear una imagen mental vívida. Escribe en tu hoja las oraciones modificadas.

1. El viento sopla entre los árboles.

2. La pelota salió por encima de la cerca.

3. Él se comió las uvas.

4. Su casa está en una colina.

5. Me encanta el olor a rosas.

Punto de vista del escritor

C. **Lee cada descripción. En tu hoja, identifica el punto de vista del escritor y explica cómo el escritor expresa ese punto de vista.**

1. Paseamos por las tenues sombras del bosque, tropezando en la maraña de raíces. Hubo un momento en que escuchamos el extraño chillido de un pájaro lejano, o de otro animal. Después, todo volvió a quedar en silencio, excepto por el latido de nuestros corazones.

2. La escasa luz que llegaba al suelo del bosque formaba figuras como diamantes resplandecientes. El silencio apacible se rompía de vez en cuando con el susurro de las hojas o con el canto de algún pájaro escondido.

D. **Lee las siguientes descripciones. Escribe en tu hoja una oración que complemente la descripción y que exprese el mismo punto de vista.**

1. El tomate parecía delicioso.
2. El pájaro emitió un sonido horrible.
3. La noche está lluviosa y desagradable.
4. Ese cerdo es un animal hermoso.
5. ¡Qué pájaro tan divertido!

Pensar y escribir

Anota tus reflexiones ¿Crees que tu voz personal se refleja en tu escritura? ¿Por qué sí o por qué no? ¿Qué puedes hacer para que tus lectores capten más claramente tu voz personal? Escribe tus reflexiones en tu diario del escritor.

CAPÍTULO 3

Escritura expresiva

Párrafo descriptivo

El autor de *Dolphin Adventure: A True Story* (Aventura con un delfín: Una historia real) describe una mañana espléndida a bordo de un barco en medio del océano. Cuando Jenny leyó la descripción, pensó en los preciosos días que había pasado en el lago en compañía de su abuelo. Lee este párrafo descriptivo que escribió Jenny acerca del barco de su abuelo.

MODELO

punto de vista del autor

imagen

metáfora

símil

imagen

símil

imagen

punto de vista del autor

El barco de mi abuelo no es ni grande ni elegante. Es muy pequeño, justo lo suficiente para que quepamos mi abuelo y yo. Está pintado del azul del cielo de un día soleado de verano. A la hora de ponerlo en marcha, dice mi abuelo que el motor es una mula vieja y gruñona. Una vez que arranca, sin embargo, el motor ronronea como un gato feliz. Yo me siento en el centro y miro las ondas que hace el barco cuando cruza el lago. Estoy atenta al chapoteo de los peces que saltan como si fueran acróbatas. A veces veo alguna tortuga tomando el sol en un tronco, o una garza de largas patas caminando junto a la orilla. El pequeño barco azul de mi abuelo es el lugar perfecto para pasar una tarde feliz.

1. ¿Cuál es el propósito de Jenny al escribir este párrafo?
2. ¿Qué logran el lenguaje figurado y las imágenes de Jenny?
3. ¿Cuál es el punto de vista que expresa Jenny?
4. ¿Te da el párrafo de Jenny una imagen clara del barco y del lago? Explica tu respuesta.

AHORA TE TOCA A TI

TEMA DE ESCRITURA Escribe un párrafo para describir un objeto. Elige algo que te interese mucho o que tenga un significado especial para ti. Usa un lenguaje figurado e imágenes para que tu descripción cobre vida. Expresa tu punto de vista en tu escritura.

ESTUDIA EL TEMA Hazte estas preguntas:
1. ¿Cuál es tu propósito para escribir?
2. ¿Quién es tu audiencia?
3. ¿Qué objeto vas a describir?

USANDO TU Manual

Busca en el Libro de sinónimos del escritor palabras vívidas que te ayuden a describir el objeto.

Antes de escribir y hacer el bosquejo

Planea tu párrafo Haz una red como ésta para planear tu párrafo.

CAPÍTULO 3

Escritura expresiva

Editar

Vuelve a leer el bosquejo de tu párrafo descriptivo. ¿Puedes cambiar o añadir algo para crear una imagen más vívida en la mente de tus lectores? Usa esta lista como ayuda para revisar tu párrafo:

- ☑ ¿Podrán tus lectores imaginar el objeto?
- ☑ ¿Crees que los lectores reconocerán tu voz personal?
- ☑ ¿Puedes añadir lenguaje figurado o imágenes a tu descripción?
- ☑ ¿Has expresado claramente tu punto de vista?

Usa esta lista para corregir tu párrafo:

- ☑ He empezado las oraciones con mayúscula.
- ☑ He usado la puntuación correcta en cada oración.
- ☑ Siempre que ha sido posible, he empleado sujetos compuestos para combinar oraciones.
- ☑ He usado el diccionario para verificar mi ortografía.

Marcas del editor

- ⟨borrar⟩ borrar texto
- ∧ añadir texto
- ⟨mover⟩ mover texto
- ¶ nuevo párrafo
- ≡ mayúscula
- / minúscula
- ○ corregir ortografía

Compartir y reflexionar

Haz una copia final de tu párrafo y compártelo con un grupo pequeño de compañeros de clase. Comenta qué es lo que más te gusta de las descripciones hechas por tus compañeros. Intercambien ideas acerca de cómo pueden mejorar sus escritos descriptivos, usando el lenguaje figurado y las imágenes, y expresando su punto de vista.

Observar obras de arte

OBSERVAR

Cada escritor tiene su propia voz personal, así como su propio estilo. De la misma manera, cada artista ve distintos detalles cuando mira un objeto o una escena. El trabajo de un artista refleja su manera propia de ver el mundo.

Observa este grabado hecho en una plancha de madera. El artista que lo hizo se llama Ando Hiroshige. El grabado se titula *En los ojos del gato*.

AHORA TE TOCA A TI

Con un grupo de dos o tres compañeros, comenten *En los ojos del gato*. Háganse estas preguntas:

PASO 1 ¿Por qué el artista titularía este grabado *En los ojos del gato*?

PASO 2 ¿Qué ve el gato?

PASO 3 ¿Cómo describirías la escena? ¿Qué ejemplos de lenguaje figurado e imágenes usarían?

Ahora mira por la ventana del salón de clases. Imagina que eres un gato sentado en el marco de la ventana. Túrnate con los miembros de tu grupo para que describan lo que ven desde el punto de vista del gato. Usa lenguaje figurado e imágenes en tu descripción.

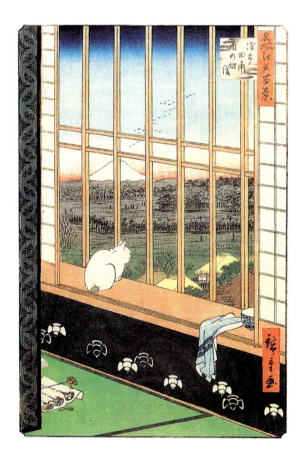

CAPÍTULO 4
Predicados/Verbos

Predicados simples y compuestos

El **predicado** incluye todas las palabras de la oración que dicen lo que el sujeto es o lo que hace. El **predicado simple** es la palabra o palabras principales del predicado completo.

Sabes que el sujeto nombra la persona o cosa de la cual se habla en la oración. El sujeto no puede decir lo suficiente para formar un pensamiento completo. Una oración también necesita un predicado.

Ejemplos:	El predicado dice
Jeremy <u>ahorraba su dinero cada semana</u>.	*qué* hizo Jeremy y *cuándo*
Jeremy <u>compró un regalo en la tienda</u>.	*qué* hizo Jeremy y *dónde*
Lina <u>era bailarina cuando era joven</u>.	*qué* era Lina y *cuándo*

El poder de las palabras

e·co·no·mí·a *s.* La actividad de ganar y administrar dinero o recursos en una familia, negocio o comunidad de cualquier tamaño.

Práctica dirigida

A. Subraya el predicado completo de cada oración y encierra en un círculo el predicado simple.

Ejemplos: Jeremy leyó libros sobre los océanos.
⟨leyó⟩ libros sobre los océanos
Alicia dibujó un mapa de la región.
⟨dibujó⟩ un mapa de la región

1. Los europeos viajaron en barco a Nueva Inglaterra.
2. Los ingleses trabajaban mucho.
3. Las ciudades crecieron con el comercio.
4. Mucha gente fabricaba productos y mercancías.
5. Algunas personas eran muy aventureras.

Práctica individual

B. Escribe cada oración y subraya cada predicado simple. Después encierra con un círculo la palabra que une los predicados simples.

Ejemplo: La gente de Nueva Inglaterra
usa los recursos naturales (y) los aprecia.

6. La comunidad construye nuevas carreteras y mejora el transporte.
7. Los barcos transportan mercancía, pero son un poco lentos.
8. Los granjeros cultivan la tierra o crían animales.
9. Los agricultores siembran y cuidan sus cosechas.
10. Algunos comercios abren los sábados, pero cierran los domingos.
11. La mayoría de la gente usa dinero o tiene crédito para comprar.
12. Las empresas desarrollan nuevos productos y los anuncian.
13. Los pescadores salen al mar o navegan los ríos.
14. Los bancos prestan dinero, pero no lo regalan.
15. El comercio contribuye a una economía fuerte y es bueno para el país.
16. La gente gana dinero y lo gasta o lo guarda en el banco.
17. Las grandes tiendas compiten y ofrecen precios bajos.
18. Los turistas visitan los lugares bonitos, pero regresan a sus ciudades.
19. La industria pesquera crea muchos empleos y es buena para el país.
20. Las personas caminan a su trabajo o toman el autobús.

Recuerda
que un predicado completo es un conjunto de palabras que nos dicen qué es, cómo es o qué hace el sujeto. El predicado simple es la palabra o palabras principales del predicado completo.

Conexión con la escritura

Estudios sociales Piensa en los trabajos que realiza la gente de tu comunidad. Escribe cinco oraciones que digan cómo sus trabajos ayudan a otra gente. Incluye datos interesantes en el predicado. Presta atención al uso correcto de las letras mayúsculas y la puntuación.

CAPÍTULO 4
Predicados/Verbos

Los verbos en el predicado

En todo predicado hay un verbo que nos dice qué hace el sujeto de la oración.

Todo predicado tiene al menos un verbo. El verbo es la palabra principal del predicado.

Ejemplos:
La Sra. Lee **trabaja** en el pueblo.
Ella **es** maestra.
Ella **compra** alimentos en el mercado del pueblo.
El mercado **cerró** a las dos de la tarde ayer.
La Sra. Lee entonces **fue** a otra tienda.

Práctica dirigida

A. Identifica el verbo en el predicado.

Ejemplo: Cada región tiene una economía local.
    tiene

1. Los recursos naturales crean trabajos y poblaciones.
2. Los granjeros de Massachusetts cultivan arándanos.
3. Los leñadores de Maine cortan árboles.
4. Las lecherías de Vermont producen queso Cheddar.
5. Muchos granjeros de Pennsylvania venden leche de vaca.
6. Algunas empresas de Nueva Jersey fabrican productos químicos.
7. Los pescadores de Maryland atrapan cangrejos.
8. Casi todas las naranjas vienen de árboles de Florida.
9. Algunos agricultores de California plantaron olivos.
10. Estos granjeros hicieron aceite de oliva con las aceitunas.

¿LO SABÍAS?
La gente ha usado muchas formas de dinero para comprar y vender mercancía. Años atrás, los habitantes del Tibet usaban hojas de té secas. Los indígenas norteamericanos antes usaban cuentas de caracol y a veces hacían cinturones con ellas.

Práctica individual

B. Escribe la oración y subraya el verbo.

Ejemplo: La economía de California crece continuamente.
La economía de California <u>crece</u> continuamente.

11. California tiene muchos recursos e industrias.
12. Los californianos fabrican muchos productos.
13. Algunas empresas reciclan los materiales.
14. Los japoneses compran alimentos de California.
15. Los californianos obtienen cámaras de Japón.
16. Muchos californianos trabajan en fábricas.
17. Algunas empresas venden aviones.
18. Expertos en alta tecnología diseñan las computadoras.
19. Algunos de estos expertos son programadores.
20. Estudiaron ciencias en computación en la universidad.

C. Añade un predicado a cada sujeto para crear una oración. Escribe la oración y subraya el verbo.

Ejemplo: Los turistas de otros estados
Los turistas de otros estados <u>visitan</u> los parques nacionales.

21. La gente de mi comunidad
22. Los agricultores de mi estado
23. Los trabajadores de mi barrio
24. Mi familia
25. Mis vecinos

> **Recuerda** que el predicado simple es siempre un verbo.

Conexión con la escritura

El arte de escribir: Verbos de acción ¿Qué productos de tu región son famosos? ¿Qué fiestas se celebran de un modo especial? Trabajen en grupos pequeños para hacer una lista de productos o celebraciones. Cada estudiante debe escribir tres oraciones sobre uno de los temas. Usen verbos expresivos en cada oración. Lean en voz alta las oraciones del grupo al resto de la clase.

CAPÍTULO 4

Predicados/Verbos

LA GRAMÁTICA Y LA ESCRITURA

Combinar oraciones: predicados compuestos

Un **predicado compuesto** está formado de dos o más predicados simples o completos que tienen el mismo sujeto.

Las oraciones simples que tengan el mismo sujeto se pueden combinar para formar una sola oración con un predicado compuesto. Usa una coma para separar tres o más predicados. Une los dos últimos predicados con una **conjunción** tal como *y*, *pero* u *o*.

Ejemplos:

Leímos un libro sobre la tierra.
Aprendimos sobre los cultivos.

Leímos un libro sobre la tierra **y** aprendimos sobre los cultivos.

Los árboles florecieron el año pasado.
Los árboles se secaron este año.

Los árboles florecieron el año pasado, **pero** se secaron este año.

Práctica dirigida

A. Identifica los predicados compuestos y la conjunción que los une.

Ejemplo: Algunos agricultores cultivan verduras o crían vacas.
cultivan verduras ⓞ crían vacas

1. Algunos granjeros tienen ciruelos y hacen pasas de ciruela.
2. Estos granjeros cultivan la tierra, pero también crían ganado.
3. Los granjeros contratan a trabajadores y les pagan bien.
4. Los camiones transportan cargas pesadas y las entregan a las tiendas.
5. Algunos camioneros viajan de día, pero empiezan el viaje de madrugada.

Práctica individual

Recuerda
que un predicado compuesto está formado por dos o más predicados unidos por una conjunción.

B. Escribe cada oración y subraya el predicado compuesto.

Ejemplo: *Las empresas <u>hacen planes y compran materiales</u>.*

6. Algunas familias tienen negocios o trabajan en ellos.
7. Las compañías dan trabajo a la gente y a la vez ganan dinero.
8. Las comunidades crecen y mejoran rápidamente.
9. Los consumidores compran productos y usan servicios.
10. La gente deposita dinero en el banco o lo retira.

C. Copia cada oración y subraya el verbo o los verbos y las conjunciones que los unen.

Ejemplo: *Las compañías <u>pagan</u> impuestos <u>y crean</u> empleos.*

11. El gobierno cobra impuestos y da servicios.
12. Con el dinero de los impuestos, el gobierno paga a los maestros y construye escuelas.
13. Gracias a los impuestos, las escuelas tienen libros y sirven comidas a los estudiantes.
14. Los trabajadores ganan un salario, gastan dinero y ahorran un poco.
15. Muchos clientes fueron a esa tienda y compraron muchas cosas.

Conexión con la escritura

Escritura de la vida real: Escribir una nota Imagínate que un nuevo vecino te ha preguntado cómo es tu barrio. Escríbele una nota explicándole por qué te gusta una tienda en particular de la zona donde vives. Incluye al menos una oración con un predicado compuesto.

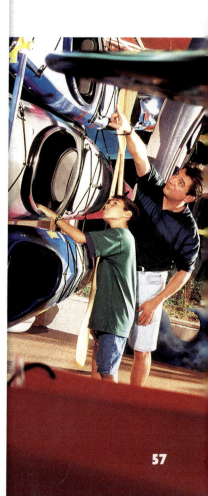

CAPÍTULO 4
Predicados/Verbos

Práctica adicional

A. Lee cada oración y escribe el predicado completo. Luego subraya el predicado simple. *páginas 52–55*

Ejemplo: Muchos negocios operan en Pennsylvania.
operan en Pennsylvania

1. La economía de Pennsylvania es fuerte.
2. Las industrias crean muchos empleos.
3. Muchas personas trabajan en fábricas.
4. Algunas compañías producen computadoras.
5. Algunos científicos de Filadelfia diseñan robots.
6. Los robots son máquinas.
7. Estas máquinas facilitan el trabajo en las fábricas.
8. Las fábricas contratan a hombres y mujeres.
9. Los trabajadores descansan los fines de semana.
10. Cada persona hace un trabajo distinto.

B. Escribe cada oración y subraya los predicados simples que forman un predicado compuesto. Luego encierra con un círculo la palabra que conecta los dos predicados. *páginas 56–57*

Ejemplo: Las enfermeras <u>trabajan</u> en hospitales (o) <u>visitan</u> a los enfermos en sus casas.

11. Los conductores siguen rutas y recogen pasajeros.
12. Los camareros sirven comidas o toman órdenes.
13. Los vendedores muestran los productos y los venden.
14. Los médicos examinan a los pacientes, curan enfermedades o dan consejos.
15. Los maestros estudian mucho y luego enseñan.
16. La policía arresta a los delincuentes, pero ayuda a otra gente.
17. Los empleados del correo clasifican la correspondencia, venden sellos o reparten las cartas.
18. Los bomberos apagan incendios y arriesgan sus vidas.
19. La gente vive en ciudades y necesita estos servicios.
20. Nuestra comunidad aprecia a los trabajadores y les paga por su servicio.

Recuerda

que un **predicado completo** incluye todas las palabras que indican qué es, cómo es o qué hace el sujeto de la oración. El **predicado simple** tiene un solo verbo y el **predicado compuesto** tiene dos o más verbos.

C. Combina las oraciones para formar una con predicado compuesto. Usa comas donde sea necesario.
páginas 56–57

Ejemplo: Los jardineros siembran semillas. Los jardineros recogen flores.
Los jardineros siembran semillas y recogen flores.

21. Los carpinteros construyen casas. Los carpinteros renuevan casas.
22. Algunos trabajadores recogen la basura. Algunos trabajadores limpian las calles.
23. Los plomeros instalan tuberías de agua. Los plomeros reparan las tuberías de agua.
24. Los bibliotecarios adquieren libros. Los bibliotecarios también ayudan a los niños con sus tareas.
25. Los empleados de hoteles reciben a los huéspedes. Los empleados de hoteles atienden a los huéspedes.
26. Los turistas visitan lugares nuevos. Los turistas compran recuerditos. Los turistas toman fotos.
27. Los guías muestran los edificios del gobierno. Los guías enseñan el arte de los museos.
28. Algunos visitantes disfrutan de los museos. Algunos visitantes aprenden sobre lugares históricos.
29. En California, los turistas visitan los bosques. En California, los turistas recorren los parques.
30. En Maine, los visitantes hacen montañismo. En Maine, los visitantes contemplan los barcos en la bahía.

Conexión con la escritura

Diario de un escritor: Datos interesantes
Escribe algunos datos interesantes sobre la economía de tu región. ¿Tiene tu región una economía rural basada en la agricultura o una economía urbana basada en la manufactura y la industria? ¿Qué empresas contribuyen a esa economía? Usa predicados simples y compuestos en tu redacción.

Para más actividades con predicados simples y compuestos, visita *The Learning Site:*
www.harcourtschool.com

CAPÍTULO 4
Predicados/Verbos

Repaso del capítulo

Escoge la mejor manera de escribir cada sección subrayada y marca la letra de tu respuesta.

> (1) Los inventos cambiaron la economía. (2) En el pasado, los campesinos sembraban y recogían las cosechas manualmente. (3) Luego se inventó la maquinaria agrícola. Las máquinas ahorraban mano de obra. (4) Las máquinas sembraban las semillas, recogían las cosechas y empacaban los productos. (5) Muchos campesinos perdieron su trabajo y buscaron otro empleo.

1
- **A** Los inventos y cambiaron la economía.
- **B** Los inventos o cambiaron la economía.
- **C** Los inventos cambiaron la economía.

2
- **D** Hace tiempo, los campesinos sembraban y recogían las cosechas manualmente.
- **E** Hace tiempo los campesinos sembraban.
- **F** Los campesinos recogían las cosechas.

3
- **A** Luego se inventó la maquinaria agrícola, ahorraba mano de obra.
- **B** Luego se inventó la maquinaria, agrícola.
- **C** Luego se inventó la maquinaria agrícola. Las máquinas ahorraban mano de obra.

4
- **D** Esas máquinas sembraban recogían empacaban.
- **E** Esas máquinas sembraban, recogían, empacaban los productos.
- **F** Esas máquinas sembraban las semillas, recogían las cosechas y empacaban los productos.

5
- **A** Muchos campesinos buscaron otro empleo.
- **B** Muchos campesinos perdieron su trabajo y buscaron otro empleo.
- **C** Muchos campesinos perdieron buscaron.

Para más preparación para la prueba, visita **The Learning Site:**
www.harcourtschool.com

Comprender las líneas cronológicas

OBSERVAR

Una **línea cronológica** es un diagrama que muestra varios sucesos importantes en el orden en que ocurrieron. Esta línea cronológica muestra sucesos importantes en la vida de Carmen, quien está en cuarto grado. ¿Te das cuenta de cómo ha cambiado Carmen con el paso del tiempo?

La fecha de la izquierda indica el principio de la línea cronológica.

Cada suceso señala el año en que ocurrió.

La fecha de la derecha indica el final de los sucesos de la línea cronológica.

Aprendí a caminar.

Empecé a ir a la escuela y conocí a Alice.

Visitamos el Gran Cañón.

Aprendí a nadar.

1993 1994 1995 1996 1997 1998 1999 2000 2001 2002

Nací en Austin, Texas, el 10 de junio. Mis papás me llamaron Carmen.

Mi hermano, Luis, nació en marzo.

Empecé a ir al kínder con la Sra. Holcomb.

Mi familia se mudó a Tucson, Arizona.

Estoy en cuarto grado.

Los espacios en la línea indican el tiempo que ha transcurrido. Generalmente, los espacios iguales indican períodos iguales de tiempo.

AHORA TE TOCA A TI

Haz una línea cronológica de tu vida siguiendo estos pasos:

- Usa una hoja de papel sin rayas. Pon el papel en posición horizontal para que tengas más espacio para escribir.

- Usa una regla para trazar una línea recta y larga. Luego indica cada año de tu vida con una raya, dejando una distancia igual entre uno y otro (por ejemplo, de una pulgada).

- Escribe el año en el que naciste sobre la primera raya. Escribe un año sobre cada raya, y termina con el año en el que estamos ahora.

- Debajo de cada raya, escribe una o dos oraciones cortas que digan lo que te sucedió o hiciste ese año.

- Escribe un título para tu línea cronológica. Puedes llamarla, por ejemplo, *Sucesos importantes de mi vida.*

CAPÍTULO 5

Oraciones simples y compuestas

El poder de las palabras

cul·tu·ra *s.* Las ideas y los modos de vida de un grupo de personas. La cultura incluye el idioma, las costumbres, la música, el arte, la alimentación y los juegos.

Oraciones

Una **oración** es una secuencia de palabras que expresa un pensamiento completo.

Una **oración completa** debe tener sujeto y predicado. El sujeto es la persona o cosa a la cual se refiere la oración. El predicado es lo que la persona o la cosa realiza.

Ejemplos:

Oraciones incompletas	Oraciones completas
Las personas **(falta el predicado)**	Las personas no son todas iguales.
Los habitantes de Estados Unidos **(falta el predicado)**	Los habitantes de Estados Unidos proceden de numerosos países.

Práctica dirigida

A. Indica cuáles de las siguientes secuencias de palabras son oraciones o no lo son.

Ejemplo: Una manera de hacer las cosas.
no es oración

1. Fui dama de honor en la boda de mi prima.
2. Ellos envian tarjetas a la familia y a los amigos.
3. Una manera de celebrar un cumpleaños.
4. Los chicos de mi clase.
5. Muchas personas en Estados Unidos.
6. Las clases de comida mexicana.
7. Mi familia comió pavo el Día de Acción de Gracias.
8. La familia de Mieko es de Japón.
9. Mi música favorita.
10. Los palillos chinos para comer.

B. Lee cada secuencia de palabras. Si componen una oración, escribe *oración*. Si no componen una oración escribe *no es oración*.

Ejemplo: Comidas como el estofado y la pasta.
no es oración

11. Muchas personas en Estados Unidos comen zanahorias y papas.
12. Sin embargo, los platos típicos de otras culturas.
13. La música popular.
14. La pasta se come en casi todas partes.
15. Una comida típica del sur.

C. Añade el sujeto o el predicado que se necesita para completar un pensamiento. Subraya la palabra o palabras que añadas.

Ejemplo: (Añadir un sujeto) tienen diferentes costumbres.
Las personas tienen diferentes costumbres.

16. (Añadir un sujeto) tienen celebraciones variadas.
17. El Día de la Madre (añadir un predicado)
18. Algunas madres (añadir un predicado)
19. Las tarjetas suelen ser (añadir un predicado)
20. (Añadir un sujeto) es el primer día del año.

Recuerda
Una oración completa expresa un pensamiento completo. Una oración completa tiene sujeto y predicado.

Conexión con la escritura

Tecnología Imagina que viviste en la época en que no existía la televisión ni las computadoras. Con un compañero, escribe cuatro preguntas para una persona mayor, sobre las invenciones que tuvieron lugar durante su vida. Por ejemplo, pregúntale cómo las invenciones cambiaron la vida de las personas. Después entrevista a una persona mayor y toma notas. Usando oraciones completas, escribe un párrafo contando lo que has aprendido.

CAPÍTULO 5

Oraciones simples y compuestas

Oraciones simples y compuestas

Una **oración simple** es una secuencia de palabras que expresa un pensamiento completo. Una **oración compuesta** está formada por dos o más oraciones simples que por lo general están unidas por una coma o conjunciones como *y, o* y *pero*.

Las oraciones simples pueden tener un sujeto compuesto o un predicado compuesto o ambos. Sin embargo, cada parte de la oración compuesta tiene su propio sujeto y su propio predicado.

Ejemplos:

Oraciones simples

Algunos norteamericanos viven en granjas.

Otros viven en ciudades.

Algunos chicos y chicas viven en granjas en el Medio Oeste.

Oraciones compuestas

Algunos norteamericanos viven en granjas **pero** otros viven en ciudades.

Los granjeros pueden comprar tierras **o** ellos también pueden alquilarlas.

Práctica dirigida

A. Indica si la oración es simple o compuesta.

Ejemplo: En algunas granjas se cultiva maíz pero en otras se cultiva arroz. *compuesta*

1. Una segadora y un tractor son vehículos agrícolas.
2. Las segadoras cortan trigo y los tractores tiran de los arados.
3. Semillas y tierras fértiles producen cosechas.
4. El trabajo de los agricultores es duro pero las máquinas les ayudan mucho.
5. Mi familia y yo trabajamos la tierra.

Práctica individual

Recuerda
Una oración compuesta está formada por dos o más oraciones simples. Están unidas por una coma o una conjunción.

B. Escribe la oración. Subraya cada sujeto una vez y cada predicado dos veces. Luego escribe *simple* o *compuesta* para describir la oración.

Ejemplos: Algunas personas viven en la ciudad y otras viven en el campo.   *compuesta*

6. Muchas personas viven y trabajan en edificios altos.
7. Muchos edificios tienen entre veinte y cincuenta pisos, y algunos son incluso más altos.
8. Miles de personas trabajan en estos edificios y llegan a sus oficinas en ascensores de alta velocidad.
9. Muchos trabajadores de las ciudades van a sus trabajos en tren, pero los trabajadores rurales usan autos más a menudo.
10. Muchos habitantes de la ciudad viven en apartamentos pero otros viven en casas.
11. Muchos habitantes de la ciudad y del campo tienen mascotas.
12. Los animales salvajes viven en el campo pero algunas especies también viven en ciudades.
13. Pájaros, ardillas y mapaches viven en los parques de las ciudades.
14. Una persona puede ver un coyote de noche pero probablemente ella no verá osos.
15. Los halcones viven en edificios altos o construyen nidos en puentes.

Conexión con la escritura

Tecnología Piensa acerca de nuevas invenciones que cambiarán el futuro. ¿Qué nuevas clases de teléfonos, equipos de vídeo o computadoras crees que se inventarán durante los próximos años? Usando oraciones simples y compuestas, escribe un párrafo sobre algunas de estas invenciones y cómo podrían cambiar tu vida.

CAPÍTULO 5
Oraciones simples y compuestas

USO Y PUNTUACIÓN
Combinar oraciones

Se pueden combinar dos oraciones simples para formar una oración compuesta.

Une las oraciones simples con *o*, *y*, o *pero*.

Ejemplos:

Oraciones simples	Oraciones compuestas
María está en cuarto grado. Sus hermanos están en secundaria.	María está en cuarto grado **y** sus hermanos están en secundaria.
María nació en México. Ahora vive en Texas.	María nació en México **pero** ahora vive en Texas.

Práctica dirigida

A. Usa una conjunción para combinar cada grupo de oraciones dentro de una oración compuesta.

Ejemplo: Los hermanos de María hablan inglés y español. María habla sólo inglés.
*Los hermanos de María hablan inglés y español **pero** María habla sólo inglés.*

1. Las personas que llegan adoptan las costumbres de Estados Unidos. Muchos de ellos mantienen sus costumbres.
2. Los niños hablan inglés en la escuela. Sus familias y amigos hablan otro idioma en la casa.
3. ¿Puedes hablar dos idiomas? ¿Sólo hablas un idioma?
4. Disfrutamos de los bailes y las canciones de muchas culturas. También disfrutamos de los bailes y las canciones locales.
5. ¿Te gustaría aprender a tocar la guitarra española? ¿Prefieres aprender a tocar la marimba africana?

Práctica individual

B. Usa conjunciones para escribir de nuevo las siguientes oraciones simples como oraciones compuestas. Añade comas cuando sea necesario.

Ejemplo: ¿Has visto fotografías de los *amish*?
¿Has visitado alguna vez una comunidad *amish*?
¿Has visto fotografías de los amish *o has visitado alguna vez una comunidad* amish*?*

6. Los *amish* son amables con los visitantes. Viven aparte en sus propias comunidades.
7. No tienen autos, televisores, radios, teléfonos o computadoras. No los quieren.
8. Viven de la agricultura. Tienen grandes cultivos.
9. Venden los productos que les sobran. Los regalan a vecinos necesitados.
10. Los niños visten como sus padres. Las niñas visten como sus madres.
11. Los hombres casados llevan barba. Los hombres solteros no.
12. Iluminan sus hogares con lámparas de gas o querosén. Usan madera para la calefacción.
13. A los niños *amish* les gusta mucho divertirse. Juegan béisbol, básquetbol y otros juegos.
14. Construir un granero es una actividad de grupo. Todos ayudan.
15. Los hombres y los niños construyen el granero. Las mujeres y las niñas cocinan para los trabajadores.

Recuerda

que se pueden unir dos oraciones simples con una conjunción o una coma para formar una oración compuesta.

¿LO SABÍAS?
Los *amish* usan caballos y carruajes antiguos para desplazarse de un lugar a otro. También usan caballos para cultivar sus tierras. Una familia amish puede tener hasta cincuenta caballos.

Conexión con la escritura

El arte de escribir: Punto de vista Pregunta a alguien que te cuente por qué o cómo vino a este país, o que te hable de algún momento importante de su vida. Piensa en otro personaje que podría contar la historia. Entonces escribe la historia desde el **punto de vista** de ese personaje. ¿Cómo varía la historia según quién la cuenta? Usa al menos dos oraciones compuestas.

CAPÍTULO 5
Oraciones simples y compuestas

Práctica adicional

Recuerda

que una **oración simple** expresa una idea. Una **oración compuesta** está formada por dos o más oraciones simples unidas por una coma o la conjunción *o*, *y* o *pero*.

A. Lee cada secuencia de palabras. Si las palabras forman una oración completa, escribe *completa*. Si las palabras no forman una oración completa, escribe *no está completa*. *páginas 62–63*

Ejemplo: Té caliente de un vaso.
　　　　　no está completa

1. El lenguaje y las costumbres de un grupo.
2. Las costumbres son formas tradicionales de hacer las cosas.
3. Los *amish* viven según costumbres antiguas.
4. Inventos modernos, como las computadoras.
5. Granjeros modernos en el Medio Oeste.
6. Los cereales y la segadora.
7. La mayoría de los habitantes de Estados Unidos.
8. Las costumbres de muchas culturas.
9. La expansión por todo el país.
10. Personas de muchos países.

B. Lee cada oración. Subraya una vez cada sujeto y subraya dos veces cada predicado. Después escribe *simple* o *compuesta* para describir cada oración. *páginas 64–65*

Ejemplo: <u>Personas</u> de muchos países <u>vienen</u> a Estados Unidos.
　　　　　simple

11. Personas de muchos otros países se instalan en Estados Unidos.
12. Cada nuevo grupo trae sus modos de vida y sus costumbres enriquecen nuestra cultura.
13. Los residentes proceden de culturas diferentes, pero todos tienen cosas en común.
14. Los ciudadanos eligen a los representantes locales, y éstos eligen a los representantes nacionales.
15. Muchas comunidades tienen sus propias celebraciones.

Para más actividades con oraciones simples y compuestas, visita *The Learning Site:*
www.harcourtschool.com

C. Usa la conjunción *o*, *y*, o *pero* para formar oraciones compuestas. Escribe la nueva oración y añade comas cuando sea necesario. *páginas 66–67*

Ejemplo: La mayoría de las culturas celebran los cumpleaños. Algunos cumpleaños son especialmente importantes.
La mayoría de las culturas celebran los cumpleaños pero algunos cumpleaños son especialmente importantes.

16. La celebración de un cumpleaños mexicano-americano se parece a la mayoría de las fiestas de cumpleaños. Puede haber una piñata.
17. Los padres llenan la piñata con juguetes y dulces. Los niños y niñas la rompen con un palo.
18. Las velas de cumpleaños son muy populares. También se usan en Europa.
19. ¿Puedes soplar todas las velas de una sola vez? ¿Tienes que soplar dos veces?
20. A menudo se canta "Feliz cumpleaños" en las fiestas de cumpleaños. En Italia y Francia también se canta.

Conexión con la escritura

Diario de un escritor: Idea para escribir
Escribe un párrafo acerca de alguien que haya sido muy importante en tu vida. Podría ser un miembro de tu familia, un maestro o cualquier otra persona adulta que admires. Usa oraciones simples y compuestas para expresar por qué esa persona ha sido importante para ti.

CAPÍTULO 5

Oraciones simples y compuestas

Repaso del capítulo

Las palabras subrayadas en cada oración pueden contener errores. Elige la respuesta que corresponde mejor a la sección subrayada. Si la oración es correcta indica *Sin errores*.

1. Creerás que el yoyo procede de Estados Unidos, <u>procede</u> de Filipinas.
   - **A** y procede
   - **B** pero procede
   - **C** no procede
   - **D** *Sin errores*

2. El yoyo se utilizaba para cazar animales, <u>era</u> muy eficaz.
   - **F** y era
   - **G** pero era
   - **H** eran
   - **J** *Sin errores*

3. Era un arma, <u>no era</u> un juguete.
   - **A** pero no era
   - **B** no eran
   - **C** y no era
   - **D** *Sin errores*

4. El yoyo se tiraba al animal, <u>la cuerda</u> atrapaba sus patas.
   - **F** y la cuerda
   - **G** pero la cuerda
   - **H** y cuerdas
   - **J** *Sin errores*

5. El animal caía al suelo <u>o los cazadores</u> podían atraparlo.
   - **A** y los cazadores
   - **B** pero los cazadores
   - **C** o el cazador
   - **D** *Sin errores*

SUGERENCIA

Las respuestas a las preguntas son a menudo muy similares. Asegúrate de leer cada pregunta con cuidado. Presta atención a las diferencias de puntuación así como a la selección de palabras.

Para más preparación para la prueba, visita The Learning Site:
www.harcourtschool.com

Usar un fichero electrónico

TECNOLOGÍA

Las bibliotecas tienen ==catálogos de tarjetas== para ayudarte a encontrar los libros que necesitas. Un catálogo de tarjetas tiene una tarjeta para cada libro o recurso de la biblioteca. Por lo general estas tarjetas están organizadas por orden alfabético en gavetas. Un ==catálogo de tarjetas electrónicas== en una computadora contiene la misma información. Un catálogo de tarjetas electrónicas también contiene listas de recursos que se pueden encontrar en otras bibliotecas.

Si conoces el nombre del autor o del libro puedes usar la **búsqueda por autor** o **búsqueda por título** en el catálogo de tarjetas electrónicas para encontrar el libro en las estanterías.

Si necesitas encontrar los recursos de la biblioteca acerca de un tema en particular, puedes emplear la **búsqueda por tema**. Usa una o más palabras clave para buscar lo que necesitas. Por ejemplo, la palabra clave *Corea* te ofrecerá una lista completa de todos los recursos de la biblioteca acerca de ese país. Si quieres conocer más acerca de los *niños coreano-americanos*, usa estas **tres palabras clave** y las listas se referirán sólo a este tema en particular.

AHORA TE TOCA A TI

USAR FICHEROS ELECTRÓNICOS Ve a la biblioteca. Usa el fichero electrónico y el catálogo de tarjetas para buscar el tema "Mexicano-americanos". ¿Qué catálogo te ayudó a encontrar recursos más rápidamente? ¿Cuál fue más fácil de usar? ¿Qué catálogo contiene más información? Escribe las respuestas. Prepárate para compartir tus respuestas con el resto de la clase.

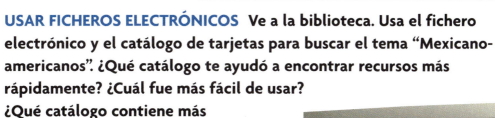

MODELO DE LITERATURA

Libro notable ALA
Mención honorífica
Boston Globe–Horn Book

Muchos escritores llevan diarios para anotar y reflexionar sobre sus ideas o sentimientos. En estos pasajes de *Mi niñez,* escrito por Eloise Greenfield y su madre, Lessie Jones Little, Eloise relata algunos acontecimientos de su infancia. A medida que lees, fíjate en la manera en que la autora cuenta las cosas desde su propio punto de vista.

Mi niñez

**por Eloise Greenfield y
Lessie Jones Little**

Mi niñez está escrito a manera de diario. Cada uno de los siguientes pasajes se refiere a un recuerdo importante de la infancia de Eloise Greenfield. La autora recuerda que de niña era tímida y callada. Al crecer, Eloise Greenfield se convirtió en una famosa poetisa y escritora de obras para niños.

Los primeros días

Éste es el primer día de mi vida—de la vida que tengo en mi memoria. Tengo tres años y estoy sentada en el suelo con mi mamá. Estoy recortando una imagen para mi álbum de recortes; es la foto de una rebanada de pan. La recorto y la pego en mi libro con el pegamento de harina y agua que yo misma ayudé a preparar.

A mi entender, ése fue el día en que comenzó mi vida.

73

CAPÍTULO 6
Narrativa personal

Mi vida escolar comenzó dos años después. Mi mamá nos llevó a mi prima Vilma y a mí por la calle P, hasta las puertas abiertas de la Escuela John F. Cook, y luego hasta la clase de kínder de la Srta. Staley. Vilma y yo teníamos miedo. Yo estaba muda del miedo. A ella el miedo la puso ruidosa. Yo me agazapé en mi silla. Ella gritaba.

Una obra teatral

Cuando estaba en quinto grado fui famosa durante todo un día debido a una obra de teatro. La maestra me había dado un papel principal, y yo no lo quería. Me gustaba participar en obras en las que yo pudiera actuar como parte de un grupo, por ejemplo: ser uno de los árboles que hablaban o cantar y bailar en el club de la alegría.

Me deslizaba en mi silla y fijaba la mirada en mi pupitre mientras la maestra repartía los papeles, de manera que no se fijara en mí. Pero esta vez no funcionó. A pesar de todo, me nombró. Yo le dije que no quería ese papel, pero ella dijo que tenía que aceptarlo. Me imagino que ella pensaba que sería bueno para mí.

El día de la obra no cometí ningún error. Me acordé de todas mis líneas. Sin embargo, nadie en el público me escuchó. No pude hacer que mi voz se oyera.

Fui famosa por el resto del día. Los niños que pasaban por la puerta de mi salón de clases, los que estaban en el patio de juegos a la hora del almuerzo, todos me señalaban diciendo: "¡Ésa es la niña! ¡Ésa es la que no pudo hablar fuerte!"

El poder de las palabras

bi•o•gra•fí•a *s.* Historia de la vida y experiencias de una persona.

Analiza el modelo

1. ¿Desde el punto de vista de quién está la autora contando la historia?
2. ¿Qué crees que sintió la autora aquel día en que fue famosa?
3. ¿Por qué crees que Eloise Greenfield decidió incluir estos dos acontecimientos en *Mi niñez*?

CAPÍTULO 6

Narrativa personal

LA LECTURA Y LA ESCRITURA

Partes de una narrativa personal

Eloise Greenfield relata los días importantes de su niñez. Lee esta narrativa personal escrita por una estudiante llamada Érica. Observa las partes de una narrativa personal.

MODELO

Punto de vista del escritor

Introducción

Parte central

Uso de "mi"

Un descubrimiento en invierno

El invierno pasado, mi familia y yo visitamos a mi tío Guido en su granja en Minnesota. El día en que llegamos, mi hermano Lucas y yo jugamos afuera en la nieve hasta que llegó la hora de la cena.

Después de cenar, ya estaba demasiado oscuro para seguir jugando afuera. Lucas y yo intentamos encender el televisor, pero la tía Ruth nos dijo que estaba dañado. Nos dio mucha tristeza saber que íbamos a perdernos nuestros programas favoritos. ¿Qué podíamos hacer?

Al rato llegó un amigo de mi tío llamado Stefan. Traía su violín. El tío Guido se sentó frente al piano y la tía Ruth sacó su guitarra. Tocaron juntos en la sala y mi familia y yo nos sentamos a escucharlos. La tía Ruth le enseñó a mi hermano a hacer música con cucharas. Yo toqué la pandereta. Mi tío y mi tía cantaron canciones como "El pavo en la paja" y "Clementina". Stefan nos enseñó a todos una canción de Alemania, el país de donde él viene. Cantamos la letra en alemán y después en inglés. Lucas y yo aprendimos algunas palabras en alemán, como Ach, ja, Herz y Liebe.

Me sentía muy cansada pero no quería irme a la cama. Quería seguir escuchando música. Mi mamá me dijo: "Apuesto a que ni siquiera extrañaste tu programa de televisión".

¡Mi mamá tenía razón! ¡Me había olvidado completamente del programa! Me complació que la tía Ruth aún no hubiera mandado a arreglar el televisor.

— Uso de "yo"

— Final; punto de vista del escritor

Analiza el modelo

1. ¿Por qué escribió Érica sobre su visita a la granja del tío Guido?
2. ¿Quiénes crees que conforman el público para el cual Érica escribió su narración?
3. ¿Por qué habla Érica de la visita de Stefan?

Resume el modelo

Haz una tabla como la de la derecha para identificar los componentes de la historia de Érica. Luego, usa la tabla para hacer un resumen de su narración personal.

¿Quién?
¿Dónde?
¿Cuándo?

¿Qué sucedió?
1.
2.
3.

El arte de escribir

Voz personal Érica escribió su narración personal desde de su propio punto de vista. ¿Qué oraciones expresan la manera como ella piensa o siente? ¿Cómo serían las mismas oraciones si Stefan o su tía fueran quienes contaran la historia?

CAPÍTULO 6

Narrativa personal

Antes de escribir

Propósito y público

Es posible que tengas buenos recuerdos de hechos que te sucedieron cuando eras pequeño o pequeña. En este capítulo compartirás tus recuerdos con tus compañeros de clase a través de la narrativa personal.

TEMA DE ESCRITURA Piensa en un acontecimiento de tu niñez que te haya hecho cambiar de manera de pensar con respecto a alguna cosa. Escribe una narración personal acerca de ese hecho para compartirlo con tus compañeros de clase. Usa tu voz personal para expresar tus pensamientos y sentimientos.

Antes de comenzar, piensa en tu propósito y en tu público. ¿Quiénes serán tus lectores? ¿Qué acontecimiento cambió tu manera de pensar y cómo deberías hablar del mismo?

MODELO

Érica decidió escribir acerca de su visita a la granja de su tío. Pensó en los recuerdos que tenía de esa visita y en cómo el acontecimiento le cambió la perspectiva con respecto a algo. Luego, usó una tabla para decidir qué iba a contar.

> *Estrategias que usan los buenos escritores*
>
> - Recuerda el propósito de tu narración.
> - Escribe detalles que le permitan a tu público compartir tu experiencia.

¿Quién? Mamá, mi hermano, el tío, la tía, Stefan
¿Dónde? granja en Minnesota
¿Cuándo? el invierno pasado

¿Qué sucedió?
1. Lucas y yo no pudimos ver televisión.
2. El tío Guido, la tía Ruth y Stefan se pusieron a tocar música.
3. Lucas y yo también tocamos.
4. Se me olvidó que quería ver televisión.

AHORA TE TOCA A TI

Decide sobre qué experiencia vas a escribir. Anota lo que recuerdes e incluye detalles acerca de la gente, el lugar y el acontecimiento.

Bosquejo

CAPÍTULO 6
Narrativa personal

Organización y elaboración

Sigue los siguientes pasos para organizar tu narración personal.

PASO 1 Identifica el lugar y el tiempo
Define el escenario: dónde estabas, con quién estabas, cuántos años tenías y qué estabas haciendo.

PASO 2 Escribe con tu propia voz
Usa comparaciones y un lenguaje que le permita a tus lectores compartir tus memorias.

PASO 3 Comenta por qué esta experiencia fue importante
Explica qué aprendiste. Tu narración debe ser algo más que una lista de cosas que hiciste.

MODELO

¿Cómo comienza Érica su narración personal? ¿Qué elementos nos indican que Érica está contando la historia con su propia voz?

> El invierno pasado, mi familia y yo visitamos a mi tío Guido en su granja en Minnesota. El día que llegamos, mi hermano Lucas y yo jugamos afuera en la nieve hasta que llegó la hora de la cena.

AHORA TE TOCA A TI

Usa la tabla que hiciste en la actividad *Antes de escribir* como guía para comenzar el bosquejo de tu narración personal. Recuerda contar tus memorias con tu propia voz.

Estrategias que usan los buenos escritores

- Identifica el lugar y el tiempo.
- Cuenta tu historia en orden cronológico.
- Escribe con tu propia voz.

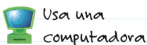

Usa una computadora para escribir tu bosquejo. En la computadora puedes borrar y volver a escribir pasajes hasta lograr la voz y las descripciones que deseas.

79

CAPÍTULO 6

Narrativa personal

Revisar

Organización y elaboración

Hazte las siguientes preguntas mientras vuelves a leer tu bosquejo:

- ¿He escrito mi narración con mi propia voz?
- ¿Les he dicho a mis lectores cuándo y dónde sucedió esto?
- ¿He contado la historia en orden cronológico?
- ¿Les he dicho a mis lectores por qué esta experiencia fue importante para mí?

MODELO

Cuando Érica volvió a leer su bosquejo, decidió que debía hacer algunos cambios en cuanto a la visita de Stefan.

> Al rato, llegó un amigo de mi tío llamado Stefan. Traía su violín. El tío Guido se sentó frente al piano y la tía Ruth sacó su guitarra. Todos tocaron juntos en la sala, y mi familia y yo nos sentamos a escucharlos. La tía Ruth le enseñó a mi hermano a hacer música con cucharas. Yo toqué la pandereta. Mi tío y mi tía cantaron canciones como "El pavo en la paja" y "Clementina". Stefan nos enseñó a todos una canción de Alemania, el país de donde él viene. Cantamos la letra en alemán y después en inglés. Lucas y yo aprendimos algunas palabras en alemán, como Ach, ja, Herz y Liebe.

AHORA TE TOCA A TI

Revisa tu narración personal. Pregúntate si el relato suena como si tú mismo lo estuvieras contando. Asegúrate de incluir detalles que permitan al lector compartir tus memorias.

Estrategias que usan los buenos escritores

- Lee tu escrito en voz alta para ti mismo.
- Piensa si usaste un lenguaje descriptivo.
- Pregúntate si le has prestado la suficiente atención a las ideas que deseas destacar.

Usa la función de cortar y pegar de tu programa de procesador de textos para cambiar las palabras de lugar, sin necesidad de volverlas a escribir.

Corregir

CAPÍTULO 6

Narrativa personal

Revisar el uso del idioma

Asegúrate de que tu escrito no tenga errores de ortografía. Las palabras escritas incorrectamente confunden al lector y hacen que tu escrito sea difícil de leer.

MODELO

Cuando Érica corrigió su trabajo se dio cuenta de que tenía algunos errores de puntuación y de ortografía.

> Después de cenar ya estaba demasiado oscuro para seguir jugando afuera. Lucas y yo intentamos ~~ensender~~ *encender* el televisor, ~~P~~ero la tía Ruth nos dijo que estaba dañado. ~~n~~os dio mucha tristeza saber que ~~ibamos~~ *íbamos* a perdernos nuestros programas favoritos. ~~¿~~qué podíamos hacer?

AHORA TE TOCA A TI

Corrige tu escrito una vez que lo hayas revisado. Debes leerlo con atención varias veces para
- revisar la puntuación de las oraciones.
- revisar el uso de las mayúsculas.
- revisar la ortografía.

Estrategias que usan los buenos escritores

- Asegúrate de tener oraciones completas.
- Revisa la puntuación de tus oraciones.
- Busca en un diccionario las palabras que puedan tener errores de ortografía.

Marcas editoriales

ℛ	Borrar texto
∧	Añadir texto
↷	Mover texto
¶	Párrafo nuevo
≡	Mayúsculas
/	Minúsculas
◯	Corregir la ortografía

81

CAPÍTULO 6
Narrativa personal

Publicar

Compartir tu trabajo

Tu narración personal ya está lista para ser publicada. Contesta las siguientes preguntas para que puedas decidir cómo compartir con tu público lo que has escrito.

1. ¿Quién es tu público? ¿En dónde podrías publicar tu narración personal para que tu público la vea y la lea?
2. ¿Sería mejor imprimir tu narración o escribirla con tu propia letra? Para decidirlo, piensa en tu público.
3. ¿Necesita ilustraciones tu narración personal? ¿Podrías dibujarlas, o necesitas buscar fotografías?
4. ¿Deberías leer tu narración en voz alta? Usa la información de la página 83 para prepararte.

Reflexionar sobre lo escrito

 Usa tu portafolio ¿Qué aprendiste en este capítulo acerca de la manera como escribes? Responde las siguientes preguntas.

1. ¿Explica cómo refleja tu voz personal lo que escribiste?

2. ¿Cómo lograste que la descripción de tu experiencia fuera real para tus lectores?

3. ¿De qué manera muestra tu narración personal tus sentimientos con respecto a esa experiencia?

Archiva tu narración personal en tu portafolio junto con tus respuestas a estas preguntas. Revisa los trabajos que tienes en el portafolio. Escribe una oración acerca de tu progreso como escritor o escritora. Luego, escribe otra oración acerca de lo que te gustaría hacer ahora para mejorar más.

USANDO TU Manual

- Usa las pautas de la página 506 para evaluar tu narración personal.

Cómo ser un orador eficaz

Érica eligió presentar su trabajo de forma oral, leyendo en voz alta a grupos pequeños de compañeros de clase. Planea hacer lo mismo. Éstos son algunos pasos que puedes seguir al prepararte para tu presentación.

PASO 1 Practica la lectura de tu escrito en voz alta. Léelo varias veces, hasta que puedas leerlo fácil y cómodamente.

PASO 2 Si es posible, graba tu narración personal mientras la lees. Después escúchala y fíjate si el volumen de tu voz es demasiado alto o demasiado bajo, y si estás leyendo muy rápido o muy lento.

PASO 3 Practica la lectura de tu narración. Ya que trataste de usar un lenguaje natural cuando la escribiste, tu lectura debe sonar como si estuvieras contando la historia. Trata de leerla de manera natural, como si la contaras, no como si la leyeras.

Estrategias para oyentes

Cuando tus compañeros de clase estén presentando *sus* narraciones personales, usa las siguientes estrategias para apreciar y compartir sus memorias.

- Concéntrate en el orador.
- Trata de visualizar lo que está describiendo.
- Pregúntate si has vivido alguna experiencia parecida.

Unidad 1
Repaso de gramática
CAPÍTULO 1

Oraciones
páginas 24–33

Oraciones declarativas e interrogativas *páginas 24–25*

Di si cada una de las oraciones es declarativa o interrogativa.

1. Mi tía trabaja como artista en Nueva York.
2. Ella trabaja para una galería de arte.
3. Su amiga trabaja en la tienda de al lado haciendo marcos para fotos.
4. ¿Has visitado alguna vez una galería de arte?
5. ¿Sabes cuántos cuadros hay expuestos?

Oraciones imperativas y exclamativas *páginas 26–27*

Di si cada una de las oraciones es imperativa o exclamativa.

6. Sigue las direcciones para ir a la galería de mi tía.
7. ¡Qué lejos parece!
8. Dobla a la izquierda cuando salgas de la puerta principal.
9. Camina tres cuadras hasta la avenida Madison.
10. ¡Qué enormes parecen estas cuadras!
11. Camina dos cuadras por la avenida Madison.
12. Camina una más, pasa una tienda y estarás en la galería Midway.
13. ¡Aquí trabaja mucha gente haciendo labores distintas!
14. ¡Qué galería tan grande!
15. ¡Qué emoción ver las obras de arte de jóvenes artistas!

Puntuación en cuatro clases de oraciones diferentes *páginas 28–29*

Escribe las oraciones. Escribe al lado si son declarativas, interrogativas, imperativas o exclamativas. Escribe la puntuación adecuada.

16. Has pensado alguna vez trabajar en un museo
17. Mi tío trabaja en el museo de Historia Natural
18. Él coloca las exposiciones de los indios norteamericanos
19. Qué sitio tan fenomenal es
20. Asegúrate de hacer fotos

Unidad 1
Repaso de gramática
CAPÍTULO 2

Sujetos/ Sustantivos
páginas 34–43

Sujetos completos y simples
páginas 34–35

Escribe las oraciones. Subraya una vez el sujeto completo. Subraya dos veces el sujeto simple.

1. Los estudiantes de nuestra escuela ayudaron en Austin.
2. Los estudiantes más dinámicos repararon el lugar donde viven los salmones.
3. El salmón necesita aguas profundas y frías.
4. Muchos voluntarios entusiastas vinieron el sábado.
5. Los socios del Club de Ayudantes trabajaron duro.

Los sustantivos en los sujetos
páginas 36–37

Escribe las oraciones. Subraya una vez el sujeto completo. Subraya dos veces el sujeto simple.

6. Ellos quitan los árboles que se han caído en el bosque.
7. Los estudiantes que tenían equipo limpiaron mucho más.
8. Los estudiantes de cuarto grado querían ayudar a los peces.
9. En los pueblos y las ciudades se necesitan los voluntarios.
10. Los estudiantes que eran voluntarios plantaron árboles.

Combinar oraciones: Sujetos compuestos *páginas 38–39*

Combina cada par de oraciones para formar una oración que tenga un sujeto compuesto.

11. Los árboles y las rocas se colocaron junto al riachuelo. Las ramas se colocaron junto al riachuelo.
12. Muchos peces viven en los ríos. Muchas plantas acuáticas viven en los ríos.
13. Los estudiantes dedicaron mucho tiempo a ser voluntarios. Los padres dedicaron mucho tiempo a ser voluntarios.
14. Los pescadores estaban contentos con los resultados. Los escaladores estaban contentos con los resultados.

85

Unidad 1
Repaso de gramática
CAPÍTULO 4
Predicados/ Verbos
páginas 52–61

Predicados simples y completos
páginas 52–53

Escribe el predicado completo. Subraya el predicado simple.

1. Los franceses pagan con francos.
2. Los italianos cobran liras.
3. Los rusos compran con rublos.
4. Los japoneses utilizan el yen.
5. La moneda en los Estados Unidos es el dólar.

Los verbos en el predicado *páginas 54–55*

Escribe las oraciones. Subraya el verbo.

6. La gente vende sus productos.
7. Los antiguos chinos inventaron la moneda.
8. Ellos también crearon el dinero de papel.
9. Hacia el 800 a.C. la gente compró con dinero por primera vez.
10. Antiguamente, la gente trocaba sus bienes.
11. Alguna gente cambiaba moluscos por alimentos.
12. Alguna gente fabricaba herramientas.

Combinar oraciones: predicados compuestos *páginas 56–57*

Combina cada grupo de oraciones para formar una oración con un predicado compuesto.

13. La gente guarda dinero. La gente escribe cheques.
14. En los cheques se refleja una cantidad de dinero. En los cheques se cita un banco.
15. Los países de todo el mundo usan dinero. Los países de todo el mundo intercambian bienes.
16. Las personas pueden pedir prestado. Las personas pueden comprar una casa.

Unidad 1
Repaso de gramática
CAPÍTULO 5
Oraciones simples y compuestas
páginas 62–71

Oraciones *páginas 62–63*

Lee el grupo de palabras. Si no son oraciones, escribe *incompleta*, e indica si falta sujeto o predicado.

1. Mario y su familia.
2. Haz una gran cena familiar.
3. Ellos celebrarán su décimo aniversario mañana.
4. Una piñata en forma de camello.
5. Contiene regalos de la familia.

Oraciones simples y compuestas
páginas 64–65

Escribe las oraciones. Subraya una vez el sujeto simple y dos veces el predicado simple. Después, escribe *simple* o *compuesta* para describir la oración.

6. Nuestra escuela está en Texas, y está cerca de México.
7. México tiene una cultura muy rica, y muchos mexicanos se sienten orgullosos de ello.
8. Muchos estudiantes son de México, y hablan español.
9. Nosotros cantamos canciones en español, y todo el mundo aprende nuevas palabras.
10. Comimos en una fiesta, y yo probé nuevos platillos.

Oraciones combinadas *páginas 66–67*

Vuelve a escribir las oraciones de cada grupo para formar oraciones compuestas; usa *y* o *pero*. Pon comas donde sea necesario.

11. Los abuelos de Serena viven en Estados Unidos desde hace veinte años. Ellos aún hablan vietnamita cuando están en casa.
12. Ellos extrañan a los familiares que dejaron allí. Ellos viven felices en su nuevo hogar.
13. Meiko es de Japón. Su madre siempre habla japonés.
14. Rinaldo nació en México. Ahora vive en los Estados Unidos.
15. Las costumbres son diferentes en los distintos países. Nos gusta aprender acerca de culturas diferentes.

Unidad 1
Conclusión

Escribir sobre otras materias: Estudios sociales

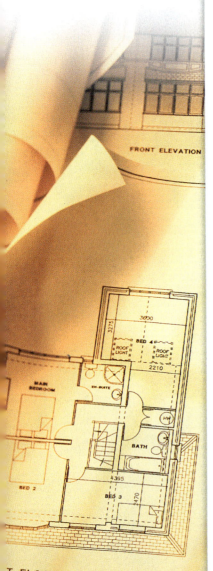

¿Qué estudiaré?

¿Qué carrera crees que vas a estudiar? Piensa en el tipo de trabajo que te gustaría tener y entrevista a una persona que haga ese trabajo. Después describe tus destrezas e intereses y por qué tú harías bien ese trabajo.

Describe tus destrezas e intereses

- ¿Qué cosas sabes hacer bien? ¿Qué te gusta hacer? Haz una lista.

- Pide a un grupo de compañeros de clase que digan lo que tú haces muy bien. Añade tus respuestas a la lista.

Averigua tus posibilidades de empleo

- ¿Qué tipos de empleo se ajustan a tus destrezas? Trabaja en grupo para generar una lista.

- Hojea los avisos de oportunidades de empleo en los periódicos o en la Internet para obtener ideas.

Entrevista a alguien que tenga un trabajo que te interese

- Con el permiso de tus padres o encargados, entrevista a alguien que tenga un empleo interesante. Pregúntale qué destrezas utiliza en su trabajo. Pídele que describa un día de trabajo típico.

Di lo que aprendiste de ti mismo y del empleo que deseas

- Escribe algunos párrafos sobre la carrera que te interesa. Explica lo que aprendiste de tu entrevista y si el empleo todavía te parece el indicado para ti.

- Exhibe lo que escribiste en el tablero de anuncios o en la página web de la clase. También le puedes escribir un mensaje electrónico a un amigo o familiar que pudiera estar interesado en conocer tus intereses.

Libros de lectura

Julieta y su caja de colores
por Carlos Pellicer López
FICCIÓN

A Julieta le regalan una caja de colores. Poco a poco, se abre para Julieta el rico mundo interior de la imaginación.

La tortillería
por Gary Paulsen
FICCIÓN

El maíz es un alimento básico en muchos países. Conoce y sigue el proceso desde la siembra, hasta la mesa en que se sirven las deliciosas tortillas.

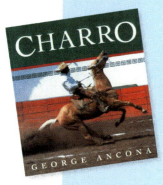

Charro
por George Ancona
NO FICCIÓN

Ser charro significa muchas cosas. Es un artista con su reata, un caballero en su ropa y comportamiento y un símbolo vivo de la patria mexicana tradicional.

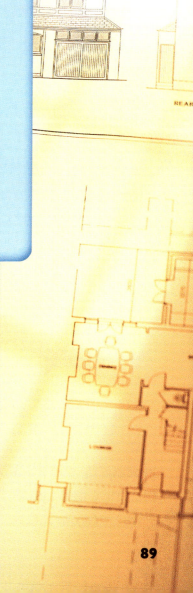

Unidad 2

Gramática — Más sobre los sustantivos y verbos

Escribir — Escritura informativa

CAPÍTULO 7
Más sobre los sustantivos 92

CAPÍTULO 8
Artículos, conjunciones e
   interjecciones 102

CAPÍTULO 9
El arte de escribir:
   Organizar información. 112
Escribir instrucciones

CAPÍTULO 10
Verbos principales y verbos
   copulativos 120

CAPÍTULO 11
Verbos principales y verbos
   auxiliares 130

CAPÍTULO 12
Proceso de escritura completo
Escribir un ensayo de
   instrucciones. 140

<u>Cómo iniciar una colección de conchas marinas</u>

1. Busca la conchas en la arena o en el agua.

2. Recoge las conchas que no estén astilladas o rotas.

3. No recojas las conchas que tengan animales viviendo adentro.

4. Clasifica las conchas por tamaño, forma y color.

CAPÍTULO 7

Más sobre los sustantivos

Sustantivos comunes y propios

Un **sustantivo** es una palabra que nombra a una persona, un lugar, una cosa o una idea. Un sustantivo dice quién o qué.

El **sustantivo común** nombra personas, lugares, cosas o ideas no específicas. El sustantivo común se escribe con letra minúscula.

El **sustantivo propio** se usa para nombrar una persona, lugar o cosa en particular. Las palabras que denominan títulos de personas y días festivos, también se consideran sustantivos propios. La palabra principal en un sustantivo propio se escribe con mayúscula.

	Personas	Lugares	Cosas
Sustantivo común	niña	ciudad	río
Sustantivo propio	Erica Davis	Austin, Texas	Amazonas

Ejemplos:

Sustantivos comunes: El **jugador** de **baloncesto** ayudó a su **equipo** a ganar el **juego**.

Sustantivos propios: Michael Jordan ayudó al equipo olímpico de los **Estados Unidos** a ganar la medalla de oro.

El poder de las palabras

a•na•to•mí•a: *s.* Estudio de las diferentes partes y órganos del cuerpo humano y de los animales.

Práctica dirigida

A. Lee las oraciones. Escribe si las palabras subrayadas son sustantivos comunes o propios.

Ejemplo: Tabita, la bebé, se cayó, pero no se golpeó.
propio, común

1. Ella no se quebró ningún hueso.
2. Ocurrió en el Día de la Independencia.
3. El esqueleto de un bebé es blando.
4. El esqueleto es como un armazón para el cuerpo.
5. La Sra. García es la maestra de ciencias.

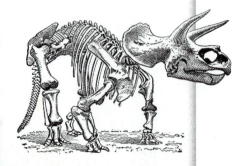

Práctica individual

B. Lee las oraciones. Escribe si las palabras subrayadas son sustantivos comunes o propios.

Ejemplo: Los <u>músculos</u> te ayudan a moverte.   *común*

6. Tienes <u>músculos</u> por todo el <u>cuerpo</u>.
7. Cada <u>músculo</u> tiene una <u>función</u> distinta.
8. <u>Ana</u> estudia anatomía en la <u>Universidad Central</u>.
9. Ella también practica <u>tenis</u>.
10. ¿Cómo golpea <u>Ana</u> la <u>pelota</u>?
11. Su <u>cerebro</u> envía un mensaje a su <u>brazo</u>.
12. El <u>mensaje</u> viaja a través de un <u>nervio</u>.
13. Un <u>músculo</u> de su <u>brazo</u> se contrae.
14. Ese <u>músculo</u> empuja el <u>hueso</u>.
15. El <u>músculo</u> levanta el <u>brazo</u> y la <u>mano</u>.

C. Lee las oraciones. Escribe el sustantivo o sustantivos de cada oración. Escribe si son comunes o propios.

Ejemplo: El gusano serpentea.
     gusano, común

16. Los animales algunas veces se mueven extrañamente.
17. Usan sus músculos para moverse.
18. El elefante camina lentamente.
19. La serpiente se desliza silenciosamente.
20. El Zoológico de Los Ángeles está cerca.

Recuerda

que un **sustantivo** nombra a una persona, un lugar, una cosa o una idea. El **sustantivo común** comienza con letra minúscula y se usa para nombrar personas, lugares, cosas o ideas. El **sustantivo propio** se usa para nombrar a una persona, lugar o cosa en particular y comienza con mayúscula.

Conexión con la escritura

Diario de un escritor: Tomar notas
Pregunta a tu compañero cuáles son su programa de televisión, libro, estrella de cine y grupo musical favoritos. Toma notas para que puedas recordar sus respuestas. Después escribe tres oraciones sobre las cosas favoritas de tu compañero.

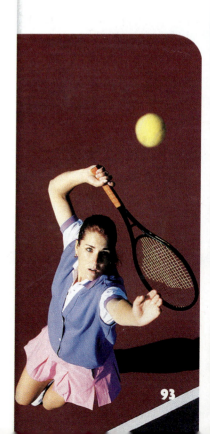

CAPÍTULO 7
Más sobre los sustantivos

Sustantivos en singular y en plural

El sustantivo en singular denomina una sola persona, lugar, cosa o idea. Cuando está en plural, denomina dos o más personas, lugares, cosas o ideas.

La mayoría de los sustantivos forman el plural cuando se les agrega *s* o *es* al final. Se agrega *s* a los sustantivos terminados en una vocal sin acento o *é*; *es* a los terminados en consonante o *í*.

Sustantivos				
Singular	hueso	pie	pulmón	ají
Plural	huesos	pies	pulmones	ajíes

Si el sustantivo en singular termina en *s* y la vocal antes de la *s* no lleva acento, la palabra queda igual en plural. Si la vocal antes de la *s* lleva acento, se agrega *es* y no se marca el acento.

Sustantivos		
Singular	dosis	compás
Plural	dosis	compases

Si el sustantivo en singular termina en *z*, se agrega *es* y cambia la *z* por *c*.

Sustantivos	
Singular	pez
Plural	peces

Práctica dirigida

A. **Escribe si es singular o plural.**

Ejemplo: El ejercicio puede desarrollar tu fuerza.   *singular*

1. El entrenamiento incluye levantar pesas.
2. Correr es recomendable para el corazón.
3. Los atletas necesitan zapatos cómodos.
4. ¿Puedes nadar tan bien como un pez?
5. Hay peces que nadan muy rápido.

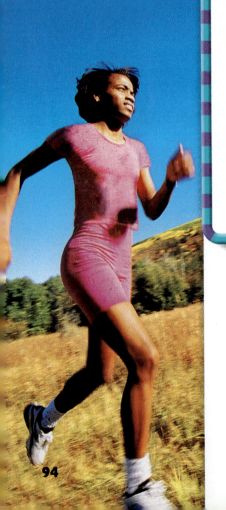

Práctica individual

B. Lee las oraciones. Escribe los sustantivos que hay en cada oración. Indica si el sustantivo es singular o plural.

Ejemplo: Nuestras manos son extraordinarias.
manos, plural

6. La mano es muy útil.
7. Puede realizar muchas actividades.
8. ¿Te has fijado en que las manos y los pies se parecen?
9. Los dedos del pie son similares a los de la mano.
10. La muñeca se mueve igual que el tobillo.

C. Lee las oraciones. Escribe la forma plural del sustantivo que está entre paréntesis.

Ejemplo: Los músculos tienen diferentes (sección).
secciones

11. Generalmente, los músculos están conectados a los (hueso).
12. Las (parte) que los conectan se llaman tendones.
13. Los tendones son delgados, como (cuerda).
14. Cuando te mueves, puedes sentir algunos (tendón) estirados por debajo de tu piel.
15. La anatomía es el estudio del cuerpo de las (persona) y de los animales.

Recuerda

que un sustantivo en singular denomina una sola persona, lugar, cosa o idea. Un sustantivo en plural denomina más de una persona, lugar, cosa o idea.

En la mano hay 27 huesos.

Conexión con la escritura

Escritura sobre la vida real: Presentar a un compañero.
Lee tus notas de la entrevista con tu compañero. Escribe un párrafo para presentar a tu compañero. Una presentación le ayuda a otros a saber cómo es tu compañero. Incluye oraciones sobre lo que le interesa a tu compañero, su deporte favorito y sus aficiones. Después, lee tu escrito a la clase.

CAPÍTULO 7

Más sobre los sustantivos

Abreviaturas de vías

Av.	Avenida
Blvd.	Boulevard
Cra.	Carrera
Trsv.	Transversal
Diag.	Diagonal

Abreviaturas de los puntos cardinales

E.	Este
N.	Norte
S.	Sur
O.	Oeste

Abreviaturas de títulos

Sr.	Señor, título para los hombres
Sra.	Señora, título para las mujeres casadas o de edad
Dr.	Doctor
Dra.	Doctora
Pte.	Presidente

Abreviaturas de tiempo

p.m.	después del mediodía
a.m.	antes del mediodía

96

USO Y PUNTUACIÓN

Abreviaturas y títulos

Una abreviatura es la forma corta de una palabra.

Muchas abreviaturas comienzan con mayúscula y terminan con un punto. Los títulos que van antes de un nombre, tales como *Sr.* (Señor), *Sra.* (Señora), *Srta.* (Señorita), *Dr.* (Doctor) y *Pte.* (Presidente), comienzan con letra mayúscula.

Ejemplos:

Los gemelos nacieron a la 1:00 p.m. en el hospital Central en la Av. Quito.

Su padre es el Dr. Gómez.

La Sra. Sánchez vive cerca de la Dra. Mesa y el Prof. Ospina.

Usa abreviaturas cuando tomes notas, hagas listados, escribas en tu diario o escribas direcciones y sobres. Para otro tipo de escritos, utiliza la palabra completa.

Práctica dirigida

A. Encuentra la abreviatura en cada oración. Explica qué significa.

Ejemplo: Ramón Jiménez tenía un fuerte resfriado y fue a ver al Dr. Ruíz.
Dr., Doctor

1. La oficina del doctor está en la Av. Bolívar.
2. Eso es al norte de la Cra. Séptima.
3. La enfermera, la Sra.Pérez, le tomó la temperatura, le midió la estatura y el peso a Ramón.
4. El doctor escuchó la respiración de Ramón mientras el Sr. Jiménez observaba.
5. El doctor le pidió a Ramón que regresara al día siguiente a las 4 p.m.

Práctica individual

B. Escribe las oraciones. Corrige los errores en las abreviaturas.

Ejemplo: En 1628, el dr William Harvey explicó cómo circula la sangre por el cuerpo.   *Dr.*

6. La Sra. Teresa Robles enseña anatomía.
7. Ella enseña en la Escuela Secundaria j.f. Kennedy.
8. Ella habló a los estudiantes de la Escuela de la trsv. 25.
9. Los estudiantes también escucharon al dr. Vélez el mismo día.
10. Él trabaja en el hospital ubicado en la Av. Chile n.
11. La enfermera de la escuela, la srta Ortíz, nos mostró cómo escuchar los latidos de nuestro propio corazón.
12. Nuestro maestro de gimnasia, el sr. Morales, nos recordó que hacer ejercicio nos ayuda a mantener el corazón saludable.
13. Me gusta trotar cerca de mi casa sobre la diag. San Martín E.
14. Tengo tiempo el viernes después de las 4:00 pm.
15. Hoy el pte Álvarez declaró este mes el Mes del Corazón Saludable.

> **Recuerda**
> que una **abreviatura** es la forma corta de una palabra o sustantivo. Muchas abreviaturas usualmente terminan con un punto. Los títulos que van antes del nombre, tales como Sra. y Dr., comienzan con letra mayúscula y terminan con punto.

Conexión con la escritura

Salud El ejercicio puede mantener tu corazón en buena forma. Haz una lista con los tipos de ejercicio que te gusta hacer. ¿Caminas, corres, patinas, saltas la cuerda, montas bicicleta, bailas o practicas deportes? Diseña una gráfica con los días de la semana. Anota los diferentes tipos de ejercicios que haces cada día. Si consideras que necesitas más ejercicios, piensa en algunas actividades que puedas hacer y agrégalas a tu gráfica.

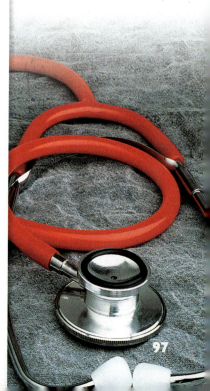

CAPÍTULO 7
Más sobre los sustantivos

Práctica adicional

A. Lee cada oración. Escribe si el sustantivo subrayado es un sustantivo común o propio. *páginas 92–93*

Ejemplo: La Sra. Ortíz es la <u>enfermera</u> de nuestra escuela.
común

1. ¿Cómo pueden los <u>niños</u> permanecer sanos?
2. Tú tienes que hacer dos <u>cosas</u> importantes.
3. Haz ejercicios y come <u>alimentos</u> saludables.
4. La <u>Sra. Ortíz</u> nos enseña qué alimentos debemos comer.
5. El <u>Sr. Herrán</u> prepara almuerzos escolares nutritivos.

B. Lee cada oración. Escribe si el sustantivo subrayado está en singular o en plural. *páginas 94–95*

Ejemplo: El entrenador Vega anima a los chicos a realizar <u>juegos</u> activos. *plural*

6. El voleibol es bueno para tu <u>corazón</u>.
7. El fútbol te ayuda a desarrollar los <u>músculos</u> de las piernas.
8. Saltar la cuerda es un gran <u>ejercicio</u>.
9. Los <u>niños</u> necesitan hacer ejercicio todos los días.
10. El ejercicio ayuda a desarrollar un <u>cuerpo</u> fuerte.

C. Escribe cada oración. Usa la forma plural correcta del sustantivo que está entre paréntesis. *páginas 94–95*

Ejemplo: El cuerpo humano está compuesto de varios (sistema). *sistemas*

11. Muchas partes del cuerpo humano son (doble).
12. Los (fémur) son los huesos de los muslos.
13. Las mujeres tienen las (pelvis) más anchas que los hombres.
14. Las uñas y el pelo tienen (raíz) dentro de la piel.
15. Las comidas con (ají) y otras especias picantes ayudan a limpiar el organismo.

Recuerda

que los sustantivos pueden ser **comunes** o **propios**. Los sustantivos pueden estar en **singular** o **plural**. Una **abreviatura** es la forma corta de una palabra.

Para más actividades sobre el uso de los sustantivos, visita **The Learning Site:**
www.harcourtschool.com

D. **Cada una de las oraciones siguientes contiene un sustantivo en plural incorrecto o una abreviatura incorrecta. Vuelve a escribir cada oración correctamente.** *páginas 96–97*

Ejemplo: Los nervioses tienen una función muy importante.
nervios

16. Los nervios transmiten señals a los músculos.
17. Cada parte del cuerpo humano tiene ramificacions nerviosas.
18. Los nervios conectan el cerebro y la columna con otras partes de nuestros cuerpoes.
19. Nuestros cerebroes envían mensajes a través de los nervios hacia los músculos faciales.
20. El resultado de estos mensajes podría ser sonrisaes o carcajadas.
21. Otros mensajes cerebrales pueden resultar en gestoes.
22. Nuestro maestro nos pidió hacernos cosquillas en los pieses con la grama.
23. Después, el sr. Lagos, nuestro maestro, nos preguntó qué sentíamos.
24. La mayoría de los niñoes sintió una ligera sensación cosquillosa.
25. Los nervios de los pies sintieron la grama y enviaron mensajeses a nuestros cerebros.

Conexión con la escritura

El arte de escribir: Escribe un título El título de un pasaje generalmente expone la idea principal del mismo. Toma turnos con un compañero para leer un párrafo en voz alta. Mientras escuchas, escribe las ideas más importantes que oigas. Después, escribe un título que resuma la idea principal del párrafo.

¿LO SABÍAS?
El corazón es un órgano muy trabajador. Un corazón promedio bombea y reparte por todo el cuerpo más de tres millones de cuartos de galón de sangre cada año.

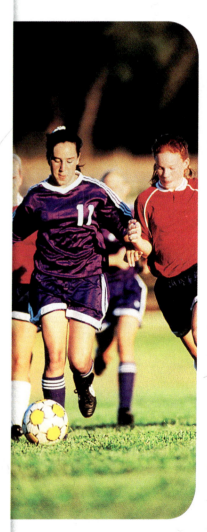

99

CAPÍTULO 7

Más sobre los sustantivos

Repaso del capítulo

Lee el pasaje. Escoge la forma correcta del sustantivo subrayado. Si está correcta, elige *Sin cambio*. Marca la letra de tu respuesta.

> El 16 de (1) <u>Enero</u>, una fría y seca mañana, el cuarto grado de la Escuela de la (2) <u>av.</u> Libertadores salió del aula para una clase de ciencias. Algunos de los (3) <u>alumnos</u> no estaban muy contentos con la actividad. Temían que sus (4) <u>manoes</u> o (5) <u>pieses</u> o el (6) <u>cuerpos</u> entero se les congelara. El maestro les pidió inhalar y exhalar muy lentamente. Ellos se rieron al ver que su respiración parecía vapor saliendo de una olla. Entonces, el maestro, el (7) <u>Sr.</u> Mejía, explicó: "El aire que está dentro de la boca es cálido y contiene agua. Cuando (8) <u>Ustedes</u> exhalan, el aire parece vapor."

STANDARDIZED TEST PREP

SUGERENCIA
Recuerda que las abreviaturas siempre terminan con un punto. Las abreviaturas de sustantivos propios comienzan con mayúsculas.

1 **A** Ene.
    B enero
    C ene.
    D Sin cambio

2 **F** Ave
    G ave
    H Av.
    J Sin cambio

3 **A** alumnoes
    B alumns
    C alumnoses
    D Sin cambio

4 **F** mano
    G manos
    H Mano
    J Sin cambio

5 **A** pies
    B pieses
    C piees
    D Sin cambio

6 **F** cuerpoes
    G cuerpo
    H cuerposes
    J Sin cambio

7 **A** Sr.
    B sr.
    C SR
    D Sin cambio

8 **F** ustedes
    G Uds
    H tus
    J Sin cambio

Para más preparación para la prueba, visita **The Learning Site:**
www.harcourtschool.com

Escuchar para determinar el propósito y la idea principal

Leer no es la única forma de obtener nueva información. También puedes aprender cuando escuchas a alguien. Puedes obtener información cuando vas a una conferencia. Escucha con atención para identificar el propósito y la idea principal del conferencista. Sigue estas sugerencias cuando oigas hablar de un tema nuevo para ti.

- Pon mucha atención a lo que dice el conferencista. No te distraigas pensando en otras cosas.

- Forma en tu mente una imagen de lo que dice el conferencista.

- Determina el propósito del conferencista. ¿Te da el conferencista información nueva? ¿Te quiere entretener con historias interesantes? ¿Te quiere convencer de lo que dice?

- Haz preguntas si no has entendido lo que dice el conferencista. Escribe las preguntas mientras estás escuchando.

- Toma notas sobre los asuntos más importantes e interesantes. Esas notas te ayudarán más tarde si quieres hacer preguntas y para recordar lo que escuchaste.

- Trata de resumir lo que dijo el conferencista. Un *resumen* es un repaso corto de la información más importante.

AHORA TE TOCA A TI

ESCUCHA A TU COMPAÑERO Piensa en un deporte o actividad que te guste mucho y habla con tu compañero sobre el mismo. Tu compañero debe escuchar y tomar notas. Después pídele que te haga tres preguntas. Cambien de papeles y escúchalo. Por último, usa tus notas para escribir un párrafo sobre el deporte o la actividad favorita de tu compañero. Incluye la información más importante.

ESCUCHAR Y HABLAR

CAPÍTULO 8

Artículos, conjunciones e interjecciones

Definición del artículo

El artículo precede al sustantivo e indica su género y número.

El artículo debe concordar con el sustantivo en género y número. Siempre se usa delante del sustantivo. Los artículos *el, la, los* y *las* se usan para referirse a seres o cosas específicos. Los artículos *un, una, unos* y *unas* se usan para referirse a cualquier ser o cosa. Las palabras *del* y *al* se llaman *contracciones* y se usan para unir una preposición con un artículo:

de el = del   a el = al

Ejemplos:
Los padres de Rosa me llevaron a **un** lugar bonito.
El día era caluroso y fuimos a bañarnos **al** río.
Las focas **del** acuario de mi ciudad son famosas.

El poder de las palabras

há·bi·tat *s.* El medio natural donde vive o crece un animal o una planta.

Práctica dirigida

A. Identifica los artículos y las contracciones en cada oración.

Ejemplo: El fotógrafo mostró las fotos de la cría de foca.
El, las, la

1. Eric y su hijo Ted realizaron una excursión al norte para ver las focas.
2. Eric preguntó muchas cosas a los entrenadores.
3. Era la primera vez que su hijo viajaba para ver las focas.
4. Eric le explicó a Ted cómo los pilotos se orientan con el mapa.
5. Ted le contestó muchas de las preguntas a su hijo.

Práctica individual

B. Escribe las siguientes oraciones y subraya los artículos y las contracciones.

Ejemplo: <u>Las</u> colinas se pueden observar desde <u>el</u> patio de <u>la</u> casa.

6. Las aves se posan en la rama del roble.
7. Mi tío le regaló a mi hermana una lagartija.
8. El perro de Ana siempre está corriendo en la casa.
9. Los gatos de mi hermana juegan con el perro del vecino.
10. Me encanta acariciar al ternero de la granja.
11. Las aves son animales muy inteligentes.
12. El animal preferido de mi mamá es la lechuza.
13. Los gatos y los perros no son buenos amigos.
14. Es emocionante ver al pavo real cuando abre la cola.
15. Las abejas viven en los árboles.

C. Escribe las siguientes oraciones y subraya cada artículo en la oración. Escribe si está en singular o en plural.

Ejemplo: <u>Los</u> estudiantes de cuarto grado visitaron <u>el</u> Museo de Ciencias de <u>la</u> ciudad. *plural, singular, singular*

16. Unos ciervos vienen siempre a beber al arroyo.
17. Las casas de los guardabosques no se ven desde la carretera.
18. La nieve congeló los ríos y lagos del municipio.

> **Recuerda**
> que el artículo se usa siempre delante del sustantivo y debe concordar con éste en número y género.

Conexión con la escritura

Escritura de la vida real: Escribe un anuncio publicitario
Piensa en algún producto real o imaginario que quieras vender. Escribe un anuncio publicitario corto. Ponle tu nombre al producto, por ejemplo, "El jabón especial de Sara". Explica brevemente sus cualidades.

CAPÍTULO 8

Artículos, conjunciones e interjecciones

Definición de la conjunción

Las conjunciones sirven para unir o enlazar palabras u oraciones.

Las conjunciones funcionan como elementos de unión o enlace en las oraciones. Con una conjunción podemos unir dos oraciones independientes en un sólo enunciado. De acuerdo con su función, las conjunciones pueden ser de *coordinación* o de *subordinación*. Las conjunciones más usadas son *y, o, ni, pero, sino*.

Ejemplos:

Conjunción de coordinación: Juan está sano y contento.

La conjunción y enlaza dos oraciones independientes: Juan está sano. Juan está contento. La conjunción y sólo cumple función de enlace.

Conjunción de subordinación: El precio es muy alto y no lo aceptaremos.

La conjunción y enlaza dos oraciones independientes, pero subordina la segunda a la primera: No aceptaremos el precio porque es muy alto.

Práctica dirigida

A. Lee la oración e identifica la conjunción.

Ejemplo: En el zoológico, los niños vieron las jirafas y los elefantes.   *y*

1. El guía se encarga de proveer refugio y alimentos.
2. Los guías buscan a los animales o los llaman con silbidos especiales.
3. Las praderas de Texas son muy vastas pero pueden recorrerse a caballo.
4. Los guías no sólo explican las características del parque sino que nos enseñan cómo cuidar la naturaleza.
5. No hemos visto ni pájaros ni osos.

Práctica individual

B. Escribe las siguientes oraciones y subraya la conjunción.

Ejemplo: Los estudiantes se dividieron en grupos y tomaron rumbos diferentes.

6. El grupo azul buscaría a los leones y a las cebras.
7. El grupo rojo buscaría agua o intentaría llegar hasta el arroyo.
8. Trataron de cruzar el bosque de los monos, pero tuvieron que regresar porque no encontraron la salida.
9. No solo les preocupaba encontrar al otro grupo sino también querían evitar el pánico.
10. Cuando se encontraron, se abrazaron y besaron.

C. Escribe la conjunción que mejor complete cada oración. Clasifícalas en conjunciones de coordinación o de subordinación.

Ejemplo: Había muchos animales, *pero* no nos asustamos.
subordinación

11. Javier es famoso por su generosidad ____ su humor.
12. La superficie del lago estaba cubierta de hielo ____ se temía que algunas especies no pudieran sobrevivir.
13. La gente quería ayudar ____ al menos consolar a los afectados por la tragedia.
14. ____ los animales ____ las plantas habrían sobrevivido ____ fuera por los ecologistas.
15. Los niños de la escuela más cercana al parque celebraron una fiesta ____ invitaron a los ecologistas.

Recuerda

que las **conjunciones** sirven de unión o enlace entre palabras u oraciones.

¿LO SABÍAS?
Alrededor de un millón y medio de animales salvajes y casi 750,000 cebras emigran cada año por el continente africano en busca de agua y alimento.

Conexión con la escritura

Ciencias Imagina que eres guía de un zoológico. Escribe un párrafo en el que describas la excursión que harías con un grupo de niños pequeños que llegan a visitar el parque. Luego, subraya las conjunciones que encuentres en el párrafo que escribiste.

CAPÍTULO 8
Artículos, conjunciones e interjecciones

¿LO SABÍAS?
Al nacer, una cría de ballena pesa alrededor de 2 toneladas y mide casi 23 pies.

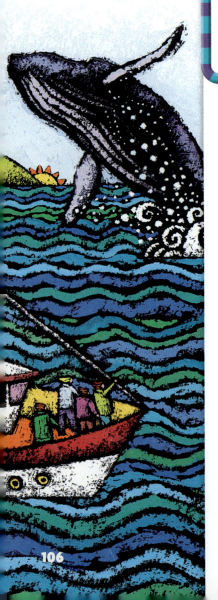

USO Y PUNTUACIÓN
Definición de la interjección

Una **interjección** es una palabra con la que se expresa repentinamente un estado de ánimo.

Las interjecciones son enunciados independientes. Esto significa que pueden constituir por sí mismas una oración. No obstante, en muchas ocasiones, la interjección enriquece el sentido de la oración. Algunas de las interjecciones más comunes son *ajá, hola, ojalá, ah, ay, eh* y *oh*. Como expresan emociones, suelen escribirse entre signos de admiración.

Ejemplos:
¡Hola!—digo el señor Antonio.
¡Ay, si lo hubieras visto cuando llegó!

Práctica dirigida

A. Subraya la interjección en las siguientes oraciones.

Ejemplo: ¡Ajá!, lo veré cuando vuelva.

1. ¡Eh! ¿Adónde van con tanta prisa?
2. ¡Huy, la ballena es enorme!
3. ¡Oh, no puede ser! ¡Olvidé la cámara fotográfica!
4. ¡Bah! No me interesa su opinión.
5. ¡Basta! ¡Que no me puedo concentrar!

Práctica individual

B. Subraya la interjección. Escribe *correcta* si está usada correctamente en la oración. De lo contrario, escribe *incorrecta*.

Ejemplos: ¡<u>Huy</u>, qué frío! *correcta*

¡<u>Ojalá</u>, qué bonito! *incorrecta*

6. —Nos encontraremos al llegar a la ciudad —dijo Marta. —Ojalá —respondió Jorge.
7. ¡Ay, no me diga eso!
8. ¡Bah, me interesa mucho conocer tu opinión!
9. ¡Ah!, se me olvidaba devolverle su lapicero.
10. ¡Huy, qué romántico estás hoy!
11. ¡Vaya!, que bien te ves.
12. ¡Hola! —dijo Andrés al entrar a la clase.
13. ¡Oh!, qué bella flor.
14. ¡Uf!, que el niño duerme.
15. ¡Cuidado!, no quiero ir contigo.

> **Recuerda** que las interjecciones pueden expresar sentimientos positivos o negativos de acuerdo con su uso en la oración.

Conexión con la escritura

El arte de escribir: Dar detalles Imagina que has hecho un safari por Africa. Escribe un par de párrafos en los que cuentes a tus compañeros de clase las cosas que viste y las aventuras que viviste. Quizás necesites investigar un poco acerca de estos hábitats antes de comenzar a escribir. Asegúrate de incluir interjecciones en tu descripción.

CAPÍTULO 8
Artículos, conjunciones e interjecciones

Práctica adicional

A. Escribe las oraciones y subraya los artículos. Identifica si los artículos usados en la oración son correctos. Si no lo son, escribe el artículo o los artículos correctos al lado.
páginas 102–103

Ejemplos: <u>Los</u> amigos de Antonio le llevaron medicinas <u>al</u> hospital.   *correctos*

<u>El</u> hijos de Ana le celebraron su cumpleaños. *los*

1. Las estudiante de cuarto grado participó en los prueba para el equipo de natación.
2. Los ancianos invitaron a los niños a la fiesta del barrio.
3. El terremoto causó grandes daños.
4. La perro de Ana se escapó.
5. Los animales necesitan del plantas para vivir.

B. Escribe las siguientes oraciones. Elige la conjunción correcta de las que se dan entre paréntesis. *páginas 104–105*

Ejemplo: Los presidentes se reunieron (y, ni) llegaron a un acuerdo. *y*

6. Los zoológicos son hábitat de muchos animales (y, o) lugares de diversión (y, ni) aprendizaje.
7. No tenemos servicio de gas, (y, pero) al menos hay energía eléctrica.
8. No había ni gansos (pero, ni) patos en el lago a causa de la contaminación.
9. ¿Vienes con nosotros (o, ni) te vas?
10. No quisieron ir al zoológico (y, sino) al bosque.

Recuerda

que los **artículos** deben concordar en género y número con el sustantivo que acompañan. Las **conjunciones** pueden ser de coordinación o de subordinación.

Para realizar más actividades sobre el uso de artículos, conjunciones e interjecciones, visita *The Learning Site:*
www.harcourtschool.com

C. Subraya la interjección en cada oración. Si alguna es incorrecta escribe al lado de la oración la interjección correcta. páginas 106–107

Ejemplo: ¡Bah!, que quiero verte mañana. *¡Claro!*

11. ¡Bah!, no me importa lo que piensen ellos.
12. ¡Eh!, me olvidaba contarte lo más importante.
13. ¡Rin, rin!, mira quién llegó.
14. ¡Shhh!, que el niño está dormido.
15. ¡Huy!, nos dijo el profesor al entrar a la clase.

D. En las siguientes oraciones encontrarás artículos, conjunciones e interjecciones. Subráyalos y clasifícalos en uno de los tres grupos.

16. ¡Vaya!, el niño llegó a casa y no saludó a nadie.
17. ¡Hola!, dije y sonreí al ver llegar a las amigas de mi hermana.
18. Luisa tenía el vaso en la mano y al verme, ¡huy!, se le cayó.
19. Los habitantes del pueblo se alegraron al escuchar el repique de las campanas.
20. ¡Ajá! —le contestó Carlos y salió corriendo sin colgar el teléfono.

Recuerda

que las conjunciones y los artículos forman parte de las oraciones, mientras que las interjecciones tienen sentido propio aún estando solas.

Conexión con la escritura

Diario de un escritor: Anota tus ideas

Escoge un hábitat natural que conozcas. ¿Por qué es un lugar interesante? ¿Quiénes viven allí? ¿Por qué es importante conservar este hábitat natural? Escribe en tu diario tus ideas sobre este tema.

109

CAPÍTULO 8

Artículos, conjunciones e interjecciones

Repaso del capítulo

Lee el siguiente párrafo. Escoge la palabra que complete correctamente la oración y marca la letra de tu respuesta.

___(1)___ alumnos de cuarto grado fueron de excursión al acuario. La maestra les explicó un poco sobre la vida en el mar ___(2)___ luego les presentó a Carlos, el oceanólogo que investiga la vida de ___(3)___ delfines. ___(4)___ —dijo Carlos—, así que les interesa aprender sobre los delfines. Pues síganme ___(5)___ verán—. Cuando salieron ___(6)___ patio oyeron un aleteo ___(7)___ vieron a los delfines saltar alegremente en el agua como saludándolos con un gracioso ___(8)___.

SUGERENCIA

En ocasiones las preguntas de la prueba tienen que ver con un párrafo. Lee el párrafo antes de contestar las preguntas para tener una idea general del tema que trata. Utiliza esta información para contestar cada una de las preguntas.

1 **A** Las
   B Los
   C Pero
   D Todos

2 **F** pero
   G y
   H ¡Psh!
   J o

3 **A** los
   B ¡Claro!
   C ¡Basta!
   D y

4 **F** ¡Basta!
   G ¡Ajá!
   H Pero
   J ¡Cuidado!

5 **A** y
   B ¡Claro!
   C los
   D pero

6 **F** la
   G al
   H a el
   J ¡Caray!

7 **A** o sea
   B las
   C y
   D ¡Basta!

8 **F** ¡hola!
   G pero
   H ¡Ajá!
   J sino

Para realizar más ejercicios de preparación para la prueba, visita *The Learning Site:* www.harcourtschool.com

Usar materiales de referencia

El uso de materiales de referencia es muy importante cada vez que tienes que realizar un proyecto de investigación.

Enciclopedias

Una enciclopedia es un libro o un conjunto de libros que tienen información sobre una gran variedad de temas. Los temas están ordenados alfabéticamente. Actualmente muchas enciclopedias se editan en CD-ROM.

Éste es el volumen 1. Esta enciclopedia se compone de 12 volúmenes.

Si quieres buscar información sobre *parques*, debes buscarla en este volumen.

Este volumen abarca todos los temas que comienzan con las letras *T* y *U*.

Publicaciones periódicas

En este grupo puedes encontrar revistas y periódicos que contienen siempre información muy reciente. Estas fuentes de información se publican cada día o cada semana regularmente. Busca en el índice de un periódico para encontrar información sobre un tema específico.

AHORA TE TOCA A TI

ESCRIBE SOBRE LOS ANIMALES Trabaja con un compañero o compañera. Escoge un hábitat natural, como un bosque, la selva o el desierto. Utiliza una enciclopedia y publicaciones periódicas para buscar información sobre este hábitat y sobre los animales que viven allí. Toma notas para hacer dos listas de datos: *Cómo es el hábitat* y *Qué animales viven allí*.

CAPÍTULO 9

Escritura informativa

El arte de escribir

Organizar información

¿Con qué frecuencia explicas cómo hacer algo o compartes algún dato que conoces? Cada vez que esto ocurre das **información**. Si escribes esta información, estás practicando la **escritura informativa**.

Lee el siguiente pasaje de *¡No olvides las anchoas! Un libro sobre Pizza*. Fíjate en cómo el escritor explica los pasos en orden cronológico.

MODELO DE LITERATURA

La pizza se hace con muchas cosas. Lo primero es la masa. La masa se hace añadiendo agua tibia y levadura a la harina. Cuando la masa crece y se estira en la proporción adecuada, está lista para ser moldeada con la forma de una tarta de pizza.

Lo que necesitamos a continuación es salsa de tomates maduros y dulces. La salsa se debe esparcir sobre toda la pizza de modo que quede pareja. Luego el queso se corta y se reparte sobre toda la pizza. Ahora todo está listo para meterse en el horno.

—tomado de *¡No olvides las anchoas! Un libro sobre Pizza*
de Shelley Rotner y Julia Pemberton Hellums

El poder de las palabras

se•cuen•cia *s.* El orden o disposición en la cual una cosa le sigue a otra.

Analiza el modelo

1. ¿Qué está explicando el escritor?
2. ¿Por qué el escritor organiza los pasos en orden cronológico?
3. ¿Cómo te ayuda el escritor a entender qué ocurre primero, luego y después?

Cuando escribes para explicar algo, quieres que tu lector comprenda lo que escribes. Necesitas **organizar** la información o ponerla en un orden adecuado. Mira el diagrama de la página siguiente.

Estrategias para organizar la información	Cómo aplicar las estrategias
Ordena las ideas.	• Poner las ideas en un orden lógico, por ejemplo, según el tiempo o en orden de importancia.
Usa palabras que indican secuencia.	• Usar palabras como **primero, luego, ahora** y **después** para ayudar a los lectores a comprender la secuencia o el orden cronológico.

AHORA TE TOCA A TI

ANALIZAR LA INFORMACIÓN DEL TEXTO **Trabaja con un compañero o compañera. Busca en tu libro de ciencias una explicación de un experimento o cualquier otra información que se presente en orden cronológico. Hablen acerca de cómo se organiza la información.**

Responde a estas preguntas:

1. ¿Qué está explicando el escritor?

2. ¿Por qué es importante que esta información se explique en orden cronológico?

3. ¿Cómo indica el escritor la secuencia de pasos o ideas?

CAPÍTULO 9

Escritura
informativa

Ordenar ideas

A. **Pon cada serie de oraciones en orden cronológico. Después escribe las oraciones en forma de párrafo.**

1. Pronto la semilla comienza a brotar.
   El viento transporta la semilla.
   El tallo crece y aparecen las hojas.
   La semilla cae a la tierra.
   Un pequeño tallo sale de la tierra.

2. Envió imágenes sorprendentes de Urano y sus lunas.
   Tras pasar Saturno, la nave se dirigió a Urano.
   Pasó volando por Marte, Júpiter y Saturno.
   Entonces el *Voyager 2* pasó Neptuno y abandonó
   nuestro sistema solar.
   El *Voyager 2* fue lanzado desde la Tierra.

3. Añade un huevo a la mezcla.
   Primero, precalienta el horno a 325°.
   Pon la mezcla para el pastel en un recipiente.
   Una vez que el pastel se haya enfriado, cúbrelo
   con lo que prefieras.
   Luego añade el tercer ingrediente, un taza de agua.
   Hornéalo durante 25 minutos.
   Mezcla bien todos los ingredientes.
   Vierte la masa en un molde engrasado.

Uso de palabras de secuencia

B. Copia el párrafo siguiente. Añade las palabras que indican secuencia que aparecen en el recuadro para expresar el orden de las ideas. Recuerda que la primera letra de cada oración va en mayúscula.

| durante | después | finalmente |
| comienzo | siguiente | |

   El período de enfriamiento comienza _____ de que ha terminado la erupción del volcán. Al _____, continúan saliendo del volcán gases y vapor. _____ el _____ paso del período de enfriamiento, salen chorros calientes del volcán. _____, el volcán pierde calor, y se forman chorros de agua fría dentro y alrededor del volcán.

Pensar y escribir

Escribir para registrar reflexiones Hay muchas ocasiones en las que tienes que seguir instrucciones, como por ejemplo, para hacer un pastel, aprender un juego o presentar un examen. ¿Qué podría ocurrir si no entiendes las instrucciones o el orden en el que debes seguir los pasos? Según tu propia experiencia, ¿qué debes aprender acerca de cómo se deben organizar las instrucciones? Anota tus reflexiones en tu diario de escritor.

CAPÍTULO 9

Escritura informativa

Escribir instrucciones

Los autores de *¡No olvides las anchoas! Un libro sobre Pizza* explican los pasos a seguir para hacer una pizza. ¡Héctor sabe cómo hacer un tornado en una jarra de agua! Su profesor quería saber cómo lo hace, de manera que Héctor le escribió las instrucciones que aparecen a continuación.

MODELO

orden: primero haz una lista de los materiales

> Es fácil hacer un tornado en miniatura. Los materiales que necesitas son una jarra de vidrio con tapa, agua, colorante para comida y un poco de detergente para vajilla.

palabras de secuencia

pasos en orden cronológico

> Primero, llena la jarra con agua hasta alrededor de 3/4. Añade una cucharadita de detergente para vajilla y tanto colorante como necesites para obtener el color que quieres. A continuación, cierra bien la jarra y agita fuertemente la jarra durante unos veinte segundos.

palabras de secuencia

orden cronológico

> Después de agitar la jarra, dale la vuelta rápidamente. Ahora mira cómo un pequeño tornado se forma en el agua dentro de la jarra.

Analiza el modelo

1. ¿Tendrá el profesor de Héctor dificultades para seguir las instrucciones? ¿Por qué?

2. ¿Están los pasos en el orden correcto?

3. ¿Qué pasaría si Héctor no hubiera colocado los pasos en el orden correcto?

4. ¿De qué manera te ayudan las palabras de secuencia que Héctor ha usado a entender sus instrucciones?

AHORA TE TOCA A TI

TEMA DE ESCRITURA Piensa en algo que sepas hacer y que requiera varios pasos. Tal vez sepas cómo hacer una demostración científica, cómo jugar un juego o cómo hacer una leche malteada. Redacta unas instrucciones que tus compañeros de clase puedan seguir.

ESTUDIAR EL TEMA Hazte las siguientes preguntas:

1. ¿Cuál es el propósito de tu escrito?
2. ¿Quiénes conforman tu audiencia?
3. ¿Qué forma de escritura usarás?

USANDO TU Manual

Busca en el diccionario de sinónimos palabras de secuencia útiles para explicar el orden de tus instrucciones.

Antes de escribir y el bosquejo

Organizar ideas Planea el orden de los pasos que van a seguir tus instrucciones. Organiza tus ideas en un diagrama como el siguiente.

- Indica para qué son las instrucciones. Haz una lista de los materiales o los ingredientes que se necesitan.

- Explica el primer paso.

- Explica cada paso siguiendo el orden correcto. Emplea palabras de secuencia para que el orden quede claro.

CAPÍTULO 9

Escritura informativa

Editar

Lee el bosquejo de tus instrucciones. ¿Puedes mejorar las instrucciones para que se entiendan mejor? Usa la siguiente lista para revisar y corregir tu trabajo:

- ☑ ¿Podrán seguir tus compañeros de clase las instrucciones?
- ☑ ¿Has explicado las instrucciones en un orden lógico?
- ☑ ¿Crees que debes añadir o quitar algún paso para que las instrucciones sean más sencillas?
- ☑ ¿Usaste palabras de secuencia para guiar a tu lector?

Usa la siguiente lista para corregir tu párrafo:

- ☑ He usado las mayúsculas y los signos de puntuación correctamente.
- ☑ He usado los sustantivos en singular y plural correctamente.
- ☑ He usado bien los pronombres posesivos.
- ☑ He usado un diccionario para verificar mi ortografía.

Marcas editoriales

- Borrar texto
- Añadir texto
- Mover texto
- Párrafo nuevo
- Mayúscula
- Minúscula
- Corregir ortografía

Compartir y reflexionar

Después de hacer una copia final de tus instrucciones, dáselas a un compañero de clase. Lee las instrucciones de tu compañero y luego hagan como si siguieran las instrucciones.

Comenta qué te gusta de las instrucciones que escribió tu compañero y hablen acerca de las estrategias que pueden usar para escribir instrucciones claras. Anota tus reflexiones en tu diario.

Dar instrucciones orales

ESCUCHAR Y HABLAR

Cuando das instrucciones, no siempre las escribes. A menudo las tienes que dar verbalmente. En algunas situaciones, puedes dibujar un simple mapa o diagrama para ilustrar instrucciones no escritas.

¿En qué se diferencian las instrucciones orales de las instrucciones escritas? ¿En qué se parecen? Estudia el siguiente diagrama de Venn.

Instrucciones escritas
El lector puede volver a leerlas si es necesario.

Ambas
Deben ser claras y estar organizadas. Deben ser dadas en orden. Deben incluir palabras de secuencia para que se entiendan más fácilmente.

Instrucciones orales
Quien escucha debe recordar las instrucciones o pedir a quien se las da que las repita.

AHORA TE TOCA A TI

Trabaja en un pequeño grupo para practicar cómo dar instrucciones orales. Sigue los pasos siguientes.

PASO 1 Decide una actividad para la cual se van a dar instrucciones. Por ejemplo, un juego.

PASO 2 Cada miembro del grupo debe tomar su turno para dar instrucciones orales. Pueden dibujar mapas o diagramas para ilustrar las instrucciones.

PASO 3 Cuando hable cada uno, el resto debe escuchar con atención y tratar de visualizar cómo se siguen las instrucciones.

PASO 4 Hablen de lo que aprendieron al escuchar a cada miembro del grupo. Señalen las técnicas que usaron para dar las instrucciones.

Estrategias
—— para ——
escuchar y hablar

Usa las siguientes estrategias para dar, recibir y entender instrucciones orales:

- Quien habla debe usar un volumen y un tono de voz adecuados para su propósito y audiencia.

- Quien escucha debe prestar atención para identificar y recordar la secuencia de pasos.

CAPÍTULO 10

Verbos principales y verbos copulativos

Verbos de acción

El **verbo de acción** es la palabra de la oración que describe lo que el sujeto hace, hizo o hará.

Como ya sabes, el predicado de la oración te dice quién es el sujeto o lo que hace. La palabra principal del predicado es el verbo. Cada oración posee un verbo. La mayoría de los verbos describen acciones del sujeto.

Ejemplos:

El volcán **explota**.

La lava **sale** disparada del volcán.

La lava **cubre** la tierra alrededor del volcán.

Práctica dirigida

A. Lee la oración. Identifica el verbo de acción.

Ejemplo: Mucha gente vive cerca de volcanes activos.
vive

1. La erupción de algunos volcanes daña las áreas cercanas.
2. La lava, rocas derretidas, cubre el terreno.
3. La ceniza vuela por todas partes.
4. Los geólogos estudian los volcanes.
5. Estos científicos advierten sobre la actividad volcánica.
6. No todos los volcanes explotan.
7. La lava fluye lenta y silenciosamente.
8. El humo asciende de los volcanes en erupción.
9. La gente observa nubes de ceniza.
10. La gente barre la ceniza de las calles.

El poder de las palabras

ge·ó·lo·go *s.*
Científico que estudia la estructura e historia de la Tierra.

Práctica individual

B. Escribe las siguientes oraciones. Subraya el verbo de acción en cada oración.

Ejemplo: Los científicos <u>recopilan</u> información sobre los volcanes.

11. Los científicos predicen el comportamiento futuro de algunos volcanes.
12. Ellos observan volcanes en todo el mundo.
13. Algunos geólogos sólo estudian los volcanes.
14. Estos científicos viajan a lugares muy peligrosos.
15. Algunos geólogos penetran al interior de los volcanes.
16. Estos científicos llevan instrumentos especiales.
17. Con estos instrumentos recogen mucha información sobre los volcanes.
18. Uno de los instrumentos mide el nivel de gases en el aire.
19. Otro instrumento registra los movimientos bajo tierra.
20. Los geólogos nos enseñan acerca del comportamiento de los volcanes.
21. El volcán Mte. Saint Helens de Washington explotó en 1980.
22. La ceniza del volcán llenó el aire.
23. La ceniza cayó como nieve sobre las calles.
24. Las autoridades les dijeron a los habitantes que abandonaran el área.
25. Mucha gente sobrevivió la catástrofe.

> **Recuerda**
> que el verbo de acción es la palabra de la oración que describe lo que el sujeto hace, hizo o hará.

Conexión con la escritura

Diario de un escritor: Usar un diccionario
Usa un diccionario para buscar verbos con el mismo significado que los que aparecen en los ejercicios de Práctica dirigida y Práctica individual. Sustituye el verbo de la oración con el que encontraste en el diccionario. ¿Notas alguna diferencia en el significado de la oración? Escribe los nuevos verbos en tu banco de palabras.

CAPÍTULO 10

Verbos principales y verbos copulativos

Verbos copulativos más comunes	
ser	lucir
estar	parecer

Verbos copulativos

El **verbo copulativo** es un verbo de unión que conecta el sujeto con el predicado de la oración. Los verbos copulativos más usados son *ser* y *estar*. Hay otros verbos copulativos como *lucir* y *parecer*.

Como ya sabes, el verbo de acción describe lo que el sujeto hace, hizo o hará. Un verbo copulativo no es verbo de acción. Es un verbo que conecta las palabras que le siguen (atributo) con el sujeto que describen.

Ejemplos:
El monte Saint Helens **es** un volcán.
(volcán es otro nombre para el monte Saint Helens.)

El monte Saint Helens **parece** dormido.
(dormido describe al volcán)

De acuerdo a cómo se usen, los verbos copulativos pueden ser verbos de acción.

Ejemplos:
El monte Saint Helens **luce** renovado. (verbo copulativo)
Jack **luce** su nuevo equipo de montaña. (verbo de acción)

Práctica dirigida

A. Lee la oración. Subraya el verbo copulativo. Escribe la palabra o palabras que están conectadas al sujeto con el verbo copulativo.

Ejemplo: Los volcanes <u>parecen</u> seguros la mayor parte del tiempo. *seguros*

1. En erupción los volcanes son muy peligrosos.
2. La erupción del monte Saint Helens fue la causa de tanta ceniza volcánica en el área.
3. La ceniza volcánica luce diferente a la ceniza de una estufa.
4. La ceniza de un volcán es roca pulverizada.
5. Las erupciones son explosiones debidas a la alta presión bajo la superficie de la tierra.

Práctica individual

B. En las siguientes oraciones aparece subrayado el sujeto simple. Escribe el verbo y la palabra que conecta con el predicado.

Ejemplo: Algunos __volcanes__ son antiguos. *son, antiguos*

6. Los __volcanes__ son muy comunes en otros planetas.
7. El __volcán__ más alto de Marte nos parece inmenso.
8. Su __nombre__ es Olympus.
9. Este __volcán__ estuvo activo hace mucho tiempo.
10. La __superficie__ de Venus parece de tipo volcánico.

C. Escribe el verbo de cada oración. Clasifica los verbos en verbos de acción o verbos copulativos.

Ejemplo: La lava de los volcanes crea suelos nuevos.
  crea, verbo de acción

11. El viento y el agua transforman la roca volcánica.
12. Ellos arrastran el suelo volcánico hacia el océano.
13. La roca volcánica desaparece con el tiempo.
14. La lava de los volcanes es la base de mucha de la tierra nueva del planeta.
15. La lava y la ceniza son parte de rocas y nuevos suelos.

> **Recuerda**
> que el verbo copulativo conecta el sujeto con una o más palabras en el predicado.

Conexión con la escritura

El arte de escribir: Verbos de gran impacto En una hoja de papel escribe tres oraciones sobre volcanes en las que uses verbos copulativos y tres en las que uses verbos de acción. Intercambia la hoja con un compañero. Sustituye los verbos copulativos usados por tu compañero con verbos de acción. Sustituye también algunos de los verbos de acción por otros de más impacto. ¿En qué cambió el significado de la oración?

CAPÍTULO 10
Verbos principales y verbos copulativos

USO Y PUNTUACIÓN

Usar formas del verbo *ser*

El verbo *ser* es muy usado en nuestro idioma.

Como ya sabes la característica fundamental de los verbos copulativos es atribuir condición o estado al sujeto de la oración. El verbo *ser* es muy usado como verbo copulativo y se conjuga en todos los modos y tiempos. También sabes que el verbo cambia de acuerdo al sujeto para lograr concordancia entre éste y el predicado.

Reglas para usar *ser*	Ejemplos:
Usa **soy, eres, es, fui, fuiste, fue, era, eras, seré, serás** o **será** con sujetos en singular.	Un terremoto leve no **es** serio. Un gran terremoto en Turquía en 1999, **fue** destructivo. La gente de Turquía **será** ayudada.
Usa **somos, son, fuimos, fueron, éramos, eran, seremos** o **serán** con sujetos en plural.	Muchas personas **fueron** heridas. Los terremotos fuertes **son** un problema en muchos países.
Usa **ser** cuando es verbo principal después de un auxiliar.	Debemos **ser** más cuidadosos.

Práctica dirigida

A. Identifica la forma correcta del verbo *ser*.

Ejemplo: Un terremoto (<u>es</u>, son) alarmante.

1. Tu casa (es, son) fuerte.
2. Un terremoto (es, somos) capaz de moverla.
3. El estruendo (es, somos) muy grande.
4. Tus mascotas (son, soy) muy inteligentes.
5. Las mascotas pueden (soy, ser) el aviso.

Práctica individual

B. Escribe la forma correcta del verbo *ser* que complete la oración.

Ejemplo: Sólo algunos terremotos (son, somos) desastrosos.
son

6. El número de terremotos que ocurren cada año (es, eres) mayor de 300,000.
7. Muchos de ellos no (son, somos) catastróficos.
8. En el pasado los terremotos (eran, éramos) un gran problema para la gente.
9. Esos lugares (soy, son) muy vulnerables a sufrir terremotos.
10. Construir en zonas sísmicas puede (ser, eres) muy arriesgado.

C. Escribe las siguientes oraciones. En el espacio en blanco escribe la conjugación correcta del verbo *ser*.

Ejemplo: Los científicos _____ capaces de predecir zonas sísmicas. *son*

11. Las zonas sísmicas del planeta _____ veinte, aproximadamente.
12. Gran parte de California _____ zona sísmica.
13. Yo _____ miembro del grupo de investigadores.
14. Algunos animales _____ reconocidos por su capacidad de sentir los temblores de tierra.
15. Estos animales _____ muy sensibles a las vibraciones de la tierra.

Recuerda

que debes usar la forma correcta del verbo *ser* de acuerdo a si el sujeto está en singular o en plural.

¿LO SABÍAS?

El sismógrafo es una especie de lapicero que se mueve de un lado a otro del papel. De esta manera registra los movimientos sísmicos bajo tierra.

Conexión con la escritura

Escritura de la vida real: Escribir una carta Comenta cómo se sentirán las personas luego de un terremoto. Haz una lista de las cosas que necesitan las víctimas. Con tu compañero, escribe una carta al boletín de tu escuela o al periódico local en la que sugieras cómo podrían ayudar a las víctimas de un terremoto. Usa correctamente las formas del verbo *ser* para expresar las ideas en la carta.

CAPÍTULO 10
Verbos principales y verbos copulativos

Práctica adicional

A. Escribe las oraciones y subraya los verbos. Identifica si el verbo es verbo de acción o verbo copulativo. *páginas 120–123*

Ejemplo: Gente de todos los países <u>ayudan</u> a las víctimas de terremotos.   *verbo de acción*

1. Un terrible terremoto sacudió a Turquía en 1999.
2. Mucha gente resultó herida.
3. El terremoto causó grandes daños.
4. Mucha gente necesitó comida y ropa.
5. Varios países enviaron voluntarios a Turquía.
6. Grecia e Israel son países vecinos con Turquía.
7. Estos países donaron generosamente muchos bienes al pueblo turco.
8. Estados Unidos también envió equipos de rescate.
9. Mucha gente quedó atrapada entre los escombros.
10. El pueblo turco estaba muy agradecido.

B. Escribe las siguientes oraciones usando la forma correcta del verbo *ser* que aparece entre paréntesis. Algunas oraciones pueden tener más de un verbo. *páginas 124–125*

Ejemplo: La Cruz Roja (es, son) una organización de ayuda humanitaria.   *es*

11. Una de las consecuencias de un terremoto (es, eres) la destrucción de edificios.
12. Otros problemas (son, somos) el corte en los servicios de gas y de electricidad.
13. A veces no puede (soy, ser) posible reconstruir ciudades enteras.
14. La ayuda a la gente de los pueblos afectados (es, serán) muy necesaria.
15. En Turquía todos (son, fueron) trasladados a lugares seguros.

Recuerda

que la función de los <mark>verbos de acción</mark> en la oración es expresar lo que el sujeto hace, hizo o hará. Los <mark>verbos copulativos</mark> atribuyen cualidades al sujeto o lo identifican al relacionarlo con un sustantivo. Los verbos se conjugan para que concuerden con el sujeto.

Si deseas encontrar más actividades sobre el uso de los verbos visita *The Learning Site:*
www.harcourtschool.com

C. **Escribe las siguientes oraciones. En el espacio en blanco escribe la forma correcta del verbo *ser*.**

Ejemplo: ¿Cuáles _____ las mejores casas para construir en zonas sísmicas? *son*

16. La mejor casa _____ la que no se caiga fácilmente.
17. Los edificios de madera _____ mejores que los de ladrillos.
18. Los techos livianos _____ mejores que los pesados.
19. El edificio a prueba de terremotos _____ el que está hecho sobre roca.
20. ¿Crees que _____ suficientes estos consejos?

D. **Lee cada oración. Si tiene un error, escribe la oración correctamente y subraya la corrección. Si la oración no tiene error escribe *Sin error*.**

Ejemplo: Lo más importante son mantener la calma.
Lo más importante <u>es</u> mantener la calma.

21. No eres necesario que corras afuera si estás adentro.
22. Montar un elevador no es una buena idea.
23. La playa somos otro lugar peligroso.
24. En la costa puede haber maremotos, que eran movimientos en el fondo del mar.
25. En el caso de maremotos las olas fueron gigantes.

Conexión con la escritura

Arte Diseña un cartel con varias fotos con leyendas sobre normas de seguridad a seguir cada día. Escoge temas como montar en bicicleta o prevenir accidentes en casa. Usa las conjugaciones correctas de los verbos en cada oración.

¿LO SABÍAS?
La intensidad de un terremoto se mide con un número en la escala Richter. Cada número que la escala asciende corresponde a mayor intensidad en el movimiento de la tierra.

CAPÍTULO 10

Verbos principales y verbos copulativos

Repaso del capítulo

Lee el siguiente párrafo. Escribe la palabra que corresponde en cada espacio en blanco. Indica la letra de la respuesta correcta.

> ¿Tú (1) que un volcán no es siempre peligroso? A veces los volcanes (2) útiles. Por mucho tiempo los tibios manantiales calentados por volcanes (3) considerados beneficiosos para la salud. El suelo se (4) con los minerales de las rocas y las cenizas volcánicas. La piedra pómez (5) lava endurecida. Estas piedras (6) útiles para muchas cosas. Se (7) para pulir objetos. La piedra pómez puede, además, (8) la planta de tus pies.

SUGERENCIA
Revisa tus respuestas si terminas antes de que se acabe el tiempo de la prueba. Podrías encontrar algún error y cambiar tu respuesta.

1 A son
   B sabías
   C ser
   D saber

2 F éramos
   G son
   H es
   J fueron

3 A fue
   B ser
   C es
   D fueron

4 F enriquece
   G rico
   H fueron
   J son

5 A es
   B somos
   C son
   D ser

6 F soy
   G eres
   H son
   J eran

7 A eran
   B será
   C usan
   D son

8 F suave
   G seremos
   H suavizar
   J serán

Si deseas prepararte mejor para los exámenes, visita *The Learning Site:*
www.harcourtschool.com

128

Comparar imágenes visuales

Los anuncios comerciales usan imágenes y palabras para persuadirte sobre la compra de algún producto. Lee el anuncio comercial que está debajo. ¿Cómo trabajan juntas las palabras y la imagen para persuadirte sobre la conveniencia de comprar el producto?

La caja del producto se muestra para que la puedas encontrar en los negocios.

La sonrisa te hace creer que el cereal es delicioso.

La imagen es atractiva a los niños. Ellos pensarán que al oso le gusta este cereal. Como consecuencia los niños querrán este cereal también.

El tazón de cereal te muestra cómo se ve el cereal.

CEREAL OSO FELIZ

¡PON UNA SONRISA EN TU CARA: COME CEREAL OSO FELIZ!

La frase es el mensaje principal del anuncio comercial.

En grupos pequeños discutan el mensaje que el anuncio comercial trata de comunicar. ¿Cómo transmiten el mensaje las imágenes? ¿Las imágenes solamente te convencen de comprar el producto? ¿Por qué sí y por qué no? ¿Cómo transmiten el mensaje las palabras? ¿Las palabras solamente te convencen de comprar el producto? ¿Por qué sí y por qué no?

AHORA TE TOCA A TI

DISEÑA UN ANUNCIO COMERCIAL Diseña un anuncio comercial de un producto que te guste para una revista. Convence a tus lectores por qué este producto es bueno y por qué lo deben comprar. Luego dibuja y escribe algunas palabras para comunicar el mensaje. Busca ideas en los anuncios comerciales de las revistas.

CAPÍTULO 11

Verbos principales y verbos auxiliares

Verbos principales y verbos auxiliares

En ocasiones un predicado contiene dos verbos para describir una misma acción. El verbo principal dice cuál es la acción que se realiza.

El verbo auxiliar ayuda al verbo principal a dar más detalles de la acción. El verbo auxiliar siempre va delante del verbo principal.

Ejemplos:
Debemos estudiar los nombres de los cinco océanos.
Un grupo de científicos **ha descubierto** dos océanos menores.

Verbos auxiliares más comunes

haber	ser
estar	comenzar
necesitar	tener
querer	seguir
llegar	ir
deber	poder

El poder de las palabras

ma•ri•no *adj.* Que viene del mar o se relaciona con éste.

Práctica dirigida

A. Identifica los dos verbos de cada oración. Clasifica cada verbo como principal o auxiliar.

Ejemplo: Estoy leyendo un libro sobre el océano Pacífico.
estoy, verbo auxiliar; *leyendo,* verbo principal

1. Queremos ver en el mapa el océano Pacífico.
2. Sus aguas están cubriendo un área de 70 millones de millas cuadradas.
3. En ese área pueden colocarse todos los continentes del planeta.
4. Debemos pensar que la profundidad promedio es de 13,000 pies.
5. En el fondo del océano se han descubierto altas montañas.

Práctica individual

Recuerda que en una oración el verbo auxiliar antecede al verbo principal.

A. Escribe las siguientes oraciones. Subraya una vez el verbo auxiliar y dos veces el verbo principal.

Ejemplo: La gente <u>debe</u> <u><u>conservar</u></u> limpias las aguas del océano.

6. El océano puede darnos alimento, energía y minerales.
7. Durante años la gente ha usado las plantas marinas.
8. Las algas marinas han sido una fuente de alimento.
9. La gente puede comer pescado y otras especies marinas.
10. En muchas algas marinas podemos encontrar vitaminas necesarias para nuestra salud.
11. La energía del océano se puede usar de diferentes maneras.
12. El petróleo se está usando como una fuente importante de energía.
13. El petróleo se ha encontrado debajo del océano.
14. Las mareas pueden verse en las playas.
15. Las mareas oceánicas pueden producir energía.
16. En el fondo del océano se han descubierto muchos minerales.
17. Entre estos minerales podemos encontrar cobre, hierro y zinc.
18. La gente ha encontrado perlas dentro de las ostras.
19. Los científicos pudieron elaborar medicinas con plantas marinas.
20. Todos necesitamos aprovechar los productos del mar.

Conexión con la escritura

Diario de un escritor: Idea para escribir

Imagina que eres un pescador, un salvavidas o un científico marino. Escribe en el diario sobre trabajos en el mar. Intercambia con tu compañero lo que escribiste. Subraya una vez el verbo auxiliar y dos veces el verbo principal en el trabajo de tu compañero.

CAPÍTULO 11
Verbos principales y verbos auxiliares

Más sobre verbos principales y verbos auxiliares

Como ya sabes, el verbo auxiliar siempre va antes del verbo principal. Sin embargo, en algunas oraciones encontrarás una conjunción, una preposición o una preposición y otra palabra entre los verbos. La preposición y la palabra pueden cambiar o hacer más claro el significado de la oración. En los siguientes ejemplos el verbo auxiliar aparece subrayado, el verbo principal aparece subrayado dos veces y las palabras intermedias entre los verbos están encerradas en un círculo.

Ejemplos:

Algunas especies puede (que no) sobrevivan en el océano.

Los científicos tienen (que) investigar más el comportamiento de algunas especies.

Práctica dirigida

A. Identifica las palabras intermedias entre los verbos de cada oración.

Ejemplo: El hielo que cubre el océano Ártico llega a tener mucho espesor. *a*

1. El hielo ha de formarse por la congelación del agua de mar.
2. Se forman los glaciares que llegan a ser gigantescos.
3. Trozos de hielo comienzan a flotar en el océano.
4. En el Polo Norte puede que nunca veas la puesta del Sol en invierno.
5. Los científicos nunca dejan de estudiar los fenómenos de la naturaleza.

Práctica individual

Recuerda que entre los verbos auxiliar y principal puede haber una preposición u otra palabra.

B. Escribe las siguientes oraciones. Subraya una vez el verbo auxiliar y dos veces el verbo principal. Encierra en un círculo la palabra intermedia entre los verbos.

6. Los científicos comenzaron a investigar el hábitat de ciertas especies.
7. En ocasiones, esperaban para ver el experimento en su fase final.
8. Algunas especies marinas tienen que atrapar su presa de noche.
9. Otras especies cambian de color cuando están a punto de cazar su presa.
10. Los pescadores tuvieron que disminuir la pesca de ciertas especies.
11. Muchos pescadores tienen que pedir autorización a la compañía pesquera.
12. Muchas especies deben de ser protegidas.
13. Muchas leyes se pusieron a regir para salvar estas especies en peligro.
14. Las langostas y los cangrejos deben de ser pescados con tramperas especiales.
15. La gente no deja de comer estos crustáceos que se consideran un manjar.

Conexión con la escritura

Diario de un escritor: Usar ideas de apoyo
Escoge un tema que sea de tu interés. Escribe un párrafo en el que hables sobre el tema, lo describas y ofrezcas detalles sobre el mismo. Luego escribe tres oraciones más en las que expliques por qué este tema es importante. Vuelve a leer lo que escribiste y busca oraciones en las que aparezcan palabras intermedias entre los verbos auxiliar y principal. Explica a tu compañero qué papel juegan en la oración cada una de estas palabras.

CAPÍTULO 11

Verbos principales y verbos auxiliares

Verbo auxiliar *haber*	
he	había
has	habías
ha	había
hemos	habíamos
han	habían
habría	
habrías	
habríamos	
habrían	

USO Y PUNTUACIÓN
Verbo auxiliar *haber*

El verbo *haber* se usa como auxiliar en las conjugaciones compuestas de todos los verbos.

Como ya sabes, el verbo auxiliar nos da más detalles del verbo principal. Usando el verbo *haber* con el participio (raíz+*ado*, *ido*) de un verbo podemos expresar las acciones en diferentes momentos en que ocurren.

Ejemplos:
La ciencia nos **ha ayudado** a conocer la vida marina.
pasado inmediato

No **habíamos pensado** en los peligros del descuido.
pasado anterior

El verbo *haber* también puede ser verbo principal.

Ejemplo:
Pueden haber muchas formas de cuidar la naturaleza.
pueden verbo auxiliar; *haber* verbo principal

Práctica dirigida

A. Identifica los tiempos compuestos en las siguientes oraciones. Subraya con una línea el verbo auxiliar y con dos líneas el verbo principal.

Ejemplo: La gente siempre ha temido a los huracanes.
            ha temido

1. Algunos huracanes no se han quedado en el océano.
2. Muchos se han movido hacia la costa causando daños.
3. Antiguamente no se habían creado lugares de pronóstico.
4. La gente habría sabido más sobre los huracanes.
5. Actualmente todos hemos tenido que ser más cuidadosos.

134

Práctica individual

Recuerda que el verbo *haber* puede ser verbo auxiliar o verbo principal.

B. Identifica el verbo *haber* como auxiliar o como verbo principal. Subraya una vez cuando es verbo auxiliar y dos veces cuando es verbo principal.

Ejemplos: Los delfines se han adiestrado.
han verbo auxiliar
Las ballenas podrían haber desaparecido.
haber verbo principal

6. Los delfines no se han considerado peces.
7. Habíamos observado delfines en el zoológico.
8. En el acuario pueden haber muchos tipos de tiburones.
9. En el acuario debe haber agua de mar.
10. Los tiburones no habrían vivido sin agua salada.

C. Escribe las siguientes oraciones. Usa la forma correcta del verbo entre paréntesis.

Ejemplo: Los acuarios (ha, han) copiado el paisaje marino. *han*

11. Yo (hemos, he) comprado una pequeña pecera.
12. En la tienda me (han, hemos) vendido peces.
13. Mi padre preguntó, ¿Pueden (haber, había) tiburones en la pecera?
14. ¡No (han, habrían) tenido lugar!
15. ¿Tú (han, has) visto películas con tiburones?

¿LO SABÍAS?
El proceso de medir la profundidad de los océanos es lento. ¡Los científicos estiman que van a necesitar cerca de 125 años para completar el trabajo!

Conexión con la escritura

Diario de un escritor: Organizar ideas
Imagina que eres una ballena. Escribe un párrafo sobre tus actividades diarias. ¿Qué puedes hacer como ballena que los humanos no podemos hacer? Usa el verbo auxiliar *haber* por lo menos en tres oraciones. Después de bosquejar tu párrafo piensa cómo puedes organizarlo. ¿Tienes una oración principal? ¿Las otras oraciones agregan detalles a la oración principal? Revisa tu párrafo cuantas veces sea necesario hasta tener la copia final.

CAPÍTULO 11
Verbos principales y verbos auxiliares

Práctica adicional

A. Escribe los dos verbos en cada oración. Clasifica los verbos como verbo principal o verbo auxiliar. *páginas 130–132*

Ejemplo: Los pingüinos han vivido por siglos en las costas del sur del océano Atlántico.
Han, verbo auxiliar; *vivido*, verbo principal

1. Los pingüinos son aves pero no pueden volar.
2. Deben usar sus aletas y sus patas para nadar.
3. Pueden ser muy veloces cuando nadan.
4. Necesitan nadar para buscar alimento.
5. Prefieren poner sus huevos en las heladas playas.
6. Viven en la costa cuando están criando sus polluelos.
7. Tienen un plumaje espeso que los ha mantenido siempre abrigados.
8. Cuando deben nadar se sumergen hasta lugares muy profundos.
9. Están preparados para vivir en el agua y en la tierra.
10. También pueden ser veloces cuando caminan.

B. Escribe cada oración. Subraya el verbo principal y el verbo auxiliar. Encierra en un círculo las palabras intermedias entre los verbos. *páginas 132–133*

Ejemplo: Los científicos van a hacer muchos descubrimientos en el futuro.
Los científicos <u>van</u> (a) <u>hacer</u> muchos descubrimientos en el futuro.

11. No hace mucho que los científicos comenzaron a usar computadoras.
12. Los científicos marinos van a usar nuevos instrumentos.
13. Ahora llegan a pronosticar grandes tormentas.
14. Pueden observar cuando cambian las corrientes de aire.
15. Los pescadores tienen que estar alertos a los pronósticos del tiempo.

Recuerda
que los verbos auxiliares y los verbos principales trabajan juntos para expresar una acción. El verbo auxiliar *haber* se usa en los tiempos compuestos.

Si deseas practicar más verbos auxiliares y verbos principales, visita *The Learning Site:*
www.harcourtschool.com

C. **Escribe las siguientes oraciones. Usa la forma correcta del verbo auxiliar *haber* entre paréntesis.**
páginas 134–135

Ejemplo: Los científicos (habría, han) descubierto que el suelo marino no es plano. *han*

16. Los antiguos buzos no (ha, habían) llegado a las profundidades.
17. ¿Cómo se (has, ha) conseguido medir la profundidad?
18. Las computadoras (han, habíamos) ayudado en la tarea.
19. Los submarinos (has, habían) contribuido a navegar bajo el agua.
20. ¡Julio Verne se (habría, han) maravillado de ver el fondo del mar!

D. **Escribe la oración y corrige cada error. Si la oración no tiene errores, escribe *Sin error*.** *páginas 134–135*

Ejemplo: Él no han estudiado la vida marina.
Él no ha estudiado la vida marina.

21. Hace poco que se habíamos comenzado a estudiar el fondo marino.
22. Hace algunos años los científicos no ha visto las profundidades.
23. Otros habrían decidido dedicarse a enseñar.
24. Sin los océanos no ha vida en la Tierra.
25. Los océanos siempre habremos sido fuente de misterio.

Conexión con la escritura

Escritura de la vida real: Cómo se debe hacer Imagina que le estás enseñando a un amigo a hacer algo en la playa. Puedes enseñar cómo hacer castillos de arena, nadar con precaución o evitar quemaduras de sol. Dibuja por lo menos cuatro pasos que muestren cómo lo harás. Escribe comentarios aclaratorios. Advierte a tu amigo qué puede ocurrir si no sigue los pasos que sugieres.

CAPÍTULO 11

Verbos principales y verbos auxiliares

Repaso del capítulo

Lee el pasaje. Algunas palabras están subrayadas. Selecciona la frase que mejor describe la palabra subrayada. Escribe la letra de la respuesta correcta.

> La mayoría de la gente no puede (1) pensar en el océano cuando se habla de cultivos. La gente de Asia, sin embargo, (2) ha cultivado el océano durante miles de años. China y otros países asiáticos no son los únicos donde (3) puedes encontrar siembra de peces. Este tipo de cultivo, no obstante, no ha (4) existido siempre. La siembra de peces no (5) había sido popular hasta la década de los 60. No pueden (6) sembrar en aguas profundas. (7) Tienen (8) que hacerlo cerca de la costa o en estanques.

SUGERENCIA
Contesta lo que sabes primero. Luego vuelve y trata de contestar el resto.

1 **A** palabra entre verbos
   B verbo auxiliar
   C verbo principal

2 **F** verbo auxiliar
   G verbo principal
   H palabra entre verbos

3 **A** palabra entre verbos
   B verbo principal
   C verbo auxiliar

4 **F** palabra entre verbos
   G verbo auxiliar
   H verbo principal

5 **A** verbo auxiliar
   B palabra entre verbos
   C verbo principal

6 **F** palabra entre verbos
   G verbo principal
   H verbo auxiliar

7 **A** verbo auxiliar
   B verbo principal
   C palabra entre verbos

8 **F** verbo principal
   G verbo auxiliar
   H palabra entre verbos

Para más preparación para la prueba, visita *The Learning Site:*
www.harcourtschool.com

Trabajo en equipo

ESCUCHAR Y HABLAR

Escuchar y hablar son destrezas importantes en presentaciones y en trabajos en equipo. El trabajo en equipo es más informal que la presentación. En una discusión en grupo, sin embargo, tienes que tomar decisiones sobre un tema. En una presentación, tienes que presentar las decisiones hechas en la discusión en grupo.

Sugerencias para una exitosa discusión en grupo:
- Seleccionar a alguien para ser jefe de la discusión.
- Seleccionar a alguien para escribir las ideas del grupo.
- Expresar ideas o soluciones.
- Respetarse unos a los otros aunque no estén de acuerdo.
- Hacer preguntas sobre lo que no está claro.
- Discutir las ideas. Expresar razones de por qué una solución puede trabajar o no. Resolver con una votación si es necesario.
- Decidir cómo presentar las ideas a una audiencia.

Sugerencias para hablar en un grupo:
- Anota lo que quieres decir.
- Habla claramente.
- Resume tus puntos principales.

AHORA TE TOCA A TI

Trabaja con dos o tres compañeros. Como grupo busquen investigaciones y discutan cómo van a presentar la información a una audiencia de niños de primer grado. En la discusión túrnense para escuchar y hablar. Hagan una lista de los puntos que quieren enseñar y cómo los enseñarían. Por último escriban un párrafo sobre las cosas que el grupo hizo bien.

MODELO DE LITERATURA

Un ensayo de instrucciones explica cómo hacer algo. En esta selección aprenderás a cultivar una planta a partir de una semilla. A medida que lees, piensa qué hace que las explicaciones sean fáciles de entender.

SEMILLAS DE FRUTA

por Angela Wilkes
fotografías de Dave King

Cada vez que comes una fruta, tiras las semillas o la pepita que viene adentro. ¿Has pensado alguna vez en plantarlas? Si les das las condiciones necesarias y tienes paciencia, muchas semillas producirán bellas plantas. La primavera es la mejor época del año para plantar semillas. A continuación aprenderás cómo plantar una semilla de aguacate y podrás verla crecer.

Necesitarás

- Tierra para macetas
- Diferentes semillas y pepas, por ejemplo: semillas de uva, manzana, naranja o limón, la pepa de un melocotón o de un aguacate

HERRAMIENTAS DE JARDINERÍA

CAPÍTULO 12
Ensayo de instrucciones

Qué hacer

1. Remoja las pepas grandes por 24 horas. Pon un poco de tierra en un tazón y échale agua. Remuévelo bien, y luego llena las macetas pequeñas con esa tierra.
2. Planta las pepas de aguacate de manera que un extremo quede por fuera de la tierra apuntando hacia arriba. Planta las semillas en las macetas hundiéndolas como media pulgada en la tierra.
3. Haz una etiqueta que diga qué hay en cada maceta. Pon cada maceta en una bolsa plástica y amarra la bolsa en la parte de arriba. Luego, coloca las macetas en un lugar cálido y oscuro.

El crecimiento de las plantas

Observa las macetas todos los días. En cuanto veas un brote, lleva la maceta a un lugar con luz y quítale la bolsa plástica. Riégala con regularidad con suficiente agua para mantener la tierra húmeda y observa cómo crecen. Aquí puedes ver las primeras etapas del desarrollo de una planta de aguacate.

De pepa a planta

Las pepas de aguacate demoran de seis a siete semanas en brotar. La pepa se abre en dos, una raíz crece hacia la tierra y un brote emerge hacia arriba.

El tallo crece rápidamente y las primeras hojas empiezan a salir. Si te parece que la planta va a crecer muy alto, pellizca el brote en la parte superior. Esto estimula el crecimiento de ramas a lo largo del tallo.

Las primeras hojas crecen bastante en poco tiempo.

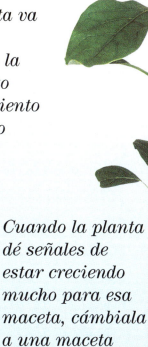

Cuando la planta dé señales de estar creciendo mucho para esa maceta, cámbiala a una maceta más grande.

El poder de las palabras

fron•do•so *adj.*
Abundante en hojas.

Analiza el modelo

1. ¿Cuál es el propósito del autor?
2. ¿Presenta el escritor claramente los pasos a seguir en este proyecto?
3. ¿Por qué los pasos deben seguir un orden en particular?

CAPÍTULO 12
Ensayo de instrucciones

LA LECTURA Y LA ESCRITURA

Partes de un ensayo de instrucciones

Angela Wilkes explicó paso a paso cómo plantar una semilla. Estudia este ensayo escrito por un estudiante llamado Pedro. Observa con atención las partes de su ensayo de instrucciones. Puedes usar como modelo el trabajo de Pedro para escribir tu ensayo.

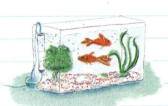

MODELO

oración principal

lista de materiales

detalles

los pasos en orden

Instalar un acuario

¿Te gustaría tener a un pez como mascota, pero no sabes dónde ponerlo? Puedes instalar tu propio acuario. ¡De esta manera!

Necesitarás los siguientes artículos:
- un tanque de vidrio
- una bandeja plástica para el fondo del tanque
- algo de grava o piedras muy pequeñas
- una bomba de aire con un tubo
- filtros para el tubo de aire
- 1 ó 2 peces dorados
- comida para peces

Puedes encontrar la grava y las piedras en un jardín o en la calle. Los demás artículos se pueden comprar en una tienda de mascotas.

Cuando ya tengas todos los materiales, debes limpiarlos muy bien y dejarlos secar en una superficie plana. Luego, sigue estos pasos:

1. Primero, pon la bandeja plástica en el fondo del tanque. Coloca el agarrador de plástico, del tubo de aire, dentro del hoyo de la bandeja.

2. Ahora, pon el filtro en uno de los extremos de la manguera. Desliza la manguera por

dentro del agarrador de plástico y engancha el otro extremo a la bomba de aire.

3. Luego, esparce la grava uniformemente sobre la bandeja.

4. Llena el tanque con agua.

5. Finalmente, enciende la bomba de aire. Deja el agua reposar por una hora y después pon los peces en el tanque. Dales de comer y ¡mira cómo nadan! Te gustará verlos.

— los pasos en orden

— descripción del resultado final

Analiza el modelo

1. ¿Cuál es el propósito de Pedro al escribir este ensayo?
2. ¿Cuál crees que sea la audiencia de Pedro?
3. ¿Qué hizo Pedro para que los pasos fueran claros para el lector?

Resume el modelo

Usa un organizador gráfico como el que se muestra aquí para resumir el ensayo de Pedro. Incluye lo más importante y excluye los detalles.

Materiales

Dónde conseguir lo que necesitas

Qué hacer
1.
2.
3.
4.

El arte de escribir

Organizar la información En el ensayo de Pedro aparecen organizados los pasos en un orden lógico, enumerados y presentados con palabras que indican secuencia. ¿Qué pasaría si Pedro cambiara el orden de los pasos? ¿Cómo sería el ensayo de Pedro si no tuviera los números ni las palabras que indican secuencia?

145

CAPÍTULO 12
Ensayo de instrucciones

Antes de escribir

El propósito y el público

En este capítulo escribirás un ensayo en el que dirás a tus compañeros cómo hacer algo.

TEMA DE ESCRITURA Escribe un ensayo de instrucciones que les enseñe a tus compañeros a hacer algo utilizando materiales encontrados en la naturaleza. Por ejemplo, ¿sabes cómo usar conos de pino para hacer una corona? Empieza con una oración que atraiga al lector. Asegúrate de poner los pasos en un orden lógico y usa palabras que indiquen secuencia.

Antes de empezar, piensa en tu propósito y audiencia. ¿Quiénes serán tus lectores? ¿Qué te gustaría que tu ensayo les enseñara a hacer?

MODELO

Pedro comenzó pensando en varios proyectos que le gustaría enseñar a otros. Él decidió explicar cómo instalar un acuario. Hizo una lista con todos los artículos que eran necesarios. Luego, escribió los pasos. Pedro sabía que luego necesitaría agregar más información.

Estrategias que usan los buenos escritores

- Decide tu propósito y audiencia.
- Haz una lista completa de los materiales del proyecto y los pasos a seguir.
- Piensa en buenas ideas para hacer claras tus instrucciones.

Propósito: instalar un acuario
Audiencia: niños y niñas pequeños

Materiales: tanque de vidrio, grava, bandeja plástica para el tanque, bomba de aire con tubo, filtros para el tubo de aire, peces, comida para peces

Pasos: recoger la grava, comprar los otros artículos, limpiar los materiales, poner la bandeja en el fondo del tanque, colocar el filtro de aire, llenar el tanque y poner los peces.

AHORA TE TOCA A TI

Elige un tema que incluya objetos de la naturaleza. Organiza tus ideas en una tabla.

146

Bosquejo

CAPÍTULO 12
Ensayo de instrucciones

Organización y elaboración

Sigue estos pasos para organizar tu ensayo:

PASO 1 Presenta la actividad
Trata de llamar la atención de tu audiencia haciendo preguntas o sorprendiéndolos con una afirmación. Luego explica el propósito de tu ensayo.

PASO 2 Haz una lista de los materiales necesarios
Haz una lista clara que incluya todos los materiales. Usa ilustraciones si es posible.

PASO 3 Explica en orden todos los pasos
Escribe los pasos. Enuméralos o usa palabras que indican secuencia para mostrar claramente el orden de los pasos. Incluye sugerencias para hacer el trabajo más fácil. Usa ilustraciones.

PASO 4 Describe el resultado final del proyecto
Habla sobre el valor o beneficios del proyecto, y comenta por qué valió la pena hacerlo.

MODELO

Éste es el comienzo del ensayo de Pedro. ¿Cómo trató de atraer la atención de su audiencia? ¿Cuál es el tema?

> ¿Te gustaría tener a un pez como mascota, pero no sabes dónde ponerlo? Puedes instalar tu propio acuario. ¡De esta manera!

AHORA TE TOCA A TI

Ahora comienza a escribir tu ensayo siguiendo los pasos anteriores. Revisa las notas y la tabla que hiciste en "Antes de escribir".

Estrategias que usan los buenos escritores

- Comienza atrayendo la atención de los lectores y diciéndoles qué van a aprender.
- Haz una lista de los materiales que se necesitan.
- Organiza los pasos en el mejor orden.
- Usa palabras que indican secuencia.

 Usa una computadora para hacer un bosquejo de tu ensayo. Cuando hayas escrito los pasos, puedes cambiarlos de orden si es necesario. Usa el ratón para resaltar y arrastrar el texto que desees mover.

CAPÍTULO 12

Ensayo de instrucciones

Revisar

Organización y elaboración

Vuelve a leer tu ensayo con atención. Hazte estas preguntas:

- ¿Presenté bien mi ensayo?
- ¿Incluí en la lista todos los materiales necesarios?
- ¿Usé ilustraciones para acompañar la lista de materiales?
- ¿Son mis pasos fáciles de seguir y tienen un orden lógico?

MODELO

Ésta es una parte del ensayo de Pedro. Podrás darte cuenta de que agregó más detalles. También explicó dónde conseguir los materiales de la lista.

> Necesitarás los siguientes artículos:
> - un tanque ^{de vidrio}
> - una bandeja plástica ^{para el fondo del tanque}
> - algo de grava ^{o piedras muy pequeñas}
> - una bomba de aire ^{con un tubo}
> - filtros para el tubo de aire
> - 1 ó 2 peces dorados
> - comida para peces
>
> Puedes encontrar la grava ^{y las piedras} en un jardín ^{o en la calle.} ~~pero debes comprar~~ los demás artículos.
> ^{se pueden comprar en una tienda de mascotas}

AHORA TE TOCA A TI

Vuelve a leer tu ensayo para verificar que has incluido todos los materiales necesarios y has puesto los pasos en el orden correcto. Si lo deseas, intercambia bosquejos con un compañero o compañera y comenten entre ustedes su trabajo.

Estrategias que usan los buenos escritores

- Elimina frases o palabras que podrían ser confusas.
- Agrega pasos para hacer la escritura más clara.
- Ordena los pasos de la manera más lógica.
- Agrega fotografías o ilustraciones para que los pasos sean más claros.

Si has hecho tu ensayo en la computadora, podrás usar la función <u>cut</u> o <u>paste</u> para organizar tus materiales.

Corregir

CAPÍTULO 12

Ensayo de instrucciones

Verificar tu uso del idioma

Cuando corrijas, presta atención a los errores de gramática, ortografía, puntuación y uso de las mayúsculas. Si no corriges estos errores, tus lectores podrían tener dificultades para seguir tus instrucciones.

MODELO

Observa esta otra parte del ensayo de Pedro. Después de revisar su escrito, lo corrigió. ¿Qué correcciones hizo?

Cuando ya tengas todos los materiales, debes ~~limpiarlas~~ *limpiarlos* muy bien y dejarlos secar en una superficie plana. Luego, sigue estos pasos:

1. Primero, pon la ~~bendeja~~ *bandeja* plástica en el fondo del tanque. Coloca el agarrador de plástico del tubo de aire dentro del ~~hollo~~ *hoyo* de la bandeja.

2. ahora, ~~P~~on el filtro en ~~una~~ *uno* de los extremos de la manguera. Desliza la manguera por ~~dento~~ *dentro* del agarrador de plástico y ~~E~~ngancha el otro extremo a la bomba de aire.

3. Luego, esparce la ~~graba~~ *grava* uniformemente sobre la ~~bendeja~~ *bandeja*.

4. Llena el tanque con agua.

5. ~~Finalmentes~~ *Finalmente*, enciende la ~~B~~omba de ~~A~~ire.

AHORA TE TOCA A TI

Al corregir tu ensayo revisa:
- la gramática y ortografía.
- la puntuación y el uso de las mayúsculas.
- que la lista de materiales y pasos esté completa.

Estrategias que usan los buenos escritores

- Cuida tu puntuación y tu uso de las mayúsculas.
- Asegúrate de que hay concordancia de género y número.
- Revisa el uso de los verbos ser y estar.

Marcas editoriales

𝒴	Borrar texto
∧	Añadir texto
⟿	Mover texto
¶	Párrafo nuevo
≡	Mayúscula
/	Minúscula
◯	Corregir ortografía

149

CAPÍTULO 12
Ensayo de instrucciones

Publicar

Compartir tu trabajo

Ahora puedes publicar tu ensayo de instrucciones. Responde estas preguntas para ayudarte a decidir cuál es la mejor manera de compartir tu trabajo.

1. ¿Cuál es tu audiencia? ¿Cuál es la mejor manera de publicar tu ensayo para que tu audiencia pueda verlo?
2. Piensa en tu audiencia. Luego, decide si debes escribir tu ensayo en letra imprenta o en cursiva. De cualquier manera, asegúrate de que tu letra sea clara y fácil de leer.
3. ¿Cuál es la mejor manera de hacer ilustraciones para tu ensayo? ¿Puedes dibujarlas? ¿Puedes incluir fotografías? ¿Puedes trabajar con la computadora?

USANDO TU Manual

- Usa las pautas de la página 507 para evaluar tu ensayo.

Reflexionar sobre tu escritura

 Usar tu portafolio ¿Qué aprendiste en este capítulo sobre tu habilidad para escribir? Escribe tu respuesta a cada una de las siguientes preguntas.

1. ¿Piensas que tu ensayo fue apropiado para tu audiencia? ¿Por qué?

2. Usando las pautas de evaluación dadas en tu manual, ¿qué puntaje le darías a tu escrito? ¿Qué lo hace fuerte? ¿Qué lo hace débil?

Escribe tus respuestas y archívalas en tu portafolio junto con tu ensayo. Luego, vuelve a leer los trabajos que has guardado en el portafolio. Escribe una oración que exprese lo que consideras que es más fuerte en tu capacidad para escribir. Después, escribe una oración que hable sobre lo que te gustaría mejorar.

Gráficas de computadoras

TECNOLOGÍA

Cuando Pedro terminó su ensayo decidió que podría hacerlo más claro agregando **gráficas de computadora**. Tú también puedes hacer dibujos o tablas para hacer tu ensayo más fácil de entender.

PASO 1 Elige uno o dos pasos de tu ensayo que pienses que puedes explicar más claramente con una ilustración o un diagrama. Quizás quieras hacer un diagrama para todos los pasos.

PASO 2 Decide qué tipo de ilustración te gustaría hacer. Elige una herramienta de la barra de herramientas gráficas. Si prefieres dibujar, elige una herramienta de dibujo. Si quieres hacer un diagrama, usa cajas o líneas rectas.

PASO 3 Crea un diagrama, una tabla u otra imagen que ilustre bien tu ensayo. Asegúrate de que tu gráfica tenga el tamaño apropiado para ser insertada en tu ensayo.

PASO 4 Imprime tu gráfica. Recorta la gráfica y pégala cerca del texto que ilustra. Si lees tu ensayo en voz alta, debes mostrar la gráfica a tu audiencia cuando leas esa parte de tu ensayo.

SUGERENCIA **Estrategias para computadoras**

He aquí algunas sugerencias para usar un programa de gráficas:
- Los programas sencillos de gráficas contienen cuadros, cajas, líneas y flechas. Puedes cambiar o combinar esos diseños para crear ilustraciones para tu ensayo.
- Cuando dibujes una línea sostén el ratón hasta que la hayas terminado.
- Haz clic en la esquina de la gráfica para cambiarle el tamaño. Haz clic en el centro de la gráfica y arrástrala para moverla.

Unidad 2
Repaso de gramática
CAPÍTULO 7
Más sobre los sustantivos
páginas 92–101

Sustantivos comunes y propios
páginas 92–93

Lee las oraciones. Escribe para decir si las palabras subrayadas son sustantivos comunes o propios.

1. El centro de salud está cerca del circuito de gimnasia de Central Park.
2. Adam Chang trabaja aquí los lunes.
3. Él ayuda a la gente a planear sus ejercicios los fines de semana.
4. Los martes le enseña a Allison a levantar pesas.
5. Todos los que van al gimnasio quieren tener un cuerpo sano.

Sustantivos en singular y en plural
páginas 94–95

Lee las oraciones. Escribe para decir si los sustantivos subrayados están en singular o en plural.

6. Todos los huesos juntos forman el esqueleto.
7. El esqueleto protege al corazón y a otros órganos.
8. El corazón bombea sangre a los músculos.
9. Los músculos se contraen y se expanden cuando se mueven.
10. La sangre lleva oxígeno.
11. Cuando hacemos ejercicio, nuestros músculos necesitan más oxígeno.
12. Nuestro corazón trabaja para bombear la sangre.
13. Nuestros pulmones trabajan para absorber oxígeno.
14. Adonis ayuda a Guillermo a fortalecer su corazón.
15. Un corazón sano significa una vida duradera.

Abreviaturas y títulos
páginas 96–97

Escribe las oraciones. Corrige las abreviaturas.

16. Anselmo tomó clases con el dr Hakura.
17. La clase será en el hospital s. Rafael, en la av. Tres.
18. La clase era de 2 PM a 3 PM.
19. El curso fue del 2 de En. al 3 de Feb.
20. La sra Pinto y el sr. Mercado estaban en la clase.

Unidad 2
Repaso de gramática
CAPÍTULO 8

Artículos, conjunciones e interjecciones

páginas 102–111

Artículos *páginas 102–103*

Lee las oraciones. Vuelve a escribirlas, cambiando el artículo subrayado por el artículo correspondiente.

1. El pájaro oficial del estado de California es <u>el</u> codorniz.
2. <u>La</u> cuerpo de <u>un</u> codorniz es muy pequeño.
3. Los machos tienen que cuidar a <u>el</u> familia.
4. <u>El</u> niña mira con atención la sombra de <u>una</u> gato.
5. Andrés ha visto codornices en <u>la</u> patio de María.

Conjunciones *páginas 104–105*

Lee las siguientes oraciones. Elige la conjunción adecuada de las dos que hay entre paréntesis.

6. Ayer vimos perros (y, o) gatos peleándose.
7. Entre unos (y, o) otros, nadie limpió la mesa.
8. Dame siete (o, u) ocho pesos para comprar pan.
9. Ni mi hermano (y, ni) yo escuchamos el despertador.
10. Ésta es la toalla (que, o) estaba sucia.
11. Te lo avisé, (e, y) incluso te lo avisó Fermín.
12. La plata (u, y) el oro son metales preciosos.
13. Marisa (o, y) su madre fueron de compras.
14. Me lo repitió tres veces, (más, pero) no lo creí.
15. Decir *aproximadamente* es como decir *más* (y, o) *menos*.

Interjecciones *páginas 106–107*

Lee las oraciones. Escribe los signos de admiración donde sea necesario.

16. Mi padre dijo: Vaya lío has armado
17. "Aquello sí que me enfadó", pensó furioso Martín.
18. —Barco a la vista, —gritaron desde proa.
19. Oh ¿Cómo no me avisaste antes?
20. Atrapen al ladrón

Unidad 2
Repaso de gramática
CAPÍTULO 10
Verbos principales y verbos copulativos
páginas 120–129

Verbos de acción   *páginas 120–121*

Escribe las oraciones. Subraya los verbos de acción.

1. Las rocas se funden cerca del interior de la Tierra.
2. La presión y el calor crean los diamantes y otras gemas.
3. La presión aumenta en las montañas.
4. Una enorme capa de rocas forma la corteza de la Tierra.
5. La corteza de la Tierra cambia en el transcurso de miles de años.
6. Las olas del océano convierten las rocas en arena.
7. Los ríos y riachuelos arrastran las piedras y la arena cuesta abajo.
8. Los científicos le llaman *erosión* a este proceso.
9. Las capas superiores presionan a las capas inferiores.
10. La presión convierte la arena en roca.

Verbos copulativos   *páginas 122–123*

Escribe los verbos copulativos de cada oración. Escribe la palabra o palabras del predicado que están conectadas al sustantivo por medio del verbo copulativo.

11. Algunas partes de la corteza terrestre están en movimiento.
12. Algunos científicos sienten curiosidad por los terremotos.
13. Muchos científicos están interesados en aprender más.
14. Los científicos conocen algunos indicios previos de los terremotos.
15. Aun así, es difícil saber de antemano todo sobre los terremotos.

Usar formas del verbo *ser*   *páginas 124–125*

Escribe la forma adecuada del verbo *ser* que aparece entre paréntesis y completa cada oración correctamente.

16. Los sismógrafos (son, están) instrumentos que miden los terremotos.
17. Ayer vimos un sismógrafo que (será, era) del siglo pasado.
18. Los tres sismólogos (eran, estaban) de allí.
19. Los expertos (son, están) de Canadá.
20. Yo (estoy, soy) una mujer curiosa.

Unidad 2
Repaso de gramática
CAPÍTULO 11
Verbos principales y verbos auxiliares páginas 130–139

Verbos principales y verbos auxiliares   páginas 130–131

Escribe las oraciones. Subraya una vez el verbo auxiliar y dos veces el verbo principal.

1. Los científicos están estudiando la vida del océano.
2. Esos científicos son conocidos como biólogos marinos.
3. Ellos pueden examinar el estómago de los peces.
4. De esa manera, los científicos pueden saber lo que comen los peces.
5. Los biólogos marinos pueden determinar la edad de los peces.
6. Ellos han estudiado los huesos de los peces.
7. Un científico ha calculado el tamaño promedio de cierto pez.
8. Otro científico ha pesado a muchos de estos peces.
9. Los barcos de pesca tienen limitada la zona donde pescar.
10. Esos límites han ayudado a conservar ciertas especies.

Más sobre verbos principales y verbos auxiliares   páginas 132–133

Escribe las oraciones. Subraya una vez el verbo auxiliar y dos veces el verbo principal. Encierra en un círculo la palabra que aparece entre estos dos verbos.

11. Los arrecifes de coral están siendo examinados.
12. Los arrecifes no están situados en aguas frías y oscuras.
13. Los arrecifes se encuentran en aguas soleadas y templadas.
14. Los arrecifes están formados de coral y de animales vivos y muertos.
15. Los arrecifes han proporcionado alojamiento a otras especies.
16. El buceo no se aconseja a cualquier persona.
17. Algunos buceadores no van a explorar los barcos hundidos.
18. Ellos no piensan arriesgar su vida.
19. Ellos no deben correr peligros.
20. Los buceadores no pueden ver bien en las aguas oscuras.

Unidad 2
Conclusión

Escribir sobre otras materias: Ciencias

Un pie cuadrado del mundo

Un ecosistema está compuesto de una comunidad de seres vivientes y del lugar, o ambiente, donde viven. ¿Cómo se ayudan entre sí el ambiente y los seres vivientes para sobrevivir? Averígualo y comparte lo que hayas aprendido con tus compañeros de clase. Los pasos que a continuación se enumeran te servirán de ayuda.

Escoge un ecosistema para estudiarlo

- Lleva una regla y un cordel a un campo, al patio o a un parque cercano.
- Marca un espacio de un pie cuadrado con el cordel.
- Haz un dibujo del ecosistema. ¿Cómo luce? ¿Qué cosas viven en él?

Observa el ecosistema atentamente

- Visita el ecosistema varias veces. Observa atentamente los insectos, los animales y las plantas que lo habitan o lo visitan.
- Anota tus observaciones en una tabla. Escribe el día y la hora. Di qué seres vivientes viste y lo que hacían.

Investiga y escribe un informe

- Investiga en una enciclopedia o en la Internet las maneras en que los seres vivientes y su ambiente interactúan entre sí. Escribe un informe en el que expliques esta interacción.

Comparte tu informe

- Comparte tu informe con los compañeros de clase.

Libros de lectura

El gran capoquero
por Lynne Cherry
FICCIÓN

Un leñador penetra en la selva tropical para cortar un capoquero. Mientras descansa al pie del árbol los animales que allí viven se acercan para decirle cómo es de valioso el árbol.

Salvaje corría un río
por Lynne Cherry
NO FICCIÓN

Con el tiempo el río Nashua se hizo sucio, maloliente y oscuro. Una mujer, Marion Stoddart, decidió limpiar el río y convencer al gobierno de que le ayudara en su tarea.

En el bosque seco de Guánica
por Ángel Luis Torres
FICCIÓN

Todos esperan a la anciana tortuga, Don Carey. Él llega medio muerto a causa de un derrame de petróleo. Les explica que el bosque es un tesoro único que se debe proteger.

Repaso acumulativo

Unidad 1

Oraciones

Oraciones   *páginas 24–29*

Escribe la oración. Indica si la oración es *declarativa, imperativa, interrogativa o exclamativa.*

1. Yo quiero ser un biólogo de vida silvestre.
2. ¿Sabes lo que hace un biólogo de vida silvestre?
3. Ella normalmente trabaja para proteger a los animales.
4. ¡Qué empleo más maravilloso es ése!
5. Trabaja duro en tus clases de ciencias.

Sujetos/Sustantivos   *páginas 34–39*

Escribe la oración. Subraya el sujeto completo.

6. Marni quiere ser escritora.
7. Ella y su hermana escriben para el periódico de la escuela.
8. La escritura de Marni es muy buena.
9. Sus artículos también se publican en el periódico del pueblo.
10. Los padres de Marni están muy orgullosos de ella.

Predicados/Verbos   *páginas 52–57*

Escribe la oración. Subraya el predicado completo.

11. Los padres de Liv administran una ferretería.
12. Su mamá y su papá trabajan muy duro.
13. Ellos venden pintura y hacen llaves.
14. La gente compra y alquila materiales allí.
15. La ferretería es importante para la comunidad.

Oraciones simples y compuestas   *páginas 62–67*

Escribe la oración. Indica si la oración es *simple o compuesta.*

16. En nuestra región hay fincas y un pueblo.
17. Alguna gente vive en el pueblo, pero otros prefieren el campo.
18. Los granjeros tienen ganado y cosechas.
19. Se reúnen en el mercado o en la cafetería local.
20. Todos se conocen aquí.

Más sobre los sustantivos *páginas 92–97*

Subraya cada sustantivo y escribe si es común o propio.

1. Hubo un terremoto cerca de San Diego.

2. El reportero dijo que el terremoto no fue muy fuerte.

3. La vitrina del restaurante Panini se rompió.

4. Los perros y los gatos estaban aterrorizados.

5. Se hicieron grandes grietas en la calle Pine.

Sustantivos en singular y en plural *páginas 102–107*

Escribe la oración. Subraya el sustantivo y escribe si es *singular* o *plural*.

6. La tundra del Ártico sirve de hogar a muchos animales.

7. Los osos polares viven en el frío norte.

8. El oso polar por lo general come focas.

9. Las focas habitan en las frías aguas árticas.

10. Los habitantes de estas aguas también incluyen las ballenas.

Verbos principales y copulativos

páginas 120–125

Escribe la oración. Subraya el verbo y clasifícalo como un *verbo de acción* o un *verbo copulativo*.

11. El volcán Monte Vesubio hizo erupción hace cientos de años.

12. Nadie esperaba la erupción.

13. La explosión fue repentina.

14. La gente huyó aterrorizada.

15. El volcán luce tranquilo ahora.

Verbos principales y auxiliares

páginas 130–135

Escribe la oración. Subraya el verbo auxiliar una vez y el principal dos veces.

16. Los sismólogos pueden predecir un terremoto.

17. Sin embargo, ambos no pueden tener la razón.

18. Un terremoto puede ocurrir inesperadamente.

19. Tú debes saber de las fallas geológicas.

20. Entonces debes tener listo un plan de emergencia.

Repaso acumulativo

Unidad 2

Más sobre sustantivos y verbos

Repaso acumulativo

Unidades 1–2

STANDARDIZED TEST PREP

Verbos en tiempo presente

Lee el pasaje. Encierra en un círculo la letra o grupo de letras que corresponde en cada espacio.

> La ciudad de Bruges en Bélgica __(1)__ uno de los lugares más hermosos del mundo. Está llena de canales, __(2)__ magníficos puentes cruzan estos canales. Tú __(3)__ necesitas un auto para ver Bruges. Todos los puntos de interés __(4)__ a poca distancia. Puedes caminar, __(5)__ puedes tomar un bote por los canales. También __(6)__ museos, iglesias y tiendas de encajes para ver. Probablemente tú nunca __(7)__ otro lugar como éste. Si viajas a Bélgica, no __(8)__ perder Bruges.

1 A soy
   B es
   C son
   D no son

2 F y
   G pero
   H o
   J son

3 A pero
   B si
   C ni
   D no

4 F estoy
   G estaban
   H está
   J están

5 A son
   B pero
   C o
   D es

6 F soy
   G es
   H hay
   J hubo

7 A visitas
   B visites
   C visita
   D visitar

8 F debes
   G debe
   H deben
   J deberían

Escritura

Usa este párrafo para responder las preguntas 1–4.

> (1) Comienza por quedarte sentada y quieta por unos minutos. (2) Pon tus dedos índice y medios en tu pulso. (3) También tienes pulso en tu cuello. (4) Encuentra tu pulso en tu muñeca. (5) Cuenta los latidos de tu corazón durante 30 segundos. (6) Multiplícalos por dos para saber cuantas veces por minuto late tu corazón.

1 Elige la mejor oración para comenzar el párrafo.

- **A** Sigue estos simples pasos para tomar el pulso.
- **B** No uses el pulgar para tomar el pulso.
- **C** ¿Haces suficiente ejercicio?
- **D** Debemos tener un corazón sano.

2 ¿Cuál oración no debe ser parte del párrafo?

- **F** Cuenta los latidos durante unos minutos.
- **G** Comienza por sentarte y estar quieta por varios minutos.
- **H** También tienes pulso en el cuello.
- **J** Pon los dedos índice y medio en el pulso.

3 ¿Dónde sería el mejor lugar para la oración 4?

- **A** Antes de la oración 6
- **B** Antes de la oración 2
- **C** Antes de la oración 4
- **D** Después de la oración 6

4 Elige la mejor oración para terminar el párrafo.

- **F** Si el número es muy alto, descansa y vuelve a chequear.
- **G** Ahora puedes hacer ejercicios.
- **H** Los latidos aumentan cuando haces ejercicios.
- **J** Debes tener suficiente descanso.

161

Unidad 3

Gramática Más sobre los verbos

Escribir Escritura persuasiva

CAPÍTULO 13
Verbos en tiempo presente 164

CAPÍTULO 14
Verbos en tiempo pasado 174

CAPÍTULO 15
El arte de escribir: Oraciones efectivas
Escribir una carta comercial
    persuasiva 184

CAPÍTULO 16
Verbos en tiempo futuro 192

CAPÍTULO 17
Verbos irregulares 202

CAPÍTULO 18
Proceso de escritura completo
Escribir un ensayo persuasivo 212

CAPÍTULO 13

Verbos en tiempo presente

El poder de las palabras

lien•zo *s.* Pedazo de tela especialmente preparada para el trabajo del pintor. Se le llama *lienzo* también a la propia pintura.

Tiempos verbales

El tiempo de un verbo indica cuándo ocurre la acción.

Los verbos tienen diferentes tiempos. Un tiempo verbal indica si la acción ocurre en el pasado, en el presente o en el futuro.

Ejemplos:

Presente: La pintora **trabaja** en su cuadro.

Pasado: Ayer, **trabajó** toda la tarde.

Futuro: Mañana **trabajará** mucho para tener el cuadro listo para la exposición.

El verbo en presente indica que la acción está ocurriendo ahora. El verbo en pasado indica que la acción ya ocurrió. El verbo en futuro indica que la acción va a ocurrir. Cada verbo tiene su propia serie de terminaciones verbales, según el tiempo y la persona que realice la acción (yo, tú, él, ella, usted, nosotros, nosotras, ellos, ellas, ustedes).

Práctica Dirigida

A. Identifica el tiempo de cada verbo subrayado (*presente, pasado* o *futuro*).

Ejemplo: La Srta. Campos nos enseña arte.
presente

1. Cada estudiante muestra las cosas que hizo.
2. Zack muestra los animales que esculpió en jabón.
3. Julio moldeó estatuas de personas.
4. Tammi dibuja retratos de sus amigos.
5. A veces, ella copia pinturas de un libro.
6. Lupe quiere ser artista cuando sea grande.
7. Ella asistirá a clases vocacionales en el museo.
8. Ella se adiestrará en diferentes técnicas artísticas.
9. El año pasado, ella aprendió a hacer dibujos al pastel.
10. Este año, ella aprenderá a pintar sobre un lienzo.

Práctica individual

B. Escribe el tiempo del verbo subrayado.

Ejemplo: Maya <u>hace</u> collages en papel.
presente

11. Ayer ella <u>eligió</u> una hoja grande de cartulina.

12. En este momento, <u>pega</u> decoraciones sobre el papel.

13. Ahora <u>esparce</u> acuarelas sobre el brillo.

14. Pronto <u>recortará</u> figuras en papel de colores.

15. Luego ella <u>pondrá</u> las figuras en su collage.

C. Escribe las siguientes oraciones. De los verbos que aparecen entre paréntesis, usa el que mejor dé sentido a la oración.

Ejemplo: La semana pasada, nuestra clase (estudia, estudió) arte.
La semana pasada nuestra clase estudió arte.

16. El lunes pasado (vimos, vemos) una película sobre arte.

17. El artista africano (talló, talla) máscaras el año pasado.

18. Él (espera, esperará) venderlas.

19. El martes pasado, (fuimos, vamos) a ver una película sobre artistas en acción.

20. En una escena de la película, un pintor mexicano (desplegó, desplegará) un lienzo.

Recuerda

que el tiempo de un verbo indica cuándo ocurre una acción: en el presente, en el pasado o en el futuro.

Conexión con la escritura

Tecnología En grupos pequeños, efectúen una visita virtual a un museo de arte a través de un recorrido por su página web en Internet. Después de la visita, escriban tres oraciones sobre el museo. Usen los tres tiempos verbales para contar algo sobre la historia del museo, lo que el museo es o tiene actualmente y sus planes futuros.

CAPÍTULO 13

Verbos en tiempo presente

Un verbo en presente indica que la acción está ocurriendo ahora o se repite a menudo.

Acción que está ocurriendo ahora: El pintor pinta un cuadro.

Acción que se repite: Yo siempre uso pintura azul.

El presente se forma añadiendo a la raíz de los verbos las terminaciones **o** *(yo)*, **as**, **es** *(tú)*, **a/e** *(él, ella, usted)*, **amos, emos, imos** *(nosotros)*, **an, en** *(ellos, ellas, ustedes)*

Sujetos	Verbos en tiempo presente
Él, Ella, Usted o sustantivo en singular	pinta y esculpe.
Ellos, Ellas, Ustedes o sustantivo en plural	pintan y esculpen.
Tú	pintas y esculpes.
Yo	pinto y esculpo.
Nosotros	pintamos y esculpimos.

Ejemplos:

Saúl, ¿tú **usas** los colores brillantes?

Los artistas **mezclan** rojo y amarillo, y obtienen anaranjado.

Práctica dirigida

A. Subraya el verbo que está en presente.

Ejemplo: La escultora forma figuras en arcilla. *forma*

1. La escultora usa un instrumento llamado cincel.
2. Ella golpea el cincel con un martillo.
3. El cincel corta la madera o la piedra.
4. Muchos escultores copian modelos en arcilla.
5. Nosotros aprendemos a dibujar con un artista.

Práctica individual

B. Vuelve a escribir las siguientes oraciones. Subraya el verbo que está en presente.

Ejemplo: Mi hermano y yo estudiamos las pinturas y esculturas de los museos.
Mi hermano y yo <u>estudiamos</u> las pinturas y esculturas de los museos.

6. Nosotros disfrutamos mucho del arte.
7. Rosa dibuja retratos.
8. Él moldea figuras en arcilla.
9. Él estudia las estatuas en los museos.
10. Sus esculturas se ven maravillosas en la repisa.

C. Escribe las siguientes oraciones. Usa en presente el verbo que está entre paréntesis.

Ejemplo: Un pintor (buscar) un objeto para pintarlo.
busca

11. Ella (escoger) un paisaje con árboles y flores.
12. En este paisaje yo (ver) la belleza de la naturaleza.
13. El joven (colocar) su caballete en la playa.
14. Él (dibujar) el océano.
15. Alguien (observar) cómo trabaja el artista.

> **Recuerda**
> que las terminaciones del verbo en presente para "él", "ella" o un sustantivo en singular son *a* y *e*. Añade *n* cuando el sujeto esté en plural.

Conexión con la escritura

Diario de un escritor: Evaluar la escritura
Los artistas se valen del arte para mostrar la belleza y para expresar sus ideas acerca de culturas, épocas y lugares donde viven. ¿Coincide esta afirmación con lo que tú piensas acerca del arte y la creatividad? Explica por qué estás o no de acuerdo con esta afirmación. Usa verbos en presente en tu respuesta.

Matisse era un famoso pintor francés. Él pintó este cuadro, llamado *La pecera*.

CAPÍTULO 13
Verbos en tiempo presente

USO Y PUNTUACIÓN
Concordancia entre el sujeto y el verbo

Todo verbo debe concordar en número con el sujeto de la oración. Si el sujeto está en singular, usa el verbo en singular. Si el sujeto está en plural, usa el verbo en plural.

Sujeto	Verbos en tiempo presente
Singular: él, ella, usted o sustantivo en singular	el verbo termina en *a* o en *e*
Plural: ellos, ellas, ustedes o sustantivo en plural	se añade *n* a las terminaciones del singular

El plural de los verbos y el de los sustantivos se forman de manera diferente. En los sustantivos, se añade *s* o *es* a la terminación del singular. Si la palabra termina en *z*, ésta se cambia a *c* (como en *peces*, el plural de *pez*).

Ejemplos:
Un escultor **usa** arcilla para hacer un modelo.
Los escultores **usan** arcilla para hacer sus modelos.

Práctica dirigida

A. Identifica el sujeto y el verbo en cada oración. Clasifica el verbo como singular o plural.

Ejemplo: Los artistas usan su imaginación.
sujeto: *artistas*; verbo: *usan*; plural

1. Esta foto muestra caballos azules.
2. Franz Marc imagina caballos azules.
3. El pintor expresa los sentimientos que le inspiran los caballos.
4. En muchas pinturas, los colores representan sentimientos.
5. A menudo las pinturas oscuras transmiten temor o misterio.

¿LO SABÍAS?
El pintor Franz Marc nació en Münich en 1880. Es conocido principalmente por sus cuadros de animales. En 1911, pintó este cuadro titulado *Los grandes caballos azules*.

Práctica individual

B. Escribe las siguientes oraciones. Usa el verbo que complete correctamente cada oración.

Ejemplo: Los escultores (crea, crean) estatuas para representar personas.
Los escultores crean estatuas para representar personas.

6. Algunas esculturas (muestran, muestra) personajes famosos.
7. Los artistas también (hacen, hace) retratos de gente común.
8. Un retrato a menudo (revelan, revela) los sentimientos del artista hacia la persona retratada.
9. Esta estatua (representan, representa) a un guerrero.
10. El guerrero (parecen, parece) una persona muy valiente y audaz.

C. Escribe las siguientes oraciones. Escribe en los espacios en blanco la forma correcta en presente del verbo que está entre paréntesis.

Ejemplo: Yo _____ los móviles. (observar)
Yo observo los móviles.

11. Del techo de nuestro salón de clases _____ un móvil. (colgar)
12. Todos los salones de clases _____ móviles. (tener)
13. En la escuela _____ móviles con alambre. (hacer)
14. Los estudiantes _____ figuras en cartulina. (recortar)
15. Luego _____ las figuras con acuarelas. (pintar)

> **Recuerda** que el verbo concuerda con el sujeto. Si el sujeto está en singular, el verbo debe estar en singular. Si el sujeto está en plural, el verbo debe estar en plural.

Conexión con la escritura

El arte de escribir: Verbos de acción Trabaja con un compañero para escribir un párrafo en el que hagan una crítica a una obra de arte. Seleccionen la obra juntos y hablen sobre ella antes de escribir. Comenten lo que les gusta y lo que les disgusta de la obra, y lo bonito o interesante de la misma. Usen verbos que expresen con fuerza y claridad la obra.

CAPÍTULO 13
Verbos en tiempo presente

Práctica adicional

Recuerda

que un verbo en tiempo presente indica una acción que está ocurriendo ahora. Un verbo debe concordar con el sujeto.

A. **Identifica el verbo en cada oración. Escribe si la acción tiene lugar en el pasado, el presente o el futuro.** *páginas 164–165*

   Ejemplo: Muchas personas admirarán estos cuadros.
   admirarán, futuro

   1. En siglos pasados, la naturaleza inspiró a muchos.
   2. Los artistas de esas épocas a menudo pintaron playas y océanos.
   3. Sus cuadros muestran la belleza de los exteriores.
   4. Una ola salpica a los bañistas en la playa.
   5. Los barcos zarpan del puerto.
   6. Algunos artistas reprodujeron escenas de la naturaleza.
   7. Esos artistas trataron de hacer que las cosas que pintaban parecieran reales.
   8. Ellos añadieron luz y sombra a los objetos que pintaban en sus lienzos.
   9. La luz y la sombra harán que los objetos parezcan en tercera dimensión.
   10. La naturaleza siempre será un tema para los artistas.

B. **Vuelve a escribir las siguientes oraciones. Subraya el verbo que esté en presente. Clasifica el verbo como singular o plural.** *páginas 166–167*

   Ejemplo: Muchas personas disfrutan del arte.
   Muchas personas <u>disfrutan</u> del arte. plural

   11. Del arte aprendemos muchas cosas.
   12. A través de sus obras, un artista expresa a veces felicidad, tristeza o asombro.
   13. Muchos espectadores comprenden los sentimientos del artista.
   14. Las pinturas y los dibujos a menudo se basan en acontecimientos históricos.
   15. Algunas pinturas presentan escenas de la vida cotidiana.

C. **Escribe las siguientes oraciones. Escribe en los espacios en blanco la forma correcta del presente del verbo que está entre paréntesis.** *páginas 168–169*

Ejemplo: Un escultor _____ hacer una estatua. (desear)
Un escultor desea hacer una estatua.

16. El artista _____ el rostro de una mujer. (estudiar)
17. Él _____ arcilla para hacer un modelo de su rostro. (moldear)
18. Él _____ mostrar su personalidad. (querer)
19. La arcilla _____. (secarse)
20. El artista _____ que su trabajo es bueno. (creer)
21. El escultor _____ hacer una estatua de metal. (decidir)
22. Primero, _____ un molde en yeso del modelo en arcilla. (hacer)
23. Sus ayudantes _____ el metal en un horno. (fundir)
24. Luego, _____ el metal fundido en el molde. (verter)
25. El metal _____ duro. (ponerse)
26. El resultado _____ al artista. (satisfacer)
27. Otro escultor _____ con metales para hacer esculturas. (trabajar)
28. El calor _____ las diferentes piezas de metal. (unir)
29. Una escultora _____ objetos para hacer una escultura. (amalgamar)
30. Ella _____ objetos de la vida cotidiana, como piezas de bicicleta y pedazos de madera. (usar)

Conexión con la escritura

Arte Imagina que eres el guía de un museo de arte. Describe una obra de arte que hayas visto en este capítulo. Escribe varias oraciones acerca de la pintura o la escultura. Menciona el nombre del artista y por qué crees que la obra es interesante.

Si deseas hacer más ejercicios para practicar los verbos en tiempo presente, visita *The Learning Site:*
www.harcourtschool.com

CAPÍTULO 13
Verbos en tiempo presente

Repaso del capítulo

Lee el siguiente fragmento y escribe la palabra correcta en los espacios en blanco. Marca la letra de la respuesta correcta.

> Diana __(1)__ ser pintora. Por eso __(2)__ en una escuela de arte. La escuela __(3)__ a los estudiantes de lienzos, caballetes y paletas para mezclar colores. Cada estudiante __(4)__ sus propios pinceles, pintura y lápices de dibujo. Diana __(5)__ a la maestra mientras ésta __(6)__ a los estudiantes cómo dibujar un frutero. La maestra __(7)__ un boceto del frutero al carboncillo. Luego, los jóvenes artistas __(8)__ a hacer su propio boceto.

SUGERENCIA
Recuerda usar la forma correcta de los verbos en presente cuando el sujeto de la oración es *él, ella, usted* o un sustantivo en singular.

1 **A** quierre
   B quiere
   C querer
   D querrer

2 **F** estudiar
   G estudea
   H estudia
   J estuda

3 **A** provee
   B provese
   C proveye
   D proveer

4 **F** comprar
   G comprea
   H compra
   J compras

5 **A** observars
   B observar
   C observia
   D observa

6 **F** enseñe
   G enseña
   H enseñar
   J enseñas

7 **A** haga
   B hacen
   C hacer
   D hace

8 **F** comienzan
   G comienza
   H comiencias
   J comenzar

Si deseas practicar más para las pruebas, visita *The Learning Site:*
www.harcourtschool.com

172

Cómo escuchar datos y opiniones

Cuando escuchas, puedes obtener mucha información. A veces las personas que hablan presentan información o hechos. Otras veces, exponen sus creencias, sentimientos y opiniones. A menudo, para persuadir a quienes las oyen, las personas apoyan sus opiniones con hechos. Aprender a identificar y a diferenciar hechos y opiniones te ayudará a mejorar tus habilidades como oyente.

Un hecho es algo cuya veracidad se puede demostrar.

Ejemplo:
El océano Pacífico es más grande que el océano Atlántico.

Una opinión es lo que una persona piensa o siente sobre algo.

Ejemplo
El océano Pacífico es más hermoso que el océano Atlántico.

AHORA TE TOCA A TI

ESCUCHA PARA IDENTIFICAR HECHOS Lee a tu compañero las siguientes oraciones en voz alta. Juntos, observen el cuadro de la derecha y decidan cuáles presentan hechos y cuáles expresan opiniones.

1. Esta pintura fue hecha en 1882.
2. El pintor John Singer Sargent era muy talentoso.
3. La pintura muestra cuatro niñas.
4. Las niñas están muy felices.
5. Sargent debió haber pintado más cuadros como éste.

Las hijas de Edward Darley Boit, de John Singer Sargent, 1882.

CAPÍTULO 14

Verbos en tiempo pasado

El tiempo pasado indica una acción terminada. Hay dos tiempos pasados: el pretérito y el imperfecto.

El pretérito indica que la acción ocurrió en el pasado y está terminada. Se forma añadiendo a la raíz de los verbos las terminaciones **-é/í** (*yo*), **-aste/iste** (*tú*), **-ó/ió** (*él, ella, usted*), **-amos/imos** (*nosotros*), **-aron/ieron** (*ellos, ellas, ustedes*).

Ejemplos:
Presente: Todos los años un grupo entrega la Medalla Newbery.
Pretérito: El grupo entregó la primera a Hendrik van Loon.
Imperfecto: Otro grupo entregaba premios a los dibujantes.

El imperfecto indica que acciones ocurridas en el pasado quedaron sin terminar, se repitieron o se realizaron al mismo tiempo que otra acción. Se forma añadiendo a la raíz de los verbos las terminaciones **-aba/ía** (*yo*), **-abas/ías** (*tú*), **-aba/ía** (*él, ella, usted*), **-ábamos/íamos** (*nosotros*); **-aban/ieron** (*ellos, ellas, ustedes*).

El poder de las palabras

li·te·ra·tu·ra *s.*
Obra u obras escritas, particularmente aquellas que muestran imaginación y talento artístico.

Práctica dirigida

A. Identifica el verbo e indica si está en tiempo pasado o en tiempo presente.

Ejemplo: La autora Elizabeth Speare recibió el premio Newbery en dos ocasiones. *recibió; tiempo pasado*

1. El Comité Newbery premió dos veces a la autora Katherine Paterson.
2. Ella tituló su primer libro premiado *Puente a Terabithia*.
3. A los lectores también les gusta su segundo libro premiado, *El Jacob que yo amé*.
4. Muchos autores escriben historias sobre el pasado.
5. Otro libro premiado, *La puerta en el muro*, describe la vida de un niño en la Edad Media.

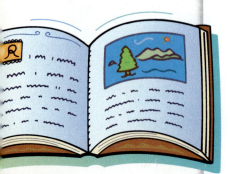

174

Práctica individual

Recuerda que un verbo en pasado habla de algo que ocurrió en el pasado.

B. Escribe las siguientes oraciones y subraya el verbo. Indica si el verbo está en tiempo pasado o en tiempo presente.

Ejemplo: El escritor E. B. White vivió en Maine.
El escritor E. B. White <u>vivió</u> en Maine. tiempo pasado

6. E. B. White colabora con la revista *The New Yorker*.
7. Muchos lectores disfrutaban las historias de White.
8. Los artículos de White cubren temas como el béisbol.
9. White publicó *Stuart Little* en 1945.
10. En esa obra, White creó el personaje Stuart Little, un ratón con padres humanos.

C. Escribe la oración. Cambia cada verbo subrayado del tiempo presente al pasado. Usa el pretérito o el imperfecto, según corresponda.

Ejemplo: Louisa May Alcott <u>titula</u> su libro más conocido *Mujercitas*. tituló

11. Louisa May Alcott vive en Boston, Massachussets, en el siglo XIX.
12. Ella habla con muchos autores famosos de su época.
13. Entre los amigos de la familia Alcott figura el escritor Nathaniel Hawthorne.
14. De muy joven, Alcott trabaja como doméstica y maestra.
15. Durante la Guerra Civil cura a los soldados.

Conexión con la escritura

El arte de escribir: Verbos de acción Usa los verbos más expresivos que puedas para hacer de tu escritura algo vívido e interesante. Escribe tres oraciones sobre un libro que te haya gustado mucho. Usa verbos de acción, o "intensos", en tiempo pasado para contar algo de lo que sucedió en el libro.

CAPÍTULO 14
Verbos en tiempo pasado

Más sobre los verbos en tiempo pasado

Una acción que ocurrió en el pasado puede referirse a algo que ocurrió una sola vez o a algo que ocurrió muchas veces. Las palabras *siempre, muchas veces, a veces* y otras que indican repetición, pueden ayudarte a determinar el pasado que debes usar.

Ejemplo:

Llovía cuando salió de la escuela.

Observa en los ejemplos siguientes el contraste entre estas dos formas del tiempo pasado de los verbos.

Ejemplos:

Edward Stratemeyer nació en el siglo XIX.
nació, acción que ocurrió una sola vez en el pasado; pretérito

Edward Stratemeyer planeaba sus relatos con cuidado.
planeaba, acción que ocurrió muchas veces en el pasado; imperfecto

Práctica dirigida

A. Escribe las siguientes oraciones. Usa la forma correcta del tiempo pasado de los verbos entre paréntesis.

Ejemplos: Edward Stratemeyer (cambiar) su nombre por el de Victor Appleton. *cambió*
Edward Stratemeyer (usar) el seudónimo literario Franklin Dixon. *usaba*

1. Víctor Appleton (crear) la serie sobre Tom Swift.
2. Stratemeyer (firmar) sus libros sobre los gemelos Bobbsey con el seudónimo Laura Lee Hope.
3. Esos libros (presentar) a dos parejas de gemelos.
4. Stratemeyer (llamar) a los gemelos Flossie and Freddie y Nan y Burt.
5. Stratemeyer (usar) un nombre diferente, Carolyn Keene, para firmar la serie sobre Nancy Drew.

176

Práctica individual

B. Escribe el tiempo pasado de cada verbo entre paréntesis.

Ejemplo: Beatrix Potter (ilustrar) cerca de treinta libros.
ilustró

6. Potter siempre (usar) acuarelas en sus ilustraciones.
7. Ella (vivir) en Londres entre finales del siglo XIX y principios del XX.
8. El *Lake District*, en Inglaterra, (inspirar) algunos de sus escritos.
9. Ella muchas veces (tomar) notas de cuanto veía.
10. Ella (estudiar) a los animales cuando los miraba.

C. Escribe las siguientes oraciones. Usa la forma correcta del tiempo pasado del verbo entre paréntesis.

Ejemplo: L. Frank Baum (describir) la tierra de Oz en sus libros.
describió

11. L. Frank Baum (llamar) su primer libro *El prodigioso mago de Oz*.
12. La obra (presentar) a una niña llamada Dorothy.
13. Dorothy (llevar) con ella a todas partes a su perro Toto.
14. Un tornado (levantar) la casa de Dorothy y la dejó caer en la tierra de Oz.
15. Dorothy (tratar) de regresar a su casa en Kansas.

Recuerda

que los verbos en tiempo pasado tienen dos series de terminaciones. Una indica que la acción ocurrió una vez, o que está terminada; la otra, que la acción se repetía o que no llegó a terminarse.

¿LO SABÍAS?

La Medalla Newbery recibió ese nombre por John Newbery, un editor de libros para niños que vivió en el siglo XVIII. El premio fue establecido para mejorar la calidad de los libros para niños.

Conexión con la escritura

Diario de un escritor: Reflexionar sobre lo escrito Piensa en tu historia favorita. Sin entrar en detalles, escribe en pocas oraciones de qué trata la historia. Di por qué te gustó la historia cuando la leíste. Menciona a los protagonistas y lo que hicieron. Escribe tu resumen usando verbos en tiempo pasado.

CAPÍTULO 14
Verbos en tiempo pasado

USO Y PUNTUACIÓN

Concordancia entre el sujeto y el verbo

Los sujetos y los verbos deben **concordar**, incluso cuando el verbo está delante del sujeto o cuando hay otras palabras entre el sujeto y el verbo.

El sujeto está delante del verbo	El verbo (o una parte del predicado) está delante del sujeto	Hay otras palabras entre el sujeto y el predicado
Rasha (sujeto) **llegó** (verbo) con su libro favorito. **Ella y su amiga Nina** (sujeto compuesto) **están** (verbo) listas para leer el próximo libro de la serie.	**Llegó** (verbo) **Rasha** (sujeto) con su libro favorito. **¿Están** (verbo) **ella y su amiga Nina** (sujeto compuesto) listas para el leer el próximo libro de la serie?	**Nina** (sujeto), al igual que sus primos (palabras entre sujeto y verbo), **lee** (verbo en singular) libros de misterio. **Varios libros** (sujeto simple), que estaban sobre la mesa, **están** (verbo en plural) en el suelo ahora.

Práctica dirigida

A. Indica si el verbo y el sujeto concuerdan.

Ejemplo: En la mochila estaba los libros. *no hay concordancia*
           Mi libro favorito está en la biblioteca. *hay concordancia*

1. En la biblioteca está dos cintas de vídeo.
2. ¿Leyeron Greg y Marta *Stuart Little?*
3. A diferencia de Ali y de Jill, John no usan lentes.
4. El libro favorito de John son *The Giving Tree*.
5. Yo, al igual que Ana, piensa que el libro es bueno.

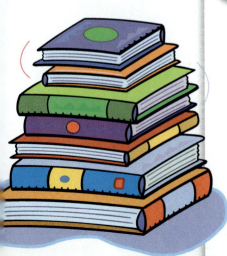

Práctica individual

B. Escribe las siguientes oraciones. Usa la forma correcta del verbo entre paréntesis.

> **Ejemplos:** ¿(Es, Son) *Stuart Little* y *La telaraña de Carlota* tus libros favoritos?
> ¿**Son** *Stuart Little* y *La telaraña de Carlota* tus libros favoritos?

Recuerda que en toda oración debe haber concordancia entre sujeto y verbo.

6. En la granja Arable (vive, viven) Fern y Avery.
7. En el corral de las nuevas crías (aparece, aparecen) un nuevo cerdito.
8. ¿Qué (decide, deciden) hacer con el cerdito Fern y su papá?
9. Fern, no sus padres, (llama, llaman) al cerdito Wilbur.
10. Ellos (vende, venden) a Wilbur poco después de vender a sus diez hermanos.
11. En casa de los Zuckerman (vive, viven) Templeton la Rata y Carlota la Araña.
12. Carlota (se alimenta, se alimentan) de moscas y otros insectos.
13. ¿(Visita, visitan) Fern y su familia a Wilbur?
14. La tela de Carlota, con sus hermosos motivos, (es, son) como un fino velo.
15. La palabra humilde, más que ninguna otra palabra, (se vuelve, se vuelven) muy importante para Wilbur.

Conexión con la escritura

Escritura de la vida real: Escribir sobre un empleo

Imagina un empleo que te gustaría tener cuando seas adulto. ¿Te gustaría realizar experimentos científicos? ¿Te gustaría ser crítico literario? ¿Qué importante sería escribir para tu trabajo? Menciona tres maneras en que pudieras usar la escritura en el empleo que hayas escogido. Cuando termines, comprueba que haya concordancia entre sujetos y verbos. Intercambia luego tu escrito con el de un compañero.

CAPÍTULO 14
Verbos en tiempo pasado

Práctica adicional

A. En cada una de las siguientes oraciones identifica el tiempo pasado de los verbos. *páginas 174–175*

Ejemplos: En Estados Unidos las primeras revistas para niños aparecieron antes de la Revolución Americana.   *aparecieron*

1. Una de las primeras revistas para niños, llamada *St. Nicholas*, existió de 1873 a 1905.
2. Esa revista contenía cuentos infantiles.
3. La organización de los Boy Scouts comenzó a publicar *Boy's Life* en 1911.
4. Las Girls Scouts publicaron el primer número de *American Girl* en 1917.
5. Esas primeras revistas ayudaron a los niños a aprender.
6. *Weekly Reader* ofrecía a los niños noticias de actualidad.
7. Un grupo de maestros fundó ese periódico escolar en 1928.
8. Los niños de cada grado usaban un periódico diferente.
9. Las revistas de *Scholastic* llegaron a los salones de clase después de *Weekly Reader*.
10. En esas revistas los niños descubrían mucha información.

B. Escribe el tiempo pasado de cada verbo entre paréntesis. *páginas 176–177*

Ejemplo: Hans Christian Andersen (crear) *El Patito Feo* en 1844.   *creó*

11. En el cuento, la madre pata (ver) un huevo muy grande.
12. Del huevo (salir) un patito larguirucho.
13. El patito (gritar) "pío, pío".
14. Otra pata (creer) que el patito era un pavo acabado de nacer.
15. El patito (sorprender) a todos.

Recuerda

que el tiempo pasado se usa para indicar acciones que ocurrieron en el pasado. Entre los sujetos y los verbos debe haber concordancia.

Si deseas practicar más el tiempo pasado de los verbos, visita *The Learning Site:*
www.harcourtschool.com

C. Escribe las siguientes oraciones. Usa la forma correcta de los verbos entre paréntesis. *páginas 178–179*

Ejemplo: Entre mis libros favoritos (figura, figuran) *Amelia Bedelia*.
Entre mis libros favoritos figura Amelia Bedelia.

16. El libro (contiene, contienen) cosas realmente tontas.
17. ¿Qué tonterías (hacen, hace) Amelia?
18. Amelia (tiene, tienen) una lista de sus quehaceres.
19. La lista (es, son) muy larga.
20. Amelia hace las cosas mal porque (se confunden, se confunde).
21. Su lista (incluye, incluyen) demasiadas cosas.
22. Uno de los quehaceres (es, son) sacudir el polvo de los muebles.
23. A diferencia de la mayoría de la gente, Amelia (entienden, entiende) las cosas de una manera rara.
24. Ella (riega, riegan) polvo sobre los muebles.
25. En mi clase ¡no todos (quiere, quieren) leer ese libro!

D. Las siguientes oraciones contienen un error. Vuelve a escribir cada oración correctamente. *páginas 174–179*

Ejemplo: En la biblioteca presta libros y cintas.
En la biblioteca prestan libros y cintas.

26. ¿Recuerdan alguien la historia de Jack y Jill?
27. Jack suben la colina con Jill.
28. Jack y Jill quiere un balde de agua.
29. Jack se caen y se lastima.
30. Jack ruedan cuesta abajo.

Conexión con la escritura

Arte Haz un dibujo de tu personaje literario favorito. Usa tu imaginación para decidir qué apariencia tiene el personaje. Usando verbos en tiempo pasado, escribe debajo del dibujo por qué te gustó el personaje. Extrae algunos ejemplos de la obra donde aparece el personaje.

CAPÍTULO 14
Verbos en tiempo pasado

Repaso del capítulo

Lee el siguiente fragmento y escribe en los espacios en blanco la palabra que corresponda. Escribe la letra de la respuesta correcta.

A mi abuelo le __(1)__ leerme historias cuando yo era pequeño. Él siempre __(2)__ las mejores historias. En una ocasión él mismo __(3)__ un cuento de hadas. En el cuento, un hombre llamado Florio __(4)__ con una princesa. Un día, mientras recogía flores en su jardín, la princesa __(5)__. Durante años, el joven esposo __(6)__ a la princesa por todas partes. Un día, entró en un jardín. Entre las muchas flores hermosas que allí había, __(7)__ una rosa. Arrancó la flor y se __(8)__ en la princesa perdida.

SUGERENCIA

Recuerda que los verbos en tiempo pasado pueden presentar dos series de terminaciones para indicar una acción que ocurrió una sola vez o una acción terminada, o para indicar acciones que se repitieron, se realizaron al mismo tiempo que otra acción o quedaron incompletas.

1. **A** gustan
   B gusta
   C gustaba
   D gustó

2. **F** escoge
   G escoger
   H escogía
   J escogiendo

3. **A** creaba
   B crea
   C crear
   D creó

4. **F** casarse
   G se casó
   H se casaba
   J se casa

5. **A** desapareció
   B desaparecer
   C desaparece
   D desaparecemos

6. **F** buscó
   G buscado
   H buscar
   J buscaban

7. **A** veía
   B vió
   C vieron
   D ver

8. **F** convertir
   G convirtió
   H convertía
   J convertido

Si deseas prepararte mejor para los exámenes, visita *The Learning Site:*
www.harcourtschool.com

Usar un diccionario general y uno de sinónimos

DESTREZAS DE ESTUDIO

Cuando necesitas buscar información sobre una palabra, los diccionarios son muy útiles. El propósito principal de un diccionario es ofrecerte diferentes tipos de información sobre las palabras: qué significa cada una, cómo se pronuncia, cuántas sílabas tiene y a qué parte de la oración pertenece.

En un diccionario, las palabras aparecen en orden alfabético. Cuando dos o más palabras comienzan con la misma letra, entonces se ordenan de acuerdo con la segunda letra de cada una. Si las dos primeras letras son iguales, entonces se ordenan alfabéticamente según la tercera letra de cada palabra y así sucesivamente.

Ejemplos:

casa   cemento   centro

Algunos diccionarios contienen solamente sinónimos, es decir, palabras que tienen el mismo significado o uno muy parecido. También en este tipo de diccionarios las palabras aparecen ordenadas alfabéticamente. Los diccionarios de sinónimos por lo general incluyen también antónimos. Los antónimos son palabras de significado opuesto o casi opuesto.

Ejemplos:

Sinónimos de *feliz:* alegre, contento, dichoso, animado
Antónimos de *sucio:* limpio, lavado, inmaculado

AHORA TE TOCA A TI

ESCOGE UNA PALABRA Con un diccionario general o uno de sinónimos juega en grupo al siguiente juego. Escoge una palabra que creas que el resto de la clase no conoce. Usa la palabra en una oración, asegurándote de que la has escrito correctamente. Cada uno de tus compañeros debe tratar de adivinar el significado de la palabra (5 puntos), la parte de la oración a la que esa palabra pertenece (5 puntos) y un sinónimo o un antónimo de dicha palabra (10 puntos). Cada participante tendrá la oportunidad de presentar una palabra. Al final de cada vuelta, ganará el participante que haya acumulado más puntos.

CAPÍTULO 15

Escritura persuasiva

El arte de escribir

Oraciones efectivas

¿Alguna vez **persuadiste** a un amigo para que probara una comida nueva o viera una película contigo? Usas la **persuasión** cuando intentas convencer a alguien de algo.

En el libro *Me llamo María Isabel* hay varias niñas llamadas María en la misma clase. La maestra decide llamar Mary a María López. Como consecuencia, María no reconoce su nombre cuando la llaman. Fíjense cómo María intenta persuadir a su maestra en el siguiente pasaje del capítulo "Mi mayor deseo".

MODELO DE LITERATURA

Pienso que mi mayor deseo es que me llamen María Isabel Salazar López. Cuando ése era mi nombre me sentía orgullosa de llamarme María como la mamá de mi papá, e Isabel, como mi abuela Chabela. Si me llamaran María Isabel Salazar López podría escuchar mejor en clase porque es más fácil de oír eso que Mary. Entonces hubiera podido decir que quería tomar parte en la representación.

—de *Me llamo María Isabel*,
de Alma Flor Ada

Analiza el modelo

1. ¿De qué quiere María persuadir a su maestra?

2. ¿Cómo intenta María persuadir a su maestra?

3. ¿Por qué menciona María a sus abuelas?

El poder de las palabras

o•por•tu•ni•dad *s.* Un momento, ocasión o circunstancia favorable.

Usar oraciones efectivas

La escritura para **persuadir** intenta convencer al lector de que esté de acuerdo con las ideas del escritor. Para persuadir debes utilizar **oraciones efectivas**. Las oraciones eficaces mantienen a los lectores interesados en lo que has escrito. Estudia la tabla en la página siguiente.

184

Hazte estas preguntas sobre la escritura para persuadir	Estrategias
¿De qué quiero persuadir al lector?	• Escribe una buena **oración introductoria.** • Cuéntale la idea principal al lector. • Expresa tu opinión claramente en la primera oración.
¿Cómo puedo persuadirlo?	• **Capta la atención del lector.** • Usa oraciones variadas. Incluye preguntas, oraciones imperativas o exclamativas donde sea adecuado. • Combina oraciones para que sea más interesante y variado.

AHORA TE TOCA A TI

ANALIZA LA ESCRITURA PARA PERSUADIR Trabaja en grupo con varios compañeros. Busca ejemplos de escritura para persuadir en páginas editoriales de periódicos, cartas al editor, televisión o críticas de películas, o comerciales. Hablen de cómo los escritores usaron oraciones efectivas.

Contesta estas preguntas:

1. ¿De qué intenta persuadirnos el escritor?

2. ¿Es efectiva la oración introductoria para persuadir? ¿Por qué sí o por qué no?

3. ¿Cómo capta tu atención el escritor?

4. ¿Consiguió el escritor persuadirte? ¿Por qué sí o por qué no?

CAPÍTULO 15
Escritura persuasiva

Oraciones introductorias

A. Lee cada par de oraciones. Escribe la que te parezca una mejor oración introductoria y luego di por qué crees que es una mejor opción.

1. a. Debemos cuidar mejor los libros de la biblioteca de la clase.
   b. Quiero contarles mi opinión acerca de los libros.

2. a. Soy un estudiante de cuarto grado en la escuela Green Valley.
   b. ¿No les gustaría mejorar la escuela sin gastar dinero?

3. a. Deberíamos hacer un cartel especial para el señor Livingston.
   b. El señor Livingston ha sido nuestro entrenador todo el año.

B. Escribe una buena oración introductoria para este párrafo. Recuerda que tu oración introductoria debe decir sobre qué tema escribes y tu opinión acerca de él.

La puerta que tenemos es marrón. Se ve simple y aburrida. No corresponde con el espíritu de nuestra escuela que es interesante y divertida. Por eso creo que la nueva puerta de la escuela debería ser roja brillante.

186

Captar la atención del lector

C. Escribe cuatro oraciones acerca de los siguientes temas. Escribe una oración declarativa, una interrogativa, una imperativa y una oración exclamativa.

1. ayudar a los demás
2. cuidar mascotas
3. el centro de medios de comunicación de la escuela
4. tu bocadillo favorito
5. designar espacio para sendas de bicicletas

D. Combina cada par de oraciones para formar una sola. Escribe la nueva oración en tu hoja.

6. Keith pinta con acuarelas. Keith dibuja con carbón.
7. El mar está calmo. El viento está tranquilo.
8. Los niños andan en bicicleta por el parque. Los niños juegan a la pelota en el parque.
9. Los cuadros cuelgan en la pared. Las esculturas están en los pasillos.
10. La luna brilla por la noche. Las estrellas brillan por la noche.

Pensar y escribir

Escribir para anotar ideas Cuando tú escribes intentas captar la atención de tus lectores. ¿Qué cosas captan tu atención cuando lees? Escribe en tu diario tus reflexiones acerca de cómo han captado tu atención los diferentes escritores.

CAPÍTULO 15

Escritura persuasiva

Carta comercial persuasiva

En *Me llamo María Isabel*, María escribe un ensayo en el que intenta persuadir a su maestra de que la llame por su verdadero nombre. Jared es un estudiante en el mismo grado que María. Él quiere persuadir a la alcaldesa de que asista a un evento especial en la escuela. Lee la carta de negocios que Jared le escribió a la alcaldesa.

MODELO

encabezamiento

Escuela Willow Road
Springville, TX 75082
5 de noviembre de 200_

dirección

Alcaldesa Susan Ortiz
Municipalidad
Springville, TX 75082

saludo

Estimada Alcaldesa Ortiz:

oración introductoria

Me complace invitarla a un evento muy especial. Los alumnos de la Escuela Willow Road presentaremos un espectáculo en el teatro de la escuela, a las 8:00 p.m. del día 10 de enero. Han sido invitados los padres y maestros.

cuerpo de la carta

Yo sé que usted se preocupa mucho por la escuela. Por eso creo que sería una gran idea que viniera a nuestro espectáculo. Puede demostrar su apoyo y, a la vez, pasar un buen rato.

Yo sé que usted es una persona muy ocupada pero espero que marque esta fecha especial en su agenda. ¡Nos encantaría contar con su presencia, Alcaldesa Ortiz!

cierre

Atentamente,

firma

Jared Barnes

1. ¿Qué propósito tiene Jared al escribir esta carta, y quién es su público?

2. ¿Con qué razones intenta Jared persuadir al lector?

3. ¿Qué información ofrece en su oración introductoria?

4. ¿Cómo capta la atención del lector?

5. ¿En qué se diferencia una carta comercial como ésta de una carta amistosa?

AHORA TE TOCA A TI

TEMA DE ESCRITURA **Imagínate que un grupo de tu comunidad está planificando una exposición de obras de artistas locales.**
Escribe una carta de negocios para persuadir a esas personas para que incluyan trabajos de los estudiantes. Usa oraciones efectivas.

ANALIZA LA INSTRUCCIÓN **Hazte estas preguntas.**

1. ¿Cuál es tu propósito al escribir?

2. ¿A quién le escribes?

3. ¿Qué tipo de escritura usarás?

4. ¿De qué vas a intentar persuadir al lector?

Antes de escribir y hacer el bosquejo

Planifica tu carta de negocios Decide qué escribirás. Usa el cuadro de abajo como ayuda para diagramar tu carta.

Oración introductoria
Escribe una oración que exprese tu opinión.

Escribe oraciones para persuadir al lector de tu punto de vista. Escribe oraciones efectivas para captar la atención del lector.

Vuelve a expresar tu opinión con otras palabras.

USANDO TU
Manual

- Usa el Diccionario de sinónimos para encontrar palabras interesantes que te ayuden a captar la atención del lector.

CAPÍTULO 15

Escritura persuasiva

Editar

Lee el bosquejo de tu carta comercial persuasiva. ¿Crees que tus oraciones podrían ser más efectivas y que tu carta podría ser más persuasiva? Usa la lista de abajo como ayuda para revisar tu carta de negocios.

- ☑ ¿Es tu oración introductoria clara y directa?
- ☑ ¿Has usado diferentes tipos de oraciones?
- ☑ ¿Captarán tus oraciones la atención del lector?
- ☑ ¿Persuadirá tu carta al lector de tu opinión?

Usa la lista de abajo para revisar tu párrafo.

- ☑ Usé correctamente las mayúsculas y la puntuación.
- ☑ Usé correctamente los tiempos verbales.
- ☑ Conjugué los verbos correctamente de acuerdo a los sujetos.
- ☑ Usé un diccionario para corregir mi ortografía.
- ☑ Usé un formato de carta de negocios adecuado.

Marcas editoriales

- ℘ Borrar texto
- ∧ Insertar texto
- ⌒ Mover texto
- ¶ Nuevo párrafo
- ≡ Mayúscula
- / Minúscula
- ◯ Corregir ortografía

Compartir y reflexionar

Haz una copia final de tu carta comercial. Intercambia cartas con tus compañeros. Comenten qué cosas les gustan más de cada carta y qué cosas podrían mejorar. Escribe tus reflexiones en tu diario.

Debate para persuadir

ESCUCHAR Y HABLAR

¿Has participado alguna vez en un debate para persuadir? Las personas debaten por diferentes razones. ¿En qué se parece el debate para persuadir a la escritura para persuadir? Estudia el diagrama de Venn.

Escritura para persuadir
expresa únicamente tu propia opinión; puede ser revisado y corregido

Ambos
usa la elaboración

Debate para persuadir
presentación de dos o más opiniones diferentes; es necesario escuchar y analizar las opiniones y argumentos de los demás

AHORA TE TOCA A TI

Trabaja en un grupo pequeño representando un debate para persuadir. Sigan los siguientes pasos.

PASO 1 Elijan un tema sobre el cuál muchos de los estudiantes tengan una opinión formada.

PASO 2 Decidan quién va a expresar cada opinión.

PASO 3 Organicen y practiquen el debate. Durante la representación usen las *Estrategias para escuchar y hablar*.

PASO 4 Presenten su debate para persuadir a la clase.

PASO 5 Al finalizar pregunten a sus compañeros cuáles son sus comentarios acerca del debate.

Estrategias para escuchar y hablar

Usa estas estrategias como ayuda para una buena discusión.

- Cuando hables, elige tus palabras y ajusta el tono, volumen, velocidad y nivel de tu voz de acuerdo a tu público y entorno.

- Cuando escuches, identifica la idea principal y los detalles que justifican la idea del que habla. Interpreta su mensaje, propósito y punto de vista.

- Cuando contestes, justifica tus opiniones.

CAPÍTULO 16

Verbos en tiempo futuro

Un verbo en tiempo futuro indica que la acción ocurrirá en el futuro.

Para formar el futuro de un verbo se usan diferentes terminaciones: **-é**, cuando el sujeto es *yo*; **-ás**, cuando es *tú*; **-á**, cuando es *él*, *ella*, *usted* o un sustantivo en singular; **-emos**, cuando es *nosotros*; **-án**, cuando es *ellos*, *ellas*, *ustedes*, o un sustantivo en plural. El verbo siempre debe coordinar con el sujeto.

Ejemplos:
Yo **veré** el espectáculo de mañana.
Cristina **bailará** en el espectáculo.
Tomás y José **actuarán** en la segunda parte del espectáculo.
Tú no **irás** porque debes prepararte para tu examen.
Después, ellos y yo **cenaremos** juntos.

El poder de las palabras

co•re•o•gra•fiar *v.*
Componer movimientos de danza.

Práctica dirigida

A. **Identifica el verbo que está en futuro.**

Ejemplo: Nuestra clase asistirá a un concierto. *asistirá*

1. Todos nos reuniremos en el concierto.
2. Varios guitarristas tocarán para nosotros.
3. Una guitarrista usará una guitarra acústica.
4. Esa guitarra tendrá seis cuerdas.
5. Observaré con atención mientras ella afina su instrumento.
6. La guitarrista pulsará una por una las cuerdas.
7. Después, hablará sobre las guitarras eléctricas.
8. Verás que la guitarra eléctrica es pequeña.
9. Tú y tu amiga podrán entrevistarla luego.
10. Creo que disfrutaremos este concierto.

Práctica individual

Recuerda que un **verbo en tiempo futuro** indica una acción que ocurrirá en el futuro.

B. Escribe las siguientes oraciones. Subraya el verbo que está en futuro.

Ejemplo: Aprenderemos sobre instrumentos de viento.
<u>Aprenderemos</u> sobre instrumentos de viento.

11. Andi comenzará sus lecciones de clarinete la próxima semana.
12. Ella alquilará un clarinete en una tienda de música.
13. Ella y su maestra practicarán todos los días.
14. Antes de ponerse a tocar, comprará algunas lengüetas.
15. Yo le regalaré un atril.

C. Escribe las siguientes oraciones. Usa el futuro del verbo que está entre paréntesis.

Ejemplo: Jaime (aprender) a tocar el violín.
Jaime aprenderá a tocar el violín.

16. Él (tocar) un instrumento de cuerda.
17. Su hermana le (prestar) su pequeño violín.
18. Un violín pequeño le (servir) mejor que uno grande.
19. Sus padres le (comprar) un arco nuevo.
20. Al principio, la interpretación de Jaime no (sonar) muy bien.
21. Jaime (necesitar) varios meses de práctica para poder tocar bien.
22. Él (practicar) cómo frotar las cuerdas con el arco.
23. Yo lo (ayudar).
24. Su hermana y yo le (enseñar) cómo sostener el violín.
25. Algún día Jaime (empezar) a tocar en una orquesta.

Conexión con la escritura

Escritura de la vida real: Publicidad Los escritores de anuncios comerciales tratan de persuadir a la gente para que compren un determinado producto diciéndoles cosas como: *Si compra el producto tal, usted se sentirá mejor.* Escribe un anuncio sobre un producto imaginario que prometa algo bueno para el futuro.

193

CAPÍTULO 16
Verbos en tiempo futuro

Más sobre los verbos en futuro

Con el verbo *ir* y el infinitivo también se puede formar el futuro.

Ya sabes que ciertas terminaciones sirven para formar el futuro de los verbos. También puedes usar el verbo *ir* y la preposición *a* antes de un infinitivo para formar el futuro. En esta forma del futuro, la conjugación del verbo *ir* debe concordar con el sujeto, pero la terminación del verbo principal no cambia, va siempre en infinitivo: *cantar, correr, salir.*

Ejemplos:
  Este año **voy a tomar** lecciones de guitarra.
  ¿**Vas** tú **a tomar** lecciones de guitarra este año?

Práctica dirigida

A. Identifica en cada oración ambas partes del verbo en futuro.

Ejemplo: Carlos va a querer tomar lecciones de guitarra.
  va a querer

1. ¿Va Carlos a tomar lecciones de piano clásico pronto?
2. Él no va a esperar hasta el año que viene.
3. El piano va a ser un reto para él.
4. ¿No va él a querer un piano grande?
5. Él va a empezar con un piano vertical.
6. También va a aprender algo sobre el instrumento.
7. Si mira dentro del piano, Carlos va a ver más de 220 cuerdas.
8. Carlos no va a afinar el piano él mismo.
9. Una afinadora de pianos va a venir a su casa.
10. La afinadora va a usar instrumentos especiales.

194

Práctica individual

B. Escribe las siguientes oraciones. Identifica las dos partes del verbo que está en futuro.

Ejemplo: ¿Vas a venir conmigo al baile?
vas a venir

11. ¿A qué hora va a comenzar?
12. Creo que va a comenzar a las ocho en punto.
13. Estoy pensando que quizás no voy a poder bailar bien.
14. No va a ser seguramente el único.
15. El coreógrafo va a marcar los pasos del baile.

C. Escribe las siguientes oraciones. Subraya la forma del verbo que está en futuro. Escribe las palabras que se usan a veces entre las dos partes de esta forma del futuro.

Ejemplo: ¿Van los bailarines a ejecutar otros bailes?
los bailarines

16. Vamos seguramente a ver bailarines de muchos países.
17. Bailarines de Africa van sin duda a participar.
18. No vas nunca a verlos bailando solos o en pareja.
19. Ellos van solamente a bailar en grupos.
20. Vamos por todos los medios a tratar de no llegar tarde a tan interesante velada.

Recuerda

que entre las partes de la forma compuesta del futuro pueden haber otras palabras que dan información precisa sobre la acción.

Conexión con la escritura

Diario de un escritor: Oraciones efectivas
Imagina que tienes la oportunidad de estudiar baile o un instrumento musical. Escribe algunas de las razones con las que tratarías de persuadir a tus padres de que serás responsable con tus estudios.

195

CAPÍTULO 16
Verbos en tiempo futuro

USO Y PUNTUACIÓN
Elegir el tiempo correcto

Al usar un verbo, elige siempre el tiempo que indique correctamente cuándo ocurre la acción.

Para indicar que una acción está ocurriendo ahora o se repite a menudo, usa el presente. Para indicar que una acción ya ocurrió, usa el pasado. Para indicar que una acción ocurrirá, usa el futuro. Recuerda que las terminaciones verbales varían según el tiempo y el sujeto que realiza la acción.

Ejemplos: Jamie **toca** la batería en su grupo musical.
presente

Su hermano **tocó** el violín en una orquesta.
pasado

Su hermana pronto **tocará** en una orquesta.
futuro

Práctica dirigida

A. Identifica el verbo en cada oración. Indica el tiempo de cada verbo.

Ejemplo: El timbal produce un sonido muy fuerte.
produce, presente

1. Un compositor ruso escribió *Pedro y el lobo*.
2. Pedro ayuda a capturar a un peligroso lobo.
3. El narrador contará la historia.
4. Cada personaje tiene un instrumento.
5. Vas a aprender cómo suenan diferentes intrumentos.

Práctica individual

Recuerda que un verbo puede escribirse de diferentes maneras según el tiempo en que se use y el sujeto que realice la acción.

B. Escribe las siguientes oraciones y subraya el verbo. Escribe el tiempo de cada verbo.

Ejemplos: Algunos cantantes componen canciones.
Algunos cantantes <u>componen</u> canciones. *presente*

6. Aaron Copland fue un compositor.
7. Sus composiciones tienen influencias del jazz y de la música folclórica.
8. Escuchará música de Copland en algunas películas.
9. Copland recibió un importante premio.
10. El público disfrutará la música de Copland.

C. Escribe las siguientes oraciones. Llena los espacios en blanco usando el verbo entre paréntesis en el tiempo indicado.

Ejemplo: Algún día, tú _____ una canción. (componer, futuro)
Algún día tú compondrás una canción.

11. A la gente siempre le _____ escuchar canciones populares (gustar, futuro)
12. El compositor Cole Porter _____ a tocar el violín. (aprender, pasado)
13. En 1916, Porter _____ un musical. (componer, pasado).
14. Muchos músicos _____ las canciones de Porter. (interpretar, presente)
15. La letra de las canciones de Porter _____ siempre vida. (tener, futuro)

Conexión con la escritura

El arte de escribir: Elegir tiempos verbales Escribe un párrafo sobre tus gustos musicales. Di qué tipo de música te gustó hace tiempo, cuál te gusta ahora y cuál crees que te gustará en el futuro. Usa verbos en diferentes tiempos.

CAPÍTULO 16
Verbos en tiempo futuro

Práctica adicional

Práctica individual

A. **Identifica el verbo que está en futuro.** *páginas 192–193*

Ejemplos: Los bailarines aprenderán todos los pasos.
aprenderán

1. Aprenderás mucho sobre el baile mirando bailar.
2. Este grupo de bailarines actuará esta noche.
3. ¿Cuánto tiempo van a ensayar?
4. Seguro que ensayarán toda la tarde.
5. Los bailarines más serios practicarán más horas.
6. Si no ensayan, los bailarines van a sentirse rígidos.
7. No podrán doblar las rodillas fácilmente.
8. No darán los saltos con suficiente soltura.
9. Los bailarines van con seguridad a recordar la coreografía.
10. Llevarán maquillaje y trajes artísticos.

B. **Escribe las siguientes oraciones y subraya el verbo. Escribe si el verbo está en presente, pasado o futuro.**
páginas 194–195

Ejemplo: El Ballet Nacional presentará *El cascanueces* la próxima semana.
El Ballet Nacional <u>presentará</u> *El cascanueces* la próxima semana. futuro

11. *El cascanueces* cuenta la historia de un juguete especial.
12. Nuestra amiga Lupe interpretará el papel de Clara.
13. Otra amiga nuestra asumirá el papel de la reina de la nieve.
14. Estaremos atentos a todo lo que hagan sobre el escenario.
15. Algunos de nosotros fuimos a la función del año pasado.

Recuerda

que en el tiempo futuro con más de una palabra se pueden colocar palabras entre las diferentes partes para dar información más precisa sobre la acción.

¿LO SABÍAS?
El jazz es un tipo de música que surgió en Estados Unidos a finales del siglo XIX. En el jazz se combinan elementos musicales de muchas culturas, entre ellos los ritmos africanos, los instrumentos típicos de la orquesta norteamericana y las armonías europeas.

Si deseas realizar otras actividades para practicar verbos en futuro, visita **The Learning Site:**
www.harcourtschool.com

C. **Escribe las siguientes oraciones. Usa el futuro de los verbos que aparecen entre paréntesis.** páginas 194–195

Ejemplo: Mis amigas y yo (bailar) en la próxima función.
Mis amigas y yo bailaremos en la próxima función.

16. La función (requerir) el trabajo de muchas personas.
17. Los tramoyistas (cambiar) los decorados durante los intermedios.
18. Los diseñadores de vestuario (confeccionar) vistosos vestidos.
19. Los maquilladores (aplicar) polvo y pintura de labios.
20. Los pintores (diseñar) los decorados.
21. Otras personas (vender) las entradas.
22. El ballet (incluye) un hermoso vals.
23. Nosotros (prestar) atención a la música.
24. Nosotros (cenar) antes de la función.
25. Los bailarines (ensayar) una última vez.

D. **Cada una de las siguientes oraciones tiene un verbo usado incorrectamente. Escribe el tiempo correcto.**
páginas 194–195

Ejemplo: Los bailarines ensayan duro ayer.
Los bailarines ensayaron duro ayer.

26. La bailarina Ruth St. Denis estar de gira en 1909.
27. St. Denis crear una escuela de danza en 1915.
28. Un año después, abrir otra en Nueva York.
29. Hoy, pocos recordaron a St. Denis.
30. Una escritora comenzó a hacer un libro sobre su vida el próximo año.

Conexión con la escritura

Arte Imagina que tu clase presentará un espectáculo de música y danza. Diseña un cartel para anunciar el espectáculo. Haz un dibujo y describe el contenido de los actos. Usa palabras y verbos en futuro que persuadan a la gente para que asistan.

CAPÍTULO 16

Verbos en tiempo futuro

Repaso del capítulo

Lee el siguiente párrafo y escoge el verbo que corresponde en cada espacio en blanco. Marca la letra de la respuesta correcta.

> El maestro nos habló acerca de danzas tradicionales de diferentes países. En la actualidad, son muchas las personas que __(1)__ los bailes folclóricos. Los bailes folclóricos __(2)__ en épocas pasadas en muchas partes del mundo. Por ejemplo, Irlanda __(3)__ hace mucho tiempo una danza popular llamada giga irlandesa. La *polka* __(4)__ en Europa por primera vez hace siglos. A muchos italianos todavía les __(5)__ la tarantela. Formas tempranas de la contradanza __(6)__ en Europa en el siglo XV. La próxima semana yo __(7)__ una danza típica inglesa en un concurso. Mis amigos y yo __(8)__ hasta el día de nuestra presentación.

SUGERENCIA
Si tienes tiempo, revisa tus respuestas antes de finalizar el examen.

1 A disfrutaron
   B disfrutarán
   C disfrutan
   D disfruta

2 F surgieron
   G surge
   H surgirán
   J surgen

3 A aporta
   B aportó
   C aportará
   D aportan

4 F se bailan
   G se bailará
   H se bailó
   J se baila

5 A gustará
   B gusta
   C gustaron
   D gustan

6 F aparece
   G aparecieron
   H aparecen
   J aparecerán

7 A baila
   B bailó
   C bailaré
   D bailan

8 F ensayan
   G ensayaremos
   H ensayó
   J ensaya

Si deseas prepararte mejor para los exámenes, visita *The Learning Site:*
www.harcourtschool.com

200

Usar medios visuales para comparar puntos de vista

Los medios visuales, tales como ilustraciones, anuncios, carteles, periódicos, televisión y películas, se usan para transmitir mensajes. Como público de estos medios, debemos aprender a interpretar sus mensajes.

Un punto de vista o una opinión sobre un tema cualquiera puede expresarse mediante palabras o imágenes. Por ejemplo, el concejo municipal puede colocar un cartel que diga "Hagámoslo entre todos". Las imágenes del cartel muestran botes de basura repletos, cuyo contenido vuela esparcido por el viento en el parque del vecindario. El concejo usa medios visuales para expresar el punto de vista de que los miembros de la comunidad deben ayudar a mantener limpio el vecindario.

AHORA TE TOCA A TI

Escribe varias oraciones acerca de un anuncio, cartel o película que te guste. Interpreta el mensaje o punto de vista del artista. ¿Estás de acuerdo con el artista? Luego diseña tu propio trabajo de medios visuales para expresar tu punto de vista. Intercambia el trabajo con un compañero. Piensa qué mensaje quiere transmitir. Comenten si la interpretación del punto de vista del otro fue o no acertada.

CAPÍTULO 17
Verbos irregulares

Los verbos irregulares

Un **verbo irregular** puede cambiar en sus terminaciones, en su raíz o en las dos partes. Puede cambiar en un tiempo verbal o en varios (presente, pasado, futuro) y en una o más personas gramaticales.

Verbo irregular	Presente	Pretérito
poder	puedo, puedes, puede, pueden, podemos	pude, pudiste, pudo, pudimos, pudieron
saber	sé, sabes, sabe, sabemos, saben	supe, supiste, supo, supimos, supieron
ser	soy, eres, es, somos, son	fui, fuiste, fue, fuimos, fueron
ir	voy, vas, va, vamos, van	fui, fuiste, fue, fuimos, fueron
dar	doy, das, da, damos, dan	di, diste, dio, dimos, dieron
estar	estoy, estás, está, estamos, están	estuve, estuviste, estuvo, estuvimos, estuvieron

Ejemplo:
¿**Van** hoy a la feria a montar el carrusel? A la feria **fuimos** la semana pasada.

El poder de las palabras

ca•rru•sel *s.* plataforma giratoria con caballitos u otros animales; tiovivo.

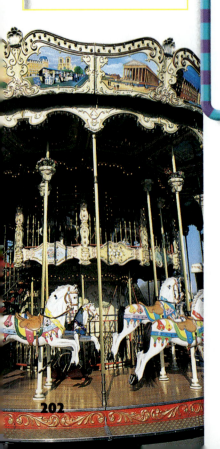

Práctica dirigida

A. Lee las oraciones e identifica el verbo irregular.

Ejemplo: En la feria yo pude montar en el carrusel. *pude*

1. Los niños dieron vueltas en el carrusel.
2. Los primeros carruseles fueron con caballos.
3. Esos caballos fueron los primeros animales usados en los carruseles.
4. Los artistas los pudieron cambiar por otros animales.
5. Esos animales estuvieron en el favor de los niños.

Práctica individual

Recuerda que los verbos irregulares tienen formas especiales en varios tiempos.

B. Escribe la forma correcta del tiempo pasado del verbo entre paréntesis.

Ejemplo: Edward Hicks (ser) un famoso artista popular.
fue

6. Al principio Hicks (ser) decorador de carruajes.
7. Más tarde (poder) pintar vistosos letreros.
8. Antes de cumplir 30 años (dar) por acabado su trabajo anterior.
9. (ser) famoso por una serie de cuadros con animales.
10. Él (saber) dedicarse por entero a su nuevo trabajo.
11. Los amantes del arte (saber) valorar altamente el trabajo de Hicks.
12. El cuadro *Los reinos apacibles* le (dar) mucha fama a Hicks.
13. Sus cuadros de granjas (ser) otro paso a la fama.
14. En sus cuadros, los personajes (ser) gente común.
15. Los cuadros de Hicks (estar) en la popularidad por muchos años.
16. En sus primeros cuadros, Eunice Pinney (poder) componer escenas de su infancia.
17. Eunice (ser) un artista original.
18. En uno de esos cuadros el caballo (dar) por tierra con el jinete.
19. Yo (ir) a ver ese cuadro.
20. Su cuadro *Dos Mujeres* (ser) muy famoso.

Conexión con la escritura

Diario de un escritor: Anotar ideas Piensa en los cuadros u objetos que decoran tu casa. Elige uno y escribe sobre él en tu diario. Escribe palabras y frases que describan el cuadro o el objeto e incluye en tu descripción verbos irregulares.

CAPÍTULO 17
Verbos irregulares

Más verbos irregulares

Algunos verbos cambian en la raíz sin cambiar en las terminaciones. En general estos verbos cambian en todas las personas del presente menos en la primera persona del plural (nosotros).

Verbos irregulares	Presente	Pretérito imperfecto
querer	quiero, quieres, quiere, queremos, quieren	quería, querías, quería, queríamos, querían
pedir	pido, pides, pide, pedimos, piden	pedía, pedías, pedía, pedíamos, pedían
pensar	pienso, piensas, piensa, pensamos, piensan	———
hacer	hago, haces, hace, hacemos, hacen	hacía, hacías, hacía, hacíamos, hacían
volver	vuelvo, vuelves, vuelve, volvemos, vuelven	volvía, volvías, volvía, volvíamos, volvían
dormir	duermo, duermes, duerme, dormimos, duermen	dormía, dormías, dormía, dormíamos, dormían

Ejemplos:
Mis padres **quieren** regalarme un libro de tiras cómicas.
Pienso dibujar una tira cómica.

Práctica dirigida

A. Identifica en cada oración el verbo irregular.

Ejemplo: Mis padres piensan que dibujo mucho. *piensan*

1. Alguien quería mirar el libro de tiras cómicas.
2. El cuervo vuelve a pararse en el asta.
3. El cuervo piensa muchas cosas.
4. Un fuerte vendaval hizo caer al cuervo.
5. Los dibujantes hicieron muy bien su trabajo.

Práctica individual

Recuerda que algunos verbos irregulares cambian en la raíz.

B. Escribe la forma correcta de los verbos irregulares entre paréntesis.

Ejemplo: ¿Qué (hacer) los dibujantes en el pasado? *hacían*

6. Si (querer) dibujar tiras cómicas debes ser artista.
7. Los creadores de los primeros dibujos cómicos no (pensar) competir con las nuevas tiras.
8. Sin embargo, los primeros creadores los (hacer) famosos.
9. A partir de entonces las palabras *dibujos cómicos* (querer) significar mucho.
10. Las tiras cómicas (volver) a estar en uso en forma de historietas.

C. Escribe cada oración usando la forma correcta de los verbos entre paréntesis.

Ejemplo: ¿Cómo (convertirse, se convertían) las tiras cómicas en historietas?
¿Cómo se convertían las tiras cómicas en historietas?

11. Los dibujantes (juegan, vuelto) con sus ideas.
12. Los héroes (piensan, conducido) en batallas a caballo.
13. Los superhéroes (poner, volvían) a volar.
14. Los barcos (hicieron, piden) a los vientos que no los hagan naufragar.
15. Los personajes hablan, caminan y (dijeron, duermen).

Conexión con la escritura

El arte de escribir: Verbos de acción Busca en un periódico local una tira cómica que te guste. Escribe un párrafo donde cuentes qué sucede en la tira cómica. Usa verbos que indiquen fuerza o acción. Usa cuantos verbos puedas, incluyendo verbos irregulares. Cuando termines, intercambia tu párrafo con un compañero. Dibuja una estrella al lado del mejor verbo de impacto que tu compañero haya usado y explica por qué ese verbo es importante para el párrafo.

CAPÍTULO 17

Verbos irregulares

USO Y PUNTUACIÓN

Verbos usados incorrectamente

Cuando hablamos a veces cometemos errores en la conjugación de ciertos verbos.

Cuando usamos la segunda persona del pretérito a veces se pronuncia una s al final agregando una irregularidad que no es correcta.

Ejemplo:

Me **dijistes** que las muñecas no están rotas.

Me dijiste que las muñecas no están rotas.

Muchos verbos irregulares se usan incorrectamente.

incorrecto		correcto	
cabo	quedría	quepo	querría
apreto	creió	aprieto	creyó
frego	rega	friego	riega
iendo	ponió	yendo	puso
quedré	ponido	querré	puesto

Ejemplos:

Apreto la muñeca para que llore. *Aprieto*

Le **frego** la cara para limpiarla. *friego*

Práctica dirigida

A. **Escribe cada oración usando la forma correcta del verbo entre paréntesis.**

1. ¿Tú (pusistes, pusiste) las muñecas en sus cajas?
2. Las cajas de las muñecas están (iendo, yendo) para el hospital.
3. ¿Tú (quedrías, querrías) dárselas a los niños?
4. No las (riegues, regues) por el suelo.
5. ¿Piensas que yo (cabo, quepo) en una caja?

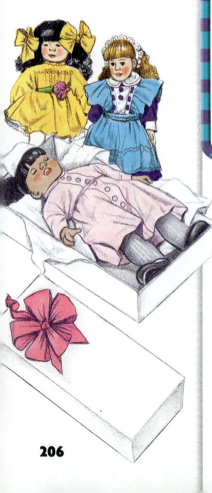

Práctica individual

B. Escribe las siguientes oraciones. Usa la forma correcta del verbo entre paréntesis. Subraya el verbo.

Ejemplos: Tú (vestistes, vestiste) las muñecas hechas para los niños.
Tú vestiste las muñecas hechas para los niños.

6. Él no (creyó, creió) que las muñecas se hacen con arcilla.
7. Los obreros (apretan, aprietan) la arcilla con la que harán el molde.
8. Lo (friegan, fregan) para evitar impurezas.
9. Yo también (quedré, querré) una muñeca cuando la terminen.
10. Tú (hiciste, hicistes) los moldes de plástico para hacer muchas más muñecas.
11. Te (quemaste, quemastes) el plástico que se estaba fundiendo.
12. El obrero (querría, quedría) que los moldes fueran perfectos.
13. Los obreros (riegaron, regaron) agua sobre las partes.
14. Tú (pusiste, pusistes) a las muñecas dentro de unas cajas.
15. Tú (dijiste, dijistes) que alguien las compraría.

Recuerda que cuando usas la segunda persona del tiempo pasado no debes agregar una s al final. Es *tú dijiste* y no *tú dijistes*.

Conexión con la escritura

Arte Los autores de tiras cómicas usan dibujos y frases para contar historias. Dibuja tres cuadros para componer una tira cómica sobre una muñeca o muñeco que pueda andar y hablar. Trabaja con un compañero para dibujar tres escenas, una en cada cuadro, que muestren a la muñeca o al muñeco realizando una de las acciones. Cuenta tu historia mediante frases en las que se usen los verbos correctamente.

CAPÍTULO 17
Verbos irregulares

Práctica adicional

A. Usa la forma correcta de los verbos irregulares entre paréntesis. *páginas 202–205*

Ejemplos: Muchos niños (poder) ver teatro de títeres.
pueden

1. La gente (saber) de títeres desde hace mucho.
2. Los títeres ya (ser) populares en el antiguo Egipto.
3. La gente (pensar) que el teatro de títeres es un medio de contar historias.
4. Los títeres (volver) a estar hoy de moda.
5. Muchos de esos cuentos se (hacer) populares.
6. Algunos títeres antiguos (ser) destruidos.
7. Algunos artistas (querían) ofrecer funciones a los reyes.
8. Los títeres (poder) hablar sobre cosas que pasan.
9. Desde el principio, los títeres (estar) vestidos con ropas de colores llamativos.
10. Posteriormente, alguien (ir) introduciendo la técnica de mover los títeres mediante hilos.
11. A esos títeres movidos mediante hilos les (dar) el nombre de marionetas.
12. Las marionetas se (mover) a través el escenario.
13. Los hilos (hacer) que parecieran más reales.
14. Los niños enseguida (saber) que eran divertidas.
15. En muchos sentidos, las marionetas (ser) como muñecas.

B. Escribe la forma correcta del verbo entre paréntesis. *páginas 202–205*

Ejemplo: Desde tiempos remotos los niños (quisieron, queremos) juguetes. *quisieron*

16. Las niñas (dormían, dormido) con sus muñecas.
17. Las casas de muñecas (fueron, fue) muy comunes.
18. La casa de muñecas (fue, fueron) mi primer regalo.
19. Al principio la gente (quiso, quieren) que las casas de muñecas fueran como pequeñas casas de verdad.
20. ¿Tú (pensamos, piensas) que te gustaría tener una?

Recuerda

que un <u>verbo irregular</u> cambia en sus terminaciones, en su raíz o en las dos partes.

Si deseas realizar otras actividades para practicar verbos irregulares, visita *The Learning Site:*
www.harcourtschool.com

208

C. Escribe las siguientes oraciones. Usa la forma correcta del verbo entre paréntesis. *páginas 206–207*

Ejemplo: Jack no (creió, creyó) que su tía podría tejer la manta.

Jack no creyó que su tía podría tejer la manta.

21. Ella (quedría, querría) tejer todo el tiempo.
22. La tía preguntó, ¿(pusistes, pusiste) el telar en el sótano?
23. Esta mañana preguntó, ¿(trajiste, trajistes) las madejas de lana?
24. Ella (creió, creyó) que Jack las había olvidado.
25. Jack observa como su tía (aprieta, apreta) los hilos en el telar.
26. Ella también (friega, frega) los hilos para sacarles la pelusa.
27. Ella ha (ponido, puesto) triángulos y cuadrados negros y rojos en sus diseños.
28. El precio de las mantas tejidas a mano se ha (ponido, puesto) muy alto.
29. Jack dice, ¡(quedría, querría) poner la manta sobre mi cama ahora mismo!
30. Finalmente, cuándo él la (puso, ponió) en la cama estuvo contento.

¿LO SABÍAS?
Entre los miembros de la tribu Mfengu, en África del Sur, las mujeres cargan una muñeca hasta que nace su primer hijo. Entonces le dan la muñeca al bebé.

Conexión con la escritura

Estudios sociales Piensa en el arte de tu comunidad. Tal vez conozcas a alguien que haya creado algo en tela o madera. Quizás conozcas a alguien que dibuje o que pinte. Escribe un párrafo en el que describas una obra de arte que algún familiar o vecino haya hecho. Usa palabras descriptivas que ayuden a los lectores a hacerse una idea de la pieza sobre la cual estás hablando. Usa correctamente los verbos que expliquen cómo se hizo la pieza.

CAPÍTULO 17
Verbos irregulares

Repaso del capítulo

Lee el siguiente fragmento y escribe en los espacios en blanco la forma correcta del verbo irregular. Escribe la letra de la respuesta correcta.

> Yo __(1)__ un trabajo en el proyecto de artesanía popular. El sábado me __(2)__ poner a trabajar desde muy temprano por la mañana. La idea la __(3)__ después de haber visto a mi abuelo hacer muebles. Desde joven él me __(4)__ manejar sus herramientas. Él __(5)__ que hacer muebles era un arte. Él siempre __(6)__ contento fabricando muebles. Yo __(7)__ a sentarme en el taller para verlo trabajar. __(8)__ hacer largos esos momentos en que él deja sus herramientas a un lado para conversar conmigo unos minutos.

SUGERENCIA
Recuerda leer todas las respuestas posibles antes de seleccionar la que consideres correcta.

1. A hizo
   B hace
   C hago
   D hacen

2. F pudimos
   G pude
   H pudiste
   J poder

3. A tuvieron
   B tener
   C tuviste
   D tuve

4. F hicimos
   G hizo
   H hicieron
   J hecho

5. A saber
   B supo
   C sabía
   D supimos

6. F estar
   G estuvo
   H estoy
   J estuvieron

7. A volver
   B vuelvo
   C vuelves
   D volveremos

8. F Quieren
   G Querer
   H Quieres
   J Quiero

Si deseas prepararte mejor para las pruebas, visita *The Learning Site:*
www.harcourtschool.com

210

Prefijos y sufijos

VOCABULARIO

Un **prefijo** es la parte de una palabra que se añade al principio de una palabra o una raíz. Un **sufijo** es la parte de una palabra que se añade al final de una palabra o una raíz. Al añadirse prefijos y sufijos, el significado de las palabras cambia.

Observa cómo los prefijos afectan el significado de una palabra:

Prefijo	Significado	Raíz de la palabra	Nueva palabra	Nuevo significado
re-	hacer de nuevo	leer	releer	leer de nuevo
in-	no	capaz	incapaz	que no es capaz
pre-	anterioridad	ver	prever	antes de ver
des-	no o lo contrario de	hacer	deshacer	romper lo hecho

Observa cómo los sufijos afectan el significado de una palabra:

Sufijo	Significado	Raíz de la palabra	Nueva palabra	Nuevo significado
-dor	que hace algo	diseña	diseñador	persona que diseña
-ado	semejante a una cosa	rosa	rosado	del color de la rosa
-ble	que tiene la cualidad de	cura	curable	que se puede curar

AHORA TE TOCA A TI

Escribe en tarjetas cada uno de los siguientes prefijos: re-, in-, pre- y des-. En un segundo grupo de tarjetas escribe los sufijos -dor, -ble, -do. En un tercer grupo de tarjetas escribe las palabras leer, usar, amar, azul, decir, sentir, hacer, atar, construir y examinar. Combina los tres grupos de tarjetas entre sí para formar palabras con nuevos significados.

SUGERENCIA
Asegúrate de que todas las combinaciones sean palabras reales. Búscalas luego en el diccionario.

CAPÍTULO 18

Taller de escritura

Ensayo persuasivo

MODELO DE LITERATURA

Con la escritura persuasiva intentamos convencer a alguien de que crea o haga algo. En esta selección, la carta de Annie persuade a los demás para que den dinero al fondo para la construcción del pedestal de la Estatua de la Libertad. Mientras lees, piensa en los sentimientos de Annie y sus motivos para escribir la carta.

PROMESA DE HERMANO

escrito por PAM CONRAD

El pueblo de Francia regaló la Estatua de la Libertad a los Estados Unidos como un símbolo de amistad. Al momento de escribir esta carta, la antorcha ya se encontraba en Nueva York, pero la Estatua de la Libertad no iba a ser enviada a América hasta que no se construyera un pedestal donde pudiera estar. Annie y su hermano Geoffrey, que había muerto recientemente, tenían la costumbre de mirar la ciudad juntos desde la antorcha. Annie temía que después de que la antorcha fuera enviada de vuelta a París para el ensamblaje final, la estatua no fuera regresada nunca a los Estados Unidos.

Ciudad de Nueva York, 1885

Unas semanas después de la muerte de Geoffrey, Annie escribió esta carta al editor del periódico *New York World*.

213

CAPÍTULO 18
Ensayo persuasivo

Estimado señor Pulitzer:

Le envío este dinero para contribuir al fondo para el pedestal de la Estatua de la Libertad. Yo vivo cerca de la plaza Madison y antes visitaba la antorcha con mi hermano mayor, Geoffrey. Geoffrey estudiaba arte en París y me contó todo acerca de la estatua y cómo el constructor de la Torre Eiffel en París construyó los cimientos de la Estatua de la Libertad. Me contó que la estatua se alza sobre los edificios de París y que él solía mirarla e imaginársela en la bahía de Nueva York. Incluso hicimos una promesa de encontrarnos dentro de la antorcha cuando estuviera aquí de vuelta. Él siempre estuvo completamente seguro de que ella estaría aquí algún día.

Quiero asegurarme de que eso suceda, pues mi hermano murió este año, y si bien él no podrá cumplir la promesa que me hizo, yo aún puedo cumplir la mía. He ido a una casa de empeños en mi barrio a vender el antiguo anteojo de larga vista de plata y madera de Geoffrey, con el que solíamos observar la ciudad de Nueva York desde adentro de la antorcha. Me entristeció mucho venderlo, pero estoy segura de que él lo entendería. Por favor acepte este dinero en memoria de Geoffrey Gibbon y por favor construya un pedestal.

Respetuosamente,
Annie Gibbon

La carta de Annie fue publicada en el *New York World* y su mensaje tan sincero desencadenó una serie de contribuciones en memoria de parientes queridos. Annie vio con orgullo cómo el fondo crecía cada semana, hasta que finalmente Joseph Pulitzer anunció que el fondo ya estaba completo. Por fin, la construcción del pedestal en la isla Bedloe iba a comenzar.

CAPÍTULO 18

Ensayo persuasivo

Isla Bedloe, 1886

La Estatua de la Libertad ha llegado a los Estados Unidos y Annie asiste a la ceremonia inaugural, presidida por Joseph Pulitzer.

Entonces, justo cuando parecía que terminaba, el señor Pulitzer, pensativo, miró la multitud y gritó:

—¿Se encuentra por casualidad Annie Gibbon aquí?

—¡Estoy aquí! —gritó Annie, agitando su brazo en medio de la gente.

—¡Ven acá, Annie! —dijo Pulitzer riéndose, y la gente se apartó para dejarla pasar. El señor Pulitzer extendió su mano y la ayudó a subir los escalones. Con ella a su lado, le habló a la multitud.

—Bueno, me alegra mucho que estés aquí.

Dirigiéndose una vez más a su audiencia, dijo:
—¿Saben? Annie perdió a su hermano el año pasado, un hermano al que le encantaba la Estatua de la Libertad. Por cierto, él la había visto en París, y Annie vendió su anteojo de larga vista y envió el dinero, en memoria de su hermano, al fondo para la construcción del pedestal. Eso motivó a mucha gente a hacer lo mismo.

Algunas personas aplaudieron y Annie volteó su mirada hacia ellos.

—Annie, tengo una sorpresa para ti.

Annie se dio la vuelta y alguien le entregó una caja de madera larga y angosta.

—Cuando leí tu carta envié a mi gente a todas las casas de empeño de tu barrio. Me dije: Joseph, cuando llegue la estatua esa niña va a recuperar su anteojo de larga vista. Y así va a ser. Ahora, tómalo, Annie. Sube al tope de esa dama y echa una buena mirada alrededor.

El poder de las palabras

pe·des·tal *s.* Base en la que se sostiene una columna, un monumento o una vasija.

Analiza el modelo

1. ¿Cuál es el propósito de la carta de Annie?
2. ¿Cómo persuade Annie a sus lectores?
3. ¿Qué detalles refuerzan la idea principal de Annie?

CAPÍTULO 18

Ensayo persuasivo

LA LECTURA Y LA ESCRITURA

Partes de un ensayo persuasivo

Los escritores intentan a veces convencer al lector de que haga algo o cambie su forma de pensar. Analiza este ensayo escrito por un estudiante llamado Dany. Presta atención a las diferentes partes del ensayo persuasivo.

MODELO

Ver para creer

opinión — El arte está en todas partes. Reproducciones de obras de arte pueden verse en carteles, camisetas, libros y en el Internet, pero nuestra excursión me demostró que las reproducciones no son lo mismo que la obra original. Todos deberíamos intentar visitar museos para apreciar las obras originales de arte.

primer argumento — En un museo puedes aprender mucho sobre arte. Algunas veces puedes ver varias obras del mismo artista. Otras exhibiciones muestran los bocetos que el artista hizo para preparar su obra. **detalles** — Es asombroso ver las diferentes etapas por las que pasa una obra de arte antes de convertirse en una pintura o escultura terminada.

segundo argumento — Además, puedes aprender más acerca de las obras de arte cuando las observas. Nuestra guía nos explicó que algunos artistas cambiaron su estilo durante determinados períodos. **detalles** — ¡Es mucho más fácil de entender cuando puedes ver las obras originales!

tercer argumento — La razón más importante para ir a un museo a ver obras de arte es que puedes

218

observarlas de distintas maneras. Acercándonos podíamos ver cada pincelada, pero debíamos alejarnos para poder apreciar la pintura en su totalidad. — **detalles**

Los museos de arte nos enseñan acerca de los artistas y la forma en que trabajan. Nos permiten apreciar obras de arte de diferentes maneras. — **opinión**

Si tienes la oportunidad de visitar un museo de arte, ¡no la pierdas! — **invitación a la acción**

Analiza el modelo

1. ¿Cuál es el propósito de Dany al escribir?
2. ¿Quién es su audiencia?
3. ¿Cuál es su argumento más importante? ¿Cómo lo respalda?

Resume el modelo

Escribe la opinión de Dany y sus argumentos en una red como la que se ve aquí. Usa la red para hacer un resumen de su ensayo persuasivo.

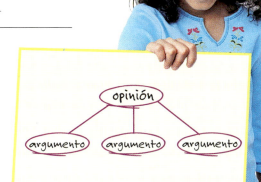

El arte de escribir

Captar la atención del lector Para mantener la atención de tu audiencia puedes, por ejemplo, usar diferentes clases de oraciones. Comienza las oraciones con distintas palabras, haz preguntas y escribe algunas oraciones largas y otras cortas. Anota tres oraciones del ensayo de Dany que estén construidas de diferentes formas.

CAPÍTULO 18

Antes de escribir

Ensayo persuasivo

Estrategias que usan los buenos escritores

- Determina tu propósito y tu audiencia.
- Presenta tu opinión.
- Haz una lista con la mayor cantidad de argumentos posibles para persuadir a tu audiencia.

Propósito y público

Escribir es una forma de expresar una opinión. En este capítulo expresarás una opinión a tus compañeros escribiendo un ensayo persuasivo.

TEMA DE ESCRITURA Escribe un ensayo para persuadir a tus compañeros a que se interesen por un tema o un pasatiempo relacionado con el arte. Presenta tu opinión. Continúa con argumentos fuertes para persuadir a tus compañeros de tu punto de vista. Concluye con una invitación a la acción.

Antes de empezar, piensa en tu propósito al escribir y en tu audiencia. ¿Quiénes serán tus lectores? ¿De qué los quieres convencer?

MODELO

Dany decidió animar a sus compañeros a visitar museos para ver obras originales de arte. Usó una red para organizar sus ideas.

Mi audiencia: compañeros de clase

Mi propósito: persuadir a mis compañeros de clase para que visiten museos

aprender sobre arte

Mi opinión: La gente debe ir a museos de arte.

aprender sobre cómo trabajan los artistas

mirar al arte de diferentes maneras

AHORA TE TOCA A TI

Elige un pasatiempo o tema de interés relacionado con el arte. Usa una red para organizar tus ideas.

220

Bosquejo

CAPÍTULO 18

Ensayo persuasivo

Organización y elaboración

Usa estos pasos como ayuda para organizar tu ensayo.

PASO 1 Capta la atención del lector
Comienza con un hecho o idea interesante acerca de tu tema.

PASO 2 Presenta tu opinión
Presenta tu opinión clara y directamente.

PASO 3 Ofrece argumentos
Expone cada argumento seguido de los detalles que lo respaldan. Agrupa tus argumentos en párrafos separados y guarda el más fuerte para el final.

PASO 4 Concluye con una invitación a la acción
Vuelve a expresar tu opinión. Sugiere a tus lectores que hagan algo.

MODELO
Lee el primer párrafo del ensayo de Dany. ¿Cómo logra él que sigas leyendo? ¿En qué oración presenta su opinión?

> El arte está en todas partes. Las reproducciones de obras de arte pueden verse en carteles, camisetas, libros y en el Internet, pero nuestra excursión me demostró que las reproducciones no son lo mismo que la obra original. Todos deberíamos intentar visitar museos para apreciar las obras originales de arte.

AHORA TE TOCA A TI
Ahora haz un bosquejo de tu ensayo. Usa las ideas que ya anotaste como ayuda para ordenar tus párrafos. Usa como guía los modelos de Pam Conrad y Dany.

Estrategias que usan los buenos escritores

- Escribe una oración introductoria interesante para captar la atención.
- Expone argumentos con detalles y ejemplos para convencer a tu público de tu punto de vista.
- Guarda tu argumento más fuerte para el final.
- Concluye con tu opinión y anima a tomar acción.

 Usa la computadora para hacer el bosquejo de tu ensayo. La función de Insert te permite volver atrás y agregar ideas.

CAPÍTULO 18

Ensayo persuasivo

Revisar

Organización y elaboración

Lee tu primer bosquejo. Hazte las siguientes preguntas:

- ¿Es mi oración introductoria lo suficientemente interesante?
- ¿Son claros mis argumentos? ¿Los respaldan los detalles de manera efectiva?
- ¿Hace falta quitar algo que no tenga que ver con el tema?

MODELO

Mira las correcciones que hizo Dany en esta parte del ensayo. Fíjate cómo cambió algunas palabras y oraciones para hacerlo más variado. ¿Por qué crees que borró el detalle sobre Winslow Homer?

> En un museo puedes aprender mucho. ~~Tú~~ **sobre arte**
> **Algunas veces** puedes ver varias obras del mismo artista.
> ~~Mi artista favorito es Winslow Homer.~~
> ~~Puedes ver~~ **Una exhibición puede mostrar** los bocetos que el artista hizo
> para preparar su obra. Es ~~interesante~~ **asombroso** ver las
> **diferentes** etapas por las que pasa una obra de arte.
> Puedes aprender acerca de las obras **antes de convertirse en una pintura o escultura terminada** cuando
> **Además,** las observas. Nuestra guía nos ~~dijo~~ **explicó** que **de arte**
> algunos artistas cambiaron su estilo. ¡Es **durante determinados períodos**
> mucho más fácil de entender ~~porque~~ puedes **cuando**
> ver las obras de arte! **originales**

AHORA TE TOCA A TI

Revisa tu ensayo persuasivo. Haz que tus oraciones sean lo más interesantes posible. Agrega detalles y quita aquellas ideas que no tengan que ver con tu tema.

Estrategias que usan los buenos escritores

- Modifica las oraciones que empiezan de la misma manera.
- Agrega detalles para respaldar tus argumentos.
- Céntrate en el tema.

Si borras algo por error, es posible que lo puedas recuperar. Usa la función de Edit/Undo en el menú de editar.

Corregir

CAPÍTULO 18

Ensayo persuasivo

Revisar el uso del idioma

Los errores hacen que tus escritos sean menos convincentes. Corrige siempre tu trabajo. Busca errores de ortografía, mayúsculas, puntuación y gramática.

MODELO

Dany ha revisado a fondo su ensayo. Observa cómo ha corregido sus errores de ortografía. ¿Dónde ha corregido la puntuación? ¿Qué errores de gramática ha corregido?

> *importante*
> La razón más ~~important~~ para ir a
> un museo a ver obras de arte es que ~~sea~~
> puedes observarlas de distintas maneras.
> *Acercándonos*
> ~~Acercándónos~~ podíamos ver cada pincelada,
> pero debíamos alejarnos para poder apreciar
> *su*
> la pintura en ~~sus~~ totalidad.
> *Los*
> ~~Las~~ museos de arte nos enseñan acerca de
> los artistas y la forma en que trabajan. Nos
> *diferentes*
> permiten apreciar obras de arte de ~~differentes~~
> maneras. Si tienes la oportunidad de visitar
> un museo de arte, ¡no la pierdas!

AHORA TE TOCA A TI

Corrige tu ensayo luego de revisarlo. Léelo tres veces y usa esta lista para hacer las correcciones:
- **Verificar la ortografía, especialmente los verbos irregulares.**
- **Revisar la puntuación en títulos y oraciones.**
- **Buscar errores gramaticales, como falta de concordancia entre el verbo y el sujeto.**

Estrategias que usan los buenos escritores

- Comprobar la concordancia entre verbo y sujeto.
- Comprobar los verbos irregulares.
- Comprobar la ortografía si no se está del todo seguro.

Marcas editoriales

๙	Borrar texto
⌃	Añadir texto
↶	Mover texto
¶	Empezar párrafo
≡	Mayúscula
/	Minúscula
◯	Corregir ortografía

223

CAPÍTULO 18

Publicar

Ensayo persuasivo

Compartir tu trabajo

Tu ensayo persuasivo está listo para ser publicado. Contesta estas preguntas para que decidas la mejor manera de compartirlo:

1. ¿Quién leerá o escuchará el ensayo? ¿Será leído en voz alta en el salón de clases o será leído en un auditorio? ¿Será impreso en un periódico?
2. ¿Escribirás el manuscrito a máquina o lo harás en letra cursiva?
3. ¿Crees que los gráficos de computadora harán que tu ensayo parezca más persuasivo?
4. ¿Deberías de dar una charla basada en tu ensayo? Para dar una charla, usa la información de la página 225.

Usar el Manual

- Usa la pauta en la página 498 para evaluar tu ensayo persuasivo.

Reflexionar sobre lo escrito

 Usar el portafolio ¿Qué aprendiste en este capítulo acerca de tu escritura? Escribe tu contestación a cada una de las preguntas que siguen.

1. ¿Capta tu párrafo introductorio el interés de los lectores? ¿Por qué sí o por qué no?

2. ¿Cuál era tu propósito al ponerte a escribir? ¿Lo lograste? Explica tu respuesta.

Añade tus respuestas y tu ensayo a tu portafolio. Ahora, revisa tu portafolio. Escribe una oración acerca de algo que sabes hacer bien como escritor. Escribe una oración sobre algo que te gustaría hacer mejor. Utiliza lo que has escrito como ayuda para llegar a ser un mejor escritor.

Dar un discurso

ESCUCHAR Y HABLAR

Dany se basó en su ensayo para dar un discurso en su clase. Tú también puedes usar tu ensayo para dar un discurso.

PASO 1 Usa distintas tarjetas para hacer una lista de las ideas principales de cada párrafo. Procura que sean cortas y fáciles de leer. Numera tus tarjetas.

PASO 2 Piensa en los medios de que te puedes servir para reforzar tus razones; pueden ser fotografías, modelos o música. Si usas una ayuda visual, marca el lugar donde quieres usarlo.

PASO 3 Subraya tus mejores argumentos. El subrayarlos te recordará que tienes que enfatizarlos.

PASO 4 Ensaya tu discurso. Habla despacio y claramente. No levantes demasiado la voz.

PASO 5 Respira hondo para relajarte. Sonríe. Habla mirando directamente a tus compañeros. Haz contacto visual.

Estrategias para oyentes

Cuando tus compañeros den un discurso, utiliza estos consejos para comprender mejor la información:

- Mira al orador.
- Trata de entender cuáles son las opiniones y las ideas principales del discurso.
- Espera a que termine el orador para tomar una decisión de lo que ha dicho.

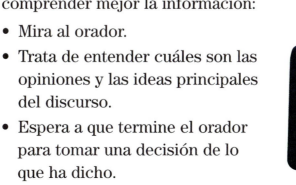

Unidad 3
Repaso de gramática
CAPÍTULO 13
Verbos en tiempo presente
páginas 164–173

Los tiempos verbales *páginas 164–165*

Escribe las oraciones. Elige el tiempo verbal correcto de los que aparecen entre paréntesis.

1. Ayer, Marco (acabará, acabó) su proyecto.
2. Marco (estuvo, estará) trabajando toda la semana pasada.
3. Él (pinta, pintó) ayer varias escenas de paisajes.
4. A Mark le (gustan, gusta) los colores brillantes.
5. Él (lleva, llevará) su trabajo mañana.
6. Hoy, Marco (planea, planeaba) hacer otro cuadro.
7. Antes de ayer, Marco (hace, hizo) varios bocetos.
8. Él (trabaja, trabajará) con un compañero en el futuro.
9. Antes, nunca (había, habrá) necesitado ayuda.
10. Marco confía en que el nuevo proyecto (dura, durará) menos tiempo.

Verbos en tiempo presente
páginas 166–167

Escribe las oraciones. Subraya los verbos que están en tiempo presente.

11. A Keisha y a mí nos gustan las esculturas.
12. La escultora siempre trabaja con hierro.
13. Ella hace siempre esculturas muy pesadas.
14. Sus esculturas más grandes pesan casi una tonelada.
15. Sus esculturas lucen mucho en el exterior.

Concordancia entre el sujeto y el verbo *páginas 168–169*

Escribe las oraciones. Para ello, usa el verbo que concuerda con el sujeto.

16. Los artistas (compra, compran) utensilios para trabajar.
17. Los pintores (necesitan, necesita) nuevas brochas.
18. Algunos pintores (organiza, organizan) sus utensilios en cajones.

Unidad 3
Repaso de gramática
CAPÍTULO 14
Verbos en tiempo pasado páginas 174–183

Verbos en tiempo pasado *páginas 174–175*

Escribe las oraciones y subraya el verbo. Indica si el verbo está en tiempo pasado o en tiempo presente.

1. La escritora Patricia MacLachlan vivía en Wyoming cuando era niña.
2. La autora vive ahora en Massachusetts.
3. Primero trabajó de maestra de inglés.
4. Luego comenzó su carrera de escritora.
5. Su libro *Sarah, Plain and Tall*, trata de una mujer de Nueva Inglaterra que se muda a las praderas.

Más sobre los verbos en tiempo pasado *páginas 176–177*

Escribe en tiempo pasado el verbo entre paréntesis.

6. Maurice Sendak (ilustrar) el libro *Where the Wild Things Are*.
7. Sendak se (hacer) popular debido al éxito del libro.
8. El libro (obtener) el premio Caldecott de 1963 gracias a sus ilustraciones.
9. Al principio, Sendak (estudiar) arte por la noche, y (trabajar) durante el día.
10. Más tarde, Sendak (diseñar) trajes para un ballet.

Concordancia entre el sujeto y el verbo *páginas 178–179*

Escribe las oraciones, usando la forma correcta del verbo entre paréntesis.

11. En los cuentos populares, al contrario que en otros cuentos, suele (haber, habiendo) animales que hablan.
12. Entre todos ellos, (tendremos, tenemos) *Caperucita Roja* y *Los Tres Cerditos*.
13. Los animales se (comportas, comportan) como personas reales.
14. Los animales de los cuentos (tienen, tenían) sentimientos.
15. ¿Creen los lectores que (existir, existen) animales que hablan?

Unidad 3
Repaso de gramática
CAPÍTULO 16
Verbos en tiempo futuro
páginas 192–201

Verbos en tiempo futuro *páginas 192–193*

Escribe las oraciones y subraya los verbos en tiempo futuro.

1. La banda de la escuela marchará mañana en el desfile.
2. La banda viajará en un autobús.
3. Los estudiantes llevarán sus propios instrumentos.
4. Los miembros de la banda vestirán con trajes coloridos.
5. Ellos marcharán todo el tiempo formando tres filas.
6. Los tamborileros marcharán en la primera fila.
7. Los trombones irán detrás, en la segunda fila.
8. Mucha gente escuchará la banda mañana.
9. Los miembros de la banda ensayarán durante varias horas.
10. Su profesor dirigirá la banda.

Más sobre los verbos en tiempo futuro *páginas 194–195*

Escribe las oraciones y subraya las dos partes de los verbos en tiempo futuro.

11. ¿Crees que la banda va a tocar el Día de Acción de Gracias?
12. Ellos van a necesitar un permiso de sus padres.
13. En el desfile van a participar muchas escuelas.
14. El alcalde dice que va a desfilar con todos.
15. ¿Cuánta gente crees que va a ver el desfile?

Elegir el tiempo correcto *páginas 196–197*

Escribe las oraciones. Elige el tiempo indicado del verbo que está entre paréntesis.

16. La orquesta (actuar, *presente*) en el escenario todas las noches.
17. La orquesta se (componer, *presente*) de 92 miembros.
18. Ellos (actuar, *pasado*) también el año pasado.
19. Los estudiantes (asistir, *futuro*) al concierto el año que viene.
20. A los estudiantes les (encantar, *presente*) la música.

228

Verbos irregulares *páginas 202–203*

Escribe las oraciones, usando el tiempo pasado del verbo entre paréntesis.

1. Yo (empezar) a subir en el tiovivo hace muchos años.
2. Yo (ser) aficionado de los tiovivos.
3. A menudo, mis padres no (entender) lo que yo quería.
4. Al principio (dormir) pensando en los caballitos.
5. Después de subir en ellos, (saber) que no eran de verdad.

Más verbos irregulares *páginas 204–205*

Escribe las oraciones, usando el tiempo pasado del verbo entre paréntesis.

6. Su escultura de barro (adquirir) muchas formas.
7. Los artistas (huir) de las formas convencionales.
8. En aquel cuadro, parecía que las hojas (volar) hacia el mar.
9. Pero las hojas (caer) en la playa.
10. Los pájaros (volar) en busca de un clima más cálido.
11. Algunos artistas (hacer) unas obras excepcionales.
12. Muchos niños (leer) el cuadro lleno de letras.
13. A pocos niños se les (caer) los lápices.
14. A los niños les (dar) por reír.
15. En fin, los tiovivos (ser) muy populares.

Verbos usados incorrectamente

páginas 206–207

Escribe las oraciones, usando la forma correcta del verbo entre paréntesis.

16. Yo (fui, estuve) la persona que trajo los caramelos.
17. El boleto (es, está) en la mano de Blanca.
18. Los padres se (sintieron, sentaron) en la silla.
19. Los dientes (eran, estaban) grandes colmillos.
20. Yo no soy quien (está, ha) soñado eso.

Unidad 3
Repaso de gramática
CAPÍTULO 17

Verbos irregulares
páginas 202–211

Unidad 3 Conclusión

Escribir sobre otras materias: Arte

Argumenta a favor del arte

¿Por qué debe enseñarse arte en las escuelas? ¿Por qué es importante el arte en tu vida? Trabaja en grupo para hacer una lista de razones. Luego presenta tu argumentación en un debate de la clase. Sigue los siguientes pasos.

Genera ideas

- Genera en grupo las razones que apoyan tu argumentación.
- ¿Por qué el arte es importante para ti?
- ¿Cómo te ayuda en la escuela y en la vida?
- ¿Por qué es importante el arte para tu comunidad?
- Investiga en Internet o en revistas de arte más razones que apoyen tu argumentación.

Escribe un ensayo en grupo

- Cada miembro del grupo debe escribir un párrafo que apoye una de las razones, incluyendo ejemplos de la vida real.
- Combina los párrafos en un escrito y entrégaselo en un sobre a tu maestro, o envíaselo por correo electrónico.

Hagan un debate

- Presenta tu argumentación ante la clase con tus compañeros de grupo. Cuando hayan terminado, dejen que el público confronte su razonamiento. Después expliquen por qué creen que sus razones son verdaderas o den otras razones de por qué el arte es importante.

Libros de lectura

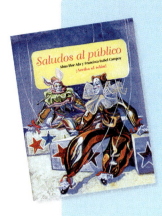

Saludos al público
por Alma Flor Ada y Francisca Isabel Campoy

TEATRO

Descubra la historia y el valor del teatro a través de esta colección de obras de teatro.

La banda
Relato de niños zapotecas

NO FICCIÓN

La banda del pueblo de San Cristóbal es importante para la fiesta de su santo patrón. Tocan en la iglesia y luego salen a la calle para unirse con las bandas de pueblos vecinos.

Unidad 4

Gramática: Pronombres, adjetivos y adverbios

Escribir: Escritura informativa (clasificación)

CAPÍTULO 19
Pronombres.................... 234

CAPÍTULO 20
Más sobre los pronombres 244

CAPÍTULO 21
El arte de escribir: Elaboración
Escribir un párrafo que
    contrasta................... 254

CAPÍTULO 22
Adjetivos y adverbios............ 262

CAPÍTULO 23
Más sobre los adjetivos
    y adverbios 272

CAPÍTULO 24
Proceso de escritura completo
Escribir un ensayo de ventajas
    y desventajas 282

CAPÍTULO 19

Pronombres

Pronombres personales	
Singular	**Plural**
yo	nosotros/ nosotras
tú/ usted	ustedes
él/ella	ellos/ellas

El poder de las palabras

at·mós·fe·ra *s.* El aire que rodea a la Tierra.

El pronombre y su antecedente

El antecedente del pronombre es el sustantivo o sustantivos que éste sustituye. El pronombre debe coincidir con su antecedente en género y número. Los pronombres personales son *yo, tú, usted, él, ella, nosotros, nosotras, ustedes, ellos, ellas*.

Ejemplos:

A María le gusta la nieve porque *ella* piensa que los trineos son divertidos.

Daniel y Carolina dicen que a *ellos* no les gusta la nieve.

Práctica dirigida

A. Lee cada oración. Identifica el pronombre y su antecedente. Indica si el pronombre y su antecedente están en singular o en plural.

Ejemplos: Cuando Susana llegó, ella miró los mapas.
ella, Susana; singular
Pedro y Daniel trajeron los mapas que ellos dibujaron.
ellos, Pedro y Daniel; plural

1. Will y Mike, los hermanos de Amy, fueron con ella a Seattle, Washington.
2. —Ustedes disfrutarán de la visita —les dijo Amy.
3. Aunque el tiempo es muy lluvioso en enero, ellos disfrutaron de la visita.
4. —A nosotros nos gustó mucho esta ciudad —dijeron Will y Mike.
5. Los habitantes de Seattle tienen la misma opinión: a ellos también les gusta la ciudad.

234

Práctica individual

Recuerda

que el pronombre personal puede tener un antecedente en singular o en plural.

B. Lee cada oración. Subraya el pronombre y su antecedente. Escribe si el pronombre y su antecedente están en singular o en plural.

Ejemplos: *Matt dijo que él vio un arco iris.* singular
Las niñas dijeron que a ellas les encantaban los colores. plural

6. Los niños en la clase dicen que ellos vieron el arco iris.
7. —Yo vi el arco iris sobre la bahía —dijo Amber.
8. —¿Tú lo viste el domingo? —preguntó Tom.
9. —Sí, cuando nosotros estábamos en el pícnic —respondieron Amber y Juan.
10. —Él dijo que había tomado una foto del arco iris, —comentó Tom.
11. —¿Quieren ver la foto ustedes? —preguntó la maestra a los estudiantes.
12. Los niños dijeron que ellos preferían ver el arco iris en el cielo.
13. La maestra dijo a los estudiantes que el arco iris tiene siete colores y pidió que ellos lo dibujaran.
14. Las niñas comentaron que ellas harían un arco iris gigante para la pared.
15. Los niños dijeron que ellos harían un marco para la foto de Amber.

Conexión con la escritura

El arte de escribir: Descripción Piensa en las formas de lluvia que has visto: desde un simple chispeo hasta una lluvia a cántaros. Escribe un párrafo describiendo una de estas clases de lluvia. Usa pronombres cuando sea posible para dar más variedad a las oraciones. Cambia tu párrafo con el de un compañero y fíjate en las palabras descriptivas.

CAPÍTULO 19
Pronombres

Pronombres personales y de complemento

Pronombres	
Pronombres personales	Pronombres de complemento
yo	me
tú	te
usted	le
él/ella	lo/la
nosotros/nosotras	nos
ustedes	les
ellos/ellas	los/las
	se

Un pronombre personal sustituye a uno o más nombres en la oración.

Ejemplos:
   Yo juego en la nieve.
   Nosotros jugamos afuera cuando hace buen tiempo.

Los pronombres de complemento pueden ser directos o indirectos. Los pronombres de complemento directo indican la persona o cosa sobre la que recae la acción de un verbo (*me, te, lo, la, nos, los, las*). Los pronombres de complemento indirecto indican a quién o para quién se hace una acción (*me, te, le, nos, les, se*).

   Él quiere comprar botas. **Las** quiere para la nieve.

   Los padres de Veda **le** compraron un trineo.

Práctica dirigida

A. Lee cada oración y encuentra el pronombre. Luego indica qué clase de pronombre es.

Ejemplos: Nosotros jugamos en la nieve.
Nosotros, pronombre personal
No me gusta patinar en el hielo.
me, pronombre de complemento

1. John "Botas de Nieve" Thompson nunca dejaba que el mal tiempo lo detuviera.
2. Él repartía cartas en los años 1800.
3. Siempre las entregaba.
4. Thompson se hizo unos fuertes esquíes y los usó en la nieve.
5. Yo pienso que Thompson tuvo mucho valor.

Práctica individual

B. Escribe una oración y subraya el pronombre. Indica qué clase de pronombre es.

Ejemplo: Tú puedes encontrar un libro llamado Copo de nieve Bentley. *pronombre personal*

6. Bentley dijo: —Mi madre me enseñó.
7. Él comentó que empezó a ir a la escuela a los catorce años.
8. Había libros en la casa de Bentley y los leyó casi todos.
9. La madre de Bentley era maestra, por eso lo ayudó a aprender.
10. Ella compró un microscopio.
11. Bentley lo usó para observar muchas cosas.
12. Él prefería aprender y estudiar.
13. Bentley estaba interesado en copos de nieve y los puso bajo el microscopio.
14. Bentley observó los cristales y le fascinaron.
15. Consiguió una cámara con microscopio y la usó.
16. Así pudo él tomar las primeras fotos de los cristales.
17. Ustedes pueden aprender a utilizar una cámara.
18. Nosotros sabemos que los cristales de nieve tienen seis lados.
19. ¿Te gustaría saber más?
20. Tú puedes averiguar más.

> **Recuerda**
> Los pronombres de complemento directo indican la persona o cosa sobre la que recae la acción de un verbo.

Conexión con la escritura

Salud Escribe un párrafo breve para explicar cómo tú o tu familia debe preparase para el mal tiempo. Coloca las oraciones en orden según lo que harías primero. Continúa la secuencia incluyendo elementos de supervivencia que puedes encontrar en una tienda y explica las razones por las que eliges cada elemento. Usa los pronombres correctamente.

CAPÍTULO 19

Pronombres

USO Y PUNTUACIÓN
Concordancia en género y número

Los pronombres personales tienen el género y número del antecedente. El pronombre también sustituye el sujeto de las oraciones.

Los pronombres de complementos, como su nombre lo indica, son complementos del verbo. Tienen el género y número de la persona o cosa que recibe o hace la acción.

Ejemplos:
   Erica y **yo** nos vamos a la playa.
   Nosotros queremos saber qué tiempo hará.
   Nos llevamos la radio.
   Erica **la** escucha.

Yo y *nosotros* están en lugar de nombres (el mío y el nuestro) y son sujetos. *Nos* hace saber quienes llevan la radio (nosotros) y *la* está sustituyendo a radio.

Práctica dirigida

A. Lee cada oración y estudia los pronombres entre paréntesis. Indica cuál es el pronombre correcto y qué clase de pronombre es.

Ejemplo: En las noticias, (nos, nosotros) podemos saber del tiempo.
nosotros; pronombre personal

1. María y (yo, me) escuchamos un ruido extraño.
2. El ruido (nos, nosotros) asustó mucho.
3. Para (él, le) sonó como si fuera un trueno.
4. ¡(Yo, me) espero que el próximo no sea tan fuerte!
5. María (yo, me) abrazó muy fuerte.

238

Práctica individual

B. Lee cada oración. Indica cuál es el pronombre correcto de los dos que están entre paréntesis. Escribe la oración usando el pronombre correcto.

Ejemplo: (Yo, me) contaré cómo fue el viaje.
Yo contaré cómo fue el viaje. pronombre personal

6. Una avalancha de nieve (yo, me) asustó.
7. El arco iris apareció frente a (nosotros, nos).
8. Un compañero y (me, yo) vimos una inundación.
9. La lluvia (nos, nosotros) mojó a todos.
10. Un relámpago rompió un árbol y (él, lo) partió en dos.
11. Mi madre y (yo, me) acampamos en la colina.
12. Las cuerdas se mojaron y no (ellas, las) pudimos secar.
13. El viento se llevó las mantas y no (las, ella) pudimos encontrar.
14. El trueno fue tremendo. (Él, Lo) escuchamos a la distancia.
15. El sendero estaba mojado y (nos, nosotros) costaba caminar.
16. Encontramos otros excursionistas y (ellos, los) estaban dormidos.
17. Cuando (ellos, los) despertamos estaban muy agitados.
18. Vimos niebla sobre el puente y no (nosotros, nos) atrevimos a cruzar.
19. Mi madre estaba asustada. (Ella, Le) pensaba que estábamos perdidos.
20. Al fin vimos al guardabosque y (él, le) hicimos señas.

Recuerda

Repasa el uso de los pronombres diciendo en voz alta el nombre al que sustituyen. Deja que tu oído te guíe.

¿LO SABÍAS?
La niebla se produce cuando la atmósfera se carga de partículas de agua. La lluvia o el viento limpian el aire.

Conexión con la escritura

Diario de un escritor: Una idea para escribir
¿Qué es lo que más y lo que menos les gusta a ti y a tus amigos, de una tormenta de lluvia y una tormenta de nieve? Usando pronombres personales, escribe un breve párrafo describiendo lo que más y lo que menos les gusta. Señala tus razones.

CAPÍTULO 19
Pronombres

Práctica adicional

Recuerda

que un pronombre sustituye a un nombre (antecedente) con el que debe concordar en género y número. Los pronombres pueden ser personales o de complemento. Igualmente pueden ser femeninos o masculinos, singulares o plurales.

A. Lee cada oración. Escribe el pronombre, su antecedente, y si está en singular o en plural. *páginas 234–235*

Ejemplo: El Sr. Evans sabe mucho acerca de la atmósfera y él está enseñando sobre las nubes a la clase.
él, Sr. Evans, singular

1. El Sr. Evans preguntó si tú, Trish, habías visto las nubes.
2. El viento mueve las nubes y las junta creando formas hermosas.
3. El sol está más allá de las nubes. A veces las nubes son tantas que lo tapan.
4. A los estudiantes de la clase les gustan las nubes.
5. El Sr. Evans dijo: —Ustedes van a ver muchas nubes.
6. —Tú debes leer más acerca de las nubes, Patricia —dijo el Sr. Evans.
7. Carlos preguntó: —¿Cuándo cree que podremos verlas?
8. —Ustedes deben aprender el nombre de las diferentes nubes —dijo el Sr. Evans.
9. Melinda dijo que ella conocía el nombre de las nubes.
10. Julio dijo: —Las grandes son los cúmulos y las bajas son los estratos.

B. Escribe una oración y subraya el pronombre. Indica qué clase de promombre es. *páginas 236–237*

Ejemplo: El pronóstico del tiempo <u>nos</u> dio buenas noticias.
pronombre de complemento

11. Nosotros tendremos buen tiempo en San Francisco.

Para más actividades con pronombres, visita **The Learning Site:**
www.harcourtschool.com

240

12. El sol brillará durante el día y lo veremos desde muy temprano.

13. No habrá nubes hoy, pero las veremos mañana.

14. A mediodía, ellos se marcharán.

15. Mañana nosotros iremos a la bahía con Manuel.

16. Si sale el sol, lo veremos en la playa.

17. Le dijimos que viniera.

18. En Iowa tendrán un día frío, mañana lo verán cambiar.

19. Él anunció buen tiempo durante todo el día.

20. Creo que ella conoce mucho del tiempo.

C. Lee esta oración. Decide cuál de los pronombres entre paréntesis es el correcto. Escribe la oración usando el pronombre correcto. *páginas 238–239*

Ejemplo: El desierto es un bello lugar para (nos, nosotros).
El desierto es un bello lugar para nosotros.

21. (Nosotros, nos) debemos tener cuidado con el sol.

22. Tú y (yo, me) tenemos que estar pendientes de las quemaduras.

23. La tormenta no (les, ustedes) permitió llegar.

24. No estábamos preparados para la lluvia, y (nosotros, nos) mojamos mucho.

25. Dicen que nevará esta noche pero no (lo, ella) creo.

cirros

cúmulos

estratos

Conexión con la escritura

Escritura de la vida real: Folleto sobre la seguridad
Puedes enseñar a la gente las medidas de seguridad durante una tormenta. En grupos pequeños, comparte ideas para un folleto sobre la seguridad en casos de emergencia por el tiempo. Haz una lista de al menos tres sugerencias. Incluye dibujos y fotos para hacer el folleto más interesante. Usa pronombres sólo cuando sustituyan a un nombre y su uso es claro.

CAPÍTULO 19

Pronombres

Repaso del capítulo

Lee el pasaje siguiente y selecciona el pronombre correcto que corresponde a cada espacio. Escribe la letra de la respuesta.

> Cuando __(1)__ estaba viendo las noticias del tiempo en la televisión tuve una idea. Dije a mis padres: "Creo que debemos almacenar más alimentos y agua para todos __(2)__ ". Vivo con __(3)__ en una casa en Florida. Por eso __(4)__ mantengo informado del tiempo. No __(5)__ podemos confiar porque en cualquier momento puede aparecer un huracán. A __(6)__ les pareció una buena idea. ¡No __(7)__ olviden, __(8)__ también deben tomar precauciones!

SUGERENCIA

Al tomar una prueba, elimina las respuestas que creas que no son correctas. Después elige entre las opciones restantes.

1. A nos
   B yo
   C le
   D ellos

2. F me
   G les
   H nosotros
   J nos

3. A os
   B vos
   C nos
   D ellos

4. F ustedes
   G ella
   H él
   J me

5. A ella
   B él
   C nos
   D tú

6. F ellos
   G os
   H ustedes
   J los

7. A le
   B me
   C lo
   D las

8. F ustedes
   G me
   H lo
   J las

Para más actividades para preparación para la prueba, visita *The Learning Site:*
www.harcourtschool.com

242

Conducir una entrevista

ESCUCHAR Y HABLAR

Entrevistar a alguien es una buena forma de recopilar información. Lee la siguiente entrevista.

Ethan: ¿Cómo afecta el tiempo a su trabajo?

Sr. Siebert: El clima afecta la selección de cultivos que realizo cada año. Aquí tenemos en general un tiempo cálido y húmedo en la época de siembra, por lo cual cultivo mucho maíz. Después, si llueve poco, las plantas no tienen agua suficiente para crecer. Pero demasiada lluvia puede causar problemas con los insectos.

Ethan: ¿Cómo afecta la temperatura a la agricultura?

Sr. Siebert: Una helada al final de la primavera puede arruinar las plantas antes de que hayan empezado a crecer.

Ethan: ¿Qué problemas puede causar una ola de calor?

Sr. Siebert: Durante una ola de calor generalmente no hay mucha lluvia.

Fíjate en que el entrevistador realiza preguntas que requieren respuestas más amplias que *sí* o *no*. Son preguntas abiertas.

AHORA TE TOCA A TI

TRABAJA CON UN COMPAÑERO Prepara una entrevista con un compañero. Tomen turnos representando a personas cuyo trabajo depende del tiempo. Escribe o habla acerca de tus respuestas a estas preguntas.

1. **¿Qué quieres aprender de la entrevista?**
2. **¿Qué preguntas abiertas puedes hacer que requieran respuestas que no sean *sí* o *no*?**
3. **¿Tomarías notas, usarías una grabadora, o las dos cosas?**

CAPÍTULO 20
Más sobre los pronombres

Pronombres posesivos y demostrativos

Un pronombre posesivo expresa pertenencia o posesión. Un pronombre demostrativo señala un objeto dando idea de distancia. Los dos evitan la repetición del sustantivo que sustituyen.

Pronombres posesivos	Pronombres demostrativos
mío/a, míos/as	éste/a/, éstos/as,
tuyo/a, tuyos/as	ése/a/, éstos/as,
suyo/a, suyos/as	aquél/la, /aquéllos/as/,
nuestro/a, nuestros/as	ese, eso, aquello.

Ejemplos:

Varios planetas giran alrededor del Sol. El (planeta) **nuestro** es el tercero.

Este telescopio es del doctor Ortega. **Éste** (telescopio) es de sus ayudantes.

El poder de las palabras

as•tró•no•mo *s.* Persona que estudia los astros, los planetas y otros cuerpos celestes.

Práctica dirigida

A. Lee cada oración. Identifica el pronombre posesivo y el demostrativo.

Ejemplo: Aquel telescopio es el suyo. *suyo*

1. La señora Guzmán tiene un telescopio en su clase. La suya es una clase modelo.
2. —Éste es nuestro — dijo la maestra señalando el telescopio.
3. Aquélla es la estrella más brillante.
4. Las estrellas se llaman por las formas como se agrupan. Aquéllas se llaman Osa menor.
5. Juan tiene su libro. Aquí está el mío.

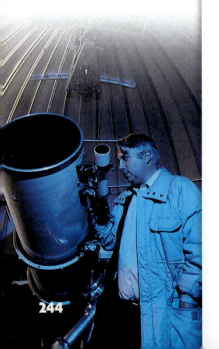

Práctica individual

B. Escribe cada oración y subraya el pronombre. Clasifica al pronombre como posesivo o demostrativo. Escribe el sustantivo que sustituye.

Ejemplos: Luisa lee acerca del diámetro solar. Aprendió que éste es de 864,000 millas.
Éste, demostrativo, diámetro
Escribió un informe. El suyo fue el mejor.
suyo, posesivo, informe

6. Juan y Manuel tomaron apuntes. Éstos fueron los mejores.
7. —Nuestro Sol produce energía y ésta llega a la Tierra —dijo Juan.
8. —Su núcleo arde aproximadamente a 27,000,000 grados. ¡Esto es calor! —dijo Manuel.
9. —¿Cuál de los modelos del Sol es el tuyo? —preguntó Diana.
10. —Este modelo es el mío —dijo Juan.
11. —Tus apuntes dicen que las capas del Sol giran a diferentes velocidades: los míos están equivocados —dijo Juan.
12. Juan mostró la foto del eclipse solar en su libro. —Ése es —dijo.
13. Cuando mirábamos las ilustraciones de eclipses, yo dije: —Éste es de Luna.
14. La lámina que muestra las capas del Sol es la nuestra.
15. La mía es la lámina que muestra el eclipse.

Recuerda

que un **pronombre posesivo** demuestra pertenencia o posesión y que un **pronombre demostrativo** señala un objeto.

Conexión con la escritura

Ciencias Las luces de la ciudad pueden ser la causa de que la gente no pueda ver algunas estrellas en la noche. Escribe tres oraciones que describan lo que ves en el cielo nocturno. Usa al menos tres pronombres posesivos y demostrativos en tu descripción.

CAPÍTULO 20
Más sobre los pronombres

Pronombres posesivos

Los pronombres posesivos tienen el género y el número de su antecedente y concuerdan con la persona que los posee.

Pronombres posesivos		
(yo) **mío/a, míos/as**	(él, ella, usted/es, ellos/as) **suyo/a, suyos/as**	(nosotros/as) **nuestro/a, nuestros/as**
(tú) **tuyo/a, tuyos/as**		

Ejemplos

Las **láminas** del espacio están en la clase. (antecedente)

Las **mías** son pequeñas.

Las **tuyas** son más grandes.

El **modelo** del cohete está en exposición. (antecedente)

El **nuestro** está en la mesa.

El **suyo** está sobre el estante.

Práctica dirigida

A. Lee cada oración. Identifica la forma correcta del pronombre posesivo que aparece entre paréntesis.

Ejemplo: Hoy vimos la película de astronautas.
La (tuya, tuyo) la vemos mañana.   *tuya*

1. Nuestra lección es sobre Neil Armstrong. ¿Y la (tuyas, tuya)?
2. Ana dijo que el (suyos, suyo) fue un gran viaje.
3. Vimos tu película. Hoy vemos la (mía, mías).
4. Armstrong llevaba zapatos especiales. ¿Son los (tuyo, tuyos) especiales?
5. ¿Eran los (suyos, suya) de material resistente?

246

Práctica individual

A. Escribe el pronombre posesivo correcto.

Ejemplo: Los cuerpos son atraídos hacia la Tierra por la ley de gravedad. ¿Es atraído el (tuyo, tuya)?   *tuyo*

6. Rusia y Estados Unidos viajaron al espacio. ¿Fueron los (suyos, suyo) los primeros cohetes al espacio?
7. Goddard inventó el cohete con combustible líquido. Fue el (suyo, suyas) el primer paso hacia el espacio.
8. El primer cohete fue usado en 1926. Fue el (nuestra, nuestro) un orgullo.
9. El primer satélite fue lanzado por Rusia. El orgullo fue (suyo, suya).
10. Leí en mi enciclopedia que se llamó *Sputnik I*. ¿Puedes leer algo más en la (suya, tuya)?

A. Escribe la oración correctamente y subraya la corrección.

Ejemplo: Aquí está mi enciclopedia. ¿Es ésta la suya, señora?
Sin error

11. En mi libro está la foto de la estación espacial *Mir*. ¿Está en el tuya? tuyo
12. Marcelo dice que su sueño es ser astronauta. ¡Es también el mía! mío
13. Kim dice: —¡yo iré al espacio también, ese sueño es también el mía!— mío
14. —Todavía no se ha hecho un viaje a Marte. ¿Será el nuestras el primero?— nuestro
15. —Podrían ser los primeros en pisar Marte— dijo la maestra. —¿Fue el suya un augurio?—suyo

> **Recuerda**
> que los pronombres posesivos concuerdan con la persona que lo posee y con el género y número del antecedente.

Conexión con la escritura

Diario de un escritor: Comenzar una historia
Imagina que fuiste elegido para una misión espacial. Deberás vivir en una nave espacial durante seis días. Escribe un párrafo sobre las primeras horas en la nave. Usa pronombres posesivos.

CAPÍTULO 20

Más sobre los pronombres

Pronombres demostrativos	
(cerca)	(más lejos)
éste/a, éstos/as, esto	aquél, aquélla, aquéllos, aquéllas, aquello
(lejos) ése/a, ésos/as, eso	

USO Y PUNTUACIÓN
Pronombres demostrativos

Los pronombres demostrativos tienen el género y el número de su antecedente y concuerdan con la persona que realiza la acción.

Cuando éste, ése y aquél, sus femeninos y plurales van delante de un sustantivo son adjetivos y no llevan acento.

Ejemplos

En la clase hay **libros** sobre nuestros pupitres, **láminas** en la pared, **modelos** en la repisa. (*antecedentes*)

Martín dice: —**Éstos** son los que quiero leer.

Marga responde: —**Ésas** son las que prefiero describir.

Agustín comenta: —**Aquéllos** son los que debo copiar.

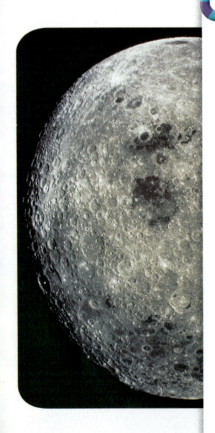

Práctica dirigida

A. Lee cada oración. Identifica la forma correcta del pronombre demostrativo que aparece entre paréntesis.

Ejemplo: Vimos las películas del astrónomo. (ésta, esto) es la mejor.
Ésta

1. Aquellas fotos del espacio son de Lin. ¿Y (ésas, eso)?
2. Estos libros de ciencia tienen muchas ilustraciones, pero (ésas, ésos) no tienen.
3. Observamos estas estrellas en el telescopio, pero (aquéllas, aquél) están muy lejanas.
4. Miramos las faces de la Luna. ¿Es (éstas, ésta) el cuarto creciente?
5. ¿Es (aquélla, aquéllos) la luna llena?

248

Práctica individual

A. Lee cada oración. Escribe la forma correcta del pronombre posesivo.

Ejemplo: Hay infinita cantidad de asteroides. ¿Es (éste, estos) uno de ellos? *éste*

6. Cuando los planetas chocan producen asteroides. ¿Son (éstos, éstas) peligrosos?
7. Esta teoría no está probada. ¿Crees en (éstos, esto)?
8. Hay asteroides de tres clases. ¿Estuvieron (éstos, ésta) cerca de la Tierra?
9. Un asteroide pasó en 1989. ¿Te asusta (estas, esto)?
10. ¡No debes preocuparte por (eso, aquello)!

A. Lee cada oración. Si tiene un error escribe la oración correctamente y subraya la corrección. Si la oración no tiene error escribe *Sin error*.

Ejemplo: Un asteroide puede ser grande, pero éstos no es un planeta.
Un asteroide puede ser grande, pero éste no es un planeta.

11. En el espacio hay ráfagas solares y éstas son peligrosas para tu salud.
12. Su velocidad es de 1,116 pies por segundo. ¿Son éstos peligrosas?
13. Rayos cósmicos también atraviesan el espacio. ¿Son éstas peligrosos también?
14. Los astronautas deben estar protegidos. ¿Estuvieron protegidos aquéllas?
15. Los astronautas usan trajes especiales. ¿Es ésos obligatorio?

> **Recuerda**
> que los pronombres demostrativos tienen el género y el número de su antecedente y concuerdan con la persona que realiza la acción.

Conexión con la escritura

Diario de un escritor: Usar los pronombres
Supón que tú eres parte de un grupo de seis científicos del espacio. Acaban de aterrizar en Marte. Describe las reacciones de cada uno. Usa por lo menos tres pronombres demostrativos.

CAPÍTULO 20
Más sobre los pronombres

Práctica adicional

Recuerda

que un pronombre posesivo demuestra pertenencia o posesión y que un pronombre demostrativo señala un objeto. Los dos concuerdan con el antecedente en género y número

A. Escribe las oraciones e identifica los pronombres. Clasifica si el pronombre es posesivo o demostrativo. páginas 244–246

Ejemplo: Aquí está mi libro de la biblioteca. ¿Dónde está el tuyo?

tuyo, posesivo

1. Mercurio, un planeta, gira alrededor del Sol. Éste es el primero.
2. Este planeta está cubierto con cráteres. ¿También el nuestro?
3. ¿Tiene una luna como la nuestra Mercurio?
4. Mariner 10 fue una nave exploratoria como ésta, la *Viking 1*.
5. Durante un año Mariner 10 voló cerca de Mercurio. ¡Eso fue un éxito!
6. Por las fotos creemos que los polos de Mercurio están cubiertos de hielo como los nuestros.
7. Mi tabla muestra que Mercurio hace una rotación en 59 días. ¿Y la tuya?
8. Venus es el segundo planeta desde el Sol. ¿Es éste parecido a la Tierra?
9. Mi libro dice que está cubierto de nubes y es muy cálido. ¿Dice eso el suyo, señora?
10. Su atmósfera es venenosa para los humanos. ¿También lo dice en el tuyo?
11. Las notas de la maestra, como las tuyas, dicen que Venus tiene volcanes.
12. Debemos leer más en una enciclopedia. ¿Leemos en la mía?
13. Mi plan es entrevistar un astrónomo. ¿Qué plan seguimos, éste o ése?
14. Creo que los dos son buenos. Éstos nos darán ideas más correctas.
15. También podemos observar las estrellas. Venus es aquélla que se ve tan brillante.

Para más actividades con pronombres, visita The Learning Site:
www.harcourtschool.com

B. Escribe las siguientes oraciones. Escribe la forma correcta del pronombre posesivo. páginas 246–247

16. Sabemos que el planeta Marte tiene dos lunas. El (nuestro, nuestra) tiene una.
17. En tu clase aprendieron sobre Marte ayer. En la (mías, mía) aprenderemos hoy.
18. Marte es el cuarto planeta desde el Sol después del (nuestro, nuestros), que es el tercero.
19. En tus apuntes no dice cuál es la distancia de Marte al Sol, pero en los (míos, mío) dice que es de 142 millones de millas del Sol.
20. Los volcanes de Marte son como los (nuestra, nuestros).

C. Lee cada oración. Si tiene un error, escribe la oración correctamente y subraya la corrección. Si la oración no tiene error escribe *Sin error*.
páginas 248–249

Ejemplo: Están mirando fotos de planetas como éstas.
   Sin error

21. Este grupo estudia el Sol, aquéllos estudia Saturno.
22. En esta mesa está el grupo de Saturno; en ése el de Venus.
23. Estos no son los libros. Traigan aquél mañana.
24. Esos planetas son bonitos, pero aquél es más bonito.
25. Saturno está formado por gases. Éstos no es como los otros planetas.

¿LO SABÍAS?
Los científicos creen que los agujeros negros son lugares en el espacio donde la gravedad es tan fuerte que la luz no puede escapar.

Conexión con la escritura

Arte Trabaja con un compañero. Imagina que tú y tu compañero han descubierto una nueva estrella y deben ponerle nombre. Diseñen un cartel con el dibujo de la estrella. Usen pronombres posesivos y demostrativos para describir sus cualidades.

CAPÍTULO 20
Más sobre los pronombres

Repaso del capítulo

Lee el siguiente fragmento. Elige la mejor forma de escribir cada oración. Escribe la letra de la respuesta correcta. Si la oración no necesita cambio escribe *Sin error*.

> Observo estrellas con el telescopio. (1) Ésta joven, pálida y casi invisible. (2) El suyo es un cuerpo de gases y polvo. (3) Ésa mayor, energía produce. (4) Aquélla enfría ya pierde hidrógeno y se. (5) Otra aquella ya se desplomó. (6) La fue suya una vida brillante pero gaseosa.

SUGERENCIA
Primero responde a las preguntas que sabes. Luego vuelve a las respuestas en las que necesitas tiempo para pensar.

1   **A**   Ésta es muy joven, pálida y casi invisible.
     B   Es muy joven pálida invisible.
     C   Joven pulida e invisible son las estrellas.
     D   Sin error

2   **F**   cuerpo de gases y polvo
     G   Gases y polvo en su cuerpo.
     H   es polvo y gas
     J   Sin error

3   **A**   mayor produce
     B   Esa mayor
     C   Ésa, ya mayor, produce energía.
     D   Sin error

4   **F**   Pierden energía
     G   Aquélla ya pierde hidrógeno y se enfría.
     H   fueron con energía
     J   son

5   **A**   es aquella, se desploma
     B   otra se desploma
     C   Aquella otra ya se desplomó.
     D   Sin error

6   **F**   Vida brillante gaseoso
     G   eres brillante
     H   La suya fue una vida brillante pero gaseosa.
     J   Sin error

Para más actividades con pronombres, visita *The Learning Site:* www.harcourtschool.com

Usar la información electrónica de las bibliotecas

TECNOLOGÍA

Hoy en día las bibliotecas poseen una variedad de recursos electrónicos para buscar información, tales como bases de datos, Internet y CD ROMs. Los CD ROMs y muchas páginas informativas de Internet contienen lo siguiente:

- Índice de contenido
- Texto principal
- Texto hablado o música
- Ilustraciones y fotografías
- Palabras resaltadas o subrayadas que te llevan a otras páginas

- Botones de búsqueda y de ayuda
- Botón de la página principal, que te regresa al lugar de inicio del sitio o del CD
- Botón de salida, que cierra el programa

Si tienes que investigar un tema, escribe una palabra clave en la sección de búsqueda. Si no hay un botón de búsqueda, busca el tema en el Índice de contenido.

Mientras lees en la pantalla de tu computadora, puede ser que quieras guardar alguna información interesante para usarla más tarde. Puedes copiar esa información en una libreta de apuntes o en tarjetas.

AHORA TE TOCA A TI

EXPLORA EL ESPACIO Trabaja con un compañero para planear y llevar a cabo una investigación sobre algún tema relacionado con el espacio. Usa recursos electrónicos tales como una enciclopedia en CD ROM y toma apuntes de lo que encuentres. Escribe un párrafo basado en tus apuntes. Cuando termines tu párrafo, compártelo con la clase.

SUGERENCIA

En la mayoría de las páginas de Internet y CD ROMs hay un botón de ayuda que puedes usar si no entiendes algo.

CAPÍTULO 21

Escritura informativa

El arte de escribir

Elaboración

CONTRASTE Cuando escribes para informar, puedes explicar en qué se diferencian dos cosas o ideas. Notar las diferencias entre las cosas se llama **contrastar**.

Lee el siguiente texto. Presta atención a la manera en que el escritor contrasta diferentes tipos de animales.

MODELO DE LITERATURA

Los animales nocturnos dependen de la agudeza de sus sentidos para sobrevivir en lugares oscuros o poco alumbrados. La mayoría de los animales nocturnos, como los ratones, pueden ver mucho mejor que tú con muy poca luz. Los bigotes extremadamente sensibles de los ratones los ayudan a orientarse en la oscuridad. Posada muy alto en un árbol, una lechuza puede saber dónde se encuentra exactamente un ratón al escuchar el más débil chillido. Desde otra dirección, un zorrillo que se está comiendo un gusano puede oler a un ratón y tratar de cazarlo. En cuanto la lechuza se echa a volar, el ratón, asustado por una mariposa nocturna, se apresura a buscar refugio. No se da cuenta de que la lechuza y el zorrillo son el verdadero peligro.

—de *One Small Square Backyard* (Un pequeño patio cuadrado) de Donald M. Silver

Analiza el modelo

1. ¿Cómo contrasta el escritor a los animales con las personas?

2. ¿Qué detalles da el escritor para hacernos entender que los animales nocturnos tienen sentidos agudos?

3. ¿De qué manera las palabras *extremadamente sensibles* y *más débil* te ayudan a entender la información?

El poder de las palabras

ex•tre•ma•da•men•te sen•si•ble *adj.* Con capacidad especial para sentir o reaccionar rápidamente o fácilmente.

Usar la elaboración

Usa la elaboración para comunicar mejor la información. Elaboración significa usar palabras de gran impacto y dar razones y detalles que explican tus ideas. Estudia la tabla que aparece en la página siguiente.

Estrategias de elaboración	Cómo usar las estrategias	Ejemplos
Usa palabras de gran impacto	• Usa palabras fuertes para reforzar tu explicación.	• Posada **muy alto** en un árbol, una lechuza puede saber **exactamente** dónde se encuentra un ratón al escuchar el **más débil** chillido.
Incluye razones y detalles	• Apoya tus ideas con hechos.	• Los detalles que indican cómo los diferentes animales usan sus sentidos agudos, apoyan la idea de lo importante que son sus sentidos para sobrevivir.

AHORA TE TOCA A TI

ANALIZA LAS RAZONES Y LOS DETALLES Trabaja con dos o tres compañeros de clase. En tu libro de ciencias, busca varios ejemplos de oraciones que estén apoyadas con razones y detalles. Discute cada ejemplo con tu grupo.

Contesta estas preguntas:

1. ¿Cuál es la idea principal que el autor está apoyando?

2. ¿Qué razones y detalles da el autor para explicar la idea?

3. ¿De qué manera las razones y los detalles te ayudan a entender la idea principal?

4. ¿Qué palabras de gran impacto usa el autor para resaltar las razones y los detalles?

CAPÍTULO 21

Escritura informativa

Palabras de gran impacto

A. Encuentra cinco ejemplos de palabras de gran impacto en el párrafo siguiente. Escribe las palabras en una hoja y explica por qué piensas que son de impacto.

Los huracanes son tormentas violentas que pueden causar grandes daños. Se forma un huracán cuando se produce un centro de baja presión y el viento comienza a girar a su alrededor. Los vientos más fuertes son los más cercanos al centro, que también se llama el ojo del huracán. Los vientos tempestuosos que giran alrededor del ojo a veces cubren 300 millas o más. Los huracanes más feroces pueden tener vientos de más de 155 millas por hora.

B. Lee el párrafo siguiente y escoge una palabra descriptiva del cuadro para llenar cada espacio. Copia el párrafo completo en una hoja.

| detectar | agudos | mínima |
| afilados | feroces | |

La mayoría de los tiburones tienen sentidos _____ y dientes muy _____ que les permiten cazar y comer casi todo tipo de animal marino grande. Su sentido del olfato es especialmente sensible. Los tiburones pueden _____ hasta la señal más _____ de que hay un animal herido en el agua. A pesar de la fama de ser animales _____, los tiburones rara vez atacan a las personas.

Razones y detalles

C. Lee la oración. Después lee las razones y los detalles. Escoge las razones y los detalles que apoyan la oración. Escribe un párrafo con las razones y los detalles que la apoyan.

Oración: Sir Isaac Newton, quien nació en el siglo diecisiete, fue uno de los científicos más importantes de todos los tiempos.

Razones y detalles:

Newton estudió el movimiento de los cuerpos y definió las tres leyes que lo explican.

Albert Einstein fue uno de los científicos más célebres del siglo veinte.

Basándose en las leyes del movimiento de los cuerpos, Newton llegó a conclusiones que le permitieron descubrir la fuerza de gravedad.

Newton dejó la universidad por dos años porque temía contagiarse de la peste.

Los métodos científicos modernos tales como las pruebas basadas en experimentos planeados, fueron creados en el siglo diecisiete.

Muchos de los escritos de Newton tratan de la religión y de otros temas que no están relacionados con su obra científica.

Pensar y escribir

Escribir para anotar ideas Algunas palabras son de gran impacto porque las personas reaccionan de inmediato con ellas. Por ejemplo, los lectores suelen reaccionar positivamente con palabras como libertad y justicia. ¿Qué palabras te hacen sentir emociones fuertes? Escribe tus ideas en tu diario.

CAPÍTULO 21

Escritura informativa

Un párrafo que contrasta

Donald M. Silver, el autor de *One Small Square Backyard* (Un pequeño patio cuadrado), contrastó la excelente visión nocturna de los ratones con la visión nocturna más limitada de las personas. Nikki sabe que los ratones son roedores. Los gerbos y los conejillos de Indias también son roedores. Lee el párrafo que Nikki escribió para contrastar los gerbos y los conejillos de Indias. Observa cómo ella usa la elaboración en su escritura.

MODELO

idea principal —

palabras de gran impacto —

razones y detalles —

contraste —

razones y detalles —

palabras de gran impacto —

contraste —

contraste —

razones y detalles —

> Los conejillos de Indias y los gerbos ambos son roedores, pero en muchas cosas son diferentes. El conejillo de Indias es un animalito robusto de orejitas redondas que no tiene cola. Generalmente, los gerbos son más pequeños y tienen colas largas con mechones en la punta. Hay conejillos de Indias de diferentes colores; algunos son blancos, negros, de color café o de un color claro con rayas o manchas más oscuras. En cambio, el pelaje de los gerbos es de color café. Los conejillos de Indias son originalmente de Sudamérica, mientras que los gerbos vienen de Asia y África.

Analiza el modelo

1. ¿Qué contrastes hace Nikki en este párrafo?

2. ¿Qué razones o detalles da para explicar los contrastes?

3. ¿Qué palabras de gran impacto usa Nikki y cómo resaltan sus razones y detalles?

AHORA TE TOCA A TI

TEMA DE ESCRITURA Escoge dos animales, plantas u objetos. Escribe un párrafo que contraste las dos cosas que escogiste. Elabora dando razones y detalles y usando palabras de gran impacto. Puedes usar alguna fuente de referencia para incluir más información.

ESTUDIA EL TEMA Hazte estas preguntas:

1. ¿Cuál es tu tema?
2. ¿Cuál es tu propósito al escribir?
3. ¿Quiénes forman tu público?
4. ¿Qué estilo de escritura vas a seguir?

Antes de escribir y hacer el bosquejo

Organiza tu párrafo Una vez que hayas decidido qué cosas vas a contrastar, haz una lista de las diferencias entre ellas. Luego usa una tabla como ésta para organizar tu información.

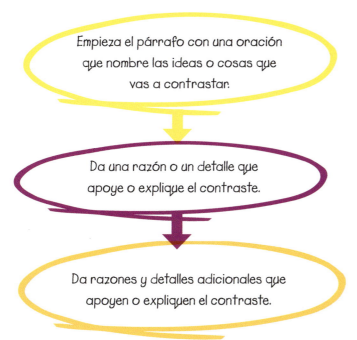

USANDO TU Manual

- Usa el diccionario de sinónimos para encontrar palabras de gran impacto para tu párrafo de contraste.

CAPÍTULO 21
Escritura informativa

Editar

Lee tu párrafo que contrasta. ¿Puedes revisar tu párrafo de manera que sea más informativo? Usa la siguiente lista de verificación para que te ayude a revisar tu trabajo:

- ☑ ¿Podrán entender tus lectores cómo se diferencian las dos cosas?
- ☑ ¿Puedes añadir razones y detalles para explicar o apoyar el contraste?
- ☑ ¿Omitiste algún detalle porque no se relaciona directamente con tu tema?
- ☑ ¿Puedes usar más palabras de gran impacto para resaltar las diferencias?

Usa esta lista de verificación para corregir tu párrafo:

- ☑ Usé correctamente los pronombres y los antecedentes de pronombres.
- ☑ Usé correctamente los pronombres posesivos.
- ☑ Usé correctamente las contracciones *al* y *del*.
- ☑ Usé un diccionario para verificar mi ortografía.

Marcas editoriales
- ✄ Borrar texto
- ∧ Insertar texto
- ↻ Mover texto
- ¶ Nuevo párrafo
- ≡ Mayúscula
- / Minúscula
- ○ Corregir ortografía

Compartir y reflexionar

Escribe una versión final de tu párrafo que contrasta y compártela con un compañero de clase. Explica qué es lo que más te gusta del párrafo de tu compañero. Señala las razones y los detalles que te ayudan a entender los contrastes. Habla de cómo usar la elaboración para mejorar tu escritura. Escribe tus ideas en tu diario.

260

Palabras que señalan un contraste

VOCABULARIO

Los oradores y escritores suelen usar palabras o frases que señalan cuándo se está contrastando algo. En la siguiente conversación entre amigos, ¿puedes reconocer algunas palabras y frases que señalan un contraste?

AHORA TE TOCA A TI

Forma un pequeño grupo para buscar ejemplos de palabras o frases que señalen contrastes en tu salón de clase. Estos son algunos de los lugares en donde pueden buscar:

- **libros de la biblioteca**
- **artículos de revistas**
- **periódicos**
- **libros de texto**
- **mensajes y noticias**

Hagan una lista de las palabras y frases que encuentren. Luego comparen su lista con las de otros grupos. Anima a tus compañeros de clase a crear oraciones originales usando palabras de las listas que señalan contraste.

CAPÍTULO 22

Adjetivos y adverbios

Adjetivos

El adjetivo es una palabra que describe a un sustantivo o a un pronombre. Puede ser calificativo o determinativo.

El adjetivo se coloca antes o después del sustantivo o depués del verbo que modifica. El sustantivo y el adjetivo siempre concuerdan en género y número.

Los adjetivos calificativos expresan una cualidad, es decir, describen el sustantivo o pronombre que modifican. Los adjetivos determinativos especifican el sustantivo o pronombre que están modificando. Los adjetivos determinativos pueden ser de diferentes clases: demostrativos, posesivos, indefinidos y numerales. Los adjetivos gentilicios se derivan de un sustantivo propio y expresan origen o lugar. Se escriben con minúscula.

Ejemplos:

Adjetivos calificativos: Yo dibujé una planta **alta** y **verde**.

Adjetivos determinativos: **Estas** plantas necesitan luz.

Adjetivos gentilicios: El botánico miró la enredadera **japonesa** que medía cuatro metros.

El poder de las palabras

bo·tá·ni·co s. Científico que estudia la vida de las plantas.

Práctica dirigida

A. Identifica los adjetivos calificativos, determinativos y gentilicios. Dibuja una flecha de cada adjetivo a cada sustantivo o pronombre que se describe.

Ejemplo: Muchas plantas africanas son hermosas.

1. Algunos árboles son frondosos.
2. El cacto sobrevive con poca agua.
3. La flor nacional de este país es la rosa.
4. Algunos estados son representados por hermosas y coloridas flores.
5. Los tallos de estas plantas tienen muchas hojas.

Práctica individual

Recuerda que un adjetivo describe un sustantivo o pronombre.

B. Escribe los adjetivos calificativos y determinativos de cada oración. Identifica el nombre o pronombre que describe cada adjetivo.

> **Ejemplo:** Algunas plantas son trepadoras.
> *algunas (plantas); (plantas) trepadoras*

6. Algunos árboles tienen troncos gruesos.
7. Las raíces filamentosas absorben más agua.
8. Algunas frutas crecen en esos árboles.
9. Muchas plantas florecen en la primavera.
10. Las cerezas son grandes y rojas.
11. Estos árboles son de diferentes tamaños.
12. Los botánicos encontraron plantas raras en los bosques asiáticos.
13. Aquellas plantas también crecen en Australia.
14. Rosa es un nombre común para una familia de plantas.
15. Los rosales necesitan mucho sol.
16. Las rosas tienen diferentes colores.
17. Las perfumadas rosas rojas son muy populares.
18. Las semillas están protegidas por una capa gruesa.
19. De una semilla puede crecer una nueva planta.
20. La secoya es un árbol gigante.
21. Estas semillas son muy pequeñas.
22. El nombre de la secoya gigante deriva del Jefe Sequoia.
23. Él fue un estudioso de la botánica.
24. La corteza de este árbol es esponjosa.
25. Este árbol es enorme y de hojas verdes.

Conexión con la escritura

Ciencias Piensa en tres tipos de plantas alimenticias y descríbelas. ¿Qué sabor tienen? Escribe dos oraciones sobre cada una y descríbelas con adjetivos. Encierra en un círculo cada adjetivo y dibuja una flecha de éstos al nombre que modifican.

CAPÍTULO 22
Adjetivos y adverbios

Adverbios

Un **adverbio** es una palabra que describe o modifica al verbo.

Ya sabes que un verbo es una palabra que representa una acción. Un adverbio puede informar *dónde*, *cuándo* y *cómo* ocurre la acción. Los adverbios que dicen *cómo* generalmente tienen la terminación *mente*. Los adverbios no siempre están al lado del verbo que modifican.

Ejemplos:
- **¿Dónde?** La secoya gigante crece **cerca** de esta región.
- **¿Cuándo?** Nosotros aprendimos sobre la secoya gigante **ayer**.
- **¿Cómo?** La secoya gigante crece **lentamente**.

Práctica dirigida

A. Identifica los adverbios en cada oración. Escribe qué verbo modifica cada adverbio.

Ejemplo: Los carpinteros usan comúnmente madera de roble y pino. *usan, comúnmente*

1. Los arces que producen azúcar frecuentemente viven muchos años.
2. Nuestra familia corre semanalmente en el bosque.
3. Ayer nosotros vimos un árbol grande y hermoso.
4. Las hojas del arce cambian naturalmente de color en otoño.
5. Su madera suave es usada mucho para hacer muebles.
6. Muchas personas ciertamente disfrutan de las plantas.
7. Algunas personas hablan cariñosamente a sus plantas.
8. Las plantas tropicales crecen poco en climas fríos.
9. El invierno puede matar fácilmente esas plantas.
10. Las plantas tropicales realmente necesitan un clima cálido.

Práctica individual

B. Identifica el adverbio y el verbo que modifica.

Ejemplo: Llueve frecuentemente sobre las plantas de mi patio.
Llueve, frecuentemente

11. Una buena reserva de agua ayuda enormemente en el crecimiento de un árbol.
12. Algunos árboles crecen fácilmente si tienen agua.
13. Las raíces constantemente necesitan agua.
14. Algunas raíces se extienden profundamente debajo de la tierra.
15. La contaminación ambiental afecta extraordinariamente el desarrollo de los árboles.
16. Algunos científicos estudian cuidadosamente los árboles.
17. Esos árboles fueron plantados ayer.
18. Puedes determinar fácilmente la edad de un árbol.
19. Los árboles en el parque florecen temprano.
20. Ellos han envejecido realmente.

C. Escribe cada oración y subraya el adverbio. Luego escribe si el adverbio nos dice *dónde*, *cuándo* o *cómo*.

Ejemplo: Algunas plantas crecen <u>dentro</u> de la casa. *dónde*

21. Algunas plantas crecen rápidamente a la luz del sol.
22. Las violetas crecen fácilmente con luz directa.
23. Mantengo mi cacto dentro de la casa.
24. Compré alimento para las plantas ayer.
25. Mi helecho crece perfectamente en la nueva maceta.

> **Recuerda**
> que un adverbio nos informa *dónde*, *cuándo* o *cómo*. Los adverbios que nos dicen *cómo* sucede la acción terminan en *mente*.

Conexión con la escritura

Ciencias Piensa en diferentes tipos de animales que puedes ver en un árbol. Escribe cuatro oraciones en las que describas estos animales y lo que ellos pueden estar haciendo. Intercambia trabajos con un compañero y subraya los adverbios en cada oración.

CAPÍTULO 22

Adjetivos y adverbios

USO Y PUNTUACIÓN

¿Adjetivos o adverbios?

Asegúrate de usar un adjetivo para modificar el sustantivo y un adverbio para modificar el verbo.

Muchos adjetivos se convierten en adverbios agregándoles la terminación *mente*. Algunos adjetivos y adverbios pueden confundirse porque se escriben igual; por ejemplo *mucho*, que puede modificar un verbo o un sustantivo.

Ejemplos:
En el jardín había **mucho** barro. **adjetivo**
Él come **mucho**. **adverbio**

Otros adjetivos también pueden ser confundidos, como por ejemplo: *poco*, *bajo*, *lejos* y *otros*.

Ejemplos:
Comimos **poco** pan con la comida. **adjetivo**
El niño escribió **poco**. **adverbio**
El árbol **alto** se rompió con la tormenta. **adjetivo**
La maestra hablaba **alto**. **adverbio**
La escuela estaba **lejos**. **adjetivo**
Caminaba **lejos** todos los días. **adverbio**

Práctica dirigida

A. **Identifica los adjetivos y adverbios.**

Ejemplo: Manejaba lentamente por la carretera mojada.
lentamente (adverbio); mojada (adjetivo)

1. Nosotros siempre vamos a ver los coloridos cerezos de Washington, D.C.
2. Nosotros paseamos tranquilamente entre los hermosos árboles.
3. La numerosa multitud lo disfrutó enormemente.
4. Japón aportó generosamente nuevas especies a la botánica estadounidense.
5. Una agradable brisa sopla suavemente los árboles.

Práctica individual

Recuerda que los adjetivos describen los sustantivos y los adverbios modifican al verbo.

B. Elige la palabra correcta que aparece entre paréntesis y completa cada oración.

Ejemplo: Muchas plantas crecieron (bien, buenas) dentro de la casa. *bien*

6. Los jardineros siembran (cuidado, cuidadosamente) sus flores en el suelo.
7. El frío es (malo, mal) para las plantas.
8. El hielo puede dañar las plantas (fácil, fácilmente).
9. Las violetas florecen (buenas, bien) en macetas.
10. El aire fresco es (bueno, bien) para las plantas.

C. Vuelve a escribir cada oración usando los adjetivos y adverbios entre paréntesis.

Ejemplo: El Sr. Lorca cuida sus plantas durante todos los meses de invierno. (fríos) (pacientemente)
El Sr. Lorca cuida pacientemente sus plantas durante todos los meses fríos del invierno.

11. Él construye viveros para sus plantas. (favoritas) (frecuentemente)
12. Esos viveros tienen un techo de cristal. (transparente) (siempre)
13. El vivero mantiene el calor del sol. (generalmente) (cálido)
14. Durante los meses, el Sr. Lorca siembra semillas en el vivero. (fríos) (cuidadosamente)
15. Las semillas crecen (pequeñas) (enormemente).

Conexión con la escritura

El arte de escribir: Adjetivos y adverbios vívidos Escribe tres oraciones sobre tus plantas favoritas usando adjetivos y adverbios vívidos. Intercambia tus oraciones con un compañero y encierra en un círculo todos los adjetivos y adverbios. Corrige para asegurarte que se han usado correctamente.

CAPÍTULO 22
Adjetivos y adverbios

Práctica adicional

A. Escribe los adjetivos calificativos, determinativos y gentilicios de cada oración. *páginas 262–263*

Ejemplo: Las violetas africanas pueden tener flores rosadas, blancas o púrpura. *africanas, rosadas, blancas, púrpura*

1. Las violetas tienen un tallo fino y cinco pétalos.
2. Muchos carpinteros usan madera dura para hacer muebles fuertes.
3. En otoño las hojas de estos árboles cambian de color.
4. La margarita inglesa crece aproximadamente seis pulgadas.
5. Estas flores blancas tienen el centro amarillo.
6. El rododendro de mi casa está siempre verde.
7. Rododendro es una palabra griega que significa árbol rojo.
8. Estas plantas tienen flores preciosas de diferentes colores.
9. Las flores pueden ser rojas, blancas o rosadas.
10. Tus lilas tienen pétalos de color púrpura.

B. Escribe los adverbios de cada oración y luego la palabra que modifica. *páginas 264–265*

Ejemplo: Yo aprendí recientemente una lección importante sobre el cuidado de la hierba.
recientemente, aprendí

11. Los jardineros generalmente usan hierba para hacer lucir un jardín.
12. La hierba también protege el terreno para que no se dañe.
13. La hierba sobrevive bien en pantanos y desiertos.
14. La hierba realmente puede tomar diferentes tamaños.
15. Yo verdaderamente me sorprendí al saber que el arroz era un tipo de hierba.

Recuerda

que los **adjetivos** describen o modifican los sustantivos y los **adverbios** describen o modifican los verbos.

¿LO SABÍAS?
Algunas plantas son héroes. Una planta que es atacada por un insecto puede prevenir a otras plantas del peligro. La planta herida libera un gas especial.

Para más actividades con adjetivos y adverbios visita *The Learning Site:*
www.harcourtschool.com

268

C. **Escribe cada oración y clasifica si la palabra subrayada es un adjetivo o un adverbio. Encierra en un círculo la palabra que modifica el adjetivo o el adverbio.** *páginas 262–267*

Ejemplos: El jardinero local me enseñó muchas cosas.
El (jardinero) local me enseñó muchas cosas. adjetivo

16. De él aprendí sobre las malas hierbas.
17. Las malas hierbas dañan muchísimo el jardín.
18. Hoy removí completamente la mala hierba.
19. Remover la mala hierba agrega vida a un bello jardín.
20. El jardinero me confió algunos secretos.
21. Algunos de esos secretos son útiles.
22. Ayer esparcí paja en el suelo.
23. La paja frecuentemente detiene la mala hierba.
24. La paja le dio un aspecto raro al jardín.
25. El jardinero me dio muy buenos consejos.

D. **Escribe cada oración y corrige los errores.**
páginas 266–267

Ejemplo: Encontré un lugar bien para plantar begonias.
Encontré un lugar bueno para plantar begonias

26. Esas flores crecen buenas en esta tierra.
27. Ellas crecieron rápida al recibir luz indirecta.
28. Estas cerezas son extraordinaria grandes.
29. Mi jardín está a una bien distancia del tuyo.
30. Las flores son cuidadas protegidas del viento.

Conexión con la escritura

Escritura de la vida real: Rotular Mira en una revista sobre jardinería. Recorta fotos de varios tipos de plantas. Pégalas en una hoja de dibujo. Usa adjetivos y adverbios para describir la belleza de cada planta al pie de las fotos.

CAPÍTULO 22
Adjetivos y adverbios

Repaso del capítulo

Cada uno de los siguientes grupos de palabras numerados es una oración completa. Lee cada una y si ves un error, marca la letra de la línea con el error. Si toda la oración está correcta, marca *No hay error*.

STANDARDIZED TEST PREP

1. **A** Los hermosos colores de una lila
   B agregan cantidad belleza
   C a cualquier patio.
   D No hay error.

2. **J** Las lilas
   K usualmente requieren
   L muy poca atención.
   M No hay error.

3. **A** Muchos tipos de lilas
   B crecen realmente buenas
   C en los climas del norte.
   D No hay error.

4. **J** Común las lilas del sureste europeo
   K crecen aproximadamente
   L veinte pies de alto.
   M No hay error.

5. **A** Esa lilas tienen flores
   B de color púrpura,
   C blancas y rojas.
   D No hay error.

6. **J** Algunos jardineros
   K usual utilizan macetas para plantar
   L sus lilas en primavera.
   M No hay error.

7. **A** Ellos pusieron
   B esas hermosas plantas
   C fuera de la casa cuando hizo calor.
   D No hay error.

8. **J** Los colores alegres de las lilas
   K real brillan
   L en muchos jardines.
   M No hay error.

9. **A** Nada es
   B cierto tan agradable
   C como tener un jardín de lilas.
   D No hay error.

10. **J** Muchos dicen
    K que las lilas
    L huelen tan buenas como lucen.
    M No hay error.

SUGERENCIA
Comprueba dos veces para estar seguro que marcaste la respuesta correcta.

Para más preparación para los exámenes, visita *The Learning Site:*
www.harcourtschool.com

270

Usar claves de contexto y estructurales

VOCABULARIO

Cuando lees puedes captar el significado de las palabras desconocidas utilizando las **claves de contexto** y las **claves estructurales.**

Las **claves de contexto** son usadas para buscar cómo una palabra es utilizada dentro de la oración, y conocer el significado de dicha palabra.

Probablemente sabes que la palabra *pasajera* significa (1) que en ese sitio o lugar pasa continuamente mucha gente o (2) una viajera que va en un vehículo. Esas dos definiciones no tienen sentido en la siguiente oración.

Una lluvia *pasajera* humedeció las calles del pueblo. La lluvia no duró mucho tiempo, pero lo suficiente para refrescar el vapor de las calles.

¿Cómo se emplea la palabra *pasajera*? La frase "no duró mucho tiempo" es una clave de contexto, y de ahí se puede concluir que la palabra *pasajera* tiene otro significado: (3) que dura poco tiempo, que pasa pronto.

Las **claves estructurales** son usadas para buscar qué parte de la oración es la palabra que se quiere. También mira la raíz de la palabra y si se le ha agregado algún prefijo o sufijos.

Prefijo	Raiz	Sufijo
des	confiar	damente

AHORA TE TOCA A TI

Trabaja en pareja y usa claves de contexto y estructurales para conocer el significado de las palabras subrayadas. Después que hayas acabado, explica cómo usaste las claves de contexto y de estructura. Verifica en el diccionario que tus definiciones fueron correctas.

1. Los gauchos llevaron a su ganado por el *llano.*

2. Los niños usaron la *regla* para medir el papel.

3. El viejo y fuerte roble estaba *inmóvil* durante la tormenta.

CAPÍTULO 23
Más sobre adjetivos y adverbios

Adverbios de modo, de tiempo y de lugar

Los adverbios modifican el significado de un verbo, un adjetivo u otro adverbio. Algunos adverbios indican cómo se hace algo y se llaman *adverbios de modo*. Otros indican dónde se lleva a cabo una acción y se llaman *adverbios de lugar*. Algunos otros indican cuándo se realiza una acción y se llaman *adverbios de tiempo*.

Ejemplos:

Adverbios de modo: *bien, mal, así, lentamente, rápidamente, fuertemente.*

Adverbios de lugar: *aquí, allá, allí, ahí, cerca, lejos, arriba, abajo, delante, atrás, fuera, dentro.*

Adverbios de tiempo: *hoy, mañana, ayer, antes, después, nunca, siempre, luego, tarde, temprano, pronto.*

Ejemplos:

La temperatura bajó **rápidamente anoche**.
rápidamente, adverbio de modo; *anoche,* adverbio de tiempo

El temporal azotó **fuertemente aquí**.
fuertemente, adverbio de modo; *aquí,* adverbio de lugar

Práctica dirigida

A. Indica el adverbio en cada una de las siguientes oraciones. Señala si es de lugar, de tiempo o de modo.

Ejemplos: El viento soplaba violentamente.
violentamente; adverbio de modo

1. La tormenta se acercó lentamente.
2. Los vientos fuertes removían allá la tierra seca.
3. Nosotros guardamos las cosas dentro de la casa.
4. El viento lentamente puede triturar hasta las rocas.
5. La arena también vuela mucho con el viento.

El poder de las palabras

e·ro·sión *s.* Desgaste del suelo o de las rocas a causa de corrientes de agua o vientos fuertes.

Práctica individual

B. Escribe qué adverbio modifica cada una de las palabras subrayadas. Después escribe qué tipo de adverbio es: de lugar, de tiempo o de modo. Puede haber más de un adverbio en cada oración.

Ejemplo: El agua de la lluvia, se <u>estancó</u> arriba del techo.
arriba, lugar

6. Los ríos pequeños se desbordan rápidamente.
7. Los ríos vuelven a su normalidad después de un tiempo.
8. Los ríos lentamente causan erosión después de una lluvia fuerte.
9. El Gran Cañón se formó así.
10. El río corre ahora profundamente dentro de un cañón.
11. Mucha gente se arriesga para ver de cerca el cañón.
12. El Gran Cañón siempre atrae mucha gente.
13. La gente camina cerca del río en el fondo del cañón.
14. Los senderos para caminar son angostos y el agua corre velozmente.
15. La erosión nunca se detiene.

> **Recuerda**
> que un adverbio modifica a un verbo, a un adjetivo o a otro adverbio.

¿LO SABÍAS?
La fuerza de la erosión formó uno de los lugares más espectaculares de los Estados Unidos: El Gran Cañón que se encuentra en el noroeste de Arizona. El Gran Cañón tiene una milla de profundidad y más de 250 millas de largo.

Conexión con la escritura

Ciencias: Piensa en algo que uses todos los días (el teléfono, el carro, el autobús, una lámpara). ¿Qué ayuda te ofrecen estas cosas? ¿Qué importancia tienen en tu vida? Escribe una oración corta que explique lo que una de estas cosas hace. Escribe claramente tus oraciones, usando adverbios de lugar, de tiempo y de modo.

CAPÍTULO 23

Más sobre adjetivos y adverbios

Recuerda

que los adverbios de cantidad determinan la cantidad en su antecedente, ya sea una acción, un adjetivo u otro adverbio.

Adverbios de cantidad

Un adverbio de cantidad tiene como antecedente un verbo, un adjetivo u otro adverbio e indica cantidad.

En las páginas anteriores vimos que el *adverbio* es la palabra que expresa *cuándo (tiempo)*, *dónde (lugar)* o *cómo (modo)* y modifica una acción, un adjetivo u otro adverbio. Recuerda que la mayoría de los adverbios terminados en *-mente* son adverbios de modo. Algunos de los adverbios de cantidad son: *bastante, demasiado, más, menos, mucho, poco, nada, todo, tanto, igual*. Los adverbios *mucho* y *tanto* se acortan cuando van delante de un adjetivo: se convierten en *muy* y *tan*.

Ejemplos:
El niño nadó **bastante** en el río.
Los excursionistas caminaron por una vereda **demasiado** angosta.

Los adverbios de cantidad ayudan en la comparación que hacen los adjetivos denotando cantidad.

Ejemplo:
Cristina es **más** lenta, pero **menos** constante que Abigail.

Práctica dirigida

A. Lee cada una de las oraciones. Subraya el adverbio de cantidad que aparece en cada una de ellas. Después, escríbelo a la derecha de cada oración.

Ejemplo: La corriente de este río es bastante rápida.
bastante

1. Las olas de este mar son las más altas de todas.
2. Algunas playas son poco conocidas y exploradas.
3. Las playas en mar abierto son menos visitadas por turistas.
4. En general, la gente disfruta mucho de la playa.
5. Para mucha gente, el mar ofrece todo lo bueno de la vida.

Práctica individual

> **Recuerda** que algunos adverbios de cantidad se pueden usar para comparar pero solamente si tienen como antecedente un adjetivo.

B. Completa las siguientes oraciones, usando uno de los adverbios de cantidad de la lista. Usa un adverbio diferente en cada oración. Tus respuestas pueden variar de las de tus compañeros.

Ejemplo: No hay <u>nada</u> mejor que unas vacaciones en la playa.

| mucho | todo | demasiado | menos | poco | tan |
| nada | más | bastante | igual | muy | |

6. Algunos ríos son _____ grandes y caudalosos.
7. Hay algunas playas que son _____ elegantes que otras.
8. Cuando llueve, la marea es _____ alta.
9. Me visto _____ cuando me baño en la playa o en el río.
10. No me gusta tomar _____ sol.
11. Es peligroso exponerse _____ al sol.
12. Una quemadura de sol puede ser _____ que una quemadura de agua caliente.
13. Me gusta nadar pero trato de estar _____ tiempo sin protector solar.
14. _____ detiene un río desbordado.
15. Prevenir _____ es importante.

Conexión con la escritura

Diario de un escritor: Escribir una idea
Piensa en cuánto has cambiado desde que empezaste a ir a la escuela. En tu diario, escribe tres oraciones describiendo cómo te desenvuelves en algo, ahora que estás más grande. Usa adjetivos y adverbios que te ayuden a describirte a ti mismo y tus acciones.

CAPÍTULO 23

Más sobre adjetivos y adverbios

USO Y PUNTUACIÓN

Comparar usando adjetivos y adverbios

Comparativos más comunes	
Adverbios de cantidad	**Adjetivos**
más	grande
menos	hermoso
tan	pequeño
igual	inteligente
(de, como)	amable
	cariñoso
	alto
	bajo

Un adjetivo expresa la cualidad del sustantivo que es su antecedente. Un adverbio de cantidad indica cuánta acción ocurre, o agrega cantidad a un adjetivo u otro adverbio. Los adjetivos se usan para comparar dos sustantivos o más sustantivos. Los adverbios de cantidad ayudan a los sustantivos en las comparaciones.

Algunos adjetivos comparativos no se pueden usar con adverbios. Hacen la comparación por sí solos. Éstos son: *mejor*, *peor*, *menor*, *mayor*, *inferior* y *superior*.

Ejemplo:
La lluvia era *tan fría* como la nieve. (*fría*, adjetivo, *tan* adverbio)

Para los sembrados la lluvia fue *mejor* que la nieve. (*mejor*, adjetivo)

Práctica dirigida

A. Lee las oraciones. Subraya el adverbio correcto que está entre paréntesis.

Ejemplo: Mi jardín está (tanto, <u>tan</u>) hermoso como el tuyo.

1. Esta sequía es (muchos, más) larga que la anterior.
2. Las flores silvestres son (tantas, tan) hermosas como las cultivadas.
3. Las hierbas crecen (menos, siempre) en tierra rocosa.
4. Los inviernos largos y fríos son (igual, mismo) que siestas para la tierra.
5. Plantar árboles es (igual, tan) importante como no cortarlos.

Práctica individual

Recuerda que los adjetivos y los adverbios pueden usarse juntos para hacer comparaciones.

B. Completa las siguientes oraciones seleccionando el adverbio de cantidad entre paréntesis.

6. El anciano corre (lentamente, poco).
7. La niña juega (mucho, bien) en el parque.
8. El césped del parque está (hoy, bastante) alto.
9. Los juegos para niños están (temprano, muy) destrozados.
10. Los canteros están con (nada, pocas) flores.

C. Completa las oraciones con un adjetivo entre paréntesis. Busca el que tiene más sentido para completar la oración.

11. El viento es tan (malo, bueno) para el suelo como la falta de lluvia.
12. La hierba es muy (beneficiosa, dañina) para conservar los suelos.
13. Los suelos con sal no son (buenos, hermosos) para los cultivos.
14. Las rocas no permiten el cultivo en (muchos, cuántos) lugares.
15. El agricultor limpió el terreno para la (menos, futura) siembra.

Conexión con la escritura

El arte de escribir: Adjetivos y adverbios ¿Qué cambios has notado en tu comunidad? Escribe una carta breve a un amigo, describiendo cómo ha cambiado algo a través del tiempo. Usa adjetivos comparativos y adverbios de cantidad para hacer comparaciones entre el pasado y el presente. Cuando termines, cambia tu carta con un compañero. Revisa los adverbios de cantidad y que las comparaciones sean correctas.

CAPÍTULO 23
Más sobre adjetivos y adverbios

Práctica adicional

A. Escribe qué tipo de adverbio es cada una de las palabras subrayadas. Después escribe la palabra que ese adverbio modifica. *páginas 272–273*

Ejemplo: Los geólogos trabajan <u>diligentemente</u> para identificar superficies rocosas.
diligentemente, modo, modifica al verbo trabajan

1. Los geólogos buscan rocas con formas <u>bien</u> interesantes.
2. Pueden pasarse <u>seguramente</u> largas horas estudiando.
3. Los geólogos conocen lugares <u>realmente</u> buenos para estudiar las rocas.
4. Los geólogos saben <u>hoy</u> que algunos lugares son más interesantes que otros.
5. Las áreas con poca vegetación son ideales para estudiar <u>allí</u> las rocas.
6. A veces los científicos trabajan <u>cómodamente</u> en sus oficinas.
7. Las dunas de arena son lugares interesantes y <u>bien</u> fáciles para estudiar la formación de las rocas.
8. Los geólogos pueden estudiar <u>así</u> rocas formadas desde hace tiempo.
9. Algunas ideas no se entienden tan <u>fácilmente</u>.
10. Las rocas del fondo de un cañón se formaron <u>antes</u> de las de arriba por lo tanto son más viejas.
11. Los geólogos examinan <u>profundamente</u> todo en sus análisis.
12. Los geólogos encuentran arena y grava en los arroyos <u>principalmente</u>.
13. Ahora puedes hablar <u>aquí</u> sobre las cosas interesantes que aprendimos.
14. Si quieres puedes coleccionar <u>ahora</u> arena o grava dentro de un frasco.
15. Necesitarás una lupa para estudiar las rocas <u>detalladamente</u> en tu casa.

Recuerda

que un adverbio puede modificar a un verbo, un adjetivo u otro adverbio.

Para más actividades relacionadas con adjetivos y adverbios, visita The Learning Site:
www.harcourtschool.com

B. Completa las oraciones con los adverbios del cuadro. Después escribe qué palabra modifica ese adverbio.
páginas 274–275

Ejemplo: Mezcla muy bien arcilla, arena y rocas en un frasco grande. *muy,* bien

| muy | mucho | rápidamente | nunca | más | toda |

16. Agrega el agua _____ limpia que puedas encontrar.
17. ¿Qué elemento se va al fondo _____?
18. En la capa superior _____ quedan las rocas.
19. La arcilla queda _____ arriba.
20. El lecho de un río se forma _____ más lentamente.

C. Subraya la palabra entre paréntesis que complete mejor las siguientes oraciones. Asegúrate de que las comparaciones sean correctas. *páginas 276–277*

Ejemplo: Nosotros aprendemos (más, bien) en el laboratorio que en la clase. *más*

21. Los experimentos se hacen (tan, mejor) en el laboratorio.
22. El último experimento que hicimos resultó (mejor, más) interesante que el anterior.
23. Esas rocas no deben estar (más, tan) frías como éstas para obtener buenos resultados.
24. Hoy recolectamos (menos, mucho) cantidad de rocas que ayer.
25. Estas rocas son (inferiores, tanto) a aquellas otras.

Conexión con la escritura

Tecnología Observa detenidamente las fotografías de rocas que encuentres en una enciclopedia y compáralas con las que veas en una enciclopedia electrónica. Usa adverbios y adjetivos para escribir y comparar lo que encuentras en cada una de las enciclopedias.

CAPÍTULO 23

Más sobre adjetivos y adverbios

Repaso del capítulo

Lee el pasaje y elige las palabras que van en los espacios en blanco. En cada numeral, marca la letra de la respuesta correcta.

> El oeste de los Estados Unidos tiene algunas de las __(1)__ áreas para buscar rocas. *Dinosaur National Monument* en Colorado tiene algunos de los __(2)__ grandes fósiles que se puedan imaginar. El *Arches National Park* es uno de estos parques __(3)__ importantes. Se puede llegar __(4)__ desde *Salt Lake City*, en Utah. La piedra roja de arenisca fue aquí erosionada __(5)__ por el agua. Las formaciones rocosas cambian __(6)__ constantemente por el efecto solar. El cañón *Bryce*, también en Utah, es __(7)__ pequeño pero las figuras marcadas por la erosión son __(8)__ notables.

SUGERENCIA
Recuerda que debes ajustar el tiempo de lectura cuando estés leyendo la prueba. Leer más lentamente te puede ayudar a comprender las preguntas que se refieren al texto.

1. A buenos
   B mejores
   C bien
   D lindos

2. F menos
   G mayor
   H más
   J tan

3. A tanto
   B bueno
   C grande
   D tan

4. F menor
   G fácilmente
   H posible
   J lugar

5. A posible
   B peor
   C casi
   D lentamente

6. F tampoco
   G grande
   H casi
   J nunca

7. A muy
   B mucho
   C nada
   D ahora

8. F como
   G igual
   H tranquilamente
   J claramente

Si deseas hacer más actividades de preparación para la prueba, visita:
The Learning Site:
www.harcourtschool.com

Sinónimos y antónimos

VOCABULARIO

Cuando lees puedes encontrarte con palabras que quizá no conozcas. Ya sabes que las claves de contexto pueden ayudarte a descubrir el significado de una palabra. Algunas veces una clave de contexto es un **sinónimo** o un **antónimo.**

> **Sinónimo:** es una palabra que tiene el mismo o similar significado que otra. *cansado/agotado*
>
> **Antónimo:** es una palabra que tiene un significado opuesto a otra. *frío/caliente*

Lee el siguiente ejemplo. Trata de encontrar un sinónimo y un antónimo a cada una de las palabras subrayadas.

> El locutor dijo que, por la tormenta, las enormes dunas de arena en la playa estaban <u>deshechas</u>. Jacinta no lo pudo creer hasta que vio que, efectivamente, las dunas estaban destruidas. La playa que alguna vez fue <u>montañosa</u>, ahora estaba completamente plana.

Por el contexto del pasaje, puedes suponer que *deshechas* es sinónimo de *destruidas*. También puedes ver que la playa no estaba plana antes de la tormenta. *Montañosa* es un antónimo de *plana*.

AHORA TE TOCA A TI

Trabaja con un grupo de cinco estudiantes. Cada estudiante en el grupo deberá escoger uno de los adjetivos de la lista de abajo y buscarle un sinónimo y un antónimo, usando un diccionario. Escribe una oración usando el sinónimo. Subráyalo. Después escribe otra oración usando el antónimo. Subráyalo.

Muestra tus oraciones al grupo. Haz que los miembros de tu grupo usen claves de contexto para adivinar qué palabra escogiste de la lista.

| lento | difícil | áspero | gradual | fuerte |

CAPÍTULO 24

Taller de escritura

Ensayo de ventajas y desventajas

MODELO DE LITERATURA

Elección de los niños

Como sabes, uno de los motivos para escribir es informar. Este texto trata sobre dos tipos de climas. Al leer, fíjate cómo está organizada la información.

Salvaje, mojado y tempestuoso

por Claire Llewellyn

Los huracanes y tornados son dos de los más poderosos temporales de la Tierra. Los huracanes y tornados se parececen en muchas cosas, pero se diferencian en otras.

TIEMPO TORMENTOSO

Los huracanes son uno de los temporales más peligrosos de la Tierra. Pueden arrancar bosques enteros, destruir casas y voltear automóviles. Pueden hasta sacarte la ropa.

Traen consigo olas grandes como torres que se abalanzan sobre la costa destruyendo barcos y casas en la playa, inundando tiendas, cafés y preciadas casas de la gente.

Los huracanes se originan sobre los cálidos mares tropicales al norte y al sur del Ecuador. El vapor caliente se eleva desde las aguas formando gruesas nubes que comienzan a girar.

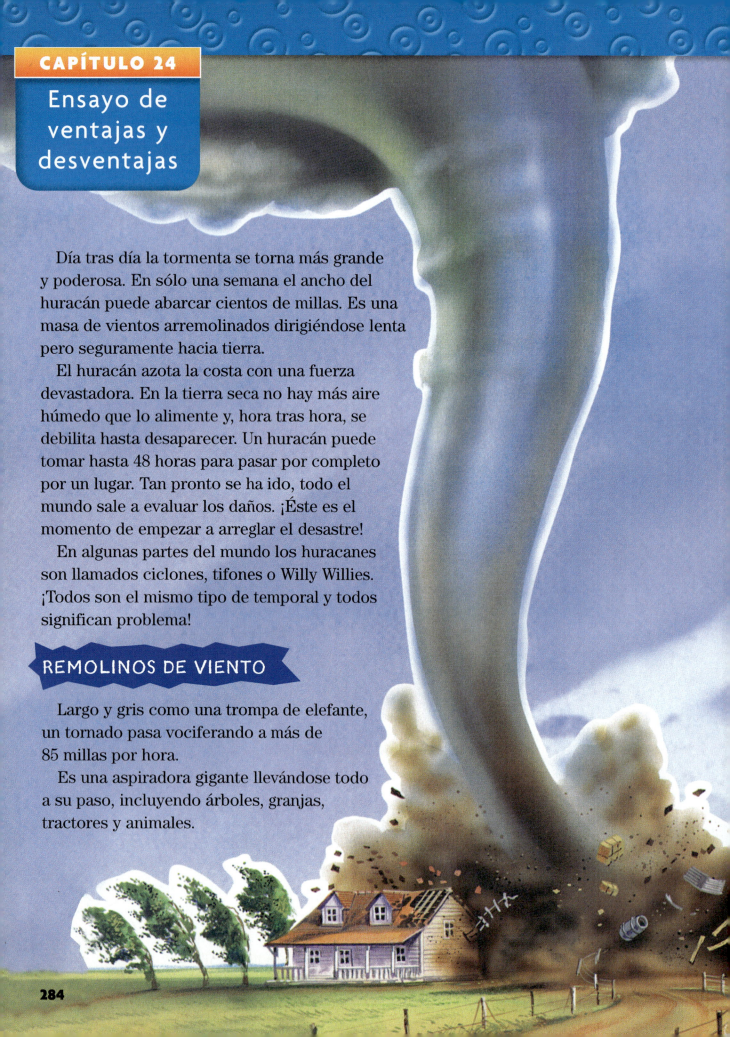

CAPÍTULO 24
Ensayo de ventajas y desventajas

Día tras día la tormenta se torna más grande y poderosa. En sólo una semana el ancho del huracán puede abarcar cientos de millas. Es una masa de vientos arremolinados dirigiéndose lenta pero seguramente hacia tierra.

El huracán azota la costa con una fuerza devastadora. En la tierra seca no hay más aire húmedo que lo alimente y, hora tras hora, se debilita hasta desaparecer. Un huracán puede tomar hasta 48 horas para pasar por completo por un lugar. Tan pronto se ha ido, todo el mundo sale a evaluar los daños. ¡Éste es el momento de empezar a arreglar el desastre!

En algunas partes del mundo los huracanes son llamados ciclones, tifones o Willy Willies. ¡Todos son el mismo tipo de temporal y todos significan problema!

REMOLINOS DE VIENTO

Largo y gris como una trompa de elefante, un tornado pasa vociferando a más de 85 millas por hora.

Es una aspiradora gigante llevándose todo a su paso, incluyendo árboles, granjas, tractores y animales.

Los tornados son remolinos de viento que se forman cuando una columna de aire frío baja desde una nube de tormenta mientras que el aire caliente, más liviano, sube a su alrededor. El aire caliente sube tan rápido que comienza a girar, chupando la tierra del suelo y formando un oscuro embudo de viento que gira de vuelta hacia la nube.

Algunos tornados se originan sobre los lagos u océanos. Estos remolinos de viento se llaman torbellinos, y chupan el agua hacia arriba formando embudos gigantes de agua pulverizada. Los torbellinos giran más suavemente que los tornados, pero tienen fuerza suficiente como para levantar a un barco fuera del agua.

TORBELLINO

El poder de las palabras

de•vas•tar *v.* Dejar en ruinas, destruir.

TAMAÑO Y VELOCIDAD DE LOS TEMPORALES

Muchos tornados miden sólo 300 pies de ancho en la base y duran menos de una hora. Son más pequeños que los huracanes y se acaban mucho más rápido.

No te engañes. Los vientos de un tornado soplan a 350 millas por hora. ¡Son dos veces más rápidos y poderosos que los vientos de un huracán!

Analiza el modelo

1. ¿Qué información presenta el autor en las secciones Tiempo tormentoso y Remolinos de viento?

2. ¿Qué diferencias hay entre la última sección y Tiempo tormentoso o Remolinos de viento?

3. ¿Qué palabras o frases ayudan al lector a visualizar los temporales o imaginar su poder?

CAPÍTULO 24
Ensayo de ventajas y desventajas

LA LECTURA Y LA ESCRITURA

Partes de un ensayo de ventajas y desventajas

Claire Llewellyn nos da información sobre dos tipos de temporales. Támara, una estudiante, cree que los temporales tienen su lado bueno. Pon atención en los fuertes argumentos, buenos y malos, que Támara da con respecto a los temporales.

MODELO

introducción al tema

enunciado de la idea principal

desventajas

ventajas

Temporales: ¿Amigos o enemigos?
Resplandores de relámpagos, estruendos de truenos y la gente corre a refugiarse. Un temporal está sobre la ciudad. Alguna gente se refiere a los temporales como si sólo tuvieran desventajas. Yo no estoy de acuerdo. Creo que los temporales también tienen sus ventajas.

Es verdad que los temporales significan generalmente malas noticias. Algunos traen tanta lluvia que se producen inundaciones. La inundación que tuvimos aquí hace ocho años dañó muchos hogares. Los rayos que cayeron en los árboles provocaron que muchas ramas se rompieran, bloqueando calles y destruyendo automóviles. Además los temporales pueden causar cortes de energía eléctrica. Para mí la falta de electricidad no es nada divertida.

A pesar de todo, los temporales producen algunas cosas buenas. Son realmente buenos para las plantas, que necesitan la lluvia que traen los temporales. Las descargas eléctricas provocan que el aire desprenda nitrógeno, que es arrastrado al suelo por la lluvia. El nitrógeno fertiliza la tierra, y las plantas crecen mejor en tierras fertilizadas.

    La próxima vez que escuches el estruendo de un trueno busca refugio. Un temporal puede ser peligroso. Pero no dejes que te arruine el día. Recuerda que los temporales son parte necesaria de la naturaleza. ¡Puedes incluso considerarlos amigos!

— conclusión

— enunciado de la idea principal

Analiza el modelo

1. ¿Cuál es la idea principal del ensayo de Támara?

2. ¿Qué añade Támara para demostrar las desventajas de los temporales?

3. ¿En qué se parece la conclusión de Támara a su introducción? ¿En qué se diferencia?

Resume el modelo

Anota las ideas principales de Támara en un cuadro como el que se ve aquí. Luego escribe un resumen del ensayo. Incluye los puntos importantes, pero no los detalles.

El arte de escribir

Elaboración Támara usó palabras de gran impacto para darle más fuerza a sus argumentos y detalles. Haz una lista con las palabras y frases de gran impacto que usó Támara.

287

CAPÍTULO 24

Ensayo de ventajas y desventajas

Antes de escribir

Propósito y público

En este capítulo darás información a través de un ensayo sobre los buenos y malos resultados que puede tener una decisión familiar.

TEMA DE ESCRITURA Escribe un ensayo de ventajas y desventajas de traer una mascota a casa. Enumera las consecuencias positivas y negativas de tener una mascota en casa. Deja claro en tu idea principal qué consideras más importante: las ventajas o las desventajas.

Comienza usando una red para organizar tus ideas. Haz una lista de los puntos favorables en un lado de la red. Del otro lado anota los puntos en contra o desventajas. Anota tantos puntos favorables y desventajas cómo puedas.

MODELO

Támara empezó por imaginar temporales que ella había visto o que otras personas le habían contado. Usó esta red para organizar sus ideas.

Estrategias que usan los buenos escritores

- Enuncia brevemente tu propósito para escribir.
- Identifica a tu público.
- Anota una idea principal que coincida con el propósito.

AHORA TE TOCA A TI

Elige una mascota como tema de tu escritura. Piensa en las ventajas y desventajas de tener ese tipo de mascota en casa. Usa una red u otro tipo de diagrama para organizar tus ideas.

288

Bosquejo

CAPÍTULO 24

Ensayo de ventajas y desventajas

Organización y elaboración

Sigue estos pasos para hacer un bosquejo de tu ensayo:

PASO 1 Presenta el tema y la idea principal

Presenta el tema y tus opiniones de forma atractiva.

PASO 2 Organiza tus ideas

Decide qué tiene más peso: las ventajas o las desventajas. Guarda el argumento más fuerte para el final.

PASO 3 Incluye detalles

Plantea las ventajas y desventajas claramente. Ofrece detalles para cada argumento.

PASO 4 Usa una conclusión de peso

Vuelve a plantear tu idea principal usando otras palabras. Luego explica a los lectores tu argumento de más peso.

MODELO

Aquí está el principio del ensayo de Támara. ¿Cómo logra que la introducción sea atractiva? ¿Por qué no plantea su idea principal en la primera oración?

> Resplandores de relámpagos, estruendos de truenos y la gente corre a refugiarse. Un temporal está sobre la ciudad. Alguna gente se refiere a los temporales como si sólo tuvieran desventajas. Yo no estoy de acuerdo. Creo que los temporales también tienen sus ventajas.

AHORA TE TOCA A TI

Usa los pasos de más arriba para hacer el bosquejo de tu ensayo. Organiza la información y usa como ayuda tus diagramas y el ensayo de Támara.

Estrategias que usan los buenos escritores

- Presenta el tema y la idea principal atractivamente.
- Escribe un párrafo sobre las ventajas y otro sobre las desventajas.
- Concluye recordándole a los lectores la idea principal.

Usa una computadora para hacer un bosquejo de tu ensayo. Elige un tipo de letra que sea fácil de leer.

CAPÍTULO 24
Ensayo de ventajas y desventajas

Revisar

Organización y elaboración

Vuelve a leer tu bosquejo detenidamente. Piensa en las siguientes preguntas.

- ¿Tiene sentido la información?
- ¿He dicho suficiente acerca de las ventajas y desventajas? ¿Necesito más?
- ¿He usado transiciones para ayudar a mi audiencia a seguir mis ideas? Algunas palabras de transición son *primero, luego, además, a pesar de todo* y *finalmente.*
- ¿He usado palabras de gran impacto para mantener la fluidez del texto?
- ¿Tiene peso mi conclusión? ¿Cómo podría mejorarla?

MODELO

Aquí tenemos parte del ensayo de Támara. Fíjate que ella ha incluido un ejemplo, palabras de gran impacto, detalles para sustentar las desventajas y una transición.

> Es verdad que los temporales significan generalmente malas noticias. Algunos traen
> *La inundación que tuvimos aquí hace ocho años dañó muchos hogares.*
> tanta lluvia que se producen inundaciones. ^
> ~~Cuando~~ los rayos cayeron en los árboles provocaron que muchas ramas ~~cayeran,~~ *se rompieran, bloqueando* ~~cerrando~~ calles y destruyendo automóviles. Además los temporales pueden causar cortes de luz y energía eléctrica. Para mí la falta de electricidad ~~es falta de televisión y computadoras~~ no es nada divertida.

AHORA TE TOCA A TI

Revisa tu ensayo. Si es necesario agrega detalles. Agrega transiciones si crees que ayudarán a conectar las ideas y clarificarlas. Asegúrate de que el ensayo esté ordenado y tenga sentido.

Estrategias que usan los buenos escritores

- Asegúrate de que tu información esté ordenada y tenga sentido.
- Agrega detalles para que tus argumentos sean más fuertes e interesantes.
- Usa palabras de gran impacto.
- Agrega transiciones para conectar tus ideas.

Imprime dos o más copias de tu bosquejo. Haz correcciones diferentes en cada hoja. Elige los cambios que te parezcan mejores.

290

Corregir

CAPÍTULO 24
Ensayo de ventajas y desventajas

Revisar el lenguaje

Para que un ensayo sea bueno hacen falta buenas ideas. Un buen ensayo debe tener la menor cantidad de errores posibles. Asegúrate de que la gramática, la ortografía y la puntuación sean correctas. Pídele a un compañero que vuelva a revisar tu trabajo.

Estrategias que usan los buenos escritores

- Asegúrate de que los pronombres sean usados correctamente.
- Escribe las contracciones correctamente.

MODELO

Después de revisar su ensayo, Támara lo corrigió. ¿Por qué cambió algunos verbos? ¿En qué partes corrigió su ortografía? ¿Qué otros errores corrigió?

> A pesar de todo, los temporales ~~produce~~ *producen* algunas cosas buenas. Son ~~realmante~~ *realmente* ~~vuenos~~ *buenos* para las plantas, que necesitan la lluvia que traen los temporales. Las descargas eléctricas provocan que el aire ~~despenda~~ *desprenda* nitrógeno, que es ~~arratra~~ *arrastrado* al suelo por la lluvia. El nitrógeno fertiliza la tierra, y las plantas crecen *mejor* ~~más bien~~ en tierras fertilizadas.

AHORA TE TOCA A TI

Corrige tu ensayo revisado. Léelo varias veces:
- una para revisar la gramática
- una para revisar la ortografía
- una para revisar la puntuación y mayúsculas

Intercambia ensayos con un compañero y busca errores en el uso de pronombres personales, pronombres posesivos, adjetivos y adverbios.

Marcas editoriales

- ⌐ Borrar texto
- ∧ Añadir texto
- ᓚ Mover texto
- ¶ Nuevo párrafo
- ≡ Mayúscula
- / Minúscula
- ○ Corregir ortografía

CAPÍTULO 24
Ensayo de ventajas y desventajas

Publicar

Compartir tu trabajo

Usa estas preguntas como ayuda para decidir cómo presentar tu trabajo.

1. ¿Quién es tu público? ¿Qué tipo de publicación les resultaría más interesante? Por ejemplo, ¿sería apropiado leer el ensayo en voz alta a tu familia?
2. ¿Qué apariencia debe tener el ensayo? ¿Lo leerá tu público? Puedes escribirlo a mano o usar un programa procesador de palabras en la computadora. Para más información sobre procesadores de palabras lee la página 293.
3. ¿Sería bueno agregar ilustraciones para clarificar tus ideas? Por ejemplo, ¿sería de ayuda un cuadro de ventajas y desventajas?

USANDO TU Manual

- Usa las pautas de la página 509 para evaluar tu ensayo.

Reflexionar sobre lo escrito

 Usar el portafolio ¿Qué aprendiste en este capítulo sobre tu escritura? Anota tu respuesta a cada pregunta.

1. ¿Cumplió tu ensayo su propósito? ¿Por qué sí o por qué no?

2. ¿Fue más fácil escribir sobre las ventajas o las desventajas? ¿Qué tan fácil fue decidir qué argumentos tenían más peso?

3. Usando las reglas de tu cuaderno, ¿qué calificación le darías a tu ensayo? Justifica tu respuesta.

Guarda tu ensayo y tus respuestas en el portafolio. Descríbete a ti mismo como escritor, usando palabras y frases como *organizado* o *escribe introducciones interesantes*.

292

Usar un programa procesador de palabras

TECNOLOGÍA

Después de terminar su ensayo, Támara decidió mostrárselo a otras personas. Usó un programa procesador de textos para escribirlo en la computadora. Después de releerlo, Támara decidió hacer algunos pequeños cambios adicionales. Los procesadores de texto hacen que sea más fácil revisar y editar tus escritos.

Por ejemplo, para cambiar una oración de posición:

PASO 1 Sitúa el cursor al principio de la oración.

PASO 2 Luego presiona el botón del *mouse* y arrástralo para resaltar la oración.

PASO 3 Entonces, selecciona el botón de **cortar** en la barra de herramientas para cortar la oración.

PASO 4 Sitúa el cursor donde quieres que aparezca la oración.

PASO 5 Por último selecciona el botón de **pegar** en la barra de herramientas.

¡El texto debe aparecer en el lugar elegido!

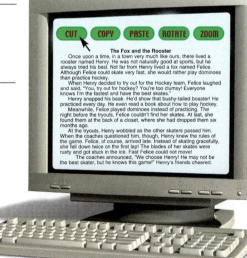

SUGERENCIA **Computación** Cada procesador de textos y cada computadora son distintos. Si tu programa no tiene los botones que necesitas en la barra de herramientas, fíjate en los menúes de Archivo y Edición.

Unidad 4
Repaso de gramática
CAPÍTULO 19
Pronombres
páginas 234–243

El pronombre y su antecedente
páginas 234–235

Escribe las oraciones. Subraya el pronombre y su antecedente si lo hay. Di si están en singular o en plural.

1. El hombre de las noticias dijo que él cree que la tormenta será mala.
2. La marea será a las 6:30, y ella puede causar inundaciones.
3. La Sra. Parra dice que ella se irá hacia el interior.
4. Algunas personas dicen que ellas no se quieren quedar.
5. Algunas familias piden ayuda a ellos.

Pronombres personales y de complemento *páginas 236–237*

Escribe las oraciones y subraya el pronombre. Di si el pronombre es personal o es de complemento.

6. Alex y Amir oyeron un huracán que venía en dirección a ellos.
7. Ellos se asustaron y fueron a refugiarse.
8. Toda la lluvia cayó encima de ellos.
9. Nosotros apenas nos mojamos bajo el paraguas.
10. Alex pensó que él no volvería a salir.

Concordancia en género y número *páginas 238–239*

Escribe las oraciones. Escoge el pronombre correcto que hay entre paréntesis.

11. Miguel y (mí, yo) fuimos por el bosque después de la tormenta.
12. Mi hermano quedó con Miguel y (conmigo, con yo) para ir a patinar.
13. A (nuestros, nosotros) nos gusta patinar en el hielo.
14. Los árboles que nos rodeaban a (nosotros, nuestros) estaban cubiertos de hielo.
15. Sebastián nos dio a Miguel y a (yo, mí) unos trozos de hielo.

Pronombres posesivos y demostrativos *páginas 244–245*

Escribe las oraciones. Subraya los pronombres posesivos de las oraciones 1 a 5, y los pronombres demostrativos de las oraciones 6 a 10.

1. Leslie mira a través de su telescopio.
2. Los planetas giran dentro de sus órbitas.
3. Saturno y sus anillos son un espectáculo formidable.
4. Leslie quiere que su hermano mire por el telescopio.
5. Su padre siempre la oye hablar de los planetas.
6. Éste es el telescopio de que te hablé.
7. No quiero ni éste ni aquél, no me gustan.
8. Este telescopio no funciona. ¿Qué tal aquél?
9. En la escuela me hablaron de éstos.
10. Esto no hay quien lo entienda.

Más sobre los pronombres posesivos *páginas 246–247*

Escribe las oraciones. Subraya los pronombres posesivos.

11. En su colegio tienen un telescopio muy grande.
12. El profesor quiere que mi familia me compre un telescopio.
13. El profesor dijo que juntara mis manos.
14. Tu anillo no cabe en mi dedo.
15. Leslie preguntó en su clase si habían visto la luna llena.

Más sobre los pronombres demostrativos *páginas 248–249*

Escribe las oraciones. Subraya los pronombres demostrativos.

16. Ése es el niño que se perdió.
17. Éstos son los muchachos que han crecido tanto.
18. Ésta dijo que no te lo contara.
19. Las ventanas que me aconsejaron son éstas.
20. Aquello me tiene enfadado.

Unidad 4
Repaso de gramática
CAPÍTULO 20
Más sobre los pronombres
páginas 244–253

Unidad 4
Repaso de gramática
CAPÍTULO 22
Adjetivos y adverbios
páginas 262–271

Adjetivos páginas 262–263

Escribe las oraciones. Subraya los adjetivos, incluyendo los artículos.

1. Una florista vende flores y plantas diferentes.
2. Los floristas de hoy día hacen diseños atractivos con las flores.
3. Los floristas usan muchos tipos de flores en sus nuevos diseños.
4. Uno de los floristas estudió diseño en la famosa escuela de Boston.
5. Los floristas abrieron la tienda en una zona muy congestionada.
6. Ella guarda las flores en un refrigerador gigantesco.
7. El primer cliente compró rosas rojas.
8. La florista hizo un lazo con papel azul de envolver.
9. El siguiente cliente hizo una pregunta imprevista.
10. Él pidió un centro de flores con violetas africanas.

Adverbios páginas 264–265

Escribe las oraciones. Subraya el adverbio.

11. Normalmente, las plantas necesitan mucha agua para crecer.
12. Las plantas que hay en los tiestos se deben manejar con cuidado.
13. Las semillas se transforman rápidamente en plantas.
14. Después de las lluvias de primavera, la hierba crece enseguida.
15. Las plantas que no se riegan, pierden poco a poco su color.

¿Adjetivo o adverbio? páginas 266–267

Escribe las oraciones. Usa la palabra correspondiente que hay entre paréntesis para completar la oración.

16. Algunas regiones producen (buenas, buenamente) manzanas.
17. Las manzanas crecen (bien, mejor bien) en el Norte.
18. Las heladas pueden dañar (total, totalmente) la cosecha.

Adverbios de modo, de tiempo y de lugar *páginas 272–273*

Escribe las oraciones y di si el adverbio subrayado es de modo, de tiempo o de lugar.

1. Cuando busqué a tu hermano, <u>allí</u> no había nadie.
2. <u>Ahora</u> entiendo la causa de los géisers.
3. El agua ha arrastrado <u>totalmente</u> el granito.
4. Las rocas <u>inmensamente</u> grandes dominaban el paisaje.
5. Tu hermana me habla <u>a veces</u> de la nieve que cayó.

Adverbios de cantidad *páginas 274–275*

Escribe las oraciones. Subraya los adverbios de cantidad.

6. El valle de Yosemite es un lugar muy bello.
7. Los glaciares están muy hundidos en la roca.
8. Esa roca de basalto es bastante dura.
9. El río Mississippi tiene mucha profundidad.
10. No podemos ver nada cuando se pone el sol.

Comparar usando adjetivos y adverbios *páginas 276–277*

Lee las oraciones. Escríbelas de nuevo usando el adjetivo o el adverbio adecuado.

11. La lluvia ha sido (peor, mala) que el año pasado.
12. Las (grandes, más grandes) inundaciones asolaron todo.
13. Era un año (malo, muy peor) para esquiar.
14. Pero el año fue (mejor, tan bueno) para la agricultura.
15. Cuando se derrite la nieve, nos espera (mucho, peor) barro.

Unidad 4
Repaso de gramática
CAPÍTULO 23
Más sobre adjetivos y adverbios
páginas 272–281

Unidad 4 Conclusión

Escribir sobre otras materias: Ciencias

Los dos lados de un asunto

Imagina que alguien quiere construir un centro comercial en tu comunidad. ¿Cuáles serían sus ventajas y desventajas? Trabaja en equipo para averiguarlo. Los siguientes pasos pueden ayudarte.

Elige un área

- Escoge un área que tú sepas que no tiene edificios.

Analiza el área

- ¿Qué animales y plantas hay allí?
- ¿Contiene el área quebradas o arroyos?
- ¿Hay en el área otros recursos importantes?

Investiga las ventajas y desventajas

- Investiga cómo las construcciones en áreas sin desarrollar afectan el medio ambiente. Establece contacto con algún grupo ambientalista local o visita su página web para obtener información.
- Haz una lista de las maneras en que un nuevo centro comercial sería beneficioso o perjudicial para tu comunidad.

Escribe un reportaje noticioso para la televisión

- Escribe un reportaje noticioso comentando las ventajas y desventajas de construir el centro comercial. Observa las noticias para obtener ideas de cómo organizar el reportaje. Escribe la parte de un periodista y la de una persona que tenga una opinión formada sobre si se debe construir o no el centro comercial.
- Con un compañero, representa el reportaje ante la clase. Si es posible, graba el reportaje y muéstralo en una videocasetera.

Libros de lectura

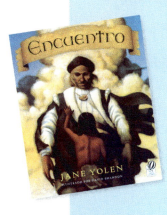

Encuentro
por Jane Yolen

FICCIÓN

Se dice que en 1492 Colón descubrió un nuevo mundo, y sin embargo lo que realmente encontró fue un pueblo con una cultura establecida y una civilización propia.

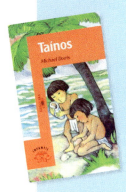

Taínos
por Michael Dorris

FICCIÓN HISTÓRICA

En 1492, en una isla de las Bahamas, hay dos hermanos. Vea la forma en que madura la relación de los niños y los problemas que han de afrontar.

Repaso acumulativo

Unidad 1

Oraciones

Oraciones *páginas 24–29*

Escribe las oraciones. Indica si son *declarativas, imperativas, interrogativas* o *exclamativas.*

1. Nuestro vecino hace un picnic todos los años.
2. ¿Les preguntarás a tus abuelos que vengan este año?
3. Todos los vecinos traen sus comidas preferidas.
4. ¡Qué variedad tan enorme de platillos!
5. Trae esta vez una de tus grandes ensaladas.

Sujetos/Sustantivos *páginas 34–39*

Escribe las oraciones. Subraya el sujeto completo.

6. Elena quiere ser patinadora profesional.
7. Ella y su entrenadora ensayan todas las mañanas.
8. Los patines de Elena están en perfectas condiciones.
9. Sus pies se mueven a toda velocidad.
10. Elena y su familia disfrutan mucho del patinaje artístico.

Predicados/Verbos *páginas 52–57*

Escribe las oraciones. Subraya el predicado completo.

11. La Sra. Suárez decora su árbol todos los años.
12. Ella hace figuras de calabaza en Halloween.
13. Ella cuelga muñequitos el Día de Acción de Gracias.
14. El día de San Valentín es su fiesta preferida.
15. Ella hace montones de corazones para decorar la casa.

Oraciones simples y compuestas *páginas 62–67*

Escribe las oraciones. Si es una oración simple, escribe *simple*. Si es una oración compuesta, subraya la conjunción.

16. Emilio se levanta temprano.
17. Él ordeña las vacas y da de comer a las gallinas.
18. Cuando hace frío, él corta leña para la chimenea.
19. Él da de comer a los animales, y después se va a la escuela.
20. A él le gusta la escuela, pero prefiere trabajar en la granja.

Sustantivos *páginas 92–97*

Escribe los sustantivos que hay en cada oración. Di si son *común* o *propio*, *singular* o *plural*.

1. Si la gente trabaja duro, sus músculos les van a doler.
2. Juan hace ejercicio suave.
3. El cuerpo debe de calentarse antes de hacer ejercicio.
4. Después de la gimnasia, Juan pasea para relajarse.
5. Si tienes un músculo dolorido, pon hielo y luego calor.

Artículos y conjunciones *páginas 102–107*

Lee las oraciones. Vuelve a escribirlas, usando el artículo o conjunción adecuados.

6. (Los, Las) bosques del Amazonas están llenos de animales.
7. (Las, Los) árboles están llenos de monos (y, u) pájaros.
8. En (las, los) aguas del Amazonas hay peces (y, pero) cocodrilos.
9. (Los, Las) dientes de (los, las) cocodrilos son muy afilados.
10. En (la, el) Amazonas vive (un, una) explorador de Chicago.

Verbos de acción y copulativos

páginas 120–125

Escribe las oraciones. Subraya los verbos y di si es un *verbo de acción* o un *verbo copulativo*.

11. Un enorme volcán lanzó mucha lava por la pendiente.
12. La lava es una sustancia muy caliente.
13. Todo se quema al contacto con la lava.
14. Las cenizas salen volando del volcán.
15. El sol parece muy oscuro debido a tanta ceniza.

Verbos principales y auxiliares

páginas 130–135

Escribe las oraciones. Subraya una vez el verbo auxiliar y dos veces el verbo principal.

16. Los terremotos pueden causar grandes maremotos.
17. Los maremotos pueden destruir los edificios de la costa.
18. Yo he leído un libro de maremotos.
19. Los que viven junto a la costa deberían informarse.
20. Ellos pueden volver cuando el peligro haya pasado.

Repaso acumulativo

Unidad 2

Más sobre sustantivos y verbos

Repaso acumulativo

Unidad 3

Tiempos verbales

Verbos en tiempo presente *páginas 164–169*

Escribe las oraciones usando el verbo en presente que hay entre paréntesis.

1. La escultura del águila (es, está) en el patio de la escuela.
2. Todos la (miran, miraban) al pasar frente a ella.
3. Alguna gente no (sabe, sabrá) que es una escultura nueva.
4. La escultora (es, era) una mujer joven.
5. Sus obras (fueron, son) muy famosas.

Verbos en tiempo pasado *páginas 174–179*

Escribe las oraciones usando el verbo en pasado que hay entre paréntesis.

6. Marta (estudiará, estudió) para ser bailarina.
7. Ella (ensayó, ensaya) mucho para aprender a bailar.
8. Marta se (enamora, enamoró) del ballet.
9. En febrero (compite, compitió) en un concurso.
10. Su instructor la (abrazó, abraza) cuando ganó.

Verbos en tiempo futuro *páginas 192–197*

Escribe las oraciones usando el verbo en futuro que hay entre paréntesis.

11. Nuestra escuela (organizará, organizaría) un espectáculo de baile.
12. ¿Crees que (vienen, vendrán) los bailarines?
13. El grupo de Nigeria sí (viene, vendrá).
14. Mis compañeros de clase (vendían, venderán) boletos.
15. ¿Crees que el espectáculo (será, es) un éxito?

Verbos irregulares *páginas 202–207*

Cambia el verbo que está subrayado. Escríbelo en el tiempo pasado.

16. Guillermo <u>dar</u> clases de guitarra.
17. Las hermanas Moreno <u>estudiar</u> con él.
18. Ellas sólo <u>saber</u> unos acordes al principio.
19. Ellas <u>aprender</u> a tocar muy bien la guitarra.
20. Ellas <u>ir</u> a la ciudad a tomar más clases.

302

Pronombres
páginas 234–237

Escribe las oraciones. Subraya una vez el pronombre personal y dos veces el pronombre de complemento.

1. Diana y yo estábamos junto al árbol cuando el rayo lo partió.
2. Nos quedamos asombrados.
3. La tormenta empeoró, y nos asustó a nosotros y a los caballos.
4. Ella y yo los llevamos al establo.
5. Ellos nos siguieron a mí y a Diana.

Más sobre los pronombres
páginas 244–247

Escribe las oraciones. Subraya los pronombres posesivos.

6. Mi madre es astrónoma.
7. Ella prefiere ir en una nave espacial antes que ir a su oficina.
8. Siempre mira a través de su telescopio, que está en nuestra casa.
9. Sería feliz si el programa de vuelos fuera suyo.
10. Viajar por el espacio ha sido el gran sueño de su vida.

Adjetivos y adverbios
páginas 262–265; 272–275

Escribe las oraciones. Subraya una vez los adjetivos y dos veces los adverbios.

11. El verano pasado cultivé un huerto enorme.
12. Al pesar del clima seco, las verduras crecieron rápidamente.
13. Regué a menudo el huerto, y la mayoría de las plantas crecieron bien.
14. Los tomates son los que más crecieron, y eran más grandes y jugosos que los demás.
15. Los tomates estuvieron maduros en agosto, y los vendimos todos.

Repaso acumulativo

Unidad 4

Pronombres, adjetivos y adverbios

Repaso acumulativo

Unidades 1–4

Uso del lenguaje

Lee las oraciones. Mira las palabras subrayadas, pues tienen diversos errores. Elige la respuesta con la que se corrige el error.

1. Mi niño es el más <u>vello</u> de todos.

   A veyo

   B beyo

   C bello

2. El <u>dr. Watson</u>, que es astrónomo, nos habló de los planetas.

   F Dr. Watson

   G Doc. Watson

   H Dr Watson

3. <u>Kelly y mi</u> le preguntamos muchas cosas.

   A Yo y Kelly

   B Kelly y yo

   C Mi y Kelly

4. Los astrónomos <u>no estarán</u> seguros si hay vida en Marte.

   F no están

   G no estén

   H no estando

5. <u>Ay</u> tienes la prueba de que existe vida.

   A Hay

   B Aí

   C Ahí

6. <u>Estar</u> muy difícil imaginar vida en otros planetas.

   F Está

   G Ser

   H Es

Expresión escrita

Lee el párrafo y las preguntas que le siguen. Marca la respuesta que consideres correcta.

> Si tomas lecciones de música, podrás disfrutar con la música que interpretes. Puedes aprender mucho sobre la música, y ello te servirá para apreciarla mucho más. Se han hecho estudios que demuestran que uno se hace más inteligente si toma lecciones de música.

1 ¿Para qué se escribió el párrafo?

A Para ofrecer datos.

B Para persuadir a la audiencia.

C Para contar un cuento.

D Para describir algo.

2 ¿Qué tema describiría mejor la oración?

F Es difícil aprender el violín.

G Mucha gente toma clases de piano.

H Las lecciones de música enriquecen tu vida.

J La gente puede aprender a cantar sin esfuerzo.

3 ¿Qué oración no tiene nada que ver con el párrafo?

A Mucha gente piensa que las lecciones de música son valiosas.

B Alguna gente cree que la música es como las matemáticas.

C Si aprendes a cantar conocerás el mundo de la música.

D Incluso puedes enrolarte en una orquesta o en un coro.

4 ¿Cuál será la mejor conclusión del párrafo?

F Incrementa tus conocimientos y aprende música.

G Practica, practica, practica cada día.

H Hay muchos instrumentos de viento.

J Alguna gente prefiere cantar antes que tocar un instrumento.

Unidad 5

Gramática: Frases y cláusulas

Escribir: Informe de investigación

CAPÍTULO 25
Preposiciones 308

CAPÍTULO 26
Frases y cláusulas 318

CAPÍTULO 27
El arte de escribir: Organizar párrafos
Escribir párrafos informativos 328

CAPÍTULO 28
Oraciones complejas 336

CAPÍTULO 29
Fragmentos de oración y oraciones
    seguidas 346

CAPÍTULO 30
Proceso de escritura completo
Escribir un informe de
    investigación 356

La selva tropical

La mayoría de las selvas tropicales están cerca del ecuador, donde hace calor todo el año. Una selva tropical tiene árboles muy grandes y es un lugar donde llueve mucho. La selva tropical grande está en

307

CAPÍTULO 25

Preposiciones

Una **preposición** es una palabra que muestra la manera en que un sustantivo o pronombre se relaciona con otras palabras de la oración.

Ya conoces y usas muchas preposiciones tales como *en, a, para, con, sin* y *de*. Las preposiciones pueden ofrecer diferentes tipos de información.

Ejemplos:

Los primeros pueblos **de** Estados Unidos eran pequeños.

Algunos pueblos se convirtieron **en** grandes ciudades.

Mucha gente se mudó **a** estas grandes ciudades.

Preposiciones más comunes

a	durante
ante	en
antes de	encima
con	de
cerca de	entre
contra	hacia
de	para
debajo de	por
desde	según
dentro de	sin
después de	sobre
	tras
por encima de	
por debajo de	

El poder de las palabras

ur•ba•no *adj.* Relativo a las ciudades.

Práctica dirigida

A. Identifica las preposiciones en cada oración.

Ejemplo: Mucha gente vive <u>en</u> áreas urbanas.

1. Las primeras ciudades americanas estaban cerca del océano.
2. Los barcos europeos transportaban mercancías a las ciudades americanas.
3. Los barcos también llevaban mercancías desde estas ciudades.
4. Los americanos comerciaban con los europeos.
5. Cada vez más europeos navegaban a través del océano hacia las ciudades americanas.
6. Muchos obreros llegaron a Nueva York.
7. La ciudad creció mucho durante 1850.
8. Mucha gente vivía en edificios pequeños.
9. Los coches tirados por caballos transitaban por las calles.
10. Mucha gente trabajaba en las fábricas.

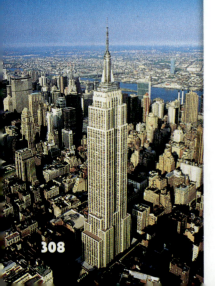

Práctica individual

B. Escribe cada oración y subraya la preposición.

Ejemplo: *Mucha gente disfruta más <u>en</u> las ciudades limpias.*

11. La gente ha limpiado las ciudades durante años.
12. El agua fresca es llevada a las ciudades.
13. El agua fluye por debajo de la tierra.
14. El agua sucia es evacuada de las ciudades.
15. Se recoge la basura de las calles.
16. Los obreros barren las calles con escobas.
17. A veces rocían agua sobre las calles.
18. La gente construye parques para divertirse.
19. Los parques urbanos están llenos de árboles.
20. Las flores y el césped crecen durante el verano.

C. Escribe cada oración. Complétalas con una preposición de la tabla en la página 308.

Ejemplo: El ferrocarril transporta productos _____ la nación.
El ferrocarril transporta productos a través de la nación.

21. Las ciudades _____ el Oeste eran diferentes _____ las del Este.
22. Chicago era un mercado urbano _____ el ganado.
23. También fue un centro _____ líneas _____ ferrocarril.
24. El ferrocarril transportaba gente _____ el Este.
25. Los Ángeles creció _____ ser construido el ferrocarril.

Recuerda

que una preposición es una palabra que muestra la manera en que un sustantivo o pronombre se relaciona con otras palabras de la oración.

Conexión con la escritura

Diario de un escritor: Idea para escribir
Imagínate que regresaste de un viaje a una ciudad con mucha actividad. Escribe un párrafo corto describiendo tu experiencia. ¿Qué hiciste? ¿Dónde estuviste? En tu escrito, utiliza preposiciones tales como *antes de, después de, con, en, de, desde, a* y *hacia*.

CAPÍTULO 25

Preposiciones

El complemento de la preposición

El complemento de la preposición es el sustantivo o pronombre que la sigue. Una frase preposicional está compuesta de una preposición, el complemento de la preposición y de cualquier otra palabra que vaya entre éstas.

En estos ejemplos, la frase preposicional se subraya una vez y el complemento de la preposición, dos veces.

> **Ejemplos:**
> Muchas personas viven en las grandes ciudades.
> Las ciudades contienen un tercio de la población mundial.
> La ciudad se expande por varias millas.

Práctica dirigida

A. **Identifica la frase preposicional.**

   Ejemplo: Los trenes viajan a las grandes ciudades.
   a las grandes ciudades

   1. Lo más antiguo de muchas ciudades es el centro.
   2. Las nuevas áreas crecen alrededor del centro.
   3. La mayoría de los habitantes pasean por los parques.
   4. En muchas ciudades el metro va por debajo de las avenidas.
   5. Hay aeropuertos cerca de las ciudades principales, pero no dentro de ellas.

Práctica individual

B. Escribe estas oraciones. Subraya una vez cada frase preposicional y dos veces el complemento de la preposición. Algunas oraciones tienen más de una frase preposicional o complemento de la preposición.

Ejemplo: *Caminar por una gran ciudad es divertido.*

6. Puedes conocer personas de muchos lugares.
7. Nueva York tiene un zoológico en un parque grande.
8. En San Francisco hay teleféricos que suben a las colinas.
9. Los Ángeles tiene playas que se extienden por varias millas.
10. El arco en St. Louis se eleva hacia el cielo.
11. Puedes visitar la Casa Blanca en Washington, D.C.
12. Washington, D.C., es la capital de Estados Unidos.
13. El monumento a Lincoln se encuentra cerca del río Potomac.
14. El presidente Lincoln está sentado en un enorme sillón.
15. Hay un gran edificio alrededor de su estatua.

Recuerda

que una frase preposicional contiene una preposición, su complemento y cualquier otra palabra que vaya entre éstos. El complemento de la preposición es el sustantivo o pronombre que le sigue.

Conexión con la escritura

Escritura de la vida real: Conversación Habla con un compañero sobre los lugares dónde preferirían vivir. ¿Preferirían una ciudad, un pueblo pequeño o el campo? ¿Qué les gusta de esos lugares? Toma notas mientras tu compañero habla. Escribe algunas oraciones que digan por qué tu compañero prefiere un lugar en vez de otro. Usa preposiciones en tu escrito.

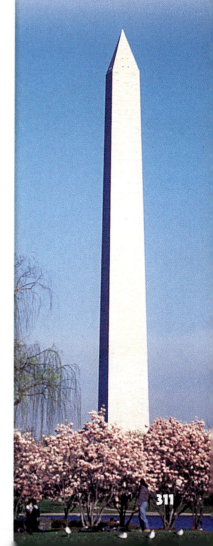

CAPÍTULO 25
Preposiciones

USO Y PUNTUACIÓN
Usar frases preposicionales

Las frases preposicionales se usan para ampliar el sentido de la oración.

Puedes usar frases preposicionales para hacer que una oración sea más clara o para agregar detalles. Observa cómo la frase preposicional explica más lo que pasó.

Ejemplos:

Francis miró los edificios.   Francis miró los edificios **en Ciudad de México.**

El humo subía.   El humo subía **desde el volcán.**

El volcán estaba cerca.   El volcán estaba **cerca de la ciudad.**

Práctica dirigida

A. Lee cada oración. Agrega una frase preposicional usando como guía las palabras entre paréntesis. Después redacta una nueva oración. Tu frase preposicional puede decir cuándo, cómo o dónde sucedió algo.

Ejemplo: Jason condujo el autobús. (dónde)
Jason condujo el autobús por la ciudad.

1. Él se bajó. (dónde)
2. Después caminó. (dónde)
3. Él tenía que verse con Ellen. (cuándo)
4. Después llegó ella. (cómo)
5. Caminaron juntos. (dónde)

Práctica individual

Recuerda que puedes usar frases preposicionales para agregar detalles a una oración.

B. Vuelve a escribir cada oración. Usa frases preposicionales para agregar más detalles. Subraya todas las preposiciones.

Ejemplo: Nueva York no es la ciudad más grande.
Nueva York no es la ciudad más grande del mundo.

6. Hay muchos trabajos.
7. Las ciudades necesitan muchos trabajadores.
8. Los trabajadores recogen la basura.
9. Las cocineras preparan la comida.
10. Los bomberos combaten el fuego.
11. La policía defiende a la gente.
12. Los maestros ayudan a los estudiantes.
13. Los camioneros traen mercancías.
14. Los obreros construyen el metro.
15. Los choferes conducen los autobuses.
16. Hay diferentes clases de edificios.
17. Algunos edificios tienen apartamentos.
18. Hay casas.
19. Se ven los rascacielos.
20. Muchas ciudades tienen puentes.

Conexión con la escritura

Arte Imagina una calle congestionada en la ciudad más grande que hayas visto. ¿Qué hay en las vitrinas? ¿Qué hace la gente? ¿Adónde van? ¿Cuánto tráfico hay en las calles? Reúnete en un grupo pequeño para dibujar una calle de una ciudad. Dibujen edificios, personas y actividades. Para cada dibujo, escribe un pie de foto usando frases preposicionales que describan la escena de la calle.

CAPÍTULO 25
Preposiciones

Práctica adicional

A. Identifica las preposiciones de las oraciones.
páginas 308–309

Ejemplo: Hay muchos trabajos en las grandes ciudades. *en*

1. En algunos barrios de la ciudad vive gente de un mismo país.
2. Puedes escuchar a la gente hablar en otros idiomas.
3. Alrededor de la plaza hay diferentes tipos de restaurantes.
4. Con frecuencia hay maravillosos aromas en el aire.
5. La vida en la ciudad puede estar llena de sorpresas.

B. Copia la frase preposicional de estas oraciones.
páginas 310–311

Ejemplo: Las ciudades han crecido por todo el país.
por todo el país

1. Las primeras ciudades se formaron en el Noreste.
2. Después, la expansión del país continuó hacia el Medio Oeste.
3. Durante el siglo XX, las ciudades del Oeste crecieron rápidamente.
4. Los Ángeles era la ciudad más grande en el Oeste.
5. Otras ciudades crecieron a un ritmo rápido.
6. Algunas ciudades en el Sudoeste están lejos del mar.
7. La gente se trasladó a Phoenix, Houston y Dallas.
8. Mucha gente fue atraída por el clima cálido y soleado.
9. Las Vegas es una de las ciudades con crecimiento más acelerado.
10. La gente puede encontrar trabajos en estas ciudades.
11. Los habitantes de Denver pueden subir a las altas montañas.
12. La ciudad está a una milla sobre el nivel del mar.
13. El sol brilla casi todos los días del año.
14. Algunas veces es azotada por intensas nevadas.
15. Se puede ir a esquiar en la nieve desde Denver.

Recuerda

que una **preposición** es una palabra que muestra la manera en que un sustantivo o pronombre se relaciona con otras palabras de la oración. Una **frase preposicional** está compuesta de una preposición, el **complemento de la preposición**, y cualquier otra palabra que vaya entre éstas.

Para más actividades relacionadas con preposiciones, visita *The Learning Site:*
www.harcourtschool.com

C. **Escribe las oraciones. Subraya una vez cada frase preposicional y dos veces el complemento de la preposición. Algunas oraciones pueden tener más de una frase preposicional.** *páginas 310–311*

   Ejemplo: *Muchas ciudades están cerca de ríos, mares o lagos.*

   21. Chicago se encuentra a la orilla del lago Michigan.
   22. Un viento frío sopla desde el lago.
   23. Las montañas rodean a la ciudad.
   24. El monte Rainier está cerca de la ciudad de Seattle.
   25. Lo puedes ver bien en los días claros.

D. **Lee las oraciones. Agrega una frase preposicional a cada oración usando como guía las palabras en paréntesis. Después redacta una nueva oración.** *páginas 312–313*

   Ejemplo: *Muchas ciudades tienen suburbios. (dónde)*
   Muchas ciudades tienen suburbios en sus alrededores.

   26. Muchos norteamericanos se mudaron. (adónde)
   27. Los suburbios crecieron mucho. (por qué)
   28. A la gente le gustaba la vida. (dónde)
   29. Mucha gente se quedó. (dónde)
   30. Alguna gente regresó. (adónde)

Conexión con la escritura

Estudios sociales Redacta un párrafo sobre una ciudad que te gustaría visitar. Asegúrate de incluir frases preposicionales. Explica por qué te gustaría visitar esa ciudad. Menciona las cosas que podrías ver allí. Después, intercambia tu escrito con el de un compañero. Escribe un párrafo sobre lo que escribió tu compañero.

CAPÍTULO 25

Preposiciones

Repaso del capítulo

Lee el pasaje. Algunas palabras están subrayadas. Escoge el término que describa las palabras subrayadas y marca la letra que corresponde a tus respuestas.

SUGERENCIA
Lee cuidadosamente todas las respuestas antes de tomar una decisión definitiva.

La familia de Frank está de visita en San Francisco. Ellos suben en el teleférico (1) hasta las altas colinas. Ellos van (2) al muelle de los pescadores. Almuerzan (3) en un restaurante. Después de almorzar, van a mirar (4) los barcos. Navegan (5) en un gran velero. El mástil del barco se eleva hacia (6) el cielo.

1 A Preposición
   B Complemento de la preposición
   C Frase preposicional
   D Ninguna de las anteriores

2 F Preposición
   G Complemento de la preposición
   H Frase preposicional
   J Ninguna de las anteriores

3 A Preposición
   B Complemento de la preposición
   C Frase preposicional
   D Ninguna de las anteriores

4 F Preposición
   G Complemento de la preposición
   H Frase preposicional
   J Ninguna de las anteriores

5 A Preposición
   B Complemento de la preposición
   C Frase preposicional
   D Ninguna de las anteriores

6 F Preposición
   G Complemento de la preposición
   H Frase preposicional
   J Ninguna de las anteriores

Para más preparación para la prueba, visita *The Learning Site:*
www.harcourtschool.com

Estrategias de lectura

Algunas estrategias de lectura te ayudarán a encontrar y usar información con más facilidad. La próxima vez que busques información, aplica las siguientes estrategias:

Dar un vistazo a un pasaje. Siempre puedes darle un vistazo al índice de un libro para ver como está organizado. Darle un vistazo al primero y al último capítulo te puede ayudar a captar la idea principal del libro.

Leer rápidamente un pasaje para obtener información específica. Cuando lees rápidamente, no te fijas en cada palabra, sino que buscas palabras clave relacionadas con tu tema. Esta estrategia te ayudará a reconocer cuándo debes leer algo más detenidamente.

Hacerte preguntas sobre lo que has leído. Puedes detenerte en la lectura para hacerte preguntas. Así podrás determinar si entendiste lo que leíste.

Volver a leer un pasaje. Cuando lees sobre un tema nuevo, a veces hay secciones que no te parecen claras. Es importante que vuelvas a leer estas secciones que te parecen confusas. Asegúrate de entender la información nueva antes de avanzar en la lectura.

AHORA TE TOCA A TI

INVESTIGA UN TEMA Usa las estrategias de lectura que aprendiste para escribir un informe corto acerca de algún tema sobre el que quieres saber más. Sigue estos pasos:

1. Da un vistazo a un artículo o libro para determinar de qué trata y cómo está organizado.
2. Lee rápidamente el artículo para determinar si habla sobre tu tema.
3. Hazte preguntas durante la lectura para verificar tu comprensión de la información nueva.
4. Vuelve a leer las partes del artículo que no te queden claras.

CAPÍTULO 26
Frases y cláusulas

Cláusulas independientes

Una **cláusula** es un grupo de palabras con un sujeto y un predicado.

Una **cláusula independiente** expresa un pensamiento completo y puede funcionar como una oración. Una **frase** es un grupo de palabras ya sea sin sujeto o sin verbo.

Ejemplos:

Cláusula independiente:

| sujeto | predicado |

La herencia de Estados Unidos es diferente en cada región.

Frase: en cada región

El poder de las palabras

he•ren•cia s. Tradiciones o costumbres que se pasan de una generación a otra.

Práctica dirigida

A. Clasifica cada grupo de palabras como frase o cláusula independiente. Escribe cada cláusula independiente como una oración.

Ejemplos: las tradiciones son costumbres *Las tradiciones son costumbres.*
De acuerdo a la tradición *frase*

1. compuesto de varias regiones
2. en los Estados Unidos hay regiones distintas
3. una región es conocida como el Suroeste
4. la región del Noroeste
5. lejos del Sureste
6. la gente da forma a una región
7. le dan a una región sus características
8. cada región tiene su propia herencia
9. distintos tipos de festivales
10. su propio ambiente

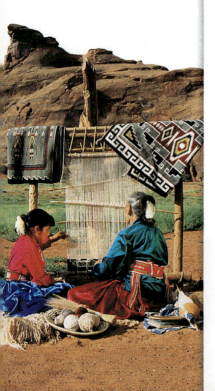

Práctica individual

B. Clasifica cada grupo de palabras como frase o cláusula independiente. Escribe correctamente cada cláusula independiente como oración completa.

Ejemplo: cada región tiene festivales diferentes
cláusula independiente; Cada región tiene festivales diferentes.

11. el clima en cada región es diferente
12. la región seca del Oeste
13. las montañas de una región
14. algunas partes del Oeste son muy secas
15. en el Noreste llueve mucho
16. el Sureste cálido
17. se extiende desde el Atlántico hasta el Pacífico
18. en Alaska hace frío
19. el frío en el Noreste
20. inviernos largos en estas regiones
21. los tornados son muy comunes en los estados del centro
22. usualmente veranos más cortos
23. las temperaturas son más templadas en la costa oeste
24. promedio de precipitaciones pluviales de veinte pulgadas al año
25. el pronosticador del tiempo conoce la temperatura

Conexión con la escritura

Diario de un escritor: Sacar conclusiones
Una conclusión es una oración que está basada en hechos. Si alguien dice, "En Maine los inviernos son largos", puedes sacar la conclusión de que Maine tiene un clima frío.

Haz una lista de varios hechos que tienen que ver con el tiempo. Intercambia listas con un compañero. Mira la lista de tu pareja y escribe al menos tres conclusiones basadas en los hechos. Clasifica cada conclusión como oración completa, cláusula independiente o frase.

Recuerda
que una cláusula independiente consta de un sujeto y un predicado y funciona como oración.

CAPÍTULO 26
Frases y cláusulas

Cláusulas dependientes

Una **cláusula dependiente** es un grupo de palabras que tiene un sujeto y un predicado pero no es una oración completa.

Una cláusula dependiente no puede estar sola porque no expresa una idea completa. Una cláusula dependiente a menudo comienza con una palabra de enlace como *después*, *porque* o *cuando*.

Ejemplos:

Cláusulas independientes

Algunos lagos de Minnesota no se usan para transportar.

Hemos aprendido acerca del lago Erie.

Cláusulas dependientes

aunque algunos lagos de Minnesota no se usan para el transporte

cuando visites uno de los Grandes Lagos

Práctica dirigida

A. Identifica la cláusula dependiente en cada oración. Después, identifica la palabra de enlace que está al comienzo de la cláusula.

Ejemplo: Mucha gente visita Maine porque el clima es a menudo fresco.
porque el clima es a menudo fresco; porque

1. Los estados de Nueva Inglaterra se encuentran en el Noreste, donde los inviernos pueden ser muy fríos.
2. Muchos hombres de Nueva Inglaterra se convirtieron en marineros porque vivían cerca del mar.
3. La construcción de barcos fue importante hasta que se desarrollaron otras industrias.
4. La Revolución Americana comenzó cuando los colonos protestaron contra el régimen Británico.
5. Boston se convirtió en la capital de Massachusetts en 1632 cuando Massachusetts era todavía colonia.

Práctica individual

Recuerda que una cláusula dependiente no puede entenderse por sí sola como oración. A menudo comienza con una palabra de enlace.

B. Escribe la cláusula dependiente de cada oración. Después, encierra en un círculo la palabra de enlace con la cuál comienza la cláusula.

Ejemplo: El Sur ha sido extensamente cultivado porque tiene una larga temporada de cultivo.
(porque) tiene una larga temporada de cultivo

6. Esta región es especial porque tiene una rica herencia cultural.
7. New Orleans, Louisiana, fue fundada en 1718 cuando los colonos franceses comenzaron a limpiar el terreno.
8. Por estar situada donde el río hace una curva, a New Orleans se le llama Crescent City.
9. Antes de que Louisiana perteneciera a España, era una colonia francesa.
10. Cuando la gente va ahí, suele probar la deliciosa comida.
11. Florida tiene muchas playas porque su costa es muy larga.
12. Aunque Florida es famosa por sus naranjas, el estado cuenta con otras industrias.
13. La gente puede visitar parques de diversiones famosos durante su estancia en Florida.
14. Algunas ciudades del Sur tienen puertos importantes porque están cerca de los ríos más importantes.
15. Norfolk, Virginia, está ubicada donde hay un puerto grande donde se construyen muchos barcos.

Conexión con la escritura

El arte de escribir: Elaboración Genera ideas para un párrafo sobre tu región o comunidad. Escribe la oración principal de tu párrafo. Intercambia oraciones con un compañero. Después escribe un párrafo desarrollando la idea que tu compañero introdujo en su oración principal. Asegúrate de incluir algunas cláusulas dependientes en tu escritura.

CAPÍTULO 26
Frases y cláusulas

LA GRAMÁTICA Y LA ESCRITURA

Distinguir las cláusulas independientes y dependientes

Una cláusula independiente puede entenderse por sí sola como una oración, pero una cláusula dependiente no puede hacerlo.

Ya sabes que una cláusula tiene un sujeto además de un predicado. También sabes que una cláusula dependiente no puede entenderse por sí sola como oración porque no expresa una idea completa.

Ejemplo: La región central de los Estados Unidos se conoce como el corazón del país porque está en el centro del país.

Práctica dirigida

A. Identifica la cláusula independiente y la cláusula dependiente de cada oración.

Ejemplo: Cuando nuestro país era joven, tenía sólo dos regiones principales. **Cláusula independiente:** *tenía sólo dos regiones principales;* **Cláusula dependiente:** *Cuando nuestro país era joven*

1. La llanura central tiene condiciones climatológicas diferentes porque es una región grande.
2. Cuando las enfermedades destruyeron los cultivos, los agricultores criaron vacas lecheras.
3. Algunos agricultores plantaron soya después de haber plantado maíz.
4. La gente cultiva más cuando usa máquinas.
5. Si a Iowa se le conoce por algún cultivo, es el maíz.

Práctica individual

B. Escribe cada oración. Subraya la cláusula independiente una vez y la cláusula dependiente dos veces.

Ejemplo: <u>Cuando los primeros pobladores vinieron a Nebraska</u> <u><u>construyeron casas de tierra herbosa</u></u>.

6. Se les llamó casas de tierra herbosa porque estaban hechas de tierra con césped.
7. Muchos de los primeros asentamientos estaban en el este de Ohio, donde se estableció Fort Harmar en 1785.
8. A esta región se le llama el Oeste Medio porque está en el centro del país.
9. Cuando los pobladores se cambiaron de lugar, construyeron cabañas con troncos de madera.
10. Se construyeron casas de piedra donde alguna vez estuvieron las casas de tierra herbosa.

Recuerda que una cláusula independiente puede entenderse por sí sola como oración, pero una cláusula dependiente no puede hacerlo.

C. Escribe cada cláusula. Rotúlala como cláusula independiente o dependiente.

Ejemplo: Algunas máquinas agrícolas pueden plantar cultivos.
independiente

11. Ya que el maíz se usa para alimentar a los cerdos.
12. Los granjeros también crían cerdos.
13. Donde se venden los productos de los agricultores.
14. Cuando se eleva el precio del maíz.
15. Criaron más cerdos ese año.

Conexión con la escritura

Estudios Sociales Localiza tu estado en un mapa de Estados Unidos. Haz una lista con los nombres de los estados que tienen frontera con tu estado y di lo que sabes acerca de sus productos o industrias principales. ¿Cuáles productos o industrias de esos estados se parecen más a los de tu estado? ¿Cuáles son los más diferentes? Explica tus respuestas.

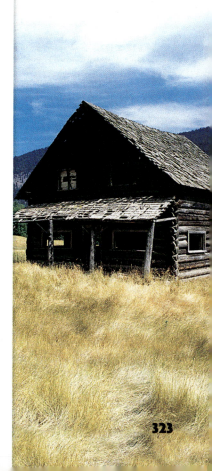

CAPÍTULO 26

Frases y cláusulas

Práctica adicional

Recuerda

que una cláusula dependiente comienza con una palabra de enlace como *porque*, *cuando* o *si*.

A. Escribe cada grupo de palabras. Clasifica cada grupo como frase o cláusula independiente. Si es una cláusula independiente, subraya el sujeto una vez y el predicado dos veces. *páginas 316–317*

Ejemplo: Otra región es el Suroeste.
<u>Otra región</u> <u><u>es el Suroeste</u></u>.
cláusula independiente

1. El Suroeste incluye el estado de Arizona.
2. También Nuevo México.
3. Seis estados tienen frontera con Oklahoma.
4. El clima es seco en el Suroeste.
5. A lo largo del río Colorado.
6. Cerca del estado de Oklahoma.
7. Desde la época de la independencia de Texas.
8. A lo largo del río Grande.
9. (Nosotros) Leímos acerca de su cultura.
10. Las montañas Rocosas continúan en ese estado.

B. Escribe la cláusula dependiente de cada oración. Después encierra en un círculo la palabra de enlace con la que empieza la cláusula. *páginas 318–319*

Ejemplo: <u>El río Grande se desborda frecuentemente</u> cuando llueve mucho.
(cuando) llueve mucho

11. Es muy bonito el desierto de Arizona, donde crecen los cactus.
12. Después de que Alaska se convirtió en estado, Texas se volvió el segundo estado más grande.
13. Cuando los turistas pasean en Texas, a menudo visitan Dallas o Houston.
14. Antes de llegar el otoño, las flores silvestres de la parte central de Texas están muy coloridas.
15. Las flores florecen durante mucho tiempo, porque el verano en Texas es muy largo.

Para más actividades sobre cómo usar cláusulas, visita **The Learning Site**
www.harcourtschool.com

C. **Copia cada oración. Subraya la cláusula independiente una vez y la cláusula dependiente dos veces.** *páginas 322–323*

Ejemplo: <u>Cuando es verano en Texas</u>, <u>la temperatura es caliente</u>.

16. Los primeros pobladores llegaron ahí cuando viajaron a lo largo del camino de Santa Fe.
17. Debido a que mucha gente visita Nuevo México, el turismo es una gran industria ahí.
18. Antes de llegar al estado de Texas, el río Grande divide Nuevo México.
19. Muchos agricultores crían ganado en vez de cultivar porque la tierra es muy seca.
20. La cultura indígena americana es muy activa en Nuevo México, porque mucha gente Navajo vive ahí.
21. El Suroeste también incluye Texas y Nuevo México donde la herencia mexicana es fuerte.
22. La gente no necesita ropa abrigada porque el clima es cálido y seco.
23. Las represas abastecen de agua otras áreas donde ésta se necesita.
24. Muchos turistas visitan el Suroeste porque los desiertos y las colinas son muy bonitas.
25. Si vas al Suroeste, probablemente te va a gustar.

¿LO SABÍAS?
Texas fue un país aparte durante nueve años. Texas declaró su independencia de México en 1836. Luego se volvió parte de Estados Unidos en 1845.

Conexión con la escritura

Escritura de la vida real: Solicitar información Con la ayuda de un compañero, escribe una carta breve a la oficina de turismo de tu estado. Pide información acerca de lugares de interés y recomendaciones para viajar. Convierte algunas de tus oraciones en cláusulas dependientes, agregando palabras como *cuando, porque y después*. Después combina las cláusulas dependientes con las cláusulas independientes para hacer nuevas oraciones más largas.

CAPÍTULO 26

Frases y cláusulas

Repaso del capítulo

Busca errores en las oraciones de abajo. Cuando encuentres uno, encierra en un círculo la letra de la frase que contenga ese error. Algunas oraciones no tienen ningún error. Si no hay error, selecciona la letra donde dice *Sin error*.

1. **A** Cuando la piedra caliza se
   B mezcla con
   C césped. Forma una tierra rica.
   D *Sin error*

2. **F** Los inviernos en el norte de Texas
   G son fríos. Cuando los vientos
   H del norte soplan fuertemente.
   J *Sin error*

3. **A** Al principio de la primavera.
   B Los tornados azotan frecuentemente
   C algunas partes de Texas.
   D *Sin error*

4. **F** Los tornados pueden causar
   G mucho daño porque
   H producen vientos muy fuertes.
   J *Sin error*

5. **A** Algunos pescadores se van
   B a la costa de Texas. Donde
   C pueden pescar camarón.
   D *Sin error*

6. **F** Otra pesca popular
   G es la trucha de mar. Este es un
   H pez de agua salada.
   J *Sin error*

7. **A** Mucha gente se gana la vida
   B en la industria petrolera.
   C Depósitos ricos de petróleo.
   D *Sin error*

8. **F** Cuando Texas fue líder de la nación
   G en la producción de petróleo. El estado
   H disminuyó su dependencia en la agricultura.
   J *Sin error*

> **SUGERENCIA**
> Acuérdate de leer todas las opciones antes de elegir una respuesta.

Para más preparación para la prueba, visita *The Learning Site:* www.harcourtschool.com

Tomar notas y hacer un resumen

DESTREZAS DE ESTUDIO

Cuando te piden escuchar o leer para encontrar información, debes tomar notas que te ayuden a recordar los puntos más importantes. Tus notas podrían ser así:

Estados-Arizona, New Mexico, Texas, Oklahoma montañas-cordillera de las montañas Rocosas ríos-río Grande, río Pecos, Red, Arkansas, Colorado llanos-llanos Grandes [Great Plains], llanos Staked [Staked Plains]
desiertos-desierto Pintado, desierto de Sonora

Si estás escribiendo un reporte, puedes usar tus notas para organizar la información en forma de resumen. Los resúmenes ayudan a acomodar y organizar información en categorías. Es decir, que puedes escribir subtítulos a algunos títulos de los temas que se incluyen en tu resumen. En un resumen, la primera palabra de cada tema y subtema empieza con letra mayúscula. Tu resumen podría quedar así:

Título: El Suroeste americano
I. Introducción al Suroeste americano
   A. Primera historia de la región
   B. Geografía de la región
II. El Suroeste en la actualidad
   A. Recursos
   B. Economía
III. El futuro
   A. Desafíos
   B. Soluciones a problemas

AHORA TE TOCA A TI

TOMAR NOTAS DE TU INVESTIGACIÓN Lee un libro acerca de uno de los estados del Suroeste. Toma notas mientras lees. Después haz un resumen de las ideas principales del libro. Asegúrate de tener en tu resumen al menos tres temas principales con algunos subtemas.

CAPÍTULO 27

Escritura informativa

El arte de escribir

Organizar párrafos

Las personas escriben para dar instrucciones, para explicar o contrastar cosas, o para compartir información.

Lee el siguiente pasaje del libro *Rivers & Lakes* (Ríos y lagos). Presta atención a los detalles de cada párrafo.

MODELO DE LITERATURA

> Los cinco Grandes Lagos de Norteamérica son el grupo más grande del mundo de lagos de agua dulce. Se formaron cuando se derritieron los glaciares que cubrían la región, hace muchos miles de años. El agua llenó las cuencas formadas por los glaciares.
>
> Canadá y los Estados Unidos comparten cuatro de los lagos, incluido el más grande, el Superior. El lago Michigan se encuentra en los Estados Unidos. Los cinco lagos forman parte de una enorme vía fluvial continental.
>
> —de *Rivers & Lakes*
> por Neil Morris

Analiza el modelo

1. ¿Cuál es el tema del primer párrafo?

2. ¿Qué detalles se dan en el primer párrafo?

3. ¿Qué acontecimiento de los mencionados en el primer párrafo sucedió primero?

4. ¿Cuál es el tema del segundo párrafo?

5. ¿Qué detalles se dan en el segundo párrafo?

El poder de las palabras

trans•con•ti•nen•tal *adj.* Algo que se extiende de un extremo a otro de un continente.

Crear párrafos

Si tienes mucha información, es posible que necesites escribir más de un párrafo. En un párrafo, todas las oraciones se refieren a una sola idea principal. Eso significa que debes dividir la información para crear párrafos. Estudia la tabla de la página siguiente.

Estrategias para organizar párrafos

Aplica la estrategia

Ejemplos

Estrategias para organizar párrafos	Aplica la estrategia	Ejemplos
Da la información en el orden correcto o secuencia.	• Ordena los pasos o ideas de forma que tengan sentido. Puedes usar palabras que indican secuencia, tales como *primero, luego, después* y *antes,* o usa fechas.	• **Primero,** los colonos construyeron viviendas para abrigarse y protegerse de la lluvia. **Después,** cortaron la maleza y los árboles para cultivar la tierra.
Escribe una oración principal para cada párrafo y proporciona detalles relacionados con ella.	• Comienza cada párrafo con una oración principal. Escribe los detalles en las demás oraciones del párrafo.	• **Oración principal:** Un país moderno necesita un buen sistema de transporte. • **Detalles:** Es necesario transportar los productos de las fábricas a las tiendas. La gente necesita trasladarse de un lugar a otro.

AHORA TE TOCA A TI

ANÁLISIS DE UN ESCRITO INFORMATIVO **Trabaja con dos o tres compañeros de clase. Busquen artículos en revistas o periódicos que den información sobre un tema que les interese. Observa cómo los artículos están divididos en párrafos. Habla sobre los artículos con tu grupo.**

Contesta estas preguntas:

1. ¿Qué explica el autor o sobre qué tema da información?

2. ¿Cuál es la idea principal de cada párrafo? ¿Cómo lo sabes?

3. ¿Qué detalles incluye el autor en cada párrafo?

4. ¿Tiene sentido la secuencia en la cual el autor presenta las ideas? Explica tu respuesta.

CAPÍTULO 27

Escritura informativa

Palabras que indican secuencia

A. Escribe el siguiente párrafo. Llena los espacios en blanco con las palabras del recuadro para que el párrafo tenga sentido. Recuerda poner en mayúscula la primera letra de la palabra que va al comienzo de cada oración.

| durante | ahora | primero | después |

Cuando los aztecas se establecieron en México vivieron _____ en una pequeña isla. _____ construyeron una gran ciudad llamada Tenochtitlán. La ciudad estaba situada donde _____ se encuentra la Ciudad de México. Con el paso de los años, aumentó el poder de los aztecas. _____ ese tiempo, construyeron caminos y puentes que conectaban la isla con tierra firme.

B. Lee las oraciones siguientes y ponlas en orden cronológico. Luego escribe un párrafo con ellas.

Luego se construyó el primer ferrocarril transcontinental.
Después del automóvil, se inventó el aeroplano.
Hoy en día, los aviones jet vuelan de una costa a otra en pocas horas.
En tiempos de los pioneros, la gente viajaba despacio en carretas tiradas por bueyes.
El gran invento que siguió al ferrocarril fue el automóvil.

La oración principal y los detalles

C. Lee los detalles para crear un párrafo sobre el Internet. Después escoge la mejor oración principal para comenzar el párrafo. Escribe el párrafo completo.

Detalles: Puedes encontrar información sobre casi cualquier tema. Te puedes comunicar con personas de todas partes del mundo. Puedes hacer preguntas y obtener respuestas.

Oraciones principales: El Internet puede ser muy útil para aprender.

Por el Internet, puedes comprar libros, ropa y otros artículos.

D. Lee la oración principal. Escoge tres detalles adecuados para la oración principal. Escribe el párrafo completo en tu hoja.

Oración principal: Nuestra bandera ha cambiado a través de los años.

Detalles: La primera bandera estadounidense tenía trece estrellas.
La bandera de Gran Bretaña se llama "The Union Jack".
Las estrellas representaban los trece estados originales.
En 1818, el Congreso aprobó que se añadiera una estrella por cada estado que fuera admitido a la Unión.
Francis Scott Key compuso "The Star-Spangled Banner", el himno nacional de los Estados Unidos.

Pensar y escribir

Escribir para anotar ideas A veces las cosas suceden en cierto orden o secuencia. Escribe sobre algún suceso importante de tu vida que haya sido la causa de otra cosa importante que pasó después.

CAPÍTULO 27

Escritura informativa

Escribir párrafos informativos

Neil Morris, el autor de *Rivers & Lakes*, nos da información sobre los Grandes Lagos. ¿Alguna vez has escrito una composición para la clase con el propósito de compartir información? Ricardo buscó información sobre el Canal de Panamá para su clase de estudios sociales. Lee estos párrafos que Ricardo escribió para compartir lo que aprendió.

MODELO

Oración principal

El Canal de Panamá conecta los océanos Atlántico y Pacífico. Se encuentra en el país de Panamá, en Centroamérica, y mide 40 millas de largo. Antes de la construcción del canal, los barcos tenían que navegar hasta el extremo de América del Sur para pasar de un océano al otro.

Detalles en secuencia

Oración principal

La construcción del Canal de Panamá tomó mucho tiempo. A los exploradores de Centroamérica se les ocurrió la idea por allá en el siglo dieciseis. Sin embargo, por cientos de años esa idea fue sólo un sueño. Al fin, en 1906, el Congreso de los Estados Unidos aprobó un plan y los obreros empezaron a excavar. El Canal de Panamá fue terminado en el verano de 1914.

Detalles en secuencia

Analiza el modelo

1. ¿Cuál es el tema del primer párrafo? ¿Cómo se relacionan los detalles con el tema?

2. ¿Cuál es el tema del segundo párrafo? ¿Cómo se relacionan los detalles con el tema?

3. ¿Cómo muestra Ricardo la secuencia de sucesos?

4. ¿Te parece que los párrafos informativos de Ricardo presentan los datos de una forma clara y comprensible? Explica tu respuesta.

AHORA TE TOCA A TI

TEMA DE ESCRITURA **Busca información sobre un tema histórico interesante para compartirla con tus compañeros de clase. Escribe dos o tres párrafos informativos. Empieza cada párrafo con una oración principal y explica la secuencia de los sucesos.**

ESTUDIA EL TEMA DE ESCRITURA **Hazte estas preguntas:**

1. ¿Quiénes serán mis lectores?

2. ¿Cuál es el propósito para escribir?

3. ¿Qué estilo voy a seguir?

4. ¿Qué información les daré a mis lectores?

Antes de escribir y hacer el bosquejo

Organiza tus ideas Mientras consultas diferentes fuentes de información, toma apuntes sobre tu tema. Luego haz un bosquejo como el que sigue para organizar tus párrafos.

I. Oración principal (la idea principal del párrafo)

   A. Detalle (información relacionada con la idea principal)

   B. Detalle

II. Oración principal

   A. Detalle

   B. Detalle

USANDO TU
Manual

- Busca en el Libro de sinónimos del escritor palabras útiles para que tus lectores comprendan la secuencia de los eventos.

CAPÍTULO 27

Escritura informativa

Editar

Lee el bosquejo de tus párrafos informativos. Usa la siguiente lista de verificación para ayudarte a revisar tus párrafos:

- ☑ ¿Empezaste cada párrafo con una oración principal?
- ☑ ¿Dan los detalles información sobre el tema principal?
- ☑ ¿Está bien organizada la secuencia de sucesos?
- ☑ ¿Usaste palabras que ayuden al lector a seguir la secuencia?

Usa esta lista de verificación para corregir tu párrafo:

- ☑ Usé correctamente las letras mayúsculas y la puntuación.
- ☑ Usé correctamente frases preposicionales y cláusulas dependientes.
- ☑ Dejé sangría en el primer renglón de cada párrafo.
- ☑ Usé un diccionario para verificar la ortografía.

Marcas editoriales

- ℒ Borrar texto
- ∧ Añadir texto
- ↻ Mover texto
- ¶ Párrafo nuevo
- ≡ Mayúscula
- / Minúscula
- ◯ Corregir ortografía

Compartir y reflexionar

Escribe una versión final de tus párrafos informativos e intercámbiala con la de un compañero de clase. Dile a tu compañero qué fue lo que más te gustó de su trabajo. Hablen sobre lo que podrían mejorar la próxima vez. Escribe esas ideas en tu diario.

Buscar información en el Internet

Usa el diagrama para aprender sobre cómo buscar información en el Internet.

Piensa en palabras clave que te puedan ayudar a encontrar información sobre tu tema.
Ejemplo: los cultivos de Nebraska.
Palabras clave: agricultura, Nebraska

Usa un motor de búsqueda y teclea la palabra o palabras clave en el cuadro de búsqueda. Teclea Y entre cada palabra.
Ejemplo: agricultura Y Nebraska

Haz clic en el botón de búsqueda.

Verás una lista de páginas web. ¿Ves alguna que parezca tener la información que necesitas?

SI

NO

Haz clic en ese sitio.

Usa una clave diferente.

AHORA TE TOCA A TI

Busca información en el Internet. Sigue estos pasos:

PASO 1 Elige un tema.

PASO 2 Realiza tu búsqueda.

PASO 3 Cuando encuentres información, toma apuntes. Escribe también la dirección del sitio en la red.

PASO 4 Usa tus notas para escribir párrafos informativos. Comparte tu trabajo con la clase.

CAPÍTULO 28
Oraciones complejas

Oraciones complejas

Una <mark>oración compleja</mark> está formada por una cláusula independiente y por lo menos otra dependiente.

Una cláusula dependiente debe ir acompañada de una cláusula independiente para formar una oración. Una oración que contiene tanto una cláusula independiente como una dependiente, se conoce como oración compleja. Las cláusulas dependientes generalmente comienzan con *antes, aunque, como, dado que, después, durante, mientras, porque, según* y *si*. Se usa coma después de la cláusula independiente si ésta va al comienzo de la oración. En los ejemplos a continuación, la cláusula independiente se subraya una vez y la dependiente dos veces.

Ejemplos:
Si riegas las semillas, crecerán.
Las semillas crecen mejor cuando reciben suficiente sol.

El poder de las palabras

i·rri·gar *v.* Llevar agua al campo mediante el uso de tuberías, zanjas, o canales.

Práctica dirigida

A. Lee cada oración. Determina si es o no una oración compleja.

Ejemplo: Cuando los agricultores riegan el trigo con regularidad, crece rápidamente.
compleja

1. Cultivar es importante porque permite producir alimentos.
2. Antes de que la gente comenzara a cultivar, comía plantas silvestres.
3. Después de que aprendieron a cultivar, dependieron de la agricultura.
4. Las granjas lecheras crían vacas para producir leche.
5. Se llaman productos lácteos porque son derivados de la leche.

Práctica individual

B. Lee cada oración. Escribe si es o no una oración compleja.

Ejemplo: Los Grandes Lagos son importantes porque son rutas para salir al mar. *compleja*

6. La gente va a los Grandes Lagos si le gusta pescar.
7. El lago Erie es uno de los Grandes Lagos.
8. El lago Superior es el más grande de los Grandes Lagos.
9. Aunque en México no llueve mucho, el maíz siempre ha crecido bien.
10. Cuando llueve poco, los agricultores irrigan sus cultivos.
11. La agricultura en seco es un método de cultivo en las regiones secas.
12. Las plantas necesitan agua cuando están creciendo.
13. Si las plantas no reciben agua, no crecen bien.
14. El granjero decide cuándo se recoge su cosecha.
15. Los granjeros cultivan flores porque las pueden vender.

Recuerda

que una oración compleja se compone de una cláusula independiente y una o más cláusulas dependientes.

Conexión con la escritura

El arte de escribir: Escribir oraciones complejas ¿Vives en una granja? ¿Alguna vez has visitado una? ¿Qué animales viven en una granja? Usando algunas oraciones complejas, escribe un párrafo sobre la vida en una granja. Explica por qué podría o no gustarte. Intercambia tu trabajo con el de un compañero. Hablen sobre lo que escribió cada uno, lo que les parece mejor y cómo se podría mejorar usando más oraciones complejas.

CAPÍTULO 28
Oraciones complejas

Más sobre las oraciones complejas

Una cláusula independiente puede aparecer sola como una oración. Una cláusula dependiente, por sí sola, no constituye una oración.

Una cláusula dependiente puede aparecer tanto al principio como al final de una oración compleja y a menudo comienza con una palabra de enlace. Las siguientes palabras se usan frecuentemente en cláusulas dependientes.

antes	como	después	porque
aunque	cuando	donde	según
a menos que	desde	mientras	si

Ejemplos:
Cuando abrieron el dique, el agua fluyó.
empieza con una cláusula dependiente

El agua fluyó **cuando abrieron el dique.**
termina con una cláusula dependiente

Práctica dirigida

A. Construye una oración compleja con cada par de cláusulas. Usa una palabra de la tabla de arriba para comenzar cada cláusula dependiente.

Ejemplo: Los cultivos crecen _____ hay lluvia.
Los cultivos crecen <u>cuando</u> hay lluvia.

1. Los cultivos fracasarán _____ la lluvia no llega.
2. Venderán la cosecha _____ los precios suban.
3. Él no venderá _____ los precios estén bajos.
4. Las pacanas y los duraznos crecen en el sur _____ necesitan temperaturas cálidas.
5. Él cultivaba duraznos _____ vivía en Georgia.

338

Práctica individual

B. Escribe cada oración. Subraya la cláusula dependiente.

Ejemplo: Los Grandes Lagos se formaron <u>después de la última era glaciar</u>.

6. Debido a que está rodeado por el lago Michigan, Chicago se ha convertido en una ciudad importante.
7. Los Grandes Lagos se usan para navegar aunque estén llenos de hielo durante el invierno.
8. Aunque la gente trata de limpiar los Grandes Lagos, sus aguas siguen contaminadas.
9. Muchas ciudades se construyen cerca de lagos grandes porque el agua es necesaria para vivir.
10. Al comienzo la gente se estableció en ciudades cercanas a las granjas debido a que los alimentos eran accesibles.
11. Los granjeros llevaban sus cosechas a un mercado donde las vendían.
12. Las ciudades crecieron alrededor de los mercados dado que la gente llegaba allí por alimentos.
13. A pesar de haber sido una primavera fría, las frutas en el huerto fueron abundantes.
14. Los árboles frutales sufren daños cuando el clima es demasiado frío.
15. Después de una fuerte helada de invierno, no crecen muchas frutas.

> **Recuerda**
> que una cláusula independiente, por sí sola, constituye una oración. Una cláusula dependiente sola no representa una oración.

Conexión con la escritura

Salud Imagínate que puedes elegir lo que quieras comer durante una semana. Sin embargo, no puedes comprar alimento en las tiendas, sólo puedes comer alimentos traídos de las granjas. ¿Qué comerías para mantenerte saludable? Prepara una lista de seis comidas. Usando oraciones complejas, redacta un párrafo explicando tus elecciones.

CAPÍTULO 28
Oraciones complejas

USO Y PUNTUACIÓN

La coma y las oraciones complejas

Si la cláusula dependiente inicia la oración, va seguida de coma.

Ya sabes que una cláusula dependiente puede ir al principio o al final de una oración. Si la cláusula dependiente va al final de la oración, no va precedida por coma.

Ejemplos:
Porque el agua de nuestro grifo sabe bien, la bebo con frecuencia.
comienza con una cláusula dependiente; la cláusula va seguida de coma

Bebo el agua de nuestro grifo con frecuencia **porque sabe bien.**
termina con una cláusula dependiente; no lleva coma

Práctica dirigida

A. Lee cada oración. Si la oración necesita coma, colócala en el lugar correcto. Si la oración no necesita coma, escribe *sin coma*.

Ejemplo: Después de sembrar el terreno el granjero lo regó.
Después de sembrar el terreno, el granjero lo regó.

1. Aunque son de granjas muchos granjeros estudian agricultura en la universidad.
2. Dado que las semillas no pueden ser sembradas en terreno duro los granjeros tienen que usar el arado.
3. El arado es útil cuando los granjeros tienen que romper la tierra.
4. El arado puede remover el suelo si éste se ha puesto duro.
5. Si la tierra está muy seca el viento se la puede llevar.

Práctica Individual

B. Escribe cada oración. Si la oración necesita coma, colócala en el lugar correcto. Si la oración no necesita coma, escribe *sin coma*.

Ejemplo: Después de sujetar el arado al tractor el granjero trabajó en el campo.
Después de sujetar el arado al tractor, el granjero trabajó en el campo.

6. La familia entera trabajó en el campo después que almorzó.
7. Si bien muchas granjas de trigo son grandes muchas granjas de vegetales son pequeñas.
8. Cuando hace buen tiempo muchos granjeros ganan dinero con sus cosechas.
9. Aunque el trigo se cultiva en muchas partes la mayoría de las granjas se encuentran en las grandes planicies.
10. El estado de New York tiene huertos de manzana debido a que su clima es bueno.
11. Dado que los naranjos necesitan mucho sol crecen bien en Florida.
12. Los naranjos no podrían sobrevivir en climas fríos.
13. El ganado vacuno pasta en las áreas donde crece la hierba.
14. Las plantas necesitan suelos ricos porque les ayudan a crecer.
15. Porque los fertilizantes enriquecen el suelo los granjeros los aplican.

Recuerda

que una cláusula dependiente al inicio de una oración va seguida de una coma. No se usa coma antes de la cláusula dependiente que va al final de una oración.

Conexión con la escritura

El arte de escribir: Escribir oraciones complejas ¿Qué plantas y animales crecen en tu región? ¿Vives cerca de sembrados de trigo o granjas de ganado? Con un compañero, escoge un animal o una planta comestible y haz una lista de lo que sabes acerca de él. Escribe varias oraciones, incluyendo algunas oraciones complejas, que expliquen lo que sabes.

CAPÍTULO 28
Oraciones complejas

Práctica adicional

A. Lee cada oración. Determina si la oración es una oración compleja o no. *páginas 336–337*

Ejemplo: Después de recolectar las manzanas, los granjeros las venden por sacos. *compleja*

1. Algunos agricultores utilizan químicos porque éstos ayudan al crecimiento de las plantas.
2. Cuando son aplicados al suelo, algunos químicos evitan el crecimiento de las hierbas.
3. La persona que cultiva la tierra aplica químicos al suelo cada primavera.
4. Los agricultores hacen pruebas del suelo a menos que ya sepan que éste es rico.
5. Los suelos ricos contienen minerales como hierro y calcio.

B. Combina cada par de oraciones para crear una oración compleja. Usa las palabras entre paréntesis para convertir una de las oraciones en una cláusula dependiente. Agrega una coma si es necesario. *páginas 338–339*

Ejemplo: El agua es usada como energía. Es abundante. (porque)
El agua es usada como energía porque es abundante.

6. El molino de agua fue inventado hace cerca de 2,000 años. La gente comenzó a usar la energía hidráulica. (después de que)
7. Los molinos de agua eran simples de hacer y de usar. No producían mucha energía. (aunque)
8. Una cascada de agua accionaba sus ruedas. El molino de agua era usado solamente en las montañas. (dado que)
9. El carbón y el petróleo son usados para producir energía. Rara vez se pueden volver a usar. (después de que)
10. El agua no se convierte en vapor. Se calienta. (si no)

Recuerda

que las oraciones complejas tienen una cláusula independiente y una o más cláusulas dependientes. La cláusula dependiente que va al inicio de una oración es seguida por una coma, mientras que la cláusula independiente que va al final de una oración no es precedida de una coma.

Para más actividades con oraciones complejas, visita **The Learning Site:** www.harcourtschool.com

C. **Escribe cada oración. Si la oración necesita coma, colócala en el sitio correcto. Si no necesita coma, escribe *sin coma*.** páginas 340–341

Ejemplo: Dado que diferentes regiones tienen climas y suelos distintos los agricultores utilizan diferentes métodos de cultivo.
Dado que diferentes regiones tienen climas y suelos distintos, los agricultores utilizan diferentes métodos de cultivo.

11. Cuando hay poca lluvia muchos cultivos no se desarrollan.
12. La gente utiliza métodos de cultivo en seco en las áreas donde cae poca lluvia.
13. Debido a que el verano puede ser bien seco en el Oeste Medio el cultivo en seco es usado allí.
14. El cultivo en seco es también usado en otras regiones si no hay suficiente lluvia.
15. Cuando los agricultores siembran en hileras a lo largo de las colinas el agua queda atrapada en éstas.
16. Dado que el agua no puede correr cuesta abajo ésta humedece las hileras de plantas.
17. Los agricultores esperan una buena cosecha cuando cultivan en seco.
18. Antes de que esté cálido se siembra la cebada.
19. Cuando la cebada está madura está lista para ser recogida.
20. El suelo se vuelve más rico en un campo sin sembrar debido a que los cultivos no le extraen minerales.

Conexión con la escritura

Estudios sociales Piensa acerca de la vida de una persona que cultiva la tierra. Escribe tres preguntas que podrías hacerle sobre el trabajo que hace. Quizás podrías preguntarle por qué le gusta el trabajo que hace, o bien por qué cultiva cierto tipo de cosechas. Redacta una respuesta que el agricultor pudiera darte. Usa oraciones complejas en tu respuesta.

¿LO SABÍAS?
La mayoría de los cultivos necesitan grandes cantidades de agua para crecer. Por ejemplo, se necesitan 115 galones de agua para cosechar suficiente trigo para hacer un pan. Para darte una idea, imagina diez recipientes de un galón puestos en una fila. Necesitarías once filas como ésa y cinco galones más.

CAPÍTULO 28

Oraciones complejas

Repaso del capítulo

Lee el siguiente pasaje y elige la respuesta correspondiente para cada espacio en blanco. Escribe la letra de tu respuesta.

> Algunos pueblos nativos de América sembraban maíz en la región __(1)__ ahora es México. Sembraban maíz __(2)__ crecía bien en un clima seco y cálido. __(3)__ los agricultores indígenas americanos cultivaban maíz, obtenían mucha comida. __(4)__ no utilizaban métodos de cultivo modernos, los indígenas americanos fueron excelentes agricultores.
>
> Antes de __(5)__ los agricultores indígenas hacían hoyos en la tierra con una vara. Después de poner las semillas en los __(6)__ las cubrían con tierra. Los agricultores también limpiaban las hierbas con azadones.

SUGERENCIA
Para cada oración incompleta, primero prueba varias respuestas posibles. Después decide cuál funciona mejor en la oración.

1 A desde
   B donde
   C ése
   D donde

2 F dado que
   G aunque
   H dado que
   J excepto

3 A Antes
   B A menos que
   C Cuando
   D Aunque

4 F por
   G Pese a que
   H si
   J donde

5 A Sembrar
   B sembrar y
   C sembrar
   D sembrar,

6 F hoyos,
   G hoyos
   H hoyos.
   J hoyos

Para más información sobre preparación para la prueba, visita **The Learning Site:** www.harcourtschool.com

344

Preparar un vídeo

TECNOLOGÍA

Preparar un vídeo es similar a preparar una película de verdad o un programa de televisión. El vídeo es un buen medio para darle información a la gente, dado que frecuentemente la gente presta más atención a aquellas cosas que pueden ver y escuchar.

AHORA TE TOCA A TI

PREPAREMOS UN VÍDEO

- **Con tu pareja o en grupos pequeños, decide qué información quieres compartir.**

- **Después de haber elegido el tema de tu vídeo, haz una lista con la información que deseas incluir. ¿Qué personajes deseas incluir? ¿Quién podría conocer alguna información sobre tu tema? ¿Podrías entrevistar a esa persona? Decide cómo vas a presentar la información y quiénes serán los personajes en tu vídeo.**

- **¿Qué imágenes te llegan a la mente cuando piensas en tu tema? Prepara una secuencia gráfica. Una secuencia gráfica es una serie de gráficas que muestra cada escena de la historia que quieres contar.**

- **Piensa en un comienzo interesante o emocionante para tu vídeo. Asegúrate de que relata el tema de tu vídeo.**

- **Piensa en un final importante. Por ejemplo, resume la información más importante en una o dos oraciones.**

- **Ahora ya estás listo para grabar. De ser posible, usa una cámara de vídeo y una cinta. Graba tu vídeo siguiendo las escenas en tu secuencia gráfica. Si no tienes una cámara de vídeo, representa en vivo las escenas de tu secuencia gráfica.**

> **SUGERENCIA**
>
> Tienes que pedirle permiso a las personas para grabarlas. Puedes grabarlas si te dicen que te dan su autorización, o puedes obtener su autorización por escrito.

CAPÍTULO 29

Fragmentos de oración y oraciones seguidas

El poder de las palabras

del•ta *s.* El terreno, de forma más o menos triangular, que se forma en la desembocadura de un río con la tierra que el río ha arrastrado en su recorrido.

¿LO SABÍAS?
¡El río Amazonas es más largo que la distancia que hay entre las ciudades de San Francisco y Nueva York!

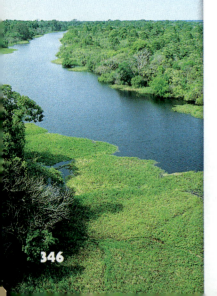

Fragmentos de oración

Un **fragmento de oración** es un grupo de palabras que no expresa una idea completa.

Toda oración necesita un sujeto y un predicado. Normalmente, un fragmento de oración carece de sujeto, de predicado o de los dos.

Ejemplos:
Fragmento de oración: El río más caudaloso del continente americano.
Oración completa: El río Amazonas es el más caudaloso del continente americano.
Fragmento de oración: ¿Más largo o más corto que el río Nilo?
Oración completa: ¿Es el río Amazonas más largo o más corto que el río Nilo?

Sin embargo, en muchos casos, el sujeto no está expreso, pero existe. En la oración "Conocen el río Amazonas", sabemos que el sujeto es *ellos o ustedes*. Si la oración está en un párrafo, es posible que sepamos con exactitud la identidad del sujeto.

Práctica dirigida

A. Lee cada uno de los grupos de palabras. Señala si es un fragmento de oración o una oración completa.

Ejemplos: El Amazonas es el segundo río más largo del mundo. *oración completa*
Es el río más largo del mundo. *fragmento de oración*

1. En los puertos importantes a lo largo del río.
2. El aire en la selva tropical es caliente y húmedo.
3. Muchas clases de plantas y animales.
4. En la selva tropical, un poco de luz solar.
5. Los barcos navegan 2,300 millas a lo largo del ancho río.

346

Práctica individual

B. Señala si cada grupo de palabras es un fragmento de oración o una oración completa.

Ejemplos: Rodeado de hermosas selvas.
fragmento de oración
El río Amazonas está rodeado de hermosas selvas.
oración completa

6. El río Amazonas es increíblemente ancho.
7. ¿Más de 90 millas de ancho en el delta?
8. Miles de plantas en la selva tropical son.
9. Puede usarse para producir nuevas medicinas.
10. La cuenca del río Amazonas.

C. Lee cada grupo de palabras. Si la oración es completa, escribe *oración completa*. Si es un fragmento de oración, escribe *fragmento* y escribe qué parte(s) de la oración falta(n).

Ejemplo: Algunas veces el río Amazonas.
fragmento, no hay predicado

11. Muchas clases de cocodrilos viven en el Amazonas.
12. Además, la peligrosa piraña.
13. Una increíble variedad de flores.
14. Muchos barcos y otras embarcaciones.
15. Llueve la mayor parte del año.

Recuerda

que todas las oraciones deben tener un sujeto y un predicado. Si una o ambas partes faltan, o si la oración no expresa una idea completa, entonces es un **fragmento de oración**.

Conexión con la escritura

Diario de un escritor: Anotar ideas Trabaja con un grupo pequeño para escribir por lo menos cinco preguntas acerca de los ríos. Evita usar fragmentos de oración. Usa oraciones completas, por ejemplo: ¿Cuál es el río más grande en mi estado? ¿Dónde empieza y dónde termina este río? ¿Qué canciones se han escrito sobre él?

CAPÍTULO 29

Fragmentos de oración y oraciones seguidas

Oraciones seguidas

Una oración seguida está formada por dos o más oraciones seguidas, unidas incorrectamente, con una coma o simplemente por nada.

Cambia una oración seguida por una oración compuesta o por dos oraciones separadas. Una oración compuesta está formada por dos oraciones completas unidas con una coma o punto y coma, y/o con una conjunción como *y, o, pero, aunque,* etc.

Ejemplos:

Incorrecto: El río Nilo está en Africa es el río más largo del mundo.

Correcto: El río Nilo está en Africa, y es el río más largo del mundo.

Correcto: El río Nilo está en Africa. Es el río más largo del mundo.

Práctica dirigida

A. Lee cada oración. Señala si la oración está redactada correctamente o es una oración seguida.

Ejemplo: El río Nilo es largo, aproximadamente 250 millas más largo que el río Amazonas. *oración seguida*

1. Las cosechas necesitan agua también necesitan sol.
2. Egipto es un país caluroso y seco ubicado en Africa.
3. El mar que está al norte de Egipto se llama el Mediterráneo, el Nilo desemboca en este mar.
4. Parte del terreno del delta es pantanoso, pero otras áreas son muy buenas.
5. El Nilo proporciona buena tierra las zonas agrícolas de Egipto están a lo largo de la ribera del río.

Práctica individual

B. Escribe las oraciones correctamente usando la conjunción que aparece entre paréntesis.

Ejemplo: El Nilo corre hacia el norte desemboca en el mar. (y)
El Nilo corre hacia el norte y desemboca en el mar.

6. El río tiene agua fresca, el delta es salado. (pero)
7. Los agricultores siembran tréboles cultivan verduras. (o)
8. El Nilo inundó el valle las cosechas se perdieron. (y)
9. Existe una represa ayuda a los agricultores. (que)
10. La represa retiene agua a veces los campesinos pueden necesitar. (que)

C. Vuelve a escribir cada oración seguida como dos oraciones separadas.

Ejemplo: El Nilo corre cerca de la línea del ecuador corre a lo largo del desierto y de tierras agrícolas.
El Nilo corre cerca de la línea del ecuador. Corre a lo largo del desierto y de tierras agrícolas.

11. El valle del Nilo tiene tierras fértiles los egipcios las usan muy bien.
12. Hoy, el valle está habitado, los campesinos cultivan alimentos.
13. Se cultiva todo el año el arroz se siembra en verano.
14. El mijo se cultiva en el verano el maíz es también un cultivo de verano.
15. El algodón es importante es el cultivo más grande de Egipto.

> **Recuerda** que para evitar oraciones seguidas cuando escribes, cambia las oraciones seguidas por oraciones compuestas con coma o con una conjunción, o escríbelas como oraciones separadas.

Conexión con la escritura

Estudios Sociales Usa una enciclopedia, atlas y otras fuentes de información para contestar todas tus preguntas acerca de los ríos. Trabaja con un compañero. Después escribe un párrafo usando tus notas.

CAPÍTULO 29

Fragmentos de oración y oraciones seguidas

Oración completa
- un sujeto
- un predicado
- una idea completa

Conjunciones
- y
- o
- pero
- que
- aunque

Corregir errores en las oraciones

Para corregir un fragmento de oración, escribe la oración completa. Corrige una oración seguida usando comas y/o conjunciones. También puedes escribir oraciones separadas.

Ejemplos:
Incorrecto: A lo largo del río Mississippi.
Correcto: Los muchachos navegaron a lo largo del río Mississippi.

Incorrecto: Observaron el río, Bob vio un pez.
Correcto: Observaron el río y Bob vio un pez.

Práctica dirigida

A. El primer grupo de palabras de cada número no forma una oración completa. Indica si el segundo grupo de palabras forma una oración correcta. Si la respuesta es no, explica cuál es el error.

Ejemplo: Pescados deliciosos en el río Mississippi.
Pescados deliciosos, en el río Mississippi.
incorrecto; fragmento de oración; no hay predicado

1. Es el hogar de muchos animales.
   El río Mississippi es el hogar de muchos animales.
2. La garza real es un pájaro, hace su nido en un árbol.
   La garza real es un pájaro. Hace su nido en un árbol.
3. La garceta se parece a la garza la garceta es blanca.
   La garceta se parece a la garza, la garceta es blanca.
4. Está cubierto con árboles de chicle y tupelo.
   El río Mississippi está cubierto con árboles de chicle y tupelo.
5. Barcos de vapor y otro tipo de embarcaciones.
   Barcos de vapor y otro tipo de embarcaciones en el río.

350

Práctica individual

Recuerda

evitar el uso de fragmentos de oración y oraciones seguidas. Comprueba que cada oración expresa al menos una idea completa. En oraciones compuestas, escribe una coma y/o una conjunción para unir ideas completas.

B. **Agrega un sujeto o un predicado para corregir cada fragmento de oración.**

> **Ejemplo:** El río Volga. *El río Volga es una vía fluvial muy activa.*

6. Trabajan en las minas.
7. Los mineros son.
8. Los narradores de cuentos rusos.
9. Es largo, frío y oscuro.
10. Abastecen de agua a las granjas.

C. **Escribe cada oración seguida en forma correcta. Usa la conjunción que aparece entre paréntesis. Elimina o añade comas cuando sea necesario.**

> **Ejemplo:** El río es muy largo navegamos a todo lo largo. (pero)
> *El río es muy largo, pero navegamos a todo lo largo.*

11. El Volga es largo, a la gente le encanta el río. (y)
12. Algunos rusos cultivan trigo otros trabajan en las minas. (y)
13. Otros obreros trabajan en las minas de sal, en la industria del gas. (o)
14. Las represas gigantes son muy costosas, son muy útiles. (pero)
15. El río Volga es muy largo, muy profundo. (y)

Conexión con la escritura

Tecnología En grupo, usa las respuestas que obtuviste en tu investigación sobre los ríos para hacer una gráfica. Puedes hacer, por ejemplo, una gráfica de barras que muestre las longitudes de los ríos de tu estado. Usa colores y dibujos. Si lo deseas, hazlo en una computadora. Corrige los errores que puedas tener en tus oraciones.

CAPÍTULO 29
Fragmentos de oración y oraciones seguidas

Práctica adicional

A. Lee cada fragmento de oración. Indica si no es una idea completa, si falta el sujeto o el predicado.
páginas 346–347

Ejemplo: Depende de los ríos para muchas cosas.
No hay sujeto.

1. El perezoso que se mueve lentamente.
2. Es un río muy ancho.
3. Un río muy importante de los Estados Unidos.
4. Son algunos de los ríos importantes del mundo.
5. Agua, peces y transporte.
6. Un zorrillo o una zarigüeya cerca del río.
7. Sólo durante los meses más fríos.
8. El río Amazonas es muy.
9. El río Nilo.
10. Los primeros pobladores de las riberas del río Mississippi.

Recuerda

que un **fragmento de oración** no es una oración completa. Cada oración debe tener un sujeto y un predicado, y debe expresar una idea completa. También recuerda que una **oración seguida** tampoco es una oración correcta.

B. Escribe cada una de las siguientes oraciones seguidas en forma correcta. Usa comas si es necesario y la conjunción que aparece entre paréntesis. *páginas 348–349*

Ejemplo: Puedes leer acerca de los ríos, puedes visitar algunos. (o)
Puedes leer acerca de los ríos, o puedes visitar algunos.

11. El río era ancho fluía rápidamente. (y)
12. El delta del río es ancho, el cañón de la montaña es angosto. (pero)
13. Una represa evita las inundaciones además retiene la tierra buena. (y)
14. A las nutrias les gusta comer peces, también juegan en el río. (y)
15. Puedes leer historias acerca del río Mississippi puedes escuchar canciones acerca del mismo. (o)

Para realizar más actividades acerca de fragmentos de oración y oraciones seguidas, visita *The Learning Site:*
www.harcourtschool.com

352

C. **Agrega un sujeto o un predicado para corregir cada uno de los fragmentos de oración.** *páginas 350–351*

Ejemplo: Puede parecer una autopista de agua.
Un río grande puede parecer una autopista de agua.

16. Ríos más pequeños.
17. Los remolcadores y las barcazas.
18. Se benefician de las represas.
19. Se encuentran a orillas del río Nilo.
20. Está en América del Sur.

D. **Si la oración es correcta, escribe *correcto*. Si es un fragmento de oración o una oración seguida, indica cuál es el error y escríbela correctamente.**
páginas 350–351

Ejemplos: Transportan materiales para construcción.
fragmento de oración; no hay sujeto; Algunos barcos transportan materiales para construcción.
Algunos ríos tienen corrientes muy fuertes.
correcto

21. El Danubio es el segundo río más largo de Europa es el que contiene la mayor cantidad de agua.
22. El Danubio nace en Alemania y fluye hacia el oeste de Europa.
23. Forma una curva al sur de Budapest, Hungría.
24. El Danubio ha sido el tema de muchas historias también de canciones.
25. El río fluye a través de la Selva Negra y baña territorios de ocho países.

Conexión con la escritura

El arte de escribir: Elaborar Escribe un párrafo que explique la información que muestra la gráfica que hizo tu grupo en la página 351. Usa oraciones completas en tu descripción. Explica por qué es importante saber esta información.

CAPÍTULO 29

Fragmentos de oración y oraciones seguidas

Repaso del capítulo

Lee el pasaje. Escoge la mejor forma de corregir cada oración y marca la letra de la respuesta que creas correcta. Si es correcta, marca *No hay errores*.

> (1) Los primeros comerciantes viajaban por el río Mississippi. (2) Usaban embarcaciones planas usaban balsas. (3) Los colonos se fueron a vivir al oeste. (4) Viajaban por el río en canoas. (5) Las postas comerciales. Rápidamente se convirtieron en pueblos. (6) Los pueblos crecieron y se convirtieron en ciudades.

SUGERENCIA
Recuerda que todas las oraciones deben tener un sujeto y un predicado, y deben expresar una idea completa. Recuerda que es útil ir eliminando opciones a medida que vas resolviendo cada problema.

1 **A** Viajaban por el río.
  B Los primeros comerciantes viajaban.
  C Los primeros usaban el Mississippi.
  D No hay errores.

2 **F** Usaban embarcaciones planas, usaban balsas.
  G Usaban embarcaciones planas pero balsas.
  H Usaban embarcaciones planas o usaban balsas.
  J No hay errores.

3 **A** Los colonos. Se fueron a vivir al oeste.
  B Se fueron al oeste.
  C Los colonos se fueron a vivir.
  D No hay errores.

4 **F** Ellos viajaban por el río en canoas.
  G Viajaban. En el río a bordo de canoas.
  H Viajaban en el río.
  J No hay errores.

5 **A** Rápidamente se convirtieron en pueblos.
  B Las postas comerciales rápidamente se convirtieron en pueblos.
  C Las postas se convirtieron en pueblos.
  D No hay errores.

6 **F** Los pueblos se convirtieron en ciudades.
  G Los pueblos crecieron pero se convirtieron.
  H Los pueblos crecieron en grandes ciudades.
  J No hay errores.

Para preparación adicional para la prueba, visita *The Learning Site:*
www.harcourtschool.com

Usar ayudas visuales para divulgar información

OBSERVAR

Has visto diferentes tipos de ilustraciones en enciclopedias y otras fuentes de información. Estas ilustraciones, o **ayudas visuales,** probablemente te ayudaron a aprender más acerca de tu tema de investigación.

Cuando escribes un párrafo o un ensayo que incluye datos, puedes dar más información si incluyes ayudas visuales. Antes de crear una ayuda visual, piensa en el tipo de audiencia que leerá o verá tu trabajo. ¿Qué información necesitan? ¿Qué **leyendas,** o textos que acompañan las ayudas visuales, deberías escribir?

Éstas son algunas ayudas visuales comúnmente usadas:

- **Mapas:** Señalan la ubicación de lugares, la distancia entre dos o más lugares, el curso de un río, el tamaño de un país, etc.

- **Tablas y diagramas:** Pueden mostrar información sobre cantidades o comparar datos.

- **Gráficas:** Se pueden usar para mostrar cómo cambian las cosas a través del tiempo.

- **Dibujos y fotografías:** Ofrecen información que no está incluida en el texto. Las leyendas ayudan a entender con precisión lo que muestra la foto.

AHORA TE TOCA A TI

HAZ UNA GRÁFICA Busca en una enciclopedia la longitud de cuatro ríos diferentes. Con una regla, haz una gráfica de barras para mostrar la información. En el eje vertical de la gráfica, marca las longitudes. En el eje horizontal, escribe los nombres de los ríos. Después, dibuja una barra para mostrar la longitud de cada río. Muestra tu gráfica en clase. Luego, hagan una sola gráfica grande con los datos de las gráficas de todos los estudiantes de la clase. ¿Cuál es el río más grande? ¿Cuál es el más pequeño?

SUGERENCIA

Recuerda que los mapas, los diagramas, las gráficas, las fotos y las leyendas se pueden usar para divulgar información importante.

CAPÍTULO 30
Taller de escritura
Informe de investigación

Nenúfares Victoria en el Amazonas ▼

Nubes sobre el río Manu en Perú ▼

MODELO DE LITERATURA

Premio al libro de ciencias sobresaliente

Cuando un escritor hace una investigación, recopila de varias fuentes datos sobre un tema. En su libro, Saviour Pirotta da información sobre la selva tropical. Mientras lees, fíjate en los subtemas que discute.

LOS RÍOS EN LA SELVA TROPICAL

de Saviour Pirotta

Los ríos son esenciales para las selvas tropicales. Les proporcionan agua durante todo el año. Los ríos también son el hogar de diferentes plantas y animales. También la gente cuenta con ellos.

Plantas de río

Los mangles crecen en los pantanos, en las bocas de los ríos de la selva tropical. Los mangles tienen raíces muy largas que los ayudan a sujetarse al fango. En vez de crecer en la tierra, las semillas de los mangles brotan en las ramas del árbol madre: así no son arrastradas por la corriente antes de poder convertirse en jóvenes árboles.

En los ríos de la selva tropical crecen nenúfares gigantescos. Algunos crecen lo suficiente como para que un niño se siente sobre ellos. Los nenúfares Victoria crecen en aguas poco profundas. Algunos pueden medir hasta 6 pies (2 m) de ancho.

CAPÍTULO 30
Informe de investigación

▶ Un lagarto basilisco corre a través de un arroyo.

Animales del río

Los ríos de la selva tropical son el hogar de muchos peces, anfibios, reptiles y mamíferos diferentes. El gobio vive en los mangles. Es un pez, pero también puede respirar fuera del agua. Los gobios usan sus aletas tanto para caminar como para nadar.

Los lagartos basiliscos son anfibios. ¡Pueden caminar sobre el agua! En las patas traseras tienen dedos con membranas que actúan como remos. Con ellas pueden correr por los arroyos.

En el Amazonas hay más de 2,400 tipos de peces. El siluro se encuentra entre los más grandes. Puede medir hasta más de 6 pies (2 m) de largo. El siluro es un alimento muy importante para la gente.

El manatí es el animal más grande del río Amazonas. Los manatíes se mueven muy lentamente, alimentándose de hierbas en el lecho del río.

▲ Los manatíes pueden aguantar la respiración hasta 15 minutos cuando nadan bajo el agua.

◄ Dos gobios machos se miran furiosos con sus aletas levantadas.

CAPÍTULO 30
Informe de investigación

La gente y los ríos

Mucha gente de la selva tropical usa los ríos para trasladarse de un lugar a otro. Es más fácil viajar por los ríos que luchar con la espesa selva.

Las embarcaciones más pequeñas en los ríos son las canoas. Están hechas de troncos huecos de árboles. Algunas tienen motores. Las canoas se usan para ir al colegio, a los mercados ubicados en las orillas del río y para salir a pescar.

En los gigantescos ríos de la selva tropical, grandes buques de carga transportan goma, carne y mineral

Este hombre está usando un hacha para ahuecar la canoa. ▼

Enormes troncos son trasladados río abajo en una balsa de transporte en el Amazonas, Brasil. ▼

metalífero hacia los activos puertos. Las embarcaciones más pequeñas son utilizadas para transportar animales, semillas de café y plátanos hacia los mercados en las orillas del río. Grandes troncos son atados para construir inmensas balsas.

La gente ha hecho fortunas al encontrar oro o diamantes en los ríos de la selva tropical. La minería ha causado grandes daños a los ríos, ya que perturba el agua en el lecho del río, donde los peces y otros animales vienen a beber.

Los ríos están siendo contaminados por la minería. Tenemos que proteger los ríos para que la gente pueda disfrutar de ellos en el futuro.

Las canoas llevan productos a un mercado de la costa de Colombia.

El poder de las palabras

an•fi•bio *s.* Animal que puede vivir tanto en la tierra como en el agua.

Analiza el modelo

1. ¿Cuál es el propósito del autor?
2. ¿Dónde dice el autor cuál es su tema principal?
3. ¿En qué subtemas ha organizado su escrito Pirotta?
4. Identifica al menos un detalle para cada subtema que él haya agregado.

CAPÍTULO 30

Informe de investigación

LA LECTURA Y LA ESCRITURA

Partes de un informe de investigación

Saviour Pirotta usó datos para contarnos acerca de la selva tropical. Mientras lees este informe de investigación, escrito por un estudiante llamado Jaime, fíjate en los datos y detalles que él incluye.

MODELO

tema principal —

Las pirámides de Egipto

Las enormes pirámides de Egipto son asombrosas, sobre todo porque fueron construidas completamente a mano, sin ninguna herramienta o máquina moderna.

subtema —

Las estructuras

datos y detalles —

Las pirámides fueron construidas en Egipto para ser usadas como tumbas para sus reyes hace más de 4,500 años.

En la mayoría de las pirámides había un cuarto secreto en el cual se enterraba al rey. Su colección de oro y otras riquezas eran enterradas con él.

subtema —

Los obreros

datos y detalles —

Los campesinos egipcios construyeron las pirámides. Fue un trabajo duro. Primero tuvieron que cortar las piedras con sierras. Luego tuvieron que arrastrar los pesados bloques hasta las pirámides y empujar hasta acomodarlos. ¡Cada bloque pesaba más de dos toneladas! También tuvieron que empujarlos hacia arriba sobre rampas de ladrillos para colocarlos en la cima de la pirámide. A medida que necesitaban trabajar más alto tenían que construir rampas más largas.

subtema —

La gran pirámide

    La pirámide construida para el rey Khufu es la pirámide egipcia más grande. ¡Fue construida con más de dos millones de bloques! La base de esta pirámide tiene un tamaño de diez campos de fútbol aproximadamente. Cuando la pirámide fue construida, medía 481 pies de alto. La gran pirámide es una de las Siete Maravillas del Mundo Antiguo.

    Mucha gente viaja a Egipto para ver las pirámides. La gente siempre se sorprende del tamaño de las pirámides y del trabajo que tomó construirlas.

— datos y detalles

— conclusión

Analiza el modelo

1. ¿Quién es el público de Jaime? ¿Cuál es su propósito?
2. ¿Dónde menciona Jaime su tema principal?
3. ¿Acerca de qué subtemas escribe?

Resume el modelo

Usa una tabla como ésta para hacer una lista de la información importante que Jaime incluyó en su informe. Luego, haz un resumen de su informe.

El arte de escribir

Escribir párrafos Jaime dividió su información en párrafos. Cada párrafo tiene una oración principal. Escribe cada una de las oraciones principales de Jaime y agrega un detalle.

363

CAPÍTULO 30

Informe de investigación

Antes de escribir

Propósito y público

En este capítulo escribirás un informe de investigación para aprender más acerca de la gente y los rasgos geográficos de un estado de los Estados Unidos o de algún otro país.

TEMA DE ESCRITURA Escribe un informe de investigación que cuente cómo los rasgos geográficos particulares de un estado o país afectan la vida cotidiana de su gente. Piensa qué tipo de información podría interesarles a tus compañeros de clase.

Antes de comenzar, piensa en la estructura de tu informe. ¿Cuántos párrafos tendrá? ¿Cuántos subtemas necesitas para respaldar tu primer párrafo?

Estrategias que usan los buenos escritores

- Acuérdate de tu público y tu propósito.
- En una tarjeta escribe el título, el autor y el número de página de cada fuente que uses.
- Apoya cada subtema con datos interesantes y detalles.

MODELO

Después de elegir su tema, Jaime investigó varias fuentes. Decidió concentrarse en tres subtemas e hizo esta red de palabras para organizar las notas de su investigación.

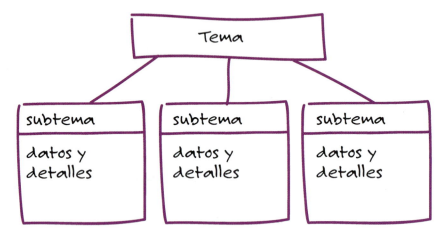

AHORA TE TOCA A TI

Elige el estado o país que deseas investigar para tu informe. Organiza los subtemas, datos y detalles en un cuadro.

Bosquejo

CAPÍTULO 30

Informe de investigación

Organización y elaboración

Sigue estos pasos para organizar tu informe:

PASO 1 **Presenta el tema**

Usa tu primer párrafo para presentar tu tema principal.

PASO 2 **Organiza los subtemas**

Elige tus subtemas y crea un título para cada uno.

PASO 3 **Agrega datos y detalles de respaldo**

Usa tus notas para agregar datos y detalles que respalden tus subtemas.

PASO 4 **Concluye con un resumen**

Resume tu tema principal y tus subtemas en el último párrafo.

MODELO

Aquí está el principio del bosquejo del informe de Jaime. ¿Cómo le indica Jaime al lector qué es lo primero que va a discutir? ¿Qué datos interesantes incluye?

> Las enormes pirámides de Egipto son asombrosas, sobre todo porque fueron construidas completamente a mano, sin ninguna herramienta o máquina moderna.
>
> Las estructuras
>
> Las pirámides fueron construidas en Egipto para ser usadas como tumbas para sus reyes hace más de 4,500 años.

AHORA TE TOCA A TI

Ahora escribe un bosquejo de tu informe de investigación usando los pasos mencionados y tu red de palabras.

Estrategias que usan los buenos escritores

- Usa tus apuntes y la tabla para escribir el informe.
- Escribe uno o dos párrafos para cada uno de los subtemas del bosquejo.
- Incluye datos y detalles para respaldar cada oración principal.

Usa una computadora para escribir tu bosquejo. Puedes usar las funciones de cortar y pegar para mover oraciones.

365

CAPÍTULO 30

Informe de investigación

Revisar

Organización y elaboración

Considera estas preguntas mientras lees tu bosquejo.

- ¿Tiene sentido el orden de los subtemas?
- ¿Necesito agregar más detalles y datos interesantes?
- ¿Qué datos o detalles debo sacar porque no se relacionan con mi subtema?
- ¿Qué oraciones debo combinar para que mi informe sea más fácil de leer?

MODELO

Aquí hay otra parte del informe de investigación de Jaime. Presta atención a los detalles que él agregó para aclarar más. Él también combinó dos oraciones.

> Los obreros
>
> Los campesinos egipcios construyeron las pirámides. Fue un trabajo duro. Primero tuvieron que cortar las piedras con sierras. Luego tuvieron que arrastrar los pesados bloques hasta las pirámides y ~~Tenían que~~ empujar hasta acomodarlos. ¡Cada bloque pesaba más de dos ~~2 1/2~~ toneladas. También Tuvieron que empujarlos hacia arriba sobre rampas de ladrillos para colocarlos en la cima de la pirámide. A medida que necesitaban trabajar más alto, tenían que construir rampas más largas y halarlas para arriba. ~~Lograron entrar ladrones en la mayoría de las pirámides para robarse los tesoros.~~

AHORA TE TOCA A TI

Revisa tu bosquejo para que tu informe de investigación sea más interesante. Piensa en los datos y detalles que puedes agregar para ayudar a tus lectores a aprender.

Estrategias que usan los buenos escritores

- Agrega datos y detalles para aclarar más la información.
- Quita los datos y detalles que no corresponden al tema.
- Revisa las oraciones usando construcciones compuestas y complejas.

Pon los títulos de tus subtemas en negrita para que sean más fáciles de leer.

366

Corregir

CAPÍTULO 30

Informe de investigación

Revisar el uso del idioma

Es importante que revises tu escrito para encontrar errores de gramática, ortografía, puntuación y mayúsculas. Al rectificar errores, a tus lectores les será más fácil entender la información.

MODELO

Ésta es otra parte del informe de Jaime. Él lo corrigió y rectificó los errores que encontró. Presta atención a las correcciones de puntuación y mayúsculas que él hizo. ¿Qué otros errores arregló?

> La gran pirámide
>
> La pirámide construida para el rey khufu es la pirámide más grande egipcia. ¡Fue construida con más de 2 (dos) millones de bloques! La base de esta pirámide tiene el tamaño de aproximadamente 10 (diez) campos de fútbol. Cuando la pirámide fue construida, Medía 481 pies de alto. La gran pirámide es una de las Siete Maravillas del mundo Antiguo.

AHORA TE TOCA A TI

Revisa tres veces tu informe de investigación corregido. Cada vez comprueba uno de los siguientes puntos:
- errores de gramática
- errores de ortografía
- errores de puntuación y mayúsculas

Estrategias que usan los buenos escritores

- Corrige errores de puntuación.
- Asegúrate de arreglar los fragmentos de oraciones y las oraciones demasiado largas.
- Busca palabras en el diccionario si no sabes cómo se escriben.

Marcas editoriales

- Borrar texto
- Añadir texto
- Mover texto
- Párrafo nuevo
- Mayúscula
- Minúscula
- Corregir la ortografía

CAPÍTULO 30

Informe de investigación

Publicar

Compartir tu trabajo

Ahora compartirás tu informe de investigación con tu público. Las siguientes preguntas te ayudarán a decidir cómo publicar tu trabajo:

1. ¿Quién es tu público? ¿Cómo puedes presentar tu informe para que tu público aprenda de él?
2. ¿Cuál sería la mejor manera de dar a tu público un informe escrito? ¿Es mejor imprimir un manuscrito, escribir en cursiva o hacer una copia en la computadora?
3. ¿Deberás leer tu informe en voz alta?
4. ¿Sería una presentación audiovisual una manera interesante y útil de presentar tu informe? Para dar una presentación con medios audiovisuales sigue los pasos de la página 369.

Usar el Manual

- Usa la pauta de la página 492 para evaluar tu informe.

Reflexionar sobre lo escrito

 Usar tu portafolio ¿Qué aprendiste en este capítulo sobre tu escritura? Anota tu respuesta a cada una de las siguientes preguntas:

1. ¿Te ayudó usar el organizador gráfico antes de escribir? ¿Por qué sí o por qué no?

2. ¿Te ayudó la revisión a escribir un mejor informe de investigación?

Escribe estas respuestas y el informe de investigación en tu portafolio. Mira los ejemplos de tu escritura en el portafolio. Piensa en los objetivos que te habías propuesto al principio para mejorar tu escritura. Escribe una oración sobre una de las razones por las cuales te has vuelto un mejor escritor. Escribe una oración acerca de lo que te gustaría mejorar.

Hacer una presentación con medios audiovisuales

OBSERVAR

Jaime decidió crear una presentación con medios audiovisuales para compartir su informe con sus compañeros de clase. Puedes preparar y presentar una de estas presentaciones, siguiendo estos pasos:

PASO 1 Elige el tipo de ayuda audiovisual que mejor se adapte a tu público y propósito. ¿Qué ayudaría a tu público a entender la información mejor? ¿Dibujos, diagramas, segmentos de vídeo o música?

PASO 2 Selecciona o diseña un medio visual que represente tu mensaje, significado e idea principal. Planifica cuándo vas a usar ayudas audiovisuales en tu presentación.

PASO 3 Haz los arreglos para conseguir el equipo que necesites, como un equipo de audio o de vídeo.

PASO 4 Intenta que tus gestos y lenguaje corporal sean naturales durante la presentación. Habla despacio y suficientemente alto como para que todos escuchen. Varía el tono y el volumen de tu voz.

Estrategias para oyentes

Mientras escuchas las presentaciones de tus compañeros, usa estas estrategias para que te ayuden a aprender de sus informes:

- Presta total atención al orador.
- Identifica los subtemas del orador.
- Escucha y mira los datos y detalles en las ayudas audiovisuales.

Unidad 5

Repaso de gramática

CAPÍTULO 25

Preposiciones
páginas 308–317

Preposiciones *páginas 308–309*

Escribe las oraciones. Subraya las preposiciones.

1. Mila y José viven en una ciudad grande.
2. A ellos les gusta ir al cine y al teatro.
3. Muchos fines de semana se van con sus amigos.
4. El sábado vieron una obra de teatro acerca de animales.
5. El teatro está en el barrio, cerca del parque.
6. Al día siguiente, ellos fueron a pasear por el parque.
7. Cruzaron el puente que pasa por encima del lago.
8. Luego, pasaron cerca del acuario y por debajo del túnel.
9. Dieron la vuelta a la esquina y entraron en el zoo.
10. En las grandes ciudades hay muchas cosas que ver.

El complemento de la preposición *páginas 310–311*

Subraya una vez la frase preposicional de cada oración. Subraya dos veces el objeto de dicha preposición.

11. En Nueva York hay trenes que van por debajo del suelo.
12. Los trenes de la ciudad llevan a la gente de un sitio a otro.
13. Algunos túneles de Nueva York están bajo las aguas del río.
14. Tú puedes viajar por los puentes maravillosos.
15. Los puentes cruzan por los mismos ríos.

Usar frases preposicionales

páginas 312–313

Añade una frase preposicional. La frase puede responder a las preguntas *cuándo, dónde* o *cómo* que aparecen entre paréntesis.

16. Luis y su madre van de viaje. (dónde)
17. Ellos viajaron. (cómo)
18. Ellos llegaron al aeropuerto. (cuándo)
19. Ellos tomaron un taxi. (dónde)
20. Ellos llegaron al hotel. (cuándo)

Cláusulas independientes *páginas 318–319*

Lee cada grupo de palabras. Nómbralas como cláusula independiente o como frase. Si es una cláusula independiente, escríbela de forma completa.

1. algunas comidas se consumieron en sitios particulares
2. en Nueva Inglaterra hay una sopa llamada chowder
3. el chowder de maíz y el chowder de almejas
4. los indios norteamericanos les dieron a conocer a los colonos el maíz
5. los platillos del Sudeste

Cláusulas dependientes *páginas 320–321*

Escribe la cláusula dependiente de cada oración. Haz un círculo a la primera palabra de la cláusula.

6. Desde que los viajes modernos son más rápidos y asequibles, la gente puede probar diferentes comidas en otras partes del país.
7. Las alubias guisadas no eran muy conocidas fuera de Nueva Inglaterra hasta que la gente empezó a viajar más.
8. Como las comidas de algunos lugares eran muy famosas, los visitantes de otros lugares empezaron a probarlas.
9. Cuando los habitantes del Oeste fueron a Nueva Inglaterra, ellos descubrieron las alubias guisadas.
10. Siempre que voy a un estado del Sur como tortas de maíz.

Distinguir las cláusulas independientes y dependientes

páginas 322–323

Escribe las oraciones. Subraya una vez las cláusulas independientes y dos veces las cláusulas dependientes.

11. Cuando cocino arroz, lo hago siguiendo una receta.
12. Yo como hojas de uva cuando vamos a un restaurante griego.
13. Aunque nunca he estado en Maine, he probado su langosta.
14. Cuando estuve en Baltimore, probé los pastelitos.
15. Aprendí un poco acerca de la comida francesa porque vi un programa de televisión.

Unidad 5
Repaso de gramática
CAPÍTULO 26
Frases y cláusulas
páginas 318–327

Unidad 5
Repaso de gramática
CAPÍTULO 28
Oraciones complejas
páginas 336–345

Oraciones complejas *páginas 336–337*

Escribe si las oraciones son complejas o no complejas.

1. En la reunión del ayuntamiento, todo el mundo habló de los terrenos.
2. Los terrenos son ricos en nutrientes, y serían buenos para la agricultura.
3. La gente quería salvar los bosques, pero no pudieron.
4. Después de comprar las tierras, se cortaron más árboles.
5. Si podemos, queremos hacer un parque para la ciudad.

Más sobre las oraciones complejas *páginas 338–339*

Combina cada par de oraciones para hacer una oración compleja; usa la palabra que hay entre paréntesis. Pon comas si es necesario.

6. La familia de Elías compró un terreno. Ellos querían conservar parte del mismo. (cuando)
7. Ellos compraron el terreno. Ellos querían árboles. (porque)
8. Ellos construyeron su casa. La mayor parte del terreno seguía cubierta de árboles. (después)
9. Otra familia construyó su casa junto a la de ellos. Elías podía ver la casa a través de los árboles. (después)
10. Nadie más construye casas. Tendremos mucho bosque. (si)

La coma y las oraciones complejas *páginas 340–341*

Escribe las oraciones. Pon coma si es necesario. Si no es necesario, escribe *no coma*.

11. Cuando compramos la granja plantamos las semillas.
12. Aunque quisimos plantar arroz no lo hicimos.
13. Cambiamos de opinión debido al clima.
14. Muchos cultivos necesitan más agua de la que les cae.
15. Después de pensar en ello plantamos más semillas.

Fragmentos de oración *páginas 346–347*

Junto a las oraciones, escribe si son oraciones completas o fragmentos de oraciones. Si es un fragmento de oración, nombra la parte de la oración que falta.

1. El río Missouri de Norteamérica.
2. Se une al río Mississippi.
3. Se juntan al norte de Saint Louis.
4. Tiene más de dos mil millas de largo.
5. El río Missouri nace en Montana.

Oraciones seguidas *páginas 348–349*

Escribe correctamente cada oración seguida. Usa coma o una palabra copulativa (*y, o, pero*).

6. El Missouri es manso en el verano se desborda en el invierno.
7. La inundación llega a las ciudades daña las casas.
8. La gente construye esclusas ellos construyeron presas.
9. Las presas retienen el agua los canales riegan los campos.
10. El río Ohio se une al río Mississippi fluye en dirección sur.
11. El río Ohio nace en Pittsburgh luego se dirige hacia el suroeste.
12. El Ohio es navegable en este río navegan barcos.
13. Los barcos de carga pueden llevar carbón pueden transportar petróleo.
14. Los barcos llevan hierro pueden llevar otros metales.
15. Cincinnati es una ciudad grande está junto al río Ohio.

Corregir errores en las oraciones
páginas 350–351

Vuelve a escribir los fragmentos de oración de estas oraciones seguidas. Añade las partes que falten.

16. Inundó toda la meseta.
17. El río Allegheny se une al Monongahele, el río que se forma se llama Ohio.
18. Es una enorme vía fluvial.
19. Compañía minera y de carbón de Virginia Occidental.
20. Extrae grava y la transporta por el río Ohio.

Unidad 5
Repaso de gramática
CAPÍTULO 29

Fragmentos de oración y oraciones seguidas
páginas 346–355

373

Unidad 5 Conclusión

Escribir sobre otras materias: Estudios sociales

Guía turístico

Imagina que tienes invitados de otro lugar. ¿Adónde los llevarías? Haz un folleto turístico describiendo las cosas que hay para ver y hacer en tu comunidad.

Genera ideas e investiga

- En grupo, generen una lista de ideas usando la Internet o investigando en la oficina de turismo o museo de historia.
- Hagan una lista de cuatro lugares para visitar.
- Escribe un párrafo sobre cada lugar. Incluye hechos interesantes que a los visitantes les interesaría conocer.
- Consigue o saca fotografías de los lugares de los cuales escribiste.

Haz un folleto turístico

- Desarrolla un folleto para informar a los visitantes adónde los vas a llevar. Usa una computadora si lo deseas.
- Incluye un mapa e instrucciones de cómo llegar a cada lugar.

Comparte tu folleto

- Lee el folleto en voz alta a un compañero de clase. ¿Incluiste los datos más importantes? ¿Son claras tus instrucciones para llegar a los lugares?
- Exhibe tu folleto en el tablero de avisos del salón de clase.
- Cuando tengas personas de visita en tu comunidad, usa el folleto para mostrarles los alrededores.

Libros de lectura

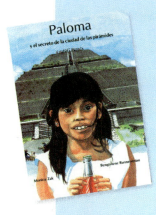

Paloma y el secreto de la ciudad de las pirámides
por Monika Zak
FICCIÓN
Paloma descubre que el pueblo de Teotihuacán era pacífico y no tenía arma. Luego regresa a su propia época y cuenta su aventura.

Imágenes del pasado
por Alma Flor Ada y Francisca Isabel Campoy
NO FICCIÓN
Explora los orígenes de la cultura hispana. Conoce la compleja historia de América Latina y celebra el rico intercambio de culturas que forma parte de la herencia hispana.

Unidad 6

Gramática Uso y puntuación

Escribir Escritura expresiva: Cuento popular

CAPÍTULO 31
Coma y dos puntos 378

CAPÍTULO 32
Puntuación en los títulos, puntos
   suspensivos, punto y coma 388

CAPÍTULO 33
Escritura expresiva 398

CAPÍTULO 34
Puntuación en los diálogos 406

CAPÍTULO 35
Negación y palabras
   homófonas 416

CAPÍTULO 36
Cuento popular 426

CAPÍTULO 31
Coma y dos puntos

La coma

La **coma** (,) indica que hay una pausa corta. Se usa para:

- Separar los componentes de una serie, ya sean palabras o grupos de palabras u oraciones.
- No se escribe coma antes de las conjunciones y, ni, o.
- También sirve para encerrar el nombre de la persona a quién va dirigida la oración y para encerrar la frase explicativa.

Ejemplos:
Palabras de una serie: Mis lugares favoritos para nadar son **el lago, el mar y la piscina.**
Nominación directa: ¿Olvidaste algo, Alfredo?
Palabras o frases explicativas: Juan, **el amigo de Jorge**, lo echa de menos.

El poder de las palabras

re•cre•a•ción *s.*
Actividad de ocio, entretenimiento, relajación o juego.

Práctica dirigida

A. Indica dónde se necesita usar la coma en cada oración.

Ejemplo: La caminata, un deporte muy popular es un buen ejercicio.
La caminata, un deporte muy popular, es un buen ejercicio.

1. Felipe mi mejor amigo acampó en el Parque Nacional Yellowstone.
2. Yellowstone el famoso parque fue fundado en 1872.
3. María la más joven del grupo tiene mucha experiencia.
4. A Edward Susan Bill y Ricardo les gusta explorar los bosques.
5. A Felipe le gustan las fogatas las cabañas y las caminatas.

Práctica individual

Recuerda que debes usar la coma para separar las palabras de una serie, la nominación directa y las palabras o frases explicativas.

B. Escribe la oración. Añade las comas cuando sea necesario.

Ejemplo: Los excursionistas quieren traer una kayak una clase especial de embarcación.
Los excursionistas quieren traer una kayak, una clase especial de embarcación.

6. Ricardo ¿viste las montañas?
7. ¿Dónde está tu campamento Susan?
8. Los excursionistas como es natural prefieren acampar cerca del agua.
9. Antonio ¿has visto la bicicleta de montaña?
10. Este verano vamos a escalar una montaña navegar por el río y subir a los árboles.
11. Los excursionistas pueden recorrer el parque a caballo en mula o en burro.
12. ¿Hay burros en el Gran Cañón el parque nacional de Arizona?
13. Algunas personas conducen vehículos recreativos camionetas o camiones de remolque.
14. Acampamos donde podíamos observar halcones gallinazos y águilas.
15. Martín el hermano de Eduardo es guía turístico.

Conexión con la escritura

El arte de escribir: Lenguaje figurado Escribe una descripción humorística de un pez. ¿Cómo le describirías un pez a alguien que nunca ha visto ni tocado uno? Usa lenguaje figurado, con metáforas y símiles, para que tu descripción sea más vívida. Asegúrate de poner comas cuando uses una serie de adjetivos.

CAPÍTULO 31

Coma y dos puntos

Los dos puntos

Se usan los dos puntos (:) antes de nombrar una serie de elementos. A veces se usan expresiones como *tales como, como estos* o *los siguientes* para introducir palabras en serie. También se usan los dos puntos para indicar una conclusión.

Ejemplos:

Antes de palabras en una serie: Hay cuatro clases de tiendas de campaña: de marco, de arco, de sombrilla y de paredes.

Expresiones de introducción: Para montar una tienda necesitas cosas como las siguientes: un martillo, cuerda y paciencia.

Conclusión: Escalamos una montaña, nadamos en el lago y cocinamos sobre una fogata: todo fue muy divertido.

Práctica dirigida

A. Indica dónde se necesita usar dos puntos en cada oración.

Ejemplo: La familia Suárez hizo lo siguiente compró una casa antigua, la reparó y la decoró.
La familia Suárez hizo lo siguiente: compró una casa antigua, la reparó y la decoró.

1. La casa antigua tiene estas habitaciones una sala, tres dormitorios, una cocina y dos baños.
2. Los Suárez repararon muchas paredes y pintaron toda la casa quedó preciosa.
3. Los ayudaron muchas personas parientes, vecinos y expertos en reparaciones.
4. En la casa trabajaron distintos expertos carpinteros, electricistas, plomeros y pintores.
5. En el jardín trabajaron en varias tareas, tales como preparar los canteros, sembrar las semillas y recortar los arbustos.

380

Práctica individual

Recuerda que se usan los dos puntos antes de palabras en serie y para indicar una conclusión.

B. **Escribe la oración. Luego añade dos puntos y coma donde sea necesario. Escribe la palabra *correcto* si la oración es correcta.**

Ejemplo: Los alpinistas usan prendas de vestir como las siguientes calcetines gruesos, botas y pantalones.
Los alpinistas usan prendas de vestir como las siguientes: calcetines gruesos, botas y pantalones.

6. Carmen y Lucía decidieron hacer esto levantarse temprano, preparar su equipo y comenzar la caminata.
7. Este producto las protege contra lo siguiente espinas, insectos y picaduras.
8. Llevaron estos instrumentos una brújula una navaja de bolsillo y una cantimplora.
9. Los instrumentos de campaña son útiles para encontrar el camino, cortar cuerda y llevar agua.
10. Vieron estos tipos de pájaros petirrojos colibríes y gorriones.
11. También vieron otros animales como ciervos conejos y ardillas.
12. Carmen y Lucía se cuidaron durante su caminata comieron bien tomaron mucha agua y descansaron.
13. Los excursionistas hicieron una fogata usando cerillas ramas y troncos.
14. Comieron huevos, ensalada de papa y pasteles.
15. Las niñas aprendieron muchas cosas y se hicieron muy amigas las vacaciones fueron maravillosas.

Conexión con la escritura

Escritura en la vida real: Carta comercial Escribe una carta al director de parques de tu ciudad. Cuéntale de los parques que has visitado y las áreas que más te gustaron. Después añade una serie de sugerencias acerca de cómo puede mejorarse cada parque. Usa los dos puntos correctamente en tus series.

CAPÍTULO 31
Coma y dos puntos

USO Y PUNTUACIÓN
Cuándo usar la coma y los dos puntos

La coma y los dos puntos tienen usos diferentes. Trata de no confundir estos dos signos de puntuación.

Se usa coma entre los nombres de una ciudad y el estado al que pertenece.

Ejemplo: Longview, Texas

Se usa la coma después de palabras como *por tanto, pues bien, sin embargo, no obstante, por favor* y *además*.

Ejemplo: Pues bien, lo aprendimos todo.

Se usan los dos puntos después del saludo de una carta.

Ejemplo: Querido abuelo:

Se usa la coma en la despedida de una carta.

Ejemplo: Te abraza tu hijo, José

Práctica dirigida

A. Indica si se necesita usar la coma o los dos puntos.

Ejemplo: Estimado Señor López
Estimado Señor López:

1. Estimado editor
Leo su revista cada mes. 2. Me gusta lo siguiente las fotos las entrevistas y las cartas al editor. 3. Estoy muy interesada en el artículo sobre natación que se publicó el 7 de julio del 2001. 4. Ese artículo trataba de zonas de Los Ángeles California, donde se puede nadar. ¿Sería tan amable de enviarme información sobre otras actividades recreativas en la misma zona?
      5. Muy atentamente
         Elena Rosa

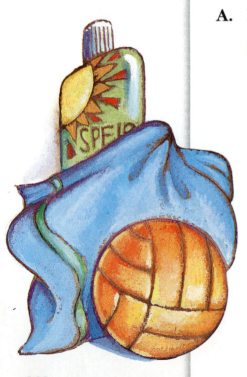

Práctica individual

B. Escribe cada oración. Después añade la coma o los dos puntos donde sean necesarios. Escribe la palabra *correcto* si no es necesario añadirlos.

Ejemplo: El equipo necesario para pescar consiste en lo siguiente una caña hilo y carnada.
El equipo necesario para pescar consiste en lo siguiente: una caña, hilo y carnada.

6. Otros instrumentos que se usan para pescar son las redes y los anzuelos.
7. Las cañas de pescar se fabrican con materiales como los siguientes fibra de vidrio grafito y plástico.
8. El hilo de la caña de pescar se fabrica con cerda de caballo seda o nilón.
9. Se puede pescar en lagos ríos y océanos.
10. Los gusanos moscas y saltamontes son tres clases de carnada.
11. Puedes pescar peces como los siguientes pez luna trucha y perca.
12. A la gente también le gusta pescar salmón bagre y lubina.
13. Visitamos una tienda de pesca en Dallas Texas.
14. Además compramos libros sobre pesca en una librería.
15. Los excursionistas pescan en los siguientes lugares ríos lagos y pantanos.

> **Recuerda**
> que se usa la **coma** entre el nombre de una ciudad y el estado al que pertenece y en la despedida de una carta. Se usan los **dos puntos** para introducir las palabras de una serie y después del saludo de una carta.

Conexión con la escritura

Diario de un escritor: Comienzo del relato
Piensa en una historia que puedas contar acerca de una actividad al aire libre. Imagina un personaje y un lugar. Menciona una ciudad y un estado. Piensa también qué clase de equipo necesita el protagonista para realizar la actividad. Usa expresiones como *por tanto, pues bien, sin embargo, no obstante, por favor y además*. Usa la coma y los dos puntos.

CAPÍTULO 31

Coma y dos puntos

Práctica adicional

Recuerda

que se usa la coma para separar las palabras de una serie y la nominación directa. También se usa para separar palabras o frases explicativas. Se usan los dos puntos para introducir las palabras de una serie, para indicar una conclusión y después del saludo de una carta.

Para más actividades con la coma y los dos puntos, visita:
The Learning Site:
www.harcourtschool.com

A. **Escribe la oración y añade comas donde sea necesario.** *páginas 378–379*

Ejemplo: A gente de todas las edades les gustan los parques las playas y los ríos.
A gente de todas las edades les gustan los parques, las playas y los ríos.

1. En algunos parques grandes se pueden hacer caminatas merendar y nadar.
2. Muchos parques tienen grama árboles y colinas.
3. Uno de los parques de Boston el *Boston Common* fue inaugurado en 1634.
4. El Camino de la Libertad comienza en el parque *Boston Common* de Boston Massachusetts.
5. El Parque Central de Nueva York tiene un zoológico un lago y un refugio para pájaros.

B. **Escribe cada oración y añade los dos puntos donde sea necesario. Escribe la palabra *correcto* si la oración no tiene ningún error.** *páginas 380–381*

Ejemplo: Muchos animales viven en los parques ardillas, arañas, palomas, y muchos otros.
Muchos animales viven en los parques: ardillas, arañas, palomas, y muchos otros.

6. Las siguientes personas construyeron los primeros parques para niños Joseph Lee, Jacob Riis y Jane Addams.
7. Los parques infantiles se encuentran en parques y escuelas.
8. Tres ejemplos de zonas deportivas serían los siguientes cancha de tenis, campo de fútbol y alberca.
9. Muchos parques tienen cosas como éstas toboganes, columpios, terrenos de arena y botes de remo.
10. Algunos parques tienen canchas de baloncesto, senderos para caballos y estanques.

C. Escribe cada oración y usa la coma o los dos puntos donde sea necesario. Escribe la palabra *correcto* si no hay ningún error en la oración. *páginas 382–383*

Ejemplo: Margarita sale a correr los lunes miércoles y viernes.
Margarita sale a correr los lunes, miércoles y viernes.

11. Los corredores suelen correr en los lugares siguientes parques bordes de carreteras y pistas de entrenamiento.
12. Hacer jogging es un buen ejercicio y consiste en correr despacio.
13. Muchos maratones se llevan a cabo en Seattle Washington.
14. Los nuevos corredores deben seguir el siguiente plan comenzar caminando empezar a correr despacio y después acelerar el trote.
15. Los corredores suelen llevar pantalones cortos camisetas y zapatillas para correr.

D. Copia la carta y añade la coma o los dos puntos donde sea necesario.

16. Querido tío Jorge
17. Sé que te gustan las bicicletas de montaña. 18. Pues bien busqué información acerca de esas bicicletas. 19. Averigüé que en los años ochenta la gente empezó a usarlas en lugares tales como colinas, montañas y desiertos.
20. Saludos Joaquina

Conexión con la escritura

Tecnología Con un pequeño grupo de compañeros, busca en Internet información acerca de bicicletas de montaña. Después, el grupo debe presentar a los demás lo que ha aprendido. Explica cuál es la página web que contiene la mejor información sobre el tema. Asegúrate de usar bien la coma y los dos puntos para que el informe oral pueda ser leído correctamente.

¿LO SABÍAS?
El Parque Central de Nueva York mide dos millas y media de largo y media milla de ancho. Tiene lagos, parques, campos deportivos, bosques y un área para conciertos al aire libre.

385

CAPÍTULO 31

Coma y dos puntos

Repaso del capítulo

Busca los errores de puntuación relacionados con la coma y los dos puntos en las oraciones que aparecen a continuación. Cuando encuentres un error, escribe la letra de la línea donde se encuentra el error. Algunas oraciones no tienen ningún error. Si no hay errores, selecciona la letra junto a *Sin errores*.

1. **A** Por favor Miguel reunámonos hoy
   B en el parque, a las dos de la tarde,
   C para jugar al béisbol.
   D *Sin errores*

2. **F** Trae las siguientes cosas,
   G una pelota, un bate, guantes de béisbol
   H y un casco.
   J *Sin errores*

3. **A** El campeonato
   B comenzará el
   C 22 de abril, del 2002.
   D *Sin errores*

4. **F** En el cuarto de equipo deportivo
   G debe haber balones de baloncesto, raquetas,
   H pelotas de fútbol y pelotas de béisbol.
   J *Sin errores*

5. **A** El Sr. García nuestro entrenador
   B estará en el parque o
   C en el gimnasio de la escuela.
   D *Sin errores*

6. **F** Mira el pronóstico del tiempo
   G en el periódico en la radio
   H o en la televisión.
   J *Sin errores*

7. **A** El Sr. García no te dejará
   B jugar David si
   C llegas tarde al entrenamiento.
   D *Sin errores*

8. **F** Tenemos que regresar a casa
   G a las cinco, o
   H las seis de la tarde.
   J *Sin errores*

SUGERENCIA
Recuerda que tienes que leer con mucho cuidado cada parte de la prueba y cada una de las opciones antes de seleccionar la respuesta.

Para más preparación para la prueba, visita: *The Learning Site:*
www.harcourtschool.com

Palabras de otros idiomas

Si alguien te dice "¿Qué onda?", ¿sabrías qué significa? "¿Qué onda?" es una expresión mexicana que significa "¿Qué pasa?" o "¿Cómo estás?". En muchas ocasiones, por ejemplo, al participar en actividades al aire libre, encontrarás que muchas personas hablan otros idiomas. Mira el cuadro siguiente en el que aparecen los mismos saludos y expresiones en idiomas diferentes. Como el árabe y el japonés usan alfabetos distintos al del español, el cuadro sólo muestra la pronunciación de las palabras correspondientes.

Inglés	good morning	good night	thank you	good-bye
Español	buenos días	buenas noches	gracias	adiós
Árabe	sabah al-khayr	masa al-khayr	shukran	ma'a salaama
Japonés	ohayou gozaimasu	oyasuminasai	domo arigato	sayonara
Swahili	subulkheri	twesha or twisha	asante sana	kwa heri
Alemán	guten Morgen	gute Nacht	danke	auf Wiedersehen

Trata de pronunciar las palabras del cuadro. ¿Qué expresión en uno de estos idiomas suena parecido a *good morning*? ¿Crees que es importante entender expresiones en otros idiomas? Explica tu respuesta con ejemplos basados en la vida real.

AHORA TE TOCA A TI

Crea un cuadro de palabras de diferentes idiomas. Comienza con las siguientes palabras en español: *hola*, *médico*, *comida* y *agua*. Busca estas palabras en otros tres idiomas. Después intercambia tus resultados con los de otro compañero de clase. Por último, compara las listas.

SUGERENCIA

Busca expresiones en otros idiomas en diccionarios bilingües. También puedes buscar en Internet palabras en español y alemán en www.allwords.com y palabras en swahili en www.swahili.com.

CAPÍTULO 32

Puntuación en los títulos, puntos suspensivos, punto y coma

La puntuación en los títulos

Con frecuencia, los títulos de libros, revistas o periódicos se subrayan o se escriben en letra cursiva. También se suelen usar comillas ("") antes y después de los títulos de cuentos, poemas y canciones.

En los materiales impresos, los títulos de libros, cuentos, canciones y poemas aparecen en letra cursiva. Cuando escribas a mano, subraya los títulos que menciones en tu escrito. Cuando haya una coma o un punto después de un título entre comillas, coloca el signo de puntuación después de las comillas.

Ejemplos:
periódico: New York Times o *New York Times*

libro: La telaraña de Carlota o *La telaraña de Carlota*

cuento: el cuento de Jorge se llama "A través del túnel"

poema: El poema favorito de mi hermana, "El búho y el gatito", aparece en muchos libros infantiles.

El poder de las palabras

a•fi•cio•na•do *n.* Persona que se dedica a una actividad por placer y no por dinero.

Práctica dirigida

A. Identifica el título en cada una de las siguientes oraciones.

Ejemplo: El libro favorito de María es *Cuentos de aventuras*.
Cuentos de aventuras

1. Uno de los cuentos del libro se llama "El leopardo".
2. María está escribiendo un poema titulado "El ciervo valiente".
3. Ella lee una revista llamada *Pasatiempos*.
4. Nina ensayó una receta de frijoles del libro Cocina para niños.
5. Juan escribió un artículo en la Revista de Modelos de Trenes.

388

Práctica individual

B. Escribe la oración y subraya el título.

Ejemplo: Bernardo colecciona tarjetas de béisbol y le gusta leer la revista <u>Deporte ilustrado para niños</u>.

6. Liz leyó el libro El rastreo en la playa es divertido para aprender a coleccionar conchas de mar.
7. También leyó Caracolas y caballitos de mar.
8. Le gustó mucho el libro La gran aventura de José en el mar, acerca de la vida en una isla.
9. Leila leyó un artículo sobre un cantante aficionado en una revista musical llamada Música Hoy.
10. ¿Francisco estudia violín con un libro que se llama Constructores de cuerdas?
11. Sí, y aprendió a tocar la canción El violinista en el tejado.
12. Miguel leyó la crítica de un concierto en el Hudson Times.
13. A Jaime le gustan los artículos de Noticias sobre aeromodelismo.
14. Aprendió mucho en un reportaje titulado Construya su propio avión.
15. Él disfrutó mucho una novela de aventuras titulada Volando alrededor del mundo.

Recuerda

subrayar los títulos de libros, revistas y periódicos. Usa comillas en los títulos de cuentos, poemas y canciones. Los puntos y las comas se colocan después de las comillas.

Conexión con la escritura

El arte de escribir: Punto de vista Cuando se cuenta una historia como si un personaje la estuviera narrando, está escrita en primera persona. Cuando se escribe una historia como si una persona fuera de ella la estuviera contando, se narra en tercera persona. Los títulos también se pueden escribir mostrando estos puntos de vista diferentes. Inventa dos ideas para dos cuentos. Escribe un título en primera persona y un título en tercera persona para cada cuento.

CAPÍTULO 32

Puntuación en los títulos, puntos suspensivos, punto y coma

Los puntos suspensivos

Los **puntos suspensivos** se usan para expresar duda, temor, suspenso o para sorprender al lector.

Ejemplos:

Diego tiene una pelota de béisbol . . . creo que tiene dos.

Tengo que contarle que perdí su colección de estampillas . . . ¡No me atrevo a decírselo!

De repente lo vi corriendo hacia mí . . . ¡Traía mis estampillas!

También se suelen usar los puntos suspensivos cuando se hacen citas directas incompletas. A veces no es necesario incluir toda la cita, pero se debe indicar al lector que se ha omitido un pedazo. En estos casos, los puntos suspensivos suelen ponerse entre paréntesis.

Ejemplo:

Como dijo el maestro, "Un buen pasatiempo es algo muy importante (. . .) te puede enseñar, entretener y fortalecer tus cualidades".

Práctica dirigida

A. **Escribe qué expresan los puntos suspensivos en las siguientes oraciones.**

Ejemplo: Llegó Pablo . . . ¡y trajo su guitarra!
sorpresa o suspenso

1. No sé si deba tocar la trompeta . . . Quizás deba llevar la flauta.
2. Aprendí a tocar algo interesante hoy . . . ¡una canción del lejano Oeste!
3. Vamos a cantar una canción . . . Les va a gustar . . . Yo sé que les va a encantar . . . Adivinen cuál es . . .
4. "Hay personas comunes y corrientes que tienen talento (. . .) son aficionadas, pero lo hacen muy bien."
5. No he ensayado lo suficiente . . . No sé si va a salir bien . . . Trataré de hacerlo lo mejor posible . . .

Práctica individual

Recuerda que puedes usar **puntos suspensivos** para expresar sorpresa, suspenso, temor o duda.

B. Escribe las oraciones. Coloca puntos suspensivos donde los consideres necesarios.

Ejemplos: Manuela y Guillermo quieren escribir un libro ¡de cocina!

Manuela y Guillermo quieren escribir un libro... ¡de cocina!

6. Hice una receta de este libro. ¡Me quedó deliciosa!
7. Manuela cocinó algo muy rico. Es dulce. Es suave. Tiene manzana. Es redondito.
8. "Revisen la sección de cocina de los periódicos su madre expresó. Salen, postres, platos fuertes, sopas y ensaladas. Pueden aprender mucho".
9. Creo que no quedó muy bueno. Algo me falló. Creo que le puse demasiada sal.
10. Ana sabe la receta de algo que te encanta. ¡Pescado!

C. Usa el tema que se da para escribir una oración usando los puntos suspensivos que expresen lo que dice entre paréntesis.

Ejemplo: jardinería (suspenso)

Te tengo una buena noticia . . . Se trata de mi planta nueva . . . ¡Floreció!

11. colección de estampillas (sorpresa)
12. carpintería (cita incompleta)
13. tocar guitarra (temor)
14. pintar el retrato de un animal (sorpresa)
15. béisbol (suspenso)

Conexión con la escritura

Arte Piensa en tu pasatiempo o actividad favorita. Crea una revista para las personas que compartan tu interés. Diseña la portada, incluye una ilustración interesante o atractiva, y escribe los títulos de varios temas que aparezcan en la revista. Usa puntos suspensivos en algunos de tus títulos.

CAPÍTULO 32

Puntuación en los títulos, puntos suspensivos, punto y coma

USO Y PUNTUACIÓN

Cuándo usar el punto y coma y el punto seguido

Se usa punto y coma para reemplazar a la coma en oraciones complejas o largas. La pausa que se hace en el punto y coma es más larga que la de la coma, pero más breve que la del punto seguido.

Cuando tienes oraciones múltiples que necesitas separar con comas, pero en ellas ya hay comas, usa punto y coma.

Ejemplo:
Vinieron mis amigos, sedientos y cansados; bebieron refresco, se bañaron y tomaron una siesta.

También se usa punto y coma en oraciones muy largas que llevan una conjunción.

Ejemplo:
Todos estábamos tristes porque perdimos el partido; aunque en el fondo teníamos alegría por haber jugado.

Usa punto y coma, y no punto seguido, cuando se necesita del resto del enunciado para completar el sentido de la oración.

Práctica dirigida

A. Lee las siguientes oraciones. Identifica cuáles de ellas necesitarían punto y coma.

Ejemplo: Juliana colecciona estampillas, José, monedas, Javier, tarjetas y Tatiana esquelas. *Sí necesita.*

1. Mi cuñada es enfermera, pero hace artesanías.
2. Su bisabuela, su abuela y su madre hacían artesanías de todas las clases en su propia casa desde que eran muy niñas, pero ella aprendió en un taller privado.
3. Necesitamos cinta azul, verde y blanca, marcadores rojos, negros y grises, y lentejuelas doradas, y rojas.
4. Mi padre, mi hermana y mi madrina nos ayudaron.

Práctica individual

B. Escribe los enunciados. Decide qué signos de puntuación usar. Elige entre coma, punto y coma y punto seguido.

Ejemplo: ¡Qué curioso! El padre de mi amiga Juanita es un buen abogado y trabaja en un tribunal; pero es más famoso por las figuritas de plastilina que hace en su tiempo libre.

5. Él tiene su taller en un cuarto de su casa. Tiene plastilinas de todos los colores muchos bruñidores para tallar y fotografías de sus mejores modelos.

6. A veces, él decora sus modelos. Usa pintura amarilla azul y roja brillantines de varios colores y cartones blancos negros y plateados para colocar las figuras.

7. Ayer pasamos la tarde en su taller Yo hice varias figuritas de animales y de personas de varios tamaños y con distintos colores pero no alcancé a decorarlas.

8. Juanita moldeó unas figuritas para un gran circo que está haciendo Su papá le está enseñando muchas técnicas para moldear y tallar la plastilina y ella hace cosas muy bonitas.

9. Juanita ya ha hecho un trapesista en su columpio un tigre, una pantera y un león con su domador una foca con una pelota y otra con un aro y un payaso con un vestido de puntos verdes, rojos y amarillos.

> **Recuerda**
> que se usa **punto y coma**, en lugar de coma, antes de una conjunción cuando la oración es muy larga.

Conexión con la escritura

Escritura de la vida real: Instrucciones para un juego
Escribe un breve ensayo para explicarle cómo se juega tu juego favorito a alguien que nunca lo ha jugado. Primero haz una lista de las reglas y de los pasos en orden. Da ejemplos de jugadas usando oraciones largas que requieran el uso de punto y coma.

CAPÍTULO 32

Puntuación en los títulos, puntos suspensivos, punto y coma

Recuerda

que debes subrayar los títulos de libros, periódicos y revistas. Usa comillas en los títulos de cuentos, poemas y canciones.

Práctica adicional

A. Escribe la oración. Subraya o pon entre comillas los títulos según corresponda. *páginas 388–389*

Ejemplo: El cuento favorito de Sam es El mejor truco de naipes.

El cuento favorito de Sam es "El mejor truco de naipes".

1. El cuento se encuentra en un libro llamado Historias sobre trucos.
2. Él leyó una reseña de ese libro en el Semanario de la Región Central.
3. Pablo vio la reseña en el diario Noticias de Cresta.
4. Cada historia, incluyendo El huevo escamoteado, explica cómo hacer un truco.
5. Pablo y Sam quieren escribir una historia llamada El truco de la cuerda.
6. Otro libro reseñado en el periódico se titulaba Mi primer libro de grabaciones.
7. Una de las canciones incluidas en el libro es Había una vez un barco chiquitito.
8. De ese libro, a Hilda le gusta una canción a dúo llamada Subiendo la montaña.
9. La canción Levántate usa todas las notas de la escala musical.
10. La canción favorita de Hilda es Días y noches junto al mar.
11. Kevin, el hermano de Hilda, está aprendiendo a tocar guitarra con el libro Canciones para guitarra.
12. Él ya sabe tocar Un hogar en la cordillera y otras canciones de vaqueros.
13. Hilda y él interpretaron una canción italiana llamada O sole mio.
14. En su libro Música folclórica dice que el título significa "mi sol".
15. Kevi acaba de adquirir un nuevo libro para guitarra llamado Acordes y canciones para guitarra.

B. Escribe qué expresan los puntos suspensivos en las siguientes oraciones. *páginas 390–391*

Ejemplo: El domingo iremos a hacer algo especial . . .
¡Escalaremos la montaña del Oso! *sorpresa*

16. No estoy segura . . . Creo que no debería ir . . .
17. Tomás llevará su colección de arañas . . . Creo que mejor me quedaré en casa.
18. No creo que sea una buena idea jugar ajedrez con Andrés . . . Él es un gran jugador.
19. En estas vacaciones aprenderé algo nuevo . . . ¡Voy a hacer artesanías!
20. "Las artesanías hechas por ti mismo son un excelente regalo (. . .) también las puedes vender para comprarte la bicicleta que tanto deseas", dijo el abuelo.

C. Determina qué oraciones de las siguientes necesitan punto y coma. Escríbelas con la puntuación correcta.

21. Anthony tenía 850 tarjetas de béisbol, 500 de baloncesto y 250 de fútbol.
22. Toma nota de los ingredientes para el postre: tres claras de huevo, batidas y azucaradas, dos cucharadas de mantequilla derretida, canela, clavos y nuez moscada al gusto.
23. Últimamente me he dedicado a resolver crucigramas y lo he disfrutado mucho, aunque a veces me cuesta mucho trabajo llenar uno completamente.
24. Me voy a mi clase de natación, pero estaré aquí antes del almuerzo.
25. Colecciono piedras, grandes y pequeñas, de todos los colores, pero aún no tengo ninguna volcánica.

Conexión con la escritura

Diario de un escritor Revisa tu diario y tu portafolio. Busca textos que puedas mejorar usando punto y coma. Vuelve a escribirlos correctamente.

Para realizar más actividades sobre títulos, puntos suspensivos y punto y coma, visita *The Learning Site:*
www.harcourtschool.com

CAPÍTULO 32

Puntuación en los títulos, puntos suspensivos, punto y coma

SUGERENCIA

Antes de comenzar a resolver una prueba de opción múltiple, lee muy bien las instrucciones. Asegúrate de que entiendes exactamente lo que se te pide que hagas.

Repaso del capítulo

Lee cada una de las siguientes oraciones. Si tiene algún error, marca la letra de la línea donde está el error. Si está correcta, selecciona *No hay errores*.

1. **A** Mi libro favorito
   B se llama
   C "La mansión encantada"
   D *No hay errores.*

2. **F** Los niños
   G cantaron a coro
   H El colibrí mágico.
   J *No hay errores.*

3. **A** Soy buena para
   B jugar ajedrez; pero
   C Lili siempre me gana.
   D *No hay errores.*

4. **F** Carla escribió un
   G libro sobre filatelia . . .
   H que es muy bueno.
   J *No hay errores.*

5. **A** Tengo el pegamento,
   B las pinturas y el papel;
   C y la mesa está ya lista.
   D *No hay errores.*

6. **F** No fuimos ni a pescar,
   G ni al cine, ni al museo,
   H pero lo pasamos muy bien.
   J *No hay errores.*

7. **A** "Ese es mi libro
   B favorito (. . .) es ágil
   C y divertido", declaró.
   D *No hay errores.*

8. **F** Mi poema, titulado
   G "La primavera",
   H le encantó a mi maestra.
   J *No hay errores.*

Para hacer más actividades de preparación para la prueba, visita *The Learning Site:*
www.harcourtschool.com

396

Lenguaje coloquial, regional y modismos

VOCABULARIO

¿Dónde vives? ¿De qué temas hablas frecuentemente con tus amigos? Muchas de las palabras y expresiones que emplea la gente dicen algo acerca de su origen e intereses.

Un coloquialismo, por ejemplo, es una palabra o frase que se usa en la conversación cotidiana, pero nunca en un escrito formal. Sin embargo, los escritores algunas veces usan coloquialismos en sus diálogos.

> **Ejemplos:** ¡Quiubo! = ¿Qué hubo?
> la lana = el dinero
> un tipo = un señor, un hombre

Un regionalismo es una palabra o frase que viene de una región particular del país, o de un país específico.

> **Ejemplos:** mina = mujer (Argentina)
> cuate = amigo (México)
> pelado = niño (Colombia)

Un modismo es una expresión que significa algo diferente al significado común de las palabras que lo forman.

> **Ejemplos:** llevarse bien con alguien = tener una buena relación con alguien
> ponerse las pilas = prepararse para trabajar duro
> echar ojo = vigilar con atención

AHORA TE TOCA A TI

DIBUJAR UN MODISMO Trabaja en pareja o con un grupo pequeño para hacer una lista de modismos que conozcan. Cuando tengan suficientes, cada miembro del grupo deberá escoger uno. Individualmente, hagan una caricatura o una tira cómica que muestre el significado literal de las palabras que forman el modismo. Comparte tu caricatura o tira cómica con la clase.

SUGERENCIA

Imagina la escena en tu mente cuando trates de pensar en el significado literal de la expresión.

CAPÍTULO 33

Escritura expresiva

El arte de escribir

Selección de vocabulario

Expresión Cuando escribes para expresar tus ideas o para describir algo estás haciendo una **escritura expresiva**. Lee el siguiente párrafo. Presta atención a cómo la autora describe al personaje Spider.

MODELO DE LITERATURA

Había una vez, no hace mucho tiempo, un gato llamado Spider. No era éste un gato como otro cualquiera. Era un gato desaliñado, que no estaba nunca quieto. Era gordo en algunas partes y a la vez flaco en otras, gruñon, rascador y de muy, muy mal carácter.

Podía ser detestable por casi cualquier cosa. Por ejemplo, si no encontraba su desayuno servido a las ocho en punto, comenzaba a chillar locamente y a subir y bajar las escaleras veinte veces. Golpeaba la puerta del refrigerador con su cola, arañaba el mejor cojín de la silla grande y saltaba sobre la chimenea, tumbando la foto en que aparecía junto a su dueña, una ancianita encantadora a quien todos llamaban señora Broom.

—de *Spider, el gato horripilante*
por Nanette Newman

Analiza el modelo

1. ¿Te gustaría que Spider fuera tu mascota?

2. ¿Qué palabras usa la autora para describir su carácter?

3. ¿Logra la autora una descripción clara de cómo es Spider? Explica tu respuesta.

El poder de las palabras

ví•vi•do *adj.*
Imágenes claras en la mente, como con vida u originales.

Seleccionar vocabulario

Cuando escribes para describir a alguien debes escoger cuidadosamente tus palabras. Para aprender más sobre cómo **seleccionar vocabulario**, estudia el cuadro de la página siguiente.

398

Estrategias para seleccionar vocabulario	Cómo usar estrategias	Ejemplos
Usa palabras vívidas.	• Usa verbos que indiquen acciones fuertes, adjetivos y adverbios.	• verbos: *chillar, saltar* adjetivos: *desaliñado, quejoso*
Incluye detalles sensoriales.	• Incluye detalles que despierten los sentimientos del lector. ¿Cómo luce el personaje? ¿Cómo se oye? ¿Cómo se siente?	• ojos brillantes voz rasposa manos suaves olor a perfume de lilas

AHORA TE TOCA A TI

ANALIZAR LA SELECCIÓN DE VOCABULARIO **Con un compañero, busca ejemplos de cómo los autores han descrito a personajes de ficción o de la vida real en cuentos o biografías que hayan leído. Comenten los ejemplos.**

Contesten las siguientes preguntas:

1. ¿Qué conoces sobre la persona o el personaje, por la descripción del escritor?

2. ¿Qué palabras vívidas usa el escritor para darte una imagen del personaje?

3. ¿Qué detalles sensoriales incluye el escritor?

4. ¿Logra el escritor que el personaje te parezca real? ¿Por qué sí o por qué no?

CAPÍTULO 33

Escritura expresiva

Palabras vívidas

A. Piensa en una palabra vívida que pueda remplazar la palabra subrayada en cada oración. En tu hoja de papel escribe la nueva oración.

1. La niña <u>entró</u> al cuarto.
2. Ken es un chico <u>agradable</u>.
3. Al ver el gatito, María sonrió <u>feliz</u>.
4. Él <u>observó</u> la basura esparcida en el patio.
5. El personaje de este cuento tiene <u>mal</u> carácter.
6. Lance y yo <u>caminamos</u> a la tienda.
7. Ahí compramos dulces muy <u>buenos</u>.
8. A veces él se siente <u>triste</u> cuando no puede jugar con sus amigos.
9. En ese estanque hay <u>muchos</u> peces.
10. Yo <u>dije</u> las palabras nuevas.

B. Escribe estos párrafos en tu hoja de papel. Piensa en palabras vívidas que puedas usar para completar los espacios en blanco. Cada palabra debe corresponder a lo que aparece entre paréntesis.

El Sr. Brown ____(verbo)____ va siempre de un lugar a otro con una expresión muy ____(adjetivo)____ en su cara. Si alguien le pide ayuda responde ____(adverbio)____. Habla ____(adverbio)____ y en un tono de voz muy ____(adjetivo)____.

Por otro lado, el señor Pickens camina a un ritmo muy ____(adjetivo)____. Su mirada es ____(adjetivo)____ y tiene una forma de hablar ____(adjetivo)____. Su voz ____(verbo)____ ____(adverbio)____.

400

Detalles sensoriales

C. Piensa en algunos detalles sensoriales que podrías usar para describir a un atleta famoso. En tu hoja de papel, escribe un par de oraciones en las que contestes las siguientes preguntas.

1. **Sentido de la vista:** ¿Qué ves tú cuando miras a este atleta?
2. **Sentido auditivo:** ¿Qué oyes cuando escuchas a este atleta jugando al deporte que él o ella practica?
3. **Sentido del tacto:** Piensa en algún equipo de protección o traje deportivo que este atleta usa para practicar su deporte. ¿Qué se sentirá al tocarlo?
4. **Sentido del olfato:** ¿Hay algún olor en particular que asocias con el deporte que practica este atleta, como el olor a cuero, a pasto o a "*hot dog*"?
5. **Sentido del gusto:** Si tuvieras la oportunidad de compartir una comida con este atleta, ¿qué tipo de comida escogerías y por qué?

Pensar y escribir

Escribir para anotar reflexiones Cuando lees acerca de un personaje de ficción, ¿qué información te interesa saber sobre el personaje? ¿Qué debe incluir el autor para ayudarte a comprender quién es el personaje y cómo es él o ella? Escribe en tu diario estas reflexiones.

CAPÍTULO 33

Escritura expresiva

Estudio de personaje

En el estudio del personaje *Spider*, el gato, aprendiste que éste tiene un carácter malo y desagradable. La abuela de Alina también tiene un gato malo. Alina escribió un estudio de personaje sobre su abuela para compartirlo con sus compañeros de clase. A medida que leas el estudio de personaje que escribió Alina, busca palabras y frases que te ayuden a comprender qué tipo de persona es la abuela de Alina.

MODELO

palabras vívidas

detalles sensoriales

A mi abuela le encantan los gatos, especialmente su viejo y quejoso gato Homero. Homero pega de alaridos y sisea con los dientes pelados por cualquier cosa, pero a mi abuela no le importa. Ella lo alimenta con comida para gatos con olor a pescado y lo cepilla todos los días hasta que su pelo queda suave y sedoso.

palabras vívidas

detalles sensoriales

palabras vívidas

Cuidar a todos, hasta a los gatos quejosos, es lo que hace mejor mi abuela. Con una sonrisa muy calmada, mientras está acomodando sus colchas abultadas, ella te escucha los problemas. A veces, con su voz leve casi como un susurro, da un consejo. La mayoría de las veces, sin embargo, escucha llena de amor y en silencio y te da la oportunidad de encontrar tus propias soluciones.

Analiza el modelo

1. ¿Qué tipo de persona es la abuela de Alina y cómo lo sabes?
2. ¿Cómo usa las palabras vívidas y los detalles sensoriales Alina para ayudar a describir a su abuela?
3. ¿Te da una imagen clara este estudio de personaje de la abuela de Alina? ¿Por qué sí o por qué no?

AHORA TE TOCA A TI

TEMA DE ESCRITURA Selecciona un personaje de la televisión o de una película que te resulte interesante. Escribe un breve estudio de personaje para presentar a este personaje a tus compañeros de clase. Usa palabras vívidas y detalles sensoriales para describir al personaje.

ESTUDIA LA INSTRUCCIÓN Hazte las siguientes preguntas:

1. ¿Sobre qué o quién vas a escribir?
2. ¿Cuál es tu motivo para escribir?
3. ¿Quiénes forman tu audiencia?
4. ¿Qué estilo de escritura vas a usar?

Antes de escribir y hacer el bosquejo

Planifica tu estudio de personaje Primero selecciona un personaje sobre el que vas a escribir. Luego genera ideas para tu estudio de personaje y organízalas en una tabla como la que se muestra aquí.

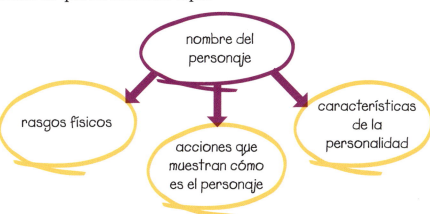

Usar el Manual

- Usa el diccionario de sinónimos del escritor para encontrar palabras vívidas y sensoriales para usar en tu estudio de personaje.

CAPÍTULO 33

Escritura expresiva

Editar

Vuelve a leer tu bosquejo del estudio de personaje. ¿Quieres añadir, quitar o cambiar algo? Usa la siguiente lista como ayuda para revisar tu trabajo.

- ☑ ¿Tendrá tu lector una idea clara del personaje?
- ☑ ¿Hay algunos detalles que añadirías para hacer más real tu personaje?
- ☑ ¿Podrías reemplazar algunas palabras con otras más vívidas o añadir algunas palabras vívidas en alguna otra parte?
- ☑ ¿Incluiste algunos detalles sensoriales que ayuden a la descripción de tu personaje?

Usa esta lista para verificar mientras corrijas tu párrafo.

- ☑ Usé correctamente las comas y los dos puntos.
- ☑ Usé correctamente las mayúsculas y la puntuación en el título.
- ☑ Corregí las oraciones que tenían errores.
- ☑ Usé un diccionario para verificar mi ortografía.

Marcas editoriales
- ꟼ Borrar texto
- ∧ Añadir texto
- ↶ Mover texto
- ¶ Párrafo nuevo
- ≡ Mayúscula
- / Minúscula
- ○ Corregir ortografía

Compartir y reflexionar

Escribe una versión final de tu estudio de personaje y compártela con un compañero. Señala las partes del estudio de tu compañero que te den una mejor idea de la personalidad de su personaje.

Comparte tus ideas sobre cómo la selección de palabras apropiadas te puede ayudar a mejorar lo que escribes. Escribe tus reflexiones en tu diario.

Hacer gráficas lineales de palabras

VOCABULARIO

Un pingüino tiene un poco de frío. El otro pingüino se está congelando. Ambos tienen frío pero, ¿cuál de los dos crees que tiene más frío?

Las palabras *frío* y *congelando* sugieren el mismo significado. Sin embargo, *se está congelando* te da la idea de un frío mucho más intenso que *un poco de frío*. Un pingüino que se está congelando siente el frío mucho más que un pingüino que tiene un poco de frío.

¿Es lo mismo con el clima? ¿Es más frío un día frío que un día fresco? ¿Es más alta la temperatura de un día frío que de un día en que hay hielo? Fíjate en las palabras de la gráfica lineal de palabras. Alguien las ha ordenado desde *menos frío* hasta *más frío*, pero quizás tú no estés de acuerdo con el orden de las palabras. Por ejemplo, algunas personas podrían decir que *congelando* indica mayor frío que *frígido*, o que *fresco* indica mayor frío que *un poco de frío*. Conversa con tus compañeros de clase sobre cómo reordenarían las palabras en esta gráfica lineal de palabras.

| fresco | un poco de frío | frío | helando | congelando | escarcha | hielo | frígido |

← menos frío   más frío →

AHORA TE TOCA A TI

Trabaja con un pequeño grupo para crear tu propia gráfica lineal de palabras. Sigue los siguientes pasos:

PASO 1 Escoge un adjetivo que tenga muchos sinónimos, o sea, palabras con un sentido similar. Por ejemplo, podrías elegir palabras como *grande, fuerte, pequeño, caliente, feliz* o *lindo*.

PASO 2 Genera ideas y haz una lista de palabras con el mismo sentido o uno similar. Si lo deseas, puedes usar tu diccionario de sinónimos.

PASO 3 Dibuja una gráfica lineal de palabras y comenta con tu grupo el orden en que quieres poner tus palabras. Recuerda que muchas veces el significado de una palabra es una cuestión de opinión.

CAPÍTULO 34
Puntuación en los diálogos

Comillas en citas directas

Una **cita directa** son las palabras exactas que alguien ha dicho.

Se usan **comillas** (" ") antes y después de una cita directa para separarla del resto de las palabras de la oración. En una cita directa los signos de puntuación se colocan después de las comillas.

Ejemplos:

Todos escuchamos cuando el entrenador dijo: "Comenzaremos a jugar hoy".

Roberto levantó la vista y dijo "¡Qué bien!" en voz alta.

"Haré mis tareas temprano", pensó Lucía.

La puntuación que va antes de la cita se coloca antes de las comillas.	**La puntuación que va después de la cita se coloca después de las comillas.**

Práctica dirigida

A. Identifica la cita directa en cada oración. Indica dónde se deben colocar las comillas.

Ejemplo: Emilia pensó ¿Qué longitud tiene una cancha de baloncesto?
Emilia pensó: *"¿Qué longitud tiene una cancha de baloncesto?"*

1. Durante la conversación añadió Además, tiene cincuenta pies de ancho.
2. ¿Cuándo se inventó este juego?, se preguntó Emilia en voz alta.
3. El entrenador Alonso dijo A finales del siglo XIX.
4. Entonces Roberto se preguntó ¿Quién lo inventó?
5. Un instructor de educación física llamado James Naismith, replicó el entrenador.

El poder de las palabras

com•pe•ten•cia *s.*
Concurso.

406

Práctica individual

Recuerda que la puntuación al final de una cita directa se escribe después de las comillas, excepto cuando el signo de puntuación cierra la cita.

B. Escribe la oración. Coloca las comillas en cada cita directa.

Ejemplo: Germán explicó: Juego baloncesto en el parque.
Germán explicó: "Juego baloncesto en el parque".

6. El entrenador aclaró: El basquetbol es un deporte muy popular en Estados Unidos.
7. Y añadió Hoy aprenderemos las reglas del juego.
8. Es mejor ir a la pista, pensó.
9. Luego declaró: Esta canasta mide diez pies.
10. Entonces agregó: Algunas veces parece más alta.
11. Así se anota escribió el entrenador.
12. Repitió Un equipo obtiene dos puntos cada vez que encesta la pelota.
13. Luego, agregó Un tiro libre da sólo un punto.
14. Karen preguntó ¿Cuándo gana un equipo un tiro libre?.
15. Cuando el otro equipo comete una falta, dijo el entrenador.
16. Beatriz se preguntó: ¿Qué era una falta?.
17. El entrenador replicó Empujar y agarrar son faltas.
18. Y tocar a un jugador cuando está lanzando a la canasta, añadió.
19. Beatriz preguntó ¿Cuántos jugadores hay en cada equipo?
20. Diez, respondió el entrenador.

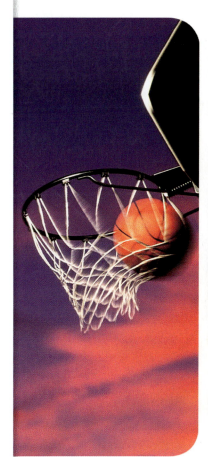

Conexión con la escritura

Diario de un escritor: Tomar notas Conversa con un compañero de clase acerca de un deporte favorito. Mientras hablan, toma notas en tarjetas. Cuando tu pareja diga algo que quieras recordar, anótalo con sus mismas palabras. Puedes pedirle que repita lo que ha dicho hasta que lo escribas con exactitud. Una vez que lo tengas anotado, acuérdate de ponerle la puntuación correcta.

CAPÍTULO 34
Puntuación en los diálogos

Uso del guión en diálogos

- Un **diálogo** es una conversación entre dos o más personas. El **guión largo**, o la **raya**, indica lo que cada persona dice. Comienza un nuevo párrafo, iniciando con una raya, cada vez que hable una persona diferente. Para aislar un comentario del narrador dentro de una cita, usa una raya al comienzo y otra al final del mismo.

- El guión corto se usa para separar palabras al final de una línea, cuando no hay más espacio.

Ejemplos:
—Hoy pondremos en común los informes —dijo el Sr. Acosta.

—¿Podríamos comenzar con el mío? —preguntó Juana levantando la mano—. En verdad me encantaría.

Dialogo

Palabras que indican la manera de hablar:
- dijo
- preguntó
- replicó
- respondió
- gritó
- murmuró
- exclamó

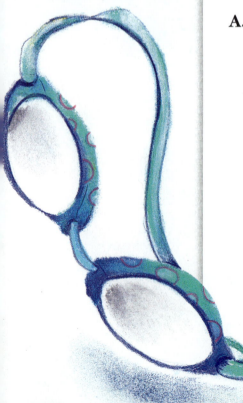

Práctica dirigida

A. Selecciona una palabra del recuadro para completar cada oración.

pidió	replicó	preguntó
dijo	exclamó	advirtió

Ejemplo: —¿Te gustaría ser salvavidas? —_____ Juan.
  —¿Te gustaría ser salvavidas? —preguntó Juan.

1. —He leído un libro acerca de la seguridad en el agua —_____ Juan.
2. —¿Nos puedes dar consejos? —_____ Costa.
3. —Sí, todos los estudiantes deberían saber nadar —_____ Juan.
4. —¡Nunca deben nadar solos! —_____ Juan.
5. —Deben asegurarse de que se ve el fondo antes de bucear —_____.

Práctica individual

Recuerda comenzar un nuevo párrafo, iniciando con un guión largo o raya, cada vez que hable un personaje diferente.

B. Vuelve a escribir cada oración. Elige una palabra del recuadro para completar cada oración. Coloca las rayas que hagan faltan.

preguntó	replicó	explicó
dijo	exclamó	gritó

Ejemplo: —¡Puedes aprender a bucear! _____ Antonio.
—¡Puedes aprender a bucear! —exclamó Antonio.

6. Los buenos nadadores pueden jugar al polo acuático, explicó Juan.
7. ¿Puedes hablarnos de otros estilos de natación? preguntó el Sr. Costa.
8. Sí, el estilo de pecho es muy relajante replicó Juan.
9. Tus brazos hacen grandes círculos en el agua y eso te ayuda a moverte rápido dijo Raquel.
10. ¡El estilo de mariposa es muy difícil! exclamó Alberto.
11. ¿Cómo se hace? preguntó Raquel.
12. Hay que levantar mucho los brazos explicó Alberto demostrando cómo se hace.
13. Debe ser muy bonito, dijo Raquel.
13. ¡También conozco el estilo de espalda! exclamó Alberto.

Conexión con la escritura

El arte de escribir: Uso del diálogo La forma en que una persona habla y las palabras exactas que dice expresan muchas cosas acerca de ella. Inventa dos personajes para una historia sobre deportes. Escribe un pequeño diálogo entre los personajes que muestre algo sobre ellos. Ponlos a compartir sus ideas y sentimientos. Usa palabras que muestren cómo habla cada personaje y pon cuidado al uso de los guiones largos.

CAPÍTULO 34

Puntuación en los diálogos

USO Y PUNTUACIÓN

La puntuación en diálogos y citas

Aprende las siguientes reglas de puntuación.

En las citas:
- Cierra comillas antes de la coma o del punto.
- Coloca los signos de admiración y de interrogación dentro de las comillas.

En los diálogos:
- Coloca un punto al final de cada intervención.
- Coloca un guión antes del punto de la intervención del narrador si el personaje continúa hablando.
- No dejes espacios entre el guión y la palabra con la que empieza la intervención, ni después del guión que cierra.

Ejemplos:

La Srta. Margarita pensó "Estoy orgullosa de Sandra".

—¿Nos viste jugar? —preguntó Josefa.

—Sí —respondió la Srta. Margarita—. ¡Fue impresionante!

¿LO SABÍAS?
En 1927, el héroe del béisbol Babe Ruth bateó 60 jonrones en una sola temporada. Antes de Ruth, ningún jugador había conseguido más de 24 jonrones en una temporada.

Práctica dirigida

A. Corrige la puntuación de cada oración.

Ejemplo: "¿Puede explicar cómo se juega al béisbol?," preguntó Alfonso.
—¿Puede explicar cómo se juega al béisbol?
—preguntó Alfonso.

1. Yo recuerdo cuando Elena dijo que se necesita un bate, una pelota y nueve jugadores por equipo.
2. Piensa en las reglas: El lanzador recoge la pelota y el receptor se sitúa detrás del plato de salida.
3. "Hay cuatro bases," dijo Jorge.
4. El jugador de campo corto cubre el jardín interior, continuó.
5. ¿"Dónde se coloca el jugador de campo corto"?, pensó Elena.

Práctica individual

B. Corrige la puntuación.

6. —Cada jugador guarda una base —dijo Jorge
7. —La cuarta base se llama plato de salida. —Dijo Érica.
8. —Cuando una pelota cae dentro de las bases es válida, agregó—.
9. Entonces el bateador puede correr hasta la primera base y si puede, sigue a la segunda, dijo Elena.
10. —Si la pelota sale fuera del estadio es un jonrón explicó Elena— ¡Y el equipo celebra!

C. Escribe la oración correctamente.

Ejemplo: Un jonrón puede tener más de 400 pies leyó Jorge!
  "¡Un jonrón puede tener más de 400 pies!", leyó Jorge.

11. "Si el bateador falla la pelota es un *strike*," pensó Elena.
12. Jorge añadió Una buena recogida puede llamarse *strike*.
13. ¡"A los tres *strikes* estás eliminado"! gritó Jorge.
14. "Si la pelota cae en las gradas no es válida, agregó."
15. "Los jugadores batean en un determinado orden, añadió Elena.

Recuerda

que hay que separar la cita del resto de las palabras de la oración. Se ponen dos puntos (o un guión largo, en el caso de los diálogos) antes de la cita, y se pone coma o punto después de las comillas finales.

Conexión con la escritura

Arte Trabaja en grupo para diseñar un folleto para promocionar un equipo de la escuela, un equipo local o un equipo profesional. Crea el logotipo para ponerlo en la portada, y haz dibujos de los jugadores. Incluye algunas citas que podrían decir los jugadores o sus aficionados.

CAPÍTULO 34

Puntuación en los diálogos

Recuerda

que las citas directas se señalan con comillas. Comienzan con una letra mayúscula y terminan en coma o punto. Al escribir un diálogo, se comienza un párrafo diferente, iniciando con un guión largo, cada vez que cambia el interlocutor. Las intervenciones del narrador se aislan entre guiones largos.

Práctica adicional

A. Escribe la oración. Coloca las comillas en cada cita directa. *páginas 406–407*

Ejemplo: Celia se dijo Hablaré del equipo de béisbol.
Celia se dijo "Hablaré del equipo de béisbol".

1. La Srta. Margarita se preguntó ¿De qué estaba hecha la pelota?
2. Luisa leyó Tiene varias capas de goma y lana.
3. Mi guante está hecho de cuero, pensó Miguel.
4. Sólo tengo la máscara de *catcher*, pensó después.
5. Los *catchers* necesitan protecciones especiales, leyó luego Celia.

B. Escribe cada oración del siguiente diálogo. Coloca los guiones correctamente. *páginas 408–409*

Ejemplo: Muchos lanzadores no pueden batear bien dijo Fernando.
—Muchos lanzadores no pueden batear bien —dijo Fernando.

6. ¿Qué han aprendido acerca de lanzar? preguntó el Sr. Costa.
7. Una pelota rápida es muy directa replicó Erica.
8. Una pelota curva parece que va recta dijo César hasta que alcanza al bateador.
9. Entonces se quiebra rápidamente y gira hacia abajo se apresuró a comentar Érica.
10. Es una buena jugada interrumpió Jorge. ¡Es muy difícil pegarle a una buena pelota curva!
11. Un *slider* es un lanzamiento que gira hacia un lado se apresuró a decir Érica.
12. No olvides el *sinker* dijo el Sr. Costa.
13. ¡Un momento! exclamó Luisa. ¿Qué es un *sinker*?
14. Los lanzadores profesionales practican durante horas comentó Alicia.
15. Hablemos más del juego dijo José. ¡Esto está muy interesante!

412

C. Escribe cada oración y ponle la puntuación correcta. Usa mayúsculas cuando sea necesario. *páginas 410–411*

Ejemplo "Puedo atrapar un *slider*" gritó Jorge
"Puedo atrapar un *slider*", gritó Jorge.

16. "Cada equipo juega hasta que se elimina a tres jugadores" explicó el entrenador
17. "Los dos equipos batean en un *inning*" decía el artículo.
18. —¿Cuántos *innings* se juegan? —preguntó Jorge— ¿sólo nueve?
19. —hay más *innings* si se empata el partido —se apresuró a decir Elena
20. "Algunos partidos duran hasta catorce *innings*" leyó el Sr. Costa
21. —¿Qué es una semifinal?—preguntó Jorge
22. —Cuando hay dos ligas—respondió su profesor
23. —Los equipos juegan entre sí durante la temporada— continuó Ramón
24. —los equipos mejor clasificados juegan semifinales — explicó el profesor.
25. —¡Y los ganadores de las semifinales juegan las Series Mundiales —añadió Érica entusiasmada
26. "¿Cuántos juegos hay en las Series Mundiales?" se preguntó Alicia
27. "Hasta siete. Un equipo tiene que ser el mejor de siete partidos" replicó César
28. "Nuestros equipos locales también tienen divisiones" pensó Jorge
29. "Tenemos semifinales y partidos de las estrellas" advirtió
30. "¿Cómo se pueden apuntar los niños a los equipos?" se preguntó Luisito

Conexión con la escritura

Escritura de la vida real: Redactar un discurso Trabaja con un compañero para escribir un pequeño discurso para la entrega de un premio a un atleta. Incluye datos acerca del atleta. Escribe algunas citas y usa la puntuación correctamente.

Para realizar más ejercicios de puntuación de diálogos, visita *The Learning Site:*
www.harcourtschool.com

CAPÍTULO 34

Puntuación en los diálogos

Repaso del capítulo

Lee el pasaje. Algunas partes están subrayadas. Selecciona el mejor modo de escribir cada una de las partes subrayadas y marca la letra que corresponde a tu respuesta. Si la parte subrayada no requiere cambio, selecciona *No hay error*.

> El Sr. Álvarez (1) <u>dijo</u> "Aquí tienen algunos datos acerca de la historia del fútbol. (2) Los romanos practicaban <u>un juego similar.</u>"
> —¿Cómo jugaban? —<u>preguntó Josefina.</u> (3)
> —Con las manos —<u>respondió el profesor.</u> (4) "Pero muchas de las otras reglas se parecían muchísimo a las del fútbol <u>actual</u>". (5)

1
 A dijo:
 B dijo,
 C dijo;
 D *No hay error.*

2
 F Los romanos practicaban un juego similar,"
 G Los romanos practicaban un juego similar".
 H "Los romanos practicaban un juego similar.
 J *No hay error.*

3
 A —¿Cómo jugaban?, preguntó Josefina.
 B —¿Cómo jugaban?— Preguntó Josefina.
 C ¿Cómo jugaban? — preguntó Josefina.
 D *No hay error.*

4
 F —"Con las manos" —respondió.
 G —Con las manos —Respondió.
 H —Con las manos —respondió el profesor—.
 J *No hay error.*

5
 A "Otras reglas se parecían muchísimo a las del fútbol actual."
 B Pero muchas de las otras reglas se parecían muchísimo a las del fútbol actual.
 C Pero muchas de las otras reglas se parecían muchísimo a las del futbol actual—.
 D *No hay error.*

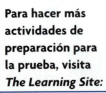

Para hacer más actividades de preparación para la prueba, visita *The Learning Site:* www.harcourtschool.com

Usar Internet y explorar los sitios de la red

TECNOLOGÍA

Puedes encontrar información acerca de cualquier cosa en Internet. Una dirección de Internet te lleva a un sitio. Cada sitio contiene información sobre un tema específico.

A continuación aparecen algunos consejos prácticos para encontrar información en Internet:

- Asegúrate de que la computadora tiene conexión telefónica.

- Un motor de búsqueda ayuda a encontrar información acerca de un tema. Los motores de búsqueda se encuentran en la página inicial al conectarse con Internet. Elige un motor de búsqueda seleccionando una de las opciones que aparecen en la pantalla o un nombre conocido.

- Escribe una palabra clave relacionada con el tema. Procura ser específico. Si escribes *béisbol* encontrarás miles de sitios diferentes. Si escribes *béisbol, Series Mundiales* encontrarás menos sitios con información más concreta.

- Antes de seleccionar un sitio, lee la descripción de las diez primeras opciones. Decide qué utilidad puede tener cada opción.

- Selecciona un sitio. En la primera página encontrarás una lista de temas. Selecciona un tema.

- Para salir de un sitio o regresar a la lista, presiona "regresar" (o *back*) o el botón con la flecha de retorno que aparece en la parte superior de la pantalla.

AHORA TE TOCA A TI

Con un compañero o compañera, busquen dos sitios de Internet acerca de deportes. Conéctate y elige un motor de búsqueda. Escribe una palabra general y una o dos palabras específicas para describir el tema. Lee las primeras diez opciones y abre la mejor. ¿Es un buen sitio? ¿Qué títulos de la página que has abierto te interesan? ¿Qué información te aporta? ¿Recuerdas cómo salvar esta página y seleccionar otro sitio? Escribe un breve párrafo para compartir con la clase esta experiencia de búsqueda en Internet.

SUGERENCIA

Leer con cuidado la descripción de un sitio en la red que aparece en la lista te ahorrará tiempo de búsqueda.

CAPÍTULO 35

Negación y palabras homófonas

Palabras negativas

no	nadie
tampoco	nunca
nada	jamás

Palabras que expresan negación

Una palabra que implica "no" es una **palabra de negación**.

Las palabras *no, nunca, jamás, nadie, ningún, ninguno/a/s/, tampoco* y *nada* son palabras de negación.

Ejemplos:

Esta fruta **no** contiene grasas.

Nunca como muchos dulces.

Nadie quiere estar demasiado obeso.

Ningún estudiante comió alimentos grasosos.

Ninguno de nosotros quiere enfermarse.

No había **nada** en el refrigerador para comer.

Práctica dirigida

A. **Identifica la palabra de negación en cada oración.**

Ejemplo: No quiero comer más. *no*

1. No estarás sano si no comes buenos alimentos.
2. Ningún médico recomienda consumir muchas grasas.
3. Algunos alimentos no tienen grasas.
4. Nadie que consuma demasiadas grasas tiene una salud perfecta.
5. Las frutas tienen poca o ninguna grasa.
6. Comer demasiado nunca es una buena idea.
7. Nada impide que la gente coma mucho en las celebraciones.
8. No es bueno cocinar alimentos con ingredientes que no son saludables.
9. Ninguno de nosotros desea comer comida poco apetecible.
10. Nada es más saludable que la buena alimentación.

El poder de las palabras

vi•ta•mi•na *s.* Substancia muy necesaria para el crecimiento y nuestra salud. Se encuentra en los alimentos.

Práctica individual

Recuerda
Las palabras *no, nunca, jamás, nadie, ningún, ninguno/a/s/, tampoco* y *nada* son palabras de negación.

B. Usa una palabra del recuadro para completar cada oración de manera que diga lo opuesto. Después escribe la oración. Puedes utilizar una palabra más de una vez.

Ejemplos: Las naranjas tienen proteínas.
*Las naranjas **no** tienen proteínas.*

Todos los niños son saludables sin proteínas.
Ningún niño es saludable sin proteínas.

no	ninguno/a	nadie	tampoco
nunca	ningún	nada	jamás

11. Algunas frutas _____ tienen proteínas.
12. _____ hay frijoles sin proteínas.
13. _____ carne carece de proteínas.
14. Muchas personas _____ han comido frijoles.
15. _____ come tantos frijoles como mi tío Roberto.
16. Los frijoles tienen vitaminas A, B y C pero _____ tienen vitamina D.
17. _____ me gusta más que los frijoles.
18. _____ otro vegetal sabe como los frijoles.
19. Las arvejas son dulces, pero su azúcar _____ es perjudicial.
20. La remolacha también es muy dulce, pero _____ es mala para la salud.

Conexión con la escritura

Estudios sociales Averigua sobre comidas en otros países. Busca en revistas y en el Internet artículos sobre comidas. Escribe una historia donde los personajes hablen de sus comidas. Usa palabras negativas correctamente.

CAPÍTULO 35

Negación y palabras homófonas

Negativas	Afirmativas
no	sí
nada	algo, todo
nadie	alguien, todos
ningún	algún
ninguno/a/s	alguno/a/s
nunca, jamás	siempre
tampoco	también

La negación doble

A veces es necesario usar dos palabras de negación en la misma oración para darle a ésta un significado negativo.

La mayoría de las palabras de negación tienen opuestos que se usan en oraciones afirmativas. Cuando se usa **doble negación** se usa una de las palabras negativas delante del verbo. Cuando respondes *no* a una pregunta debes usar doble no separado por una coma al comenzar la oración.

Ejemplos:
Afirmación: Tengo **algunas** frutas en mi bolsa.
Negación: **No** tengo **ninguna** fruta en mi bolsa.

Afirmación: Quiero comer **algo** dulce.
Negación: **No** quiero comer **nada** dulce.

Pregunta: ¿Comes muchos alimentos con grasas?
Respuesta: **No, no** como muchos alimentos con grasas.

Práctica dirigida

A. **Las siguientes oraciones negativas están incorrectas. Escríbelas correctamente usando doble negación.**

Ejemplo: Nunca como algo. *Nunca como nada.*

1. La mayoría de los refrescos no tienen alguna vitamina.
2. Los dulces no son buen alimento para alguien.
3. No hago algún ejercicio con regularidad.
4. No llegó alguien a la hora de la cena.
5. No deberías comer algo salado.
6. No me gusta alguna comida grasosa.
7. A Carolina no le gusta algo que tenga carne.
8. Ella no comió algo que tuviera proteínas.
9. Una bolsa de galletas no es un buen almuerzo para alguien.
10. No comí alguna fruta esta mañana.

Práctica individual

B. Las siguientes oraciones son afirmativas. Cámbialas a negativas. Usa doble negación.

Ejemplo: Siempre comí algo dulce después de cenar.
Nunca comí nada dulce después de cenar.

11. Esta galleta tiene algunas vitaminas.
12. La mayoría de los refrescos tienen algo de calcio.
13. El exceso de grasas es bueno para algunas personas.
14. Me gusta todo tipo de pan.
15. Las verduras son malas para algunas personas.

C. Contesta las siguientes preguntas usando doble negación.

Ejemplo: ¿Quieres beber algo ahora?
No, no quiero beber nada ahora.

16. ¿Comes algún vegetal en tu almuerzo?
17. ¿Quieres comer algo bastante salado?
18. ¿Le darías a alguien tu porción de fruta?
19. ¿Hay alguien en tu familia que no coma pescado?
20. ¿Comes en el desayuno algún cereal azucarado?

> **Recuerda**
> Para responder negativamente a preguntas que lleven *"algún"*, *"alguno(s)"*, *"alguna(s)"*, *"algo"* o *"alguien"*, debes usar la doble negación. Cuando respondes *no* a una pregunta también usas el doble no separado por una coma.

Conexión con la escritura

Diario de un escritor: Idea para escribir
Escribe un cuento corto acerca de un superhéroe que ha obtenido poderes especiales por su buena nutrición. Busca un nombre para tu héroe y cuenta cómo aprendió a comer de manera saludable. Usa palabras de doble negación para hablar de un enemigo con malos hábitos de alimentación.

CAPÍTULO 35

Negación y palabras homófonas

Palabras	homófonas
hasta asta	preposición barra, palo de una bandera
vez	ocasión, oportunidad
ves	forma del verbo ver
haz	forma del verbo hacer
has	forma del verbo haber; se usa en los tiempos compuestos
azar	por casualidad
azahar	flor del naranjo

USO Y PUNTUACIÓN

Palabras homófonas

Las palabras homófonas son aquéllas que se pronuncian igual, se escriben diferente y tienen también diferente significado.

Puedes reconocer la palabra homófona que se usa si pones atención al significado del resto de la oración. Debes poner atención también a las distintas formas de escribirlas. Usa el diccionario si tienes dudas para elegir la palabra correcta.

Ejemplos:

¿**Hasta** dónde llega el **asta** de la bandera del supermercado?

Tal **vez** tú **ves** el canasto del pan.

Has preparado la leche, ahora **haz** la tarea.

No fue un **azar** que en el comedor se sentía el aroma del **azahar**.

Práctica dirigida

Identifica las palabras homófonas de cada oración.

Ejemplo: No debes dejar tu salud en manos del azar. *azar*

1. ¿Has comido tus cereales hoy?
2. Los cereales tienen hasta veinte vitaminas.
3. ¿Has practicado deportes esta semana?
4. Practica algún deporte más de una vez por semana.
5. Las naranjas se forman de la flor de azahar.
6. Debes comer naranjas y otras frutas más de una vez por día.
7. La frutería tiene en el asta una bandera con frutas.
8. Puedo comer hasta treinta fresas.
9. ¿Has comido manzanas en tu merienda?
10. El azar no debe planear tus comidas.

Práctica individual

B. Lee las oraciones. Completa cada una con la palabra homófona correcta que está entre paréntesis.

Ejemplo: ¿(Ves, vez) estos caballos? Comen hierbas.
Ves

11. ¡Las hierbas (hasta, asta) tienen vitaminas!
12. ¿(Vez, Ves) esa manada de ciervos? También comen hierbas.
13. ¿(Haz, Has) pensado si nosotros podemos vivir comiendo sólo hierbas?
14. (Haz, Has) de cuenta que tú sólo comieras hierbas.
15. Alguna (vez, ves) deberías comer proteínas.
16. ¿(Haz, Has) leído por qué necesitamos proteínas?
17. Tal (ves, vez) sepas que las necesitamos para nuestros músculos.
18. Cada (ves, vez) que comemos debemos variar nuestros alimentos.
20. El (azahar, azar) no debe planear tus comidas.

> **Recuerda**
> que las palabras homófonas se pronuncian igual pero se escriben diferente y tienen también diferente significado.

Conexión con la escritura

El arte de escribir: Escribir un diálogo Imagina una conversación que dos personas puedan tener acerca de la buena alimentación. Escribe el diálogo e incluye oraciones con palabras homófonas incorrectas. Después intercambia diálogos con un compañero de clase y corrige las oraciones incorrectas.

CAPÍTULO 35

Negación y palabras homófonas

Práctica adicional

A. Identifica las palabras de negación en cada oración. *páginas 416–417*

Ejemplo: María no comió caramelos. *no*

1. No debes consumir demasiados alimentos grasos.
2. Nunca debes comer demasiados dulces.
3. Nada es mejor que la fruta para merendar.
4. Las frutas no son perjudiciales para la salud.
5. El azúcar de las frutas no daña tus dientes.
6. Nadie debería comer dulces para la merienda en vez de fruta.
7. Si no consumes frutas habitualmente, ¡empieza a hacerlo ya!
8. Algunas frutas contienen vitamina A, pero otras tienen poca o nada.
9. Las zanahorias no son frutas.
10. Ninguna bebida es tan saludable como un jugo de frutas.

B. Lee las siguientes oraciones. Vuelve a escribir cada oración y corrige los errores. Si la doble negación está bien usada, escribe *Correcta*. *páginas 418–419*

Ejemplos: Muchas golosinas no tienen alguna vitamina.
Muchas golosinas no tienen ninguna vitamina.
Nunca como nada que no sea natural. *Correcta*

11. Al niño le gusta ningún vegetal.
12. Nunca tomo ningún refresco con gas.
13. No comimos algo que tuviera vitamina C.
14. No se debe consumir ninguna verdura sin lavarla.
15. Una taza de café no es un buen desayuno para alguien.
16. No consumiste algún producto lácteo esta mañana.
17. El exceso de sal no es bueno para ninguna persona.
18. Estas galletas no contienen alguna vitamina.
19. Los caramelos no dan a nadie una alimentación adecuada.
20. No hay alguien en mi familia a quien no le guste la espinaca.

¿LO SABÍAS?

Algunas formas de malnutrición son menos comunes porque muchos alimentos están ahora enriquecidos con vitaminas. Esto quiere decir que se agregan vitaminas a los alimentos para proveer más nutrición.

Si deseas hacer más actividades con palabras negativas y homófonas, visita: *The Learning Site:*

www.harcourtschool.com

422

C. **Subraya las palabras homófonas en cada oración. Cada oración tiene un error en el homófono. Escríbelo correctamente.** páginas 420–421

> **Recuerda**
> que las palabras homófonas se pronuncian igual pero se escriben diferente y tienen también diferente significado.

Ejemplo: Los niños comieron <u>asta</u> las manzanas.
Los niños comieron hasta las manzanas.

21. Perjudicas tu salud cada ves que comes comidas grasas.
22. Has la promesa de comer más granos.
23. Si comes demasiado asta puedes sentirte mal.
24. ¿Haz pensado en comer vegetales en el almuerzo y cena?
25. Si tú vez a alguien comiendo mal debes advertirle.
26. Alguna ves debes informarte acerca de dietas saludables.
27. Si haz leído puedes estar satisfecho de saber sobre dietas.
28. Mucha gente deja librada al azahar su salud.
29. Ciertas dietas asta pueden decirte cuánto debes comer de acuerdo a tu peso y edad.
30. Tal ves todos debemos revisar nuestros hábitos alimenticios.

Conexión con la escritura

Diario de un escritor: Voz personal Todos tienen opiniones personales sobre comidas. Describe tu comida favorita, usando palabras que expresen tu personalidad, lenguaje figurado y comparaciones. Usa palabras homófonas como vez, ves, has, haz, azar, azahar, asta y hasta en tus descripciones.

CAPÍTULO 35

Negación y palabras homófonas

Repaso del capítulo

Lee el pasaje y elige las palabras que van en los espacios en blanco. En cada numeral, marca la letra de la respuesta correcta.

> En la pirámide de los alimentos __(1)__ están __(2)__ de los alimentos que __(3)__ se deben comer. Para estar saludables debemos comer __(4)__ cuatro porciones de frutas por día. En __(5)__ de dulces podemos comer frutas como postre. __(6)__ es bueno consumir muchas grasas. ¿__(7)__ comido saludable hoy? ¡No pongas en las manos del __(8)__ tu salud!

SUGERENCIA
Resulta muy útil volver a leer cada oración antes de seleccionar la respuesta.

1 A nada
   B no
   C todo
   D uno

2 F alguno
   G nada
   H algo
   J ninguno

3 A no
   B nadie
   C siempre
   D alguien

4 F asta
   G veces
   H hasta
   J hacer

5 A dos
   B vez
   C ves
   D nada

6 F Nadie
   G También
   H Tampoco
   J Ninguno

7 A Has
   B Hemos
   C haz
   D Hacer

8 F has
   G azahar
   H azar
   J más

Si deseas hacer más actividades de preparación para la prueba, visita:
The Learning Site:
www.harcourtschool.com

424

Ilustraciones

Una **ilustración** es un dibujo, pintura o fotografía que aparece en un libro, periódico o revista para representar o decorar un texto. Los ilustradores representan escenas o personajes de la historia que acompañan. Las ilustraciones muestran al lector cómo son los personajes, cómo actúan o dónde viven, trabajan o juegan. El cuadro siguiente explica los elementos de una ilustración.

Fondo:	la parte que aparece más alejada del observador
Centro de interés:	la parte que primero llama la atención
Detalles:	pequeños elementos ilustrados con especial cuidado
Primer plano:	la parte que aparece más cerca del observador

Hazte estas preguntas cuando observes una ilustración:

1. ¿Cuál es el **centro de interés**? ¿Por qué el artista lo eligió para llamar la atención?
2. ¿Qué partes de la ilustración se presentan con muchos **detalles**? ¿Son las partes más importantes de la ilustración?
3. ¿Qué hay al **fondo** y en **primer plano**? ¿Qué crees que el artista quiere expresar?

AHORA TE TOCA A TI

Lee un pasaje de un libro que no tenga ilustraciones. Imagina la escena y los personajes en tu mente. Crea tu propia ilustración para acompañar la escena. Usa el recuadro como guía para decidir qué y cómo ilustrar.

CAPÍTULO 36

Taller de escritura

Cuento popular

MODELO DE LITERATURA

Autora premiada

Un cuento popular es una historia que pasa de una generación a otra. En las fábulas generalmente se emplean animales para enseñar una lección. Al leer el cuento popular siguiente, observa cómo los animales tienen características de personas.

La TORTUGA y la LIEBRE

por Susan Lowell
ilustrado por Jim Harris

Un buen día el desierto estaba lleno de magia de primavera. Germinaron las semillas. Se abrieron los huevos. Los cactos florecieron.

—¡Ah! —dijo Tortuga al salir de su madriguera—. ¡Me siento bien! Me siento… veloz!

Liebre puso una de sus largas orejas en su dirección.

—¡Tortuga tonta! —rió—. *Tú* arrastras ese caparazón pesado adondequiera que vayas. En cambio *yo* soy libre, libre, libre!

¡Zig!, saltó Liebre a la izquierda. *¡Zag!*, se estiró Liebre a la derecha.

—¡*Soy* el corredor más rápido del desierto! —gritó.

Tortuga lo miró pacientemente con sus viejos, viejos ojos.

—Compitamos —dijo.

En ese momento se acercaron los otros animales del desierto.

—*Estoy* seguro de ganar —dijo Liebre.

—Demuéstralo —dijo Tortuga.

De manera que decidieron correr.

427

CAPÍTULO 36
Cuento popular

—Yo marcaré el recorrido —chilló Correcaminos, y se lanzó a correr:

sobre la colina rocosa,

a través del lugar plano y polvoriento,

bajo los mesquites

hasta la charca.

—Yo dibujaré la línea de sssssssalida —silvó Serpiente de Cascabel serpenteando en la arena.

Tortuga y Liebre tomaron sus posiciones uno junto al otro.

—Vigilaré desde arriba —dijo Buitre en lo alto del cielo, con Águila flotando cerca de él en silencio como una nube.

Ojeando a Liebre con hambre, el astuto Coyote se ofreció a dar la salida: —Uno, dos, tres... ¡Oh-OOOOOOO!

Liebre salió disparado. —¡Salto largo, bajo, largo salto! —cantaba, y en la colina rocosa se plantó en un abrir y cerrar de ojos.

Tortuga movió sus patas cubiertas con escamas cuesta arriba: *escrich-escrach-lup-tup*.

Escorpión se asomó debajo de una gran roca.

Tortuga consiguió, paso a paso, llegar hasta un nopal en flor, y con marcha penosa pasó junto a un saguaro gigante. En lo alto de su tronco, dentro de un oscuro agujero, Lechuza abrió un ojo dormilón.

Tortuga se arrastró a través de amapolas doradas, dientes de león y verbenas púrpuras del desierto, y cremosas lilas mariposa. Aunque le encantaban las flores, no paró.

—¡No nos pises! —gritaban las hormigas, corriendo.

—No las pisaré —respondió la Tortuga con su voz pequeña y seca, mientras seguía por su camino arrastrándose.

CAPÍTULO 36
Cuento popular

Mientras tanto Liebre llegó al lugar plano y polvoriento.

—¡Salto largo, bajo, largo salto! —cantaba dando brincos. Para entonces había dejado a Tortuga lejos atrás.

Entonces vio bajo los mezquites un trozo de tierra, dulce y deliciosa hierba, y se paró a probarla. Cuando se llenó por completo, se encontraba tan soñoliento que se echó en una sombra y se quedó dormido.

Tortuga bajaba laboriosamente la colina, *escrich-escrach-lup-tup*. Se sentía cansada y con calor, pero los aplausos de Tarántula con sus ocho brazos peludos consiguieron animarla. Al fin, ella también llegó al lugar plano y polvoriento.

¡Socorro! ¡Qué terrible monstruo con patas negras redondas de goma! ¡Trató de atropellarla! Hubo un rugido, olor de aceite quemado y una nube de polvo.

Cuando desapareció el polvo, Tortuga pudo salir de su caparazón.

—¡Uffff! —dijo, y siguió su lento y constante camino. Entonces pasó a Liebre, que todavía roncaba bajo los mezquites.

Hasta que de repente se despertó.

Liebre vio cómo todos los animales se reunían en torno a la charca. Las Codornices hasta habían traído a sus crías, que eran como pequeños huevos color café con patas.

Tortuga casi había llegado a la línea de la meta final.

Liebre voló y alcanzó a Ciervo de las patas ligeras, pasó por encima de Zorrillo apestoso con una maroma, dejó a Monstruo de Gila en el polvo, y ni cuenta se dio de la presencia de Rata Canguro.

Saltó más rápido que nunca, pasó a la peluda Javalina, hasta que . . . ¡Hui! Tropezó con Coyote sagaz y se *cayóóó*. Pero . . . —Salto largo, bajo . . . ¡Ah! ¡no!

La Tortuga cruzó *escrich-escrach-lup-tup* la meta primero.

Los animales del desierto aplaudieron.

—Gracias, amigos míos —dijo Tortuga.

Javalina entregó a la campeona un hermoso racimo de flores de primavera. Lenta y felizmente Tortuga se la comió.

Analiza el modelo

1. ¿Qué características humanas les atribuye a los animales el escritor?
2. ¿En qué momento de la historia Tortuga sigue su camino en vez de parar?
3. ¿Cómo demuestra el autor la personalidad de Liebre?

El poder de las palabras

per·se·ve·rar *v.* Continuar a pesar de los malos momentos u obstáculos en el camino.

CAPÍTULO 36
Cuento popular

LA LECTURA Y LA ESCRITURA

Partes de un cuento popular

Estudia este cuento popular escrito por un estudiante llamado Raúl. Presta atención a las diferentes partes del texto.

MODELO

presentación del escenario y los personajes

conflicto entre los personajes

acciones de los personajes

resultados de las acciones

La Zorra y el gallo

Érase una vez una ciudad muy parecida a la nuestra donde vivía un gallo llamado Enrique. No era por naturaleza muy bueno en deportes, pero siempre hacía lo mejor que podía. No lejos de Enrique vivía una zorra llamada Felicia. Aunque Felicia patinaba muy rápido, prefería jugar al dominó antes que practicar hockey.

Cuando Enrique decidió hacer la prueba para ser jugador del equipo de hockey, Felicia se rió y dijo —¿Tú, jugar al hockey? ¡Eres demasiado torpe! Todo el mundo sabe que yo soy la más rápida, y tengo los mejores patines.

Enrique chasqueó su pico. ¡Le daría una lección a esa pretenciosa de la cola espesa! Practicó todos los días. Incluso leyó un libro sobre cómo jugar hockey.

Mientras tanto Felicia jugaba al dominó en vez de entrenar. La noche antes de la prueba, Felicia no encontraba sus patines. Al final los encontró en el fondo del armario, donde los había dejado seis meses atrás.

En la prueba Enrique tambaleaba mientras los otros patinadores lo pasaban. Pero Enrique conocía las reglas del juego cuando los entrenadores le preguntaban. Felicia, por supuesto, llegó tarde. ¡En vez de patinar con gracia, se cayó dos veces en la primera vuelta! Las cuchillas de sus patines estaban oxidadas y se le atoraban en el hielo. ¡Pronto Felicia no podía moverse!

Los entrenadores anunciaron: —¡Elegimos a Enrique! ¡Puede que no sea el mejor patinador, pero conoce este juego! Los amigos de Enrique aplaudieron. Nadie prestó atención cuando Felicia se escabulló con su húmeda, espesa y arrugada cola entre las patas.

resultados de las acciones

conclusión (lección aprendida)

Analiza el modelo

1. ¿Por qué escribió Raúl esta historia? ¿Cuál es su público?
2. ¿Qué lección enseña la historia?
3. ¿Cuáles acontecimientos conducen a la lección de la historia?

Resume el modelo

Usa este organizador gráfico para seguir el argumento del cuento popular de Raúl. Después escribe un resumen de la historia.

El arte de escribir

Usar palabras vívidas y detalles sensoriales Encuentra tres ejemplos en la historia en los que Raúl use palabras vívidas o detalles sensoriales. Di cómo estas palabras hacen que la historia sea más interesante.

433

CAPÍTULO 36

Cuento popular

Antes de escribir

Propósito y público

En este capítulo vas a escribir tu propio cuento popular con el propósito de entretener y enseñar una lección. Vas a usar animales para mostrar una característica humana que consideres de ayuda o importante.

TEMA DE ESCRITURA Escribe un cuento popular acerca de dos o tres personajes que son animales con facultades humanas. Comienza presentando el escenario y los personajes. A través de alguna acción o diálogo muestra un conflicto entre los personajes. Termina con el resultado de las acciones de los personajes y una conclusión.

Piensa en el público y en el propósito. ¿Quién será el lector? ¿Cuál es el propósito de los personajes?

MODELO

Raúl decidió escribir sobre características humanas que ayudan en los deportes. Hizo dos listas para organizar sus ideas.

Estrategias que usan los buenos escritores

- Explica el propósito de tu escritura con una oración.
- Genera características y acciones para respaldar tu propósito.

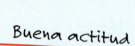

Buena actitud	Mala actitud
se puede confiar en él	presume
respeta a los demás	se burla de otros
quiere mejorarse	no practica
nunca abandona	es perezoso
se esfuerza mucho	se retrasa
practica	

AHORA TE TOCA A TI

Elige una característica positiva que creas que las personas deben tener. Usa listas para ayudarte a organizar tus ideas.

Bosquejo

CAPÍTULO 36

Cuento popular

Organización y elaboración

Sigue los siguientes pasos para organizar una historia:

PASO 1 ## Presenta el escenario y los personajes

Describe el escenario y presenta a los personajes principales.

PASO 2 ## Establece un conflicto

Cuenta acerca de un conflicto que tienen los personajes principales. Elige un conflicto que ayude a enseñar la lección.

PASO 3 ## Introduce acciones y sus resultados

Muestra las acciones de los personajes para resolver el conflicto y sus resultados. Elige acciones que muestren las características de los personajes.

PASO 4 ## Termina con una lección

Termina la historia de manera que la lección quede clara.

MODELO

Lee el principio del bosquejo de Raúl. ¿Cuáles son las características que Raúl le da a cada personaje?

> Érase una vez una ciudad muy parecida a la nuestra donde vivía un ~~joven y serio~~ gallo llamado Enrique. No era por naturaleza muy bueno en deportes, pero siempre hacía lo mejor que podía. Escuchaba al entrenador, ~~llegaba a tiempo para entrenar y cuidaba su equipo.~~ No lejos de Enrique vivía una zorra ~~que se~~ (llamaba) *llamada* Felicia. Felicia ~~era muy buena en el gimnasio.~~ Patinaba muy rápido. ~~Pero era perezosa.~~ Prefería jugar *dominó* ~~damas chinas~~ antes que ir a practicar.

AHORA TE TOCA A TI

Escribe un cuento popular. Usa las listas de tu bosquejo para elegir las características de los personajes.

Estrategias que usan los buenos escritores

- Comienza presentando el ambiente y los personajes.
- Presenta un conflicto (problema) que ayude a enseñar la lección.
- Usa las características de los personajes para ayudar a seleccionar sus acciones.

Haz el bosquejo de la historia en la computadora. Puedes usar la barra de desplazamiento para ir hacia adelante y hacia atrás mientras compruebas las partes de la historia.

435

CAPÍTULO 36

Cuento popular

Revisar

Organización y elaboración

Lee tu bosquejo. Piensa en las siguientes preguntas:

- ¿Tiene sentido el orden de acontecimientos?
- ¿He descrito mis personajes con palabras adecuadas?
- ¿Cómo ayudan las acciones a enseñar la lección?

MODELO

Observa cómo Raúl añadió y eliminó detalles.

Cuando Enrique decidió hacer la prueba para ser jugador del equipo **de hockey**, Felicia **vió y** dijo —¿Tú, jugar al hockey? ~~No puedes jugar al hockey.~~ ¡Eres demasiado torpe! Todo el mundo sabe que yo soy la más rápida y tengo mejores patines.

Mientras tanto ~~Era seguro que~~ Felicia ~~sería escogida para el equipo. Ella~~ jugaba al dominó en vez de entrenar. La noche antes de la prueba, Felicia no encontraba sus patines. ~~Los~~ **Al fin** encontró en el fondo del armario, donde los había ~~puesto.~~ **tirado seis meses atrás.**

estaba Enrique ~~staba~~ decidido **a todo.** ~~a probar de todas maneras.~~ ¡Le daría una lección a esa pretenciosa de la cola espesa! Practicó todos los días. Incluso leyó un libro sobre cómo jugar hockey.

AHORA TE TOCA A TI

Revisa tu cuento popular para hacer a tus personajes interesantes y la idea clara. Intercambia trabajos con un compañero para hablar sobre cómo las acciones respaldan la conclusión y lección de cada historia.

Estrategias que usan los buenos escritores

- Añade detalles acerca de tus personajes.
- Elimina ideas y palabras repetidas.
- Pregunta a un compañero de clase si tu conclusión enseña una lección clara.

Imprime una copia de tu bosquejo para revisarlo. Antes de imprimir, añade espacio entre las líneas para que tengas lugar para escribir.

436

Corregir

CAPÍTULO 36

Cuento popular

Comprobar el lenguaje

Verifica la ortografía y la puntuación de tu bosquejo. También asegúrate de que la gramática es correcta.

MODELO

Roberto corrigió con cuidado su historia ya revisada. Fíjate en cómo corrigió los errores de ortografía. ¿Por qué cambió las palabras *pasó* por *pasaba* y *nuevo* por *sabía*? ¿Qué otros errores corrigió?

> En la prueba Enrique ~~tambalaba~~ **tambaleaba** mientras los otros patinadores lo ~~pasavan~~ **pasaban**. Pero Enrique ~~conocer~~ **conocía** las reglas del juego cuando los ~~entrenador~~ **entrenadores** le preguntaban. Felicia, por supuesto, llegó tarde. ¡En vez de ~~pattinar~~ **patinar** con gracia, se cayó dos veces en la primera vuelta! ~~l~~**L**as cuchillas de sus patines estaban oxidadas, y se le atoraban en el hielo. ¡Pronto Felicia no podía moverse!
>
> Los ~~trenadores~~ **entrenadores** anunciaron —¡Elegimos **a Enrique** al ~~gallo~~! ¡Puede que no sea el ~~bueno~~ **mejor** patinador, pero conoce este juego! Los ~~hamigos~~ **amigos** de Enrique aplaudieron. Nadie prestó atención cuando ~~f~~**F**elicia se escabulló con su húmeda, espesa, arrugada cola entre las patas.

AHORA TE TOCA A TI

Corrige tu historia ya revisada.

- **Comprueba primero la ortografía, especialmente los plurales y las palabras que se confunden fácilmente.**
- **Comprueba la puntuación y las mayúsculas. Presta especial atención a los diálogos.**

Estrategias que usan los buenos escritores

- Comprueba las palabras que se confunden fácilmente.
- Comprueba la puntuación del diálogo.
- Comprueba si has usado las comas correctamente.

Marcas editoriales

⟋	Borrar texto
∧	Añadir texto
∿	Mover texto
¶	Párrafo nuevo
≡	Mayúscula
/	Minúscula
◯	Corregir ortografía

437

CAPÍTULO 36
Cuento popular

Publicar

Compartir tu trabajo

Ahora estás listo para publicar tu cuento popular. Contesta las siguientes preguntas para decidir cuál es la mejor manera de compartir tu trabajo.

1. ¿Quién es tu público? ¿Cómo puedes compartir tu cuento popular con ellos?
2. ¿Cómo debe presentarse tu cuento popular? Quizá quieras una impresión de computadora. Piensa cómo presentar la historia. Por ejemplo, si va a figurar en el tablón de clase, podrías escribirla con tu mejor cursiva.
3. ¿Crees que tu cuento debería tener dibujos u otras ilustraciones? Las ilustraciones pueden hacerla más divertida y fácil de imaginar.
4. ¿Deberás leer tu cuento popular en voz alta a la clase? Para hacer una presentación oral de tu cuento popular usa la información de la página 439.

Usar el Manual

- Usa la pauta de la página 511 para evaluar tu cuento popular.

Reflexionar sobre lo escrito

 Usar tu portafolio ¿Qué aprendiste acerca de tu escritura en este capítulo? Escribe tu respuesta para cada pregunta a continuación.

1. ¿Qué tan bien describiste a tus personajes? Explica tu respuesta.
2. ¿Cuál es el conflicto en tu cuento popular? ¿Estás contento con la manera en que lo resolviste? ¿Porqué sí o porqué no?
3. ¿Qué crees que hace que la fábula sea entretenida?

Añade tu cuento popular y tus respuestas escritas a tu portafolio. Di cómo el escribir este cuento te ha ayudado a mejorar como escritor. Luego, di algo sobre tu escrito que te gustaría hacer mejor.

Presentar una historia

Raúl decidió presentar su cuento popular leyéndolo a sus compañeros de clase. Puedes presentar de la misma forma una historia. Sigue los pasos siguientes para preparar y hacer tu presentación.

PASO 1 Imprime tu cuento popular en letra grande. Haz una copia clara y limpia para que sepas por donde vas.

PASO 2 Decide cómo hacer tu lectura más dramática. Por ejemplo, crea algunos objetos o haz dibujos para ayudar la presentación. Acompaña la lectura con algunos gestos. Anota estas ideas en tu copia impresa.

PASO 3 Usa una "voz" diferente para cada personaje. Las voces ayudarán a la audiencia a entender quién está hablando.

PASO 4 Practica tu presentación varias veces. Ensaya el uso de tus objetos, gestos y efectos de sonido.

PASO 5 Relájate y diviértete. Habla alto y claro. Haz gestos amplios para que los pueda ver toda la clase.

Estrategias para oyentes

Mientras escuches a tus compañeros de clase leer sus historias, usa las siguientes estrategias para seguir la historia mejor:

- Fíjate en los movimientos o gestos que destacan a los personajes o las acciones de la historia.
- Imagina los sentimientos de los personajes.

Unidad 6
Repaso de gramática
CAPÍTULO 31
Coma y dos puntos
páginas 378–387

Coma *páginas 378–379*

Escribe las oraciones. Pon las comas donde sea necesario.

1. El Servicio de Parques Nacionales que es una agencia gubernamental está al cuidado de más de 350 parques.
2. Yellostone que fue el primer parque fue creado en 1872.
3. Desde que los parques fueron calificados por su belleza natural los visitantes pueden apreciarlos mejor.
4. El Congreso adopta por ley los nuevos parques nacionales pero el Presidente puede decidirlo por su cuenta.
5. Por ejemplo en 1978 el presidente Carter creó parques.

Dos puntos *páginas 380–381*

Escribe las oraciones. Pon los dos puntos donde sea necesario.

6. El Servicio de Parques Nacionales proporciona estas actividades paseos, charlas y otros programas educativos.
7. También tiene estas obligaciones apagar los fuegos, proteger la naturaleza y controlar la contaminación.
8. Entre las maravillas naturales están las siguientes la fauna silvestre, los bosques y los ríos.
9. Pocos visitantes llegan a los parques después de las 330 p.m.
10. Los parques nacionales pueden estar en sitios diversos ciudades, montañas, campos de batalla y ríos.

Coma y dos puntos *páginas 382–383*

Escribe las oraciones. Pon la coma y los dos puntos donde sea necesario. Si la oración está correcta escribe *correcta*.

11. Los parques nacionales pueden ser de tres tipos recreativos naturales e históricos.
12. Algunos parques tienen lugares para acampar para equitación y caminos para subir las montañas.
13. Entre las áreas históricas están los campos de batalla los parques militares y los monumentos.
14. El monte Rainier y la cueva Wind son parques nacionales.
15. Los visitantes pueden ver los siguientes animales en la cueva Wind ciervos alces búfalos y antílopes.

440

Puntuación en los títulos *páginas 388–389*

Escribe las oraciones. Usa la puntuación correcta, subrayando los títulos o poniendo las comillas necesarias.

1. A María le gustan los poemas parecidos al de Las dos tortugas.
2. Ella lo encontró en un libro titulado Poesía para gente joven.
3. Ella se enteró del libro a través del Oakhurt Times, que es un periódico local.
4. En el periódico había otro poema titulado En la jungla.
5. María siempre lee los poemas de la revista Senderos.

Puntos suspensivos *páginas 390–391*

Escribe las oraciones. Escribe al lado de cada una si los puntos suspensivos son correctos (escribe *correcto*) o incorrectos (escribe *incorrecto*).

6. A Juan y a Silvia les... encanta la revista de viajes.
7. La cita decía que "el tesoro escondido [...] y todos fueron felices".
8. La muchacha no quiso comprometerse... por si las moscas.
9. Los periódicos... de la mañana contienen muchas noticias.
10. Quien a buen árbol se arrima...

Punto seguido *páginas 392–393*

Agrega el punto y coma o el punto seguido y las mayúsculas donde sea necesario.

11. Las hermanas se subieron al tiovivo; sin embargo los hermanos se fueron lejos.
12. A mi madre le gusta la geografía a mi padre le gusta la historia.
13. Mis dos hermanos riñeron al día siguiente hicieron las paces.
14. En la ciudad llovió todos los días en el campo sólo llovió ayer.
15. A Laura le gusta Lorenzo a Lorenzo le gusta Laura.

Unidad 6
Repaso de gramática
CAPÍTULO 32

Puntuación en los títulos, puntos suspensivos, punto y coma

páginas 388–397

Unidad 6
Repaso de gramática
CAPÍTULO 34
Puntuación en los diálogos
páginas 406–415

Comillas en citas directas *páginas 406–407*

Añade las comillas antes y después de cada cita directa en cada oración.

1. La señora Andrews pensó, Hoy aprenderé a jugar tennis.
2. ¿Quién sabrá jugar tennis? Se preguntó a sí misma.
3. Toda la historia del tennis, decía el título del libro.
4. Ella recordó cuando su madre le dijo, Ése es un buen libro para leer.
5. ¿Cuándo fue la primera vez que se jugó tennis? pensó ella.

El uso de la raya en los diálogos
páginas 408–409

Escribe la oración usando una de las palabras de la casilla. Usa la raya para indicar cuando habla cada persona.

preguntó	exclamó	respondió
dijo	añadió	explicó

6. El tennis se inventó en 1873, dijo la señora Andrews.
7. Ella explicó —El tennis se juega en una cancha.
8. ¿Alguien ha visto una raqueta de tennis? preguntó ella.
9. Yo los he visto, respondió Ralph.
10. ¡Ése es el mejor deporte! exclamó Emilia quiero aprenderlo.

La puntuación en el diálogo
página 410–411

Escribe la oración y corrige cada error de puntuación. Si la oración está correcta, escribe *correcta*.

11. —Los mejores jugadores participan en campeonatos —explicó ella.
12. —Yo conozco muchas mujeres tennistas," pensó Emilia.
13. Su maestra contestó —Un campeonato importante de mujeres es el Fed Cup.
14. Aseem recordó "Desde pequeña siempre quise ser jugadora de tennis".
15. "Wimbledon queda cerca de Londres, donde se juega un gran campeonato— "explicó la Sra. Andrews.

442

Unidad 6
Repaso de gramática
CAPÍTULO 35
Negación y palabras homófonas
páginas 416–425

Palabras que expresan negación
páginas 416–417

Lee las oraciones. Subraya las palabras que indican negación.

1. No es bueno comer mucha grasa.
2. Mi tía nunca come carne de cerdo.
3. Mi hermana dice que jamás probará el hígado.
4. No es aconsejable beber tanta soda.
5. Cuando corro mucho, me encuentro sin energía.
6. Mis abuelos creen que nada les curará el reúma.
7. Casi no tengo tiempo de peinarme.
8. Nunca bebas muy calientes los líquidos.
9. Mis compañeros no tienen ni idea de lo que yo como.
10. El atleta no puede saltar con la pértiga.

La negación doble *páginas 418–419*

Lee las oraciones y subraya las negaciones dobles.

11. No hay nadie que me lleve la contraria.
12. No digas no a las comidas saludables.
13. Nunca te acuerdas ni te acordarás de lo que te dije.
14. En la clase no hay ninguno con sombrero.
15. Esta receta de cocina no sirve para nada.

Palabras homófonas *páginas 420–421*

Escribe las oraciones. Para completar las oraciones, elige la palabra adecuada entre paréntesis.

16. El (haya, halla) es un árbol común en España.
17. Me asomé por la ventana para ver si (venía, venia) mi hijo.
18. Tenía tanta (irá, ira) que rompió el bastón.
19. (Como, Cómo) tanto que voy a engordar.
20. En la baraja hay cuatro (ases, haces).

443

Unidad 6 Conclusión

Escribir sobre otras materias: Salud y buena condición física

El que se escapó

¿Alguna vez has escuchado un cuento de un enorme pez que logró escapar o sobre cómo un equipo asombrosamente ganó un partido? Algunos cuentos como este último se basan en hechos reales. Otras veces la gente exagera para hacer los cuentos más interesantes. A esos cuentos le llaman cuentos exagerados. Escribe tu propio cuento exagerado acerca de un juego. Sigue los pasos que se enumeran.

Ejercita tu memoria

- Haz una lista de deportes o juegos en los que te gusta participar. ¿Ha sucedido algo realmente extraño cuando los estabas jugando?

- Escoge una situación que otras personas van a encontrar difícil de creer.

Haz un borrador del cuento, compártelo y revisa tu cuento

- Haz una lista de los sucesos que ocurrieron. Después escribe el cuento tal como lo recuerdes.

- Comparte tu cuento con un grupo. ¿Están de acuerdo ellos en que es bastante asombroso? Si no lo están, añádele detalles y exageraciones para demostrar lo asombroso que fue el suceso.

- Ilustra el cuento. Haz dibujos, un diagrama o crea un modelo que te ayude a contarlo.

Publica tu cuento

- Añade tu cuento exagerado al portafolio de la clase que se va a exhibir en tu salón.

- Con el permiso de tu maestro, cuenta tu cuento exagerado a los niños de kindergarten o de primer grado.

Libros de lectura

Frida María
por Deborah Nourse Lattimore
FICCIÓN
Frida María no se porta como se debe portar una "señorita". Pero es ella la que lo salva todo el día de la carrera de caballos.

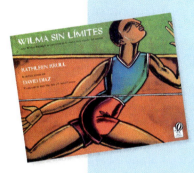

Wilma sin límites
por Kathleen Krull
BIOGRAFÍA
De niña Wilma Rudolph quedó paralizada por polio. Ella decidió, aunque todos le decían que no, que no solo volvería a caminar sino también llegaría a correr.

Repaso acumulativo

Unidad 1

Oraciones

Oraciones *páginas 24–29*

Escribe las oraciones usando la puntuación necesaria.

1. tanto mi padre como mi madre son profesores de estudios sociales
2. qué tienes que hacer para ser profesor
3. ir a la universidad y sacar el título de profesor
4. puedes enseñar enseñanza elemental o enseñanza media.
5. cuánto trabajo supone ser maestro

Sujetos/Sustantivos *páginas 34–39*

Escribe las oraciones. Subraya una vez el sujeto completo. Subraya dos veces el sujeto simple.

6. Mi vecina es artesana.
7. Sus joyas, sus vasijas y su cerámica son preciosas.
8. Mucha gente compra sus aretes y sus collares.
9. Ella y su marido van a las ferias de artesanía.
10. Tiene un negocio lucrativo que la hace sentirse muy orgullosa.

Predicados/Verbos *páginas 52–57*

Escribe las oraciones. Subraya una vez el predicado completo. Subraya dos veces el predicado simple.

11. El padre de Roberto es carpintero.
12. Él construye muebles y coloca suelos de madera en las casas.
13. Él le hizo a Roberto una enorme cama litera.
14. La cama parece una nave espacial, y tiene dos escaleras.
15. El padre de Roberto trabaja mucho y tiene un negocio formidable.

Oraciones compuestas *páginas 62–67*

Vuelve a escribir cada grupo de palabras formando una oración compuesta.

16. Nosotros hacemos una venta cada otoño. Ellos la hacen también.
17. Los ciudadanos donan libros viejos. Las bibliotecas los exponen.
18. Bernardo compra un libro. Ellos pueden comprar muchos libros.
19. Nosotros siempre damos muchos libros. Nosotros venimos a casa con más libros aún.
20. La venta une a la gente. La biblioteca se beneficia.

Sustantivos   *páginas 92–97*

Escribe las oraciones. Subraya los sustantivos.

1. Mucha gente de la clase se ha roto un hueso.
2. Cuando José se rompió el tobillo, él fue al Dr. Peterson.
3. Tom se cayó de un árbol en la calle Vine, y se rompió un brazo.
4. Kim se cayó en el hielo y se rompió una muñeca.
5. Los demás estudiantes firmaron las escayolas de los amigos.

Artículos y conjunciones   *páginas 102–107*

Escribe las oraciones. Subraya los artículos y las conjunciones.

6. El doctor de Carmen dijo que se hiciera pruebas de sangre.
7. El doctor y su esposa fueron de paseo al parque.
8. Los resultados de la prueba no mostraron nada serio.
9. El doctor le aconsejó que tomara agua con limón.
10. Los niños necesitan vitamina C.

Verbos de acción y copulativos

páginas 120–125

Escribe las oraciones. Usa el verbo correcto entre paréntesis.

11. El bosque (es, está) habitado por muchos animales.
12. Los zorros y los osos (viven, vive) allí.
13. Muchos insectos (tiene, tienen) su hogar en los bosques.
14. Algunas aves se (vas, van) en el otoño.
15. Los osos (duerme, duermen) la mayor parte del año.

Verbos principales y auxiliares

páginas 130–135

Escribe las oraciones. Subraya una vez el verbo principal, y dos veces el verbo auxiliar.

16. La exposición de peces del museo Spencer no se ha acabado aún.
17. Nunca habrás visto un calamar más grande que éstos.
18. No deberías perderte la exposición.
19. Nunca había visto un calamar gigante.
20. No se te olvide lo que te he dicho.

Repaso acumulativo

Unidad 2

Más sobre sustantivos y verbos

Repaso acumulativo

Unidad 3

Tiempos verbales

Verbos en tiempo presente *páginas 164–169*

Escribe las oraciones. Utiliza el verbo adecuado que hay entre paréntesis.

1. Imelda (pintas, pinta) escenas de la vida en las islas.

2. Sus cuadros (muestran, muestra) barcos en la bahía.

3. En los barcos (ha, hay) redes y cañas de pescar.

4. En un cuadro puedes ver la niebla que (cubre, cubres) el puerto.

5. Hay un barco que (desapareces, desaparece) en la niebla.

Verbos en tiempo pasado *páginas 174–179*

Escribe las oraciones. Utiliza el verbo correcto entre paréntesis.

6. En el museo (había, hay) obras de los artistas locales.

7. Entre las obras (habrá, había) dos cuadros de mi profesor de arte.

8. En un cuadro se (ve, veía) nuestra escuela.

9. Había un niño que (era, es) el personaje de un cuadro enorme.

10. En el fondo (pinta, pintó) varios pájaros y un gatito.

Verbos en tiempo futuro *páginas 192–197*

Escribe las oraciones. Utiliza el verbo correcto entre paréntesis.

11. La próxima semana, un artista (aparece, aparecerá) en la librería.

12. Después de leer el libro, te (contaré, cuento) de lo que trata.

13. El año que viene (vas, irás) de viaje.

14. Cuando regrese, te (traigo, traeré) un regalo.

15. Ella cree que la gente le (compra, comprará) muchos libros.

Verbos irregulares *páginas 202–207*

Escribe las oraciones. Utiliza el tiempo pasado del verbo entre paréntesis.

16. Los miembros de la orquesta se (ir, fueron) a ensayar.

17. Ellos (oir, oyeron) lo que dijo el director de orquesta.

18. Las explicaciones no nos (servir, sirvieron) de nada.

19. Yo le (sacar, saqué) a Mariano su boleto.

20. Nosotros no (leer, leímos) el programa de música.

Padding

Pronombres *páginas 232–237*

Escribe las oraciones. Subraya los pronombres. Escribe el sustantivo reemplazado por el pronombre.

1. Los niños regresaban de la escuela cuando la tormenta los alcanzó.

2. La mujer habló con los niños. Ella les avisó que se dieran prisa.

3. Ellos fueron corriendo para guarecerse en casa de la señora López.

4. La señora López les dio toallas, y ellos estuvieron muy agradecidos.

5. Bebieron chocolate caliente y le dijeron a ella que estaba muy bueno.

Más sobre los pronombres *páginas 242–247*

Escribe las oraciones. Subraya los pronombres posesivos.

6. Leila mira la lluvia desde su ventana.

7. La lluvia está cayendo en su jardín.

8. Si sigue lloviendo, sus plantas crecerán muchísimo.

9. Ella me pidió mis herramientas para cuidar su jardín.

10. No nos importa que llueva, a pesar de no poder montar en nuestras bicicletas.

Adjetivos y adverbios *páginas 260–265, 270–275*

Escribe las oraciones. Utiliza uno de los verbos entre paréntesis para completarlas.

11. Tú puedes ver _____ las estrellas si el cielo está despejado. (claro, claramente)

12. Es _____ ver las estrellas en la ciudad que en el campo. (difícil, más difícil)

13. Las estrellas _____ deben de ser los planetas. (más brillantes, brillosas)

14. ¿Puedes ver _____ las estrellas a través del telescopio? (bien, bueno)

15. Por la mañana puedo ver Venus _____. (claro, claramente)

Repaso acumulativo

Unidad 4

Pronombres, adjetivos y adverbios

449

Repaso acumulativo

Unidad 5

Frases y cláusulas

Preposiciones *páginas 306–311*

Escribe las oraciones. Subraya las frases preposicionales.

1. Manhattan es parte de la ciudad de Nueva York.

2. Manhattan fue construida en una isla.

3. Algunos de los edificios más altos del mundo están aquí.

4. Millones de personas viven dentro de la ciudad.

5. Hay otros cuatro distritos que forman parte de la ciudad.

Frases y cláusulas *páginas 316–321*

Escribe las oraciones. Subraya una vez las cláusulas dependientes, y dos veces las cláusulas independientes.

6. Aunque hay menos cada día, las granjas son de gran importancia.

7. Sin granjas, nosotros no podríamos subsistir.

8. Las granjas sufrirán un revés si no regulamos el crecimiento de las ciudades.

9. Cuando fortalezcamos las granjas, el suministro de agua se verá afectado.

10. Las urbanizaciones crecen allí donde había granjas.

Oraciones complejas y compuestas *páginas 334–339*

Escribe las oraciones y escribe al lado si son *complejas* o *compuestas*.

11. Visitamos San Diego y lo pasamos estupendamente.

12. Planeamos quedarnos la mañana, pero nos quedamos todo el día.

13. Después de salir del zoo, comimos en un restaurante cercano.

14. Como estábamos muy cansados, nos fuimos pronto a la cama.

15. Después fuimos al desierto, en donde vimos cactos.

Oraciones seguidas y fragmentos de oración *páginas 344–349*

Di si cada grupo de palabras es una *oración seguida* o un *fragmento de oración*.

16. Burlington es una ciudad grande de Vermont. No es la capital.

17. La capital de Texas es Austin. Houston no lo es.

18. Es la capital de Rhode Island.

19. Nueva York es la ciudad más grande. Albany es la capital.

20. La capital de California.

Repaso acumulativo

Unidad 6

Uso y puntuación

Coma y dos puntos   *páginas 376–381*

Escribe las oraciones, usando las comas y los dos puntos donde sea necesario.

1. Rebeca nuestra directora preguntó si estamos listos.

2. Ella dijo trae los cacharros a la tienda.

3. Anduvimos varias millas colocamos las tiendas y caímos rendidos.

4. A las 415 nos dimos cuenta de que olvidamos la comida.

5. Juan que es el más fuerte aguantó todo el peso.

Puntuación en los títulos   *páginas 386–391*

Escribe correctamente los siguientes títulos.

6. El ático de la abuela (libro)

7. Veintinueve estampillas antiguas (artículo de revista)

8. El piloto salva a la tripulación (artículo de periódico)

9. Montañista semanal (revista)

10. Un paseo en el lado peligroso (cuento corto)

Puntuación en los diálogos

páginas 404–409

Escribe las oraciones, usando correctamente los guiones de diálogo.

11. ¿Te gusta cocinar? le preguntó Ana a Carlos.

12. Carlos contestó: puedo hacer galletas y tortas.

13. ¿Has intentado alguna vez hacer un flan? preguntó Ana.

14. Sí dijo Carlos pero el relleno se cayó al suelo.

15. ¡Ay, no! exclamó Ana.

Palabras homófonas   *páginas 414–419*

Elige las palabras correctas entre paréntesis para completar las oraciones.

16. Un (cabo, cavo) es una parte de tierra que sale al mar.

17. Él no (tuvo, tubo) más remedio que reconocer la verdad.

18. La (hoya, olla) de la comida está oxidada.

19. Esta pelota no (vota, bota) nada.

20. Prefiero (uno, huno) que sea fiero.

451

Repaso acumulativo
Unidades 1–6

Uso del lenguaje

Lee el siguiente pasaje. Elige la mejor manera de escribir cada oración, y marca la letra de tu respuesta. Si la oración está bien, marca la respuesta que dice *No hay errores*.

> (1) Cada año se da un premio a un escritor de libros infantiles. Cada año se da un premio a un ilustrador de libros infantiles. (2) El premio del autor es la medalla Newbery. El premio del ilustrador es la medalla Caldecott. (3) Nombradas así en honor a escritores famosos. (4) Porque sólo se da un premio cada año. Las posibilidades de ganar son pequeñas.

1 **A** Cada año se da un premio a un escritor de libros infantiles, pero cada año se da un premio a un ilustrador de libros infantiles.

  B Cada año se da un premio a un escritor de libros infantiles; cada año se da un premio a un ilustrador de libros infantiles.

  C Cada año se da un premio a un escritor y a un ilustrador de libros infantiles.

  D No hay errores.

2 **F** El premio del autor es la medalla Newbery; también el del ilustrador es la medalla Caldecott.

  G El premio del autor es la medalla Newbery: el premio del ilustrador es la medalla Caldecott.

  H El premio del autor es la medalla Newbery y el del ilustrador es la medalla Caldecott.

  J No hay errores.

3 **A** Las medallas se llaman así en honor a escritores famosos.

  B Nombradas las medallas así en honor a escritores famosos.

  C Nombradas las medallas en honor a escritores famosos.

  D No hay errores.

4 **F** Sólo se da un premio cada año. las posibilidades de ganar son pequeñas.

  G Como sólo se da un premio cada año, las posibilidades de ganar son pequeñas.

  H Porque sólo se da un premio cada año: las posibilidades de ganar son pequeñas.

  J No hay errores.

Expresión escrita

Repaso acumulativo
Unidades 1–6

Usa este párrafo para contestar las preguntas 1 a 3.

> (1) Hace muchos años, mi tío fue a Pakistán para buscar animales que según los demás ya no existían. Él fue allí con su propio dinero. (2) Él sabía que los animales aún existían. (3) Él estaba seguro de que podría encontrarlos. (4) El proyecto le tomó <u>dos viajes pero</u> los encontró.

1 Elige la mejor oración introductoria para este párrafo.

- **A** A mi tío le gustan los animales.
- **B** Mi tío es una persona con mucha determinación y ama a los animales.
- **C** A mi tío le encanta viajar.
- **D** Mi tío no tiene miedo de nada.

2 ¿Cuál es la mejor manera de combinar la oración 2 y la 3?

- **F** Él sabía que los animales aún existían, él estaba seguro que podría encontrarlos.
- **G** Él sabía que los animales aún existían, pero estaba seguro que podría encontrarlos.
- **H** Él sabía que los animales aún existían, y estaba seguro de que podría encontrarlos.
- **J** Él sabía que los animales aún existían, seguro que podría encontrarlos.

3 ¿Cuál es la mejor manera de escribir la parte subrayada de la oración 4?

- **A** dos viajes; pero
- **B** dos viajes, pero
- **C** dos viajes: pero
- **D** dos viajes pero

453

CAPÍTULO 1
Oraciones
páginas 24–33

Práctica adicional

A. Escribe correctamente cada oración. La palabra entre paréntesis indica qué tipo de oración es.
páginas 24–29

1. mi madre es enfermera (declarativa)
2. describe lo que hace una enfermera (imperativa)
3. las enfermeras atienden a las personas enfermas (declarativa)
4. ellas asisten a los médicos (declarativa)
5. es un trabajo muy gratificante (exclamativa)
6. dónde trabajan las enfermeras (interrogativa)
7. las enfermeras visitantes van a las casas de la gente enferma (declarativa)
8. algunas enfermeras trabajan en asilos (declarativa)
9. trabajan las enfermeras en otros lugares (interrogativa)
10. muchas trabajan en escuelas (declarativa)

B. Añade palabras a cada grupo de palabras para formar el tipo de oración que se indica entre paréntesis. *páginas 24–29*

11. enfermeras por todos lados (exclamativa)
12. ayudan a la gente a estar sanos (interrogativa)
13. cómo lo hacen (imperativa)
14. cómo protegerse de los gérmenes (declarativa)
15. muy inteligentes (exclamativa)

C. Escribe las oraciones. Añade las mayúsculas y los signos de exclamación e interrogación. Clasifica la oración como declarativa, interrogativa, exclamativa o imperativa.
páginas 28–29

16. cómo te haces enfermera
17. debes tener un diploma de la escuela secundaria
18. Después vas a la escuela de enfermería.
19. dinos qué más tienes que hacer
20. que interesante parece

454

Práctica adicional

CAPÍTULO 2

Sujetos/ Sustantivos
páginas 34–43

A. Escribe las oraciones. Subraya una vez el sujeto completo. Subraya dos veces el sustantivo que es el sujeto simple. páginas 34–37

1. Mi amigo oyó un zumbido.
2. Su primo que vive en la misma calle también lo oyó.
3. Una enorme abeja volaba en dirección al roble.
4. En el árbol había una colmena con abejas.

B. Escribe las oraciones. Subraya todo el sujeto compuesto. páginas 38–39

5. Ben y su amigo preguntaron al Sr. Wilson, que es mi vecino, si sabía lo que pasa dentro de una colmena.
6. El Sr. Wilson y su ayudante les explicaron algunas cosas.
7. Las abejas obreras y los zánganos construyen el panal por dentro.
8. El polen y la miel se almacenan en el panal.
9. La reina, los zánganos y las obreras tienen tareas muy importantes.

C. Combina cada par de oraciones para formar una oración que tenga un sujeto compuesto. Usa una conjunción para unir los sujetos. Usa una coma cuando sea necesario. páginas 38–39

10. Ben quería saber qué tipo de abejas hay. El amigo de Ben y su primo querían saber qué tipos de abejas hay.
11. Las abejas recolectoras de miel son abejas sociales. Los abejorros son abejas sociales.
12. Las abejas mineras viven solas. Las abejas albañiles viven solas.
13. Las abejas sociales producen miel. Las abejas solitarias producen miel.

CAPÍTULO 4
Predicados/Verbos
páginas 52–61

Práctica adicional

A. Escribe el predicado completo. Subraya el verbo que es el predicado simple. *páginas 52–55*

1. Las verduras son importantes para una dieta saludable.
2. Ellas proporcionan muchas vitaminas.
3. Las verduras provienen de distintas partes de las plantas.
4. Entre los tubérculos están la zanahoria y la remolacha.

B. Escribe las oraciones. Subraya el predicado completo de cada predicado compuesto. Encierra en un círculo la palabra que los une. *páginas 56–57*

5. La jardinería requiere ejercicio y reduce el estrés.
6. La huerta casera reduce el costo de los alimentos, a la vez que proporciona verduras de buena calidad.
7. Algunas personas plantan sus propias semillas, o compran plantas nuevas en los viveros.
8. Trabajar en el huerto requiere mucho trabajo, pero sigue siendo un pasatiempo muy popular.

C. Vuelve a escribir las oraciones de cada grupo, formando oraciones que tengan un predicado compuesto. Usa comas donde sea necesario.
páginas 56–57

9. En los Estados Unidos se producen verduras para el consumo. Los Estados Unidos es uno de los países que produce más verduras.
10. Muchos granjeros de Nueva York cultivan manzanas. Muchos granjeros las venden en puestos que tienen en sus granjas.
11. Los granjeros limpian la verdura cosechada. Los granjeros lavan la verdura cosechada. Los granjeros clasifican la verdura cosechada.
12. Algunos granjeros transportan sus verduras en camiones frigoríficos. Algunos granjeros venden las verduras en sus localidades.

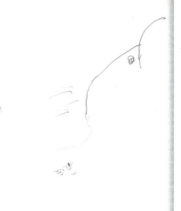

Práctica adicional

CAPÍTULO 5

Oraciones simples y compuestas
páginas 62–71

A. Lee cada grupo de palabras. Si las palabras forman una oración completa, escribe *completa*. Si las palabras no forman una oración completa, escribe *no completa*. Luego escribe si falta un sujeto o un predicado. *páginas 62–63*

1. Vivir en el mar azul.
2. Algunos tiburones nadan hasta las aguas del interior.
3. Los tiburones, como el gran tiburón blanco y el tigre
4. pueden clasificarse en ocho grupos.

B. Escribe las oraciones. Subraya una vez el sujeto simple y subraya dos veces el predicado simple. Después escribe *simple* o *compuesto* para definir la oración. *páginas 64–65*

5. El gran tiburón blanco es el más grande de los tiburones.
6. Algunos crecen sólo dos pies de largo, pero otros crecen mucho más.
7. A mucha gente le interesan los tiburones y los científicos estudian las costumbres de estos peces.
8. Algunos tiburones viven en acuarios.

C. Usa las conjunciones *y*, *pero* u *o* para combinar las oraciones y formar oraciones compuestas. Escribe la nueva oración y pon las comas donde corresponden. *páginas 66–67*

9. Los tiburones tienen los mismos cinco sentidos que la gente. Tienen también un sexto sentido.
10. El sexto sentido es un poro sensorial. Los tiburones lo usan para buscar sus presas.
11. Los tiburones tienen todos los mismos sentidos. No tienen las mismas características.
12. El tiburón ángel tiene el cuerpo aplanado. El tiburón bambú tiene el cuerpo largo y flexible.

CAPÍTULO 7

Más sobre los sustantivos
páginas 92–101

Práctica adicional

A. Lee las oraciones. Clasifica los sustantivos subrayados por sustantivo común o sustantivo propio. *páginas 92–93*

1. Mi <u>familia</u> y yo fuimos a <u>Washington, D.C.</u>, durante el verano.
2. Es la <u>capital</u> de <u>Estados Unidos</u>.
3. Vimos muchos <u>monumentos</u> allí.
4. Un <u>monumento</u> es un <u>edificio</u> o <u>estatua</u> construido para honrar a una <u>persona</u> o un <u>acontecimiento</u>.
5. El <u>monumento a Washington</u> es mi favorito.

B. Escribe las oraciones. Usa la forma correcta en plural para cada sustantivo que hay entre paréntesis. *páginas 94–95*

6. Teníamos (entrada) libres para algunos lugares, y a menudo caminamos más de dos (milla) cada día.
7. Los (pie) nos dolían después de dos (día).
8. Nos encontramos con otros (niño) cuando estábamos allí.
9. En el zoológico de Washington vimos algunos (ciervo) preciosos.
10. Washington, D.C., es una de las (ciudad) más bellas que conozco.

C. Escribe cada oración y corrige los errores que hay en las abreviaturas. *páginas 92–97*

11. Washington, d.c., no es un estado.
12. Mi vecino, el dr Rivera, vivió allí unos años atrás.
13. Ella vivía cerca de la Casa Blanca, cuya direccíon es 1600 av Pennsylvania.
14. Ella y el sr Rivera visitaron a su familia de Washington en Nov.
15. Ellos se fueron a las 8 PM y volvieron antes de las 6:00 A.M.

458

Práctica adicional

CAPÍTULO 8

Artículos, conjunciones e interjecciones
páginas 102–111

A. Escribe las oraciones. Subraya el artículo.
páginas 102–103

1. El amigo de mi hermano Antonio nos invitó al circo.
2. Algunos de los otros amigos de Antonio nos acompañaron.
3. Nosotros fuimos en el camión de su madre.
4. Tomamos muchas fotos con la cámara de mi hermana.
5. Me gustaron las bromas de uno de los payasos.

B. Sustituye las palabras subrayadas con la contracción del artículo. *páginas 104–105*

6. Fue gracioso ver los trucos <u>de el</u> animal.
7. Me gustó el baile <u>de el</u> elefante.
8. La ropa <u>de el</u> acróbata era bonita.
9. A todos nos gustó mucho ir <u>a el</u> circo.
10. El payaso le habló <u>a el</u> niño que lloraba.

C. Escribe las oraciones y subraya la conjunción.
páginas 106–107

11. Dame la cobija que te regaló la tía.
12. Hoy he comido pan, mantequilla y ensalada.
13. He oído una conversación entre un maestro y el director.
14. Hay complementos directos e indirectos.
15. No quiero sal ni pimienta.

D. Lee las oraciones y añade los signos de interjección que faltan. *páginas 106–107*

16. Papá exclamó: Qué grandes son los elefantes
17. ¡Esto no tiene ningún secreto.
18. No digas bobadas! —respondió Manuel.
19. El público exclamó sorprendido: Oh!
20. Aquel león sí que era fiero —gritó mi amigo.

CAPÍTULO 10

Verbos principales y verbos copulativos
páginas 120–129

Práctica adicional

A. Escribe las oraciones y subraya el verbo o los verbos. Clasifica el verbo por verbo de acción o verbo copulativo. *páginas 120–123*

1. Un meteorólogo es un científico que estudia la atmósfera de la Tierra.
2. Los meteorólogos miden el viento y la temperatura.
3. Los meteorólogos usan satélites.
4. Los satélites fotografían la Tierra desde alto.
5. Los meteorólogos emplean las fotografías para predecir el tiempo.
6. Con las fotografías, los meteorólogos saben dónde hay nubes o tormentas.
7. Las computadoras también son herramientas de los meteorólogos.
8. Ellas proporcionan mapas del tiempo.

B. Escribe las oraciones. Subraya el verbo copulativo. Encierra en un círculo el predicado que está conectado al sujeto con un verbo copulativo. *páginas 122–123*

9. Un tornado es una potente tormenta en forma de espiral.
10. Los tornados son comunes en el Oeste Medio.
11. Todo lo que hay en el paso de un tornado puede ser destruido.
12. Un tornado en Xenia, Ohio, fue muy potente.
13. Aquel tornado fue uno de los peores.

C. Escribe las oraciones, usando la forma correcta del verbo *ser* o *estar*. *páginas 124–125*

14. ¿Qué (es, son) lo mejor que se puede hacer cuando hay un tornado?
15. El mejor sitio para resguardarse (es, son) el sótano.
16. Los pisos bajos de un edificio (están, son) más seguros que los altos.

Práctica adicional

CAPÍTULO 11
Verbos principales y verbos auxiliares
páginas 130–139

A. Escribe los verbos de cada oración. Después escribe cuál es el verbo auxiliar y cuál es el verbo principal. *páginas 130–131*

1. Las hormigas siempre han vivido en comunidades llamadas colonias.
2. Las hormigas son conocidas como insectos sociales.
3. Las colonias de hormigas pueden tener cientos, miles o millones de miembros.
4. Cada colonia tiene hormigas obreras y reinas.
5. Las hormigas obreras tienen muchas tareas.
6. Estas hormigas han construido hormigueros.
7. Ellas protegen a la reina.
8. La reina pone los huevos.
9. Los científicos han hecho muchas investigaciones sobre las hormigas.

B. Escribe las oraciones. Subraya el verbo auxiliar y el verbo principal. Encierra en un círculo la palabra que está entre esos verbos. *páginas 132–133*

10. Las antenas de las hormigas son siempre usadas para tocar, oler, escuchar y saborear.
11. Las antenas pueden moverse constantemente.
12. Las antenas han ayudado, sin duda, a la seguridad de las hormigas.
13. Las hormigas no tienen orejas.

C. Escribe las oraciones. Escribe la conjugación del verbo auxiliar que aparece entre paréntesis. *páginas 134–135*

14. Algunos granjeros, debido a las hormigas, no (haber) perdido sus cosechas.
15. Hay tantas hormigas que (ir) a inundar la casa.
16. María (haber) visto varias hormigas en su mesa.
17. Las hormigas (haber) comido nuestra merienda.
18. No (ser) divertido una merienda con hormigas.

CAPÍTULO 13
Verbos en tiempo presente
páginas 164–173

Práctica adicional

A. Escribe el verbo de cada oración. Escribe si la acción ocurre en el pasado, en el presente o en el futuro. *páginas 164–165*

1. Recibí un cachorro el día de mi cumpleaños.
2. Le puse el nombre de Samantha.
3. Le llamo Sam de apodo.
4. Le encanta jugar afuera.
5. Mi hermano y yo la adiestramos.
6. Mañana la llevaré al veterinario.
7. Allí le pondrán las vacunas.
8. Las vacunas la protegen contra las enfermedades.
9. Sam es muy juguetona.
10. Ella va a ser una perra muy buena.

B. Escribe las oraciones. Subraya el verbo que está en el presente. Indica si está en singular o en plural. *páginas 166–167*

11. Sam recoge el periódico cada mañana.
12. Ella y yo jugamos con una cuerda al tira y afloja.
13. Sam y otro perro se ladran constantemente.
14. A Sam le gustan las galletas para perros.
15. Mi hermano y yo le enseñamos muchos trucos.

C. Escribe las oraciones. Usa correctamente la forma presente del verbo que hay entre paréntesis. *páginas 168–169*

16. Un perro (necesitar) cuidado.
17. Normalmente un gato (requerir) menos atención que un perro.
18. Los gatos (estar) en casa solos todo el día.
19. A los perros, sin embargo, les (gustar) los viajes en auto mucho más que a los gatos.
20. Tanto los gatos como los perros (querer) que los cuidemos y queramos.

Práctica adicional

CAPÍTULO 14

Verbos en tiempo pasado
páginas 174–183

A. Escribe las oraciones. Subraya el verbo que está en el pasado. *páginas 174–175*

1. A Gabriela le gustó *La telaraña de Carlota*.
2. Sylvester Dunkin, que es un burro, vivía en Oatsdale.
3. Él se convirtió en una roca.
4. Sus padres lo extrañan mucho.
5. Una piedra mágica lo ayudó.

B. Escribe el tiempo pasado del verbo entre paréntesis. *páginas 175–175*

6. A Gabriela también le (encantar) el libro *Madeline*.
7. Madeline (vivir) en París.
8. Madeline y las otras niñas (caminar) juntas.
9. Todas las niñas del cuento se (vestir) igual.
10. El autor también (ilustrar) el libro.

C. Escribe las oraciones con el pasado del verbo entre paréntesis. *páginas 176–177*

11. Mi hermana (intentar) escribir un cuento.
12. Ella (querer) escribir algo interesante.
13. Ella ha (escribir) varios borradores.
14. Ella (decidir) escribir acerca de una profesora llamada Ana.

D. Escribe las oraciones usando la forma correcta del verbo entre paréntesis. *páginas 178–179*

15. A Gabriela y a su hermano les (gustan, gusta) leer.
16. Entre los libros de Gabriela, (hay, han) uno de misterio y una biografía.
17. A Gabriela le (gusta, gustan) también las novelas de ficción.
18. La biblioteca que (ha, hay) en el cruce es la que tiene más libros.

463

CAPÍTULO 16
Verbos en tiempo futuro
páginas 192–201

Práctica adicional

A. Escribe las oraciones. Subraya el verbo que está en el tiempo futuro. *páginas 192–193*

1. Mi familia y yo iremos a la feria estatal este fin de semana.
2. Allí veré a mis amigos.
3. Iremos en un barco de vapor.
4. También subiremos en un carrusel.
5. Será muy divertido.

B. Escribe las oraciones. Subraya los dos verbos que forman el tiempo futuro. *páginas 194–195*

6. La banda local va a participar en el desfile.
7. También van a presentar un concierto por la noche.
8. ¿Qué música van a tocar ellos?
9. Seguro que van a interpretar marchas.
10. No vamos a pernernos el concierto.

C. Escribe las oraciones y subraya cada verbo. Indica si el verbo está en tiempo presente, en tiempo pasado o en tiempo futuro. *páginas 196–197*

11. Mi hermano exhibirá sus ovejas en la feria.
12. Él y mi primo cuidaron de las ovejas.
13. El nombre de la oveja más grande es Jack.
14. Mi primo ganó el lazo azul el año pasado.
15. Mi hermano quiere ganar un lazo este año.
16. Mi madre va a participar en el torneo de mermeladas con una mermelada de fresa.
17. El año pasado ganó un premio por su mermelada de moras.
18. ¿Ganará este año?
19. Nosotros creemos que sí.
20. Mi padre y yo la aplaudiremos mucho.

Práctica adicional

CAPÍTULO 17

Verbos irregulares
páginas 202–211

A. Escribe la forma correcta del tiempo pasado del verbo entre paréntesis. *páginas 202–205*

1. Mis padres (traer) a casa un auto nuevo.
2. Mi padre (saber) de una venta de autos.
3. Él se (levantar) por la mañana temprano.
4. Mi madre (pensar) que lo acompañaría.
5. Su auto (estar) destrozado.
6. Se había (romper) muchas veces.
7. Ellos (estar) deseando tener un auto nuevo.
8. Ellos se (llevar) algunos libros para informarse.
9. La compra del auto fue más fácil de lo que (pensar).
10. Yo (empezar) a pensar que ellos van de compras otra vez.

B. Escribe la forma correcta del verbo entre paréntesis. *páginas 204–205*

11. Yo (fui, ido) en la parte trasera del nuevo auto.
12. Yo me (escondido, escondí) cuando papá tocó el claxon.
13. El ruido me (asustó, asustado).
14. Mi padre (llevado, llevó) a mi abuela a dar un paseo.
15. Mi padre (habló, hablado) mucho de este auto.

C. Escribe las oraciones usando el verbo entre paréntesis correcto. *páginas 206–207*

16. Papá se (sienta, fija) en el garaje para ver su coche.
17. Él se (levantó, creció) pronto para lavar el auto.
18. Mamá y papá se (quedaron, mostraron) durmiendo varias horas más.
19. Papá pasó tiempo (poniendo, teniendo) en hora el reloj del auto.
20. Mi papá es ordenado y (pone, traspone) las herramientas en orden.

CAPÍTULO 19
Pronombres
páginas 234–243

Práctica adicional

A. Lee las oraciones. Escribe el pronombre y su antecedente. Escribe si el pronombre y su antecedente están en singular o en plural. páginas 234–235

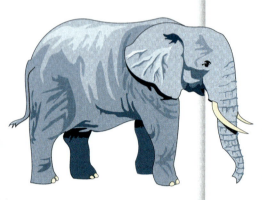

1. —Ésta es Nancy y ella es una cuidadora de elefantes de nuestro zoológico —dijo la Sra. Davis.
2. Nancy preguntó a los estudiantes —¿Qué saben ustedes acerca de los elefantes?
3. —Yo sé que los elefantes son animales muy grandes —contestó un estudiante.
4. —Sí, los elefantes son muy grandes; ellos son los animales más grandes del mundo.
5. —Esta información es muy buena para nosotros —exclamó toda la clase.

B. Escribe las oraciones y subraya el pronombre. Escribe si es un pronombre de sujeto o un pronombre de predicado. páginas 236–237

6. Nancy dijo que ella continuaría.
7. Los elefantes oyen muy bien, y ellos se comunican con otros elefantes.
8. Las trompas de los elefantes les sirven a ellos para hacer cosas.
9. Rafi dijo que él sabe que los elefantes huelen por medio de sus trompas.

C. Escribe las oraciones usando el pronombre correcto que hay entre paréntesis. páginas 238–239

10. ¿En qué se diferencian los elefantes de ti y de (mí, yo)?
11. Tú y (mí, yo) podemos girar la cabeza, pero los elefantes no pueden.
12. A mis amigos y a (yo, mí) nos interesan los elefantes.
13. A (nuestro, nosotros) nos gusta ver jugar a los cachorros.

Práctica adicional

CAPÍTULO 20

Más sobre los pronombres
páginas 244–253

A. Escribe las oraciones y subraya el pronombre posesivo. *páginas 244–245*

1. Visitaremos a nuestros familiares durante el invierno. ¿Vas a visitar a los tuyos?
2. ¿Vas a viajar durante tus vacaciones? Yo viajaré en las mías.
3. Mamá y papá se toman sus vacaciones en estas fechas. ¿Cuándo tomas las tuyas?
4. Mis amigos viven aquí. ¿Dónde viven los tuyos?
5. Tu casa es grande. La mía es pequeña.
6. La tía Joan me deja usar sus cosas. Ella usa las mías.
7. Vamos a tu casa. Luego vamos a la mía.
8. Me gustan sus grandes aretes. Los míos son chiquitos.
9. Puso todo otra vez en su sitio, pero no en el mío.
10. Allí nuestro tiempo pasa rápido, pero el suyo es aburrido.

B. Escribe las oraciones y subraya el pronombre posesivo. *páginas 246–247*

11. Jugaremos con los gatos de mi tío, no con los míos.
12. Los gatos se subieron en tu cama, no en la mía.
13. A tus primos les gusta jugar, pero a los míos no.
14. El gato de ojos tristes es el mío.
15. Mi gato está sano, pero el suyo está enfermo.

C. Escribe las oraciones. Subraya el pronombre demostrativo. *páginas 248–249*

16. Éste es mi gato.
17. El tuyo es aquél.
18. Quiero tener un gato pequeñito como éste.
19. En esta tienda no tienen gatos negros, pero tienen éstos blancos.
20. Aquéllos son los de mi vecino.

467

CAPÍTULO 22

Adjetivos y adverbios
páginas 262–271

Práctica adicional

A. Escribe cada adjetivo de las oraciones.
páginas 260–261

1. Existen perros de muchas razas, tamaños y colores.
2. Una característica del perro "chow", de raza china, es la lengua negra.
3. Hay un perro que tiene la piel arrugada.
4. El perro lobo irlandés es muy grande.
5. El terrier escocés tiene las patas cortas.
6. Todos los perros necesitan ejercicio para mantenerse en forma.
7. Una dieta equilibrada es muy importante.
8. Los perros necesitan mucho cariño y atención.

B. Escribe las oraciones. Subraya el adverbio y encierra en un círculo el verbo que modifica.
páginas 264–265

9. Aprendí recientemente que los perros pueden comunicarse desde que son jóvenes.
10. Los perros ladran fuertemente cuando necesitan algo.
11. Un quejido a veces significa que les duele algo.
12. Ellos saltan alegremente cuando saludan a la gente.
13. Ellos mueven la cola constantemente cuando quieren jugar.

C. Escribe las oraciones usando la palabra entre paréntesis que mejor completa la oración.
páginas 266–267

14. Le dije (claro, claramente) que quería un gato.
15. Los gatos son (realmente, real) buenos animales.
16. Algunas personas tienen alergias, y no pueden respirar (bueno, bien) cuando están cerca de los gatos.

Práctica adicional

CAPÍTULO 23

Más sobre adjetivos y adverbios
páginas 272–281

A. Escribe la palabra que está modificada por los adverbios subrayados. Luego indica si esa palabra es un adjetivo o un adverbio.
páginas 272–273

1. Algunos científicos trabajan <u>muy</u> duro para lograr información referente a las estrellas y los planetas.
2. Algunos planetas tienen lunas <u>bastante</u> grandes.
3. Mercurio es <u>mucho</u> más pequeño que Júpiter.
4. Los planetas son <u>realmente</u> oscuros.
5. Nuestro planeta se mueve a un ritmo <u>constante</u>.

B. Lee las oraciones. Escribe la palabra que sirve para comparar. Escribe si es un adjetivo o un adverbio. páginas 274–275

6. Júpiter es el planeta más grande de nuestro sistema solar.
7. Mercurio es menor que Venus.
8. Mercurio es el más cercano al Sol.
9. Pluto es el planeta más alejado del Sol.
10. Es más fácil ver Venus que la mayoría de los planetas.

C. Escribe las oraciones usando la forma correcta del adjetivo o del adverbio entre paréntesis.
páginas 276–277

11. Venus está (más cerca, la más cerca) de la Tierra que Marte.
12. ¿Qué hora del día es la (mejor, bien) para ver Venus?
13. Una noche nublada es la (peor, mala) para ver los planetas.
14. Para mí, las ciencias es la materia (poco, menos) difícil.
15. Estudiar astronomía es la (mejor, buena) manera de aprender acerca de los planetas.

CAPÍTULO 34
Preposiciones
páginas 308–317

Práctica adicional

A. Escribe las oraciones y subraya cada preposición. *páginas 308–309*

1. Voy a hacer un viaje al campamento este verano.
2. Iremos a Wyoming en automóvil.
3. Iremos hasta Colorado y de allí hacia el norte.
4. Mi hermano y yo hemos invitado a unos amigos para que vengan.
5. Salimos de viaje el viernes.

B. Escribe la frase preposicional de cada oración. *páginas 310–311*

6. Dejamos el perro en casa de nuestro vecino.
7. El viaje nos llevó por varios estados.
8. Pasamos por muchos puentes y montañas.
9. La vista de las colinas era preciosa.
10. También viajamos cerca de muchos ríos.

C. Escribe las oraciones. Subraya una vez cada frase preposicional y dos veces el sujeto de la preposición. *páginas 310–311*

11. Llegamos antes del almuerzo.
12. Instalamos las tiendas tras el lago.
13. Después de la cena fuimos a bañarnos con unos amigos.
14. No está permitido cazar dentro del parque.
15. Vamos a estar en el campamento unos cuatro días.

D. Vuelve a escribir cada oración, usando al menos una frase preposicional para añadir más detalles. *páginas 312–313*

16. Nos gustaba pescar.
17. Hicimos una caminata.
18. Dormimos.
19. Vimos una manada de lobos.
20. También vimos búfalos.

Práctica adicional

CAPÍTULO 26

Frases y cláusulas
páginas 318–327

A. Escribe para decir si cada grupo de palabras es una frase o una cláusula independiente. Si es una cláusula independiente, escríbela en forma de oración. *páginas 318–319*

1. Helen Keller era ciega y sorda
2. se hizo muy famosa
3. un ejemplo extraordinario
4. ella venció sus incapacidades
5. una enfermedad grave cuando era niña

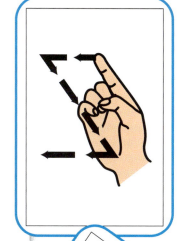

B. Escribe la cláusula dependiente que hay en cada oración. Subraya la palabra de enlace con la que empieza cada cláusula. *páginas 320–321*

6. Helen Keller no pudo hablar después que la enfermedad la dejó ciega y sorda.
7. Se sentía desconectada del mundo debido a su incapacidad.
8. Helen se reía nerviosamente cuando quería expresar placer o alegría.
9. Cuando se sentía enfadada, daba patadas y arañaba.
10. Antes de que cumpliera 7 años vino un profesor a ayudarla.

C. Escribe las oraciones. Subraya una vez las cláusulas independientes y dos veces las cláusulas dependientes. *páginas 322–323*

11. Después que el profesor le deletreó las palabras a Helen en las manos, ella aprendió a relacionar las palabras con los objetos.
12. Hasta que cumplió los 10 años, Helen sólo hablaba con el lenguaje de signos.
13. Helen aprendió a hablar lo suficiente como para ir a la universidad después de recibir terapia de lenguaje.
14. Cuando terminó sus estudios, Helen ayudó a menudo a otra gente que era ciega o sorda.

CAPÍTULO 28
Oraciones compuestas y complejas
páginas 336–345

Práctica adicional

A. Lee las oraciones. Escribe si es o no es una oración compleja. *páginas 336–337*

1. Los dientes son importantes para masticar la comida.
2. Como los dientes son importantes para masticar la comida, es importante cuidarlos.
3. Si la gente cuida sus dientes, evitará las caries y la gingivitis.
4. La comida sana es buena para tus dientes.

B. Combina cada par de oraciones para formar una oración compleja. Usa la palabra que hay entre paréntesis para convertir una de las oraciones en cláusula dependiente. *páginas 340–341*

5. Los dentistas aconsejan que la gente coma pocos dulces. Los dulces causan caries. (porque)
6. Los dentistas dicen que bebamos agua. El agua contiene fluoruro, lo cual ayuda a prevenir las caries. (porque)
7. Los niños comen. Los niños deben cepillarse los dientes. (después)
8. Los niños van a la cama. Los niños deben cepillarse los dientes. (antes)

C. Escribe las oraciones. Coloca una coma donde sea necesario. Si no es necesaria una coma, escribe *sin coma*. *páginas 342–343*

9. Antes que las enfermedades causen daños serios los dentistas pueden tratarlas.
10. Cuando te vas a hacer un chequeo el dentista mira si tus encías y tus dientes están bien.
11. El dentista limpia tus dientes y te quita el sarro.
12. Después de que el dentista te limpia los dientes él te puede decir que te cepilles los dientes y uses hilo dental.

Práctica adicional

CAPÍTULO 29

Fragmentos de oración y oraciones seguidas
páginas 346–355

A. Lee los fragmentos de oraciones. Nombra la parte que falta en el segmento. *páginas 346–347*

1. El río principal de América del Norte.
2. Es también el río más largo de Estados Unidos.
3. Nace en el noroeste de Minnesota.
4. Desemboca en el Golfo de México.
5. La importancia del río Mississippi.

B. Vuelve a escribir las oraciones que son oraciones seguidas, usando una palabra de enlace. *páginas 348–349*

6. El río Mississippi comienza siendo un río pequeño se hace mucho más grande.
7. Forma parte del borde entre Minnesota y Wisconsin pasa por muchos otros estados.
8. Las aguas del Mississippi son claras al comienzo el río en el Sur es turbio.
9. El río es importante para transportar mercancía los barcos fluviales llevan más de la mitad de toda la mercancía de la nación.
10. El Mississippi se inunda a menudo las represas vecinas proporcionan cierta protección.

C. Vuelve a escribir correctamente las oraciones seguidas o los fragmentos de oraciones. Añade palabras si es necesario. Si la oración es correcta, escribe *correcta*. *páginas 350–351*

11. Algunos peces, como la lubina y el pez sol.
12. Tiene muchas clases de plantas y animales.
13. Los patos y los gansos construyen sus nidos invernales los pelícanos y las garzas viven allí todo el año.
14. Amenaza a la vida vegetal y animal.
15. Los químicos de las granjas van a parar a los ríos las industrias tiran desechos a las aguas.

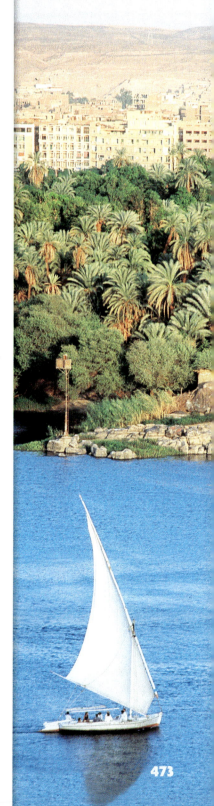

CAPÍTULO 31
Coma y dos puntos
páginas 378–387

Práctica adicional

A. Escribe las oraciones. Coloca las comas donde sea necesario. *páginas 378–379*

1. El béisbol el baloncesto y el fútbol son deportes muy populares.
2. Lo que más le gusta a Noah que es mi hermano es el béisbol.
3. Mi hermano mi hermana y mi padre me preguntan si me gusta el béisbol.
4. Sí me gusta un poco.
5. A mí no me gusta tanto como a ti Noah.

B. Escribe las oraciones. Añade o elimina los dos puntos cuando sea necesario. Escribe *correcta* si una oración no tiene errores. *páginas 380–381*

6. Podemos comprar boletos para los siguientes asientos de la zona de derecha: tribuna o palco.
7. Los partidos de la tarde comienzan normalmente a la 130 P.M.
8. Los partidos de la noche comienzan normalmente a las 7:30 P.M.
9. Los siguientes estados: tienen más de un equipo California, Nueva York e Illinois.
10. Mi amigo compró estas cosas en un partido de béisbol una gorra, una pelota y una foto del equipo.

C. Escribe las oraciones. Añade una coma o dos puntos donde sea necesario. *páginas 382–383*

11. Tomamos un autobús un tren y un taxi para llegar al estadio.
12. El partido de la tarde empezó a la 115 P.M.
13. Fueron ponchados más de una vez los siguientes jugadores el receptor el lanzador y el jardinero corto.
14. Miranda que es mi hermana dijo que se había divertido mucho.

474

Práctica adicional

CAPÍTULO 32

Puntuación en los títulos, puntos suspensivos, punto y coma
páginas 388–397

A. Escribe las oraciones correctamente. Subraya o usa comillas para cada título. *páginas 388–389*

1. El libro favorito de Eric es La isla del tesoro.
2. A él le gusta leer las críticas de libros en el Brunswick Times.
3. El título de una de las críticas era Otro hit de Potter Brews, Potter prepara otro éxito.
4. El libro favorito de su hermano es Stuart Little, de E. B. White.
5. A ambos muchachos les gusta leer Fútbol, que es una revista deportiva.

B. Lee las oraciones. Escribe puntos suspensivos donde faltan. Elimina los puntos suspensivos que sobran. Si la oración está correcta, escribe *correcta.* *páginas 390–391*

6. Mi padre... me dijo que no me preocupara.
7. Si no fuera por aquella revista musical . . .
8. Simón fue al cine: . . . su hermana lo acompañó.
9. Me gustan las canciones, los juegos (. . .) todo eso me gusta.
10. En el quiosco, . . ., . . . hay revistas viejas.

C. Lee las oraciones. Coloca punto y coma o punto y seguido donde sea necesario. *páginas 390–391*

11. Mi padre fue un buen soldado él recibió un disparo en la pierna.
12. Mi hermano sirvió en las fuerzas armadas mi amigo sirvió en la marina.
13. Te voy a contar varias historias Una es la de mi primo Fernando.
14. El tren llegó tarde La familia esperaba ansiosa.
15. El niño reía feliz la niña le había regalado un juguete.

475

CAPÍTULO 34
Puntuación en los diálogos
páginas 406–415

Práctica adicional

A. Escribe la puntuación correcta como si fueran oraciones de diálogo. *páginas 406–411*

1. Quieres jugar al fútbol con nosotros preguntó el niño.
2. No, gracias respondió Salvador.
3. Sería divertido dijo Kerrie.
4. Bueno, yo no sé jugar al fútbol dijo Salvador.
5. ¿No sabes respondió Kerrie sorprendida
6. te enseñaremos se ofreció el niño.
7. Salvador estuvo de acuerdo y dijo: está bien".
8. Kerrie preguntó cuál es tu nombre?
9. Me llamo Salvador
10. Encantada de conocerte dijo Kerrie.

B. Lee las oraciones. Escríbelas en forma de diálogo. Añade una de las palabras del recuadro en cada oración junto a Greg o a Jack. *páginas 408–409*

| exclamó | preguntó | continuó | replicó |

11. ¿Qué sabes acerca del fútbol? (Greg)
12. Sé que hay once jugadores por equipo. (Jack)
13. También sé que dan patadas a una pelota. (Jack)
14. ¡Muy bien! (Greg)
15. ¿Sabes las diferentes posiciones en el campo? (Jack)

476

Práctica adicional

CAPÍTULO 35

Negación y palabras homófonas

páginas 416–425

A. Escribe las oraciones con la palabra correcta entre paréntesis. *páginas 416–417*

1. Bartolomé se bebió todo el (jugó, jugo) de limón.
2. Voy abajo para ver qué (hacen, asen) los niños.
3. No creo que (halla, haya) venido el correo.
4. Si hablas de la cerca es como si hablaras de la (vaya, valla).
5. En la zona de la (sabana, sábana) hace mucho frío.
6. Tiré la piedra al agua y se formaron (hondas, ondas).
7. No tengo nada (más, mas) que decirte.
8. No volveremos (asta, hasta) mañana.
9. El hombre dijo (ay, hay) porque le dolía el pie.
10. La (casa, caza) de Pedro tiene dos baños.

B. Escribe la negación que hay en cada oración. *páginas 418–419*

11. Tú nunca deberías ir en bicicleta sin tu casco.
12. No manejes en dirección contraria a los autos.
13. Nadie debería saltarse las leyes del tráfico.
14. Nunca manejes muy lejos del lado derecho de la carretera.
15. No manejes tu bicicleta a no ser que conozcas las leyes de tráfico.

C. Lee las oraciones. Indica si cada oración tiene una o doble negación.

páginas 420–421

16. No conduzcas nunca la bicicleta con dos personas en ella.
17. Yo no conduzco nunca en paralelo con un amigo.
18. Tú nunca deberías hacer acrobacias con tu bicicleta.
19. No te apoyes en los vehículos en marcha.
20. No cruzaré por las intersecciones que tienen mucho tráfico.

477

Manual

Contenido

Diagramar oraciones 480

Modelos de escritura 484

Pautas para la escritura 506

Destrezas de estudio y estrategias 512

Estrategias de ortografía 538

Palabras que suelen escribirse mal 540

Modelos de caligrafía 542

Diccionario de sinónimos 544

Glosario 562

El poder de las palabras 578

Diagramar oraciones

Un **diagrama de oraciones** muestra cómo se relacionan las partes de una oración.

- El **sujeto simple** es la palabra o palabras más importante del sujeto completo. El **predicado simple** es el verbo que hay en el predicado completo. Estos diagramas muestran el sujeto simple y el predicado simple de cada una de las oraciones. Observa que el sujeto y el verbo de la oración interrogativa están invertidos.

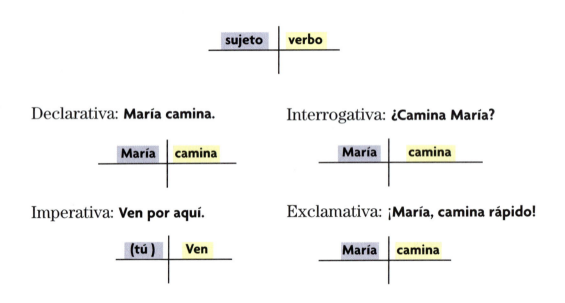

- Un **sujeto compuesto** se compone de dos o más sujetos unidos por una conjunción. Estos sujetos tienen el mismo predicado.

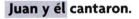

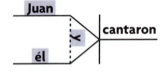

- Un **predicado compuesto** es el que tiene dos o más verbos y un solo sujeto. Los predicados están enlazados por una conjunción.

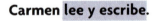

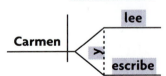

- Un **complemento directo** recibe la acción del verbo y contesta las preguntas *¿Qué?* o *¿Quién?*

Julia toca el piano.

- Un **adjetivo** describe al sujeto. Los adjetivos hablan de la *calidad* y la *cantidad*, además de especificar. Los artículos *un, uno, una, unos, unas* y *el, la, los, las* son adjetivos que señalan a un nombre.

La tortuga tiene caparazón duro.

- Los **pronombres posesivos** preceden a los sustantivos y muestran pertenencia.

Los **pronombres posesivos**, como *mi, su* y *nuestro* también preceden a un sustantivo.

Mi hermano agarra su bicicleta.

- El **verbo copulativo** está seguido de un adjetivo que describe al sujeto o sustantivo, al cual califica. Se usa una línea en forma de barra para mostrar que la palabra se refiere al sujeto.

Mi gato es negro.

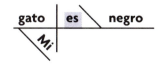

- Un **adverbio** modifica o describe a un verbo, a un adjetivo o a otro adverbio. En el diagrama, el adverbio está vinculado a la palabra que modifica.

- Una **frase preposicional** está compuesta de una preposición, del objeto de la preposición y de cualquier palabra que haya en medio. El objeto de una preposición es el nombre o el pronombre que sigue a la preposición.

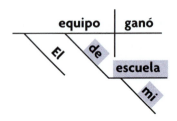

- Una **oración compuesta** es la que contiene dos o más oraciones simples que pueden estar unidas por una conjunción o separadas por coma.

- Una **oración compleja** está formada de cláusulas independientes y, al menos, una cláusula dependiente. La posición que tiene la cláusula dependiente en un diagrama depende de si funciona como adjetivo o como adverbio. En este diagrama, la cláusula dependiente funciona como adverbio.

Cuando los estudiantes limpiaron el patio, recibieron camisetas.

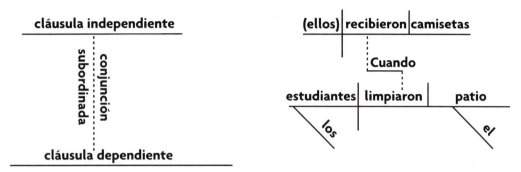

En este diagrama, la cláusula dependiente funciona como adjetivo, describiendo la *casa*.

Mi familia todavía vive en la casa que mi abuelo construyó.

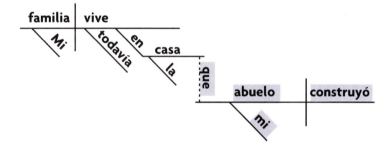

Modelos de escritura

Narrativa personal

Una **narrativa personal** es una historia en la cual el escritor cuenta algo que le ocurrió. El escritor a menudo describe una experiencia que le enseñó algo o que cambió su forma de pensar.

Cómo escribir una narrativa personal

- La narrativa debe ser en primera persona.
- Preséntate. Puede que tengas que decir tu nombre.
- Describe la experiencia que tuviste.
- Cuenta cómo lo que ocurrió te ayudó a entender algo de una manera diferente.

Contado en primera persona

El escritor se presenta

Si (yo) intentara describirme a mí misma, podría decir muchas cosas. Podría decir que soy una muchacha inteligente de nueve años que vive en Austin, Texas. Podría decir que soy bastante buena en varias cosas, como la escuela, la escritura y el béisbol. Sin embargo, creo que no diría estas cosas en voz alta. Me vendría mal que alguien estuviera en desacuerdo conmigo. Pero por otro lado pienso que soy afortunada.

Mi buena suerte la descubrí en primer grado. Soy amante de los perros. Cuando tenía cinco años mis padres compraron dos perros. Los llamaron Pelota y Galleta. Pensaron que serían buenos guardianes de la casa.

Pero no lo son. Apenas ladran. Yo los quiero de todos modos.

   Una vez me puse muy triste cuando Pelota y Galleta se escaparon. Lloré mucho. Mis padres, para que me sintiera mejor, me compraron otro perro. Pero echaba de menos a Pelota y Galleta, aunque el nuevo perro me hizo sentir mejor. ¿Se preguntan por qué digo que soy afortunada? Bien, no sólo tengo unos padres maravillosos y un nuevo perro, sino que mis otros perros regresaron a casa. Ahora tengo tres perros guardianes que no guardan nada y montones de pelo en toda mi ropa. Pero estoy contenta. Quiero a mis perros más que nunca.

Acontecimiento importante

Cómo el acontecimiento cambió al escritor

485

Ensayo que da instrucciones

Un **ensayo que da instrucciones** explica el procedimiento a seguir para hacer o fabricar algo. Los pasos aparecen en orden cronológico.

Cómo escribir un ensayo que da instrucciones

- Comienza atrayendo la atención de tu público y diciendo lo que vas a explicar.
- Haz una lista de todos los materiales necesarios.
- Indica los pasos en orden.
- Usa palabras de secuencia como *primero*, *después*, *entonces* y *finalmente* para dar el orden correcto.

El comienzo atrae la atención del público

Hacer una salsa casera para la pasta

Cuando usted piensa comer pasta en casa probablemente piensa en abrir un frasco de salsa y mezclarla con la pasta. Aunque esta combinación puede tener buen sabor, quizás encuentre usted que la salsa casera sabe mucho mejor y que hacerla puede ser fácil y rápido. Así es como se hace.

Lo que necesita

Antes de empezar, asegúrese de tener un sartén tamaño mediano para cocer la salsa. Luego consiga los siguientes ingredientes:

Lista de materiales

1 cebolla pequeña 4 tallos de perejil fresco
1 zanahoria 1 lata de 15 onzas de
1 apio tomates picados o en trozos
2 dientes de ajo aceite para cocinar

Hacer la salsa

Primero corte la cebolla, la zanahoria, el apio, el ajo y el perejil en trozos pequeños. Eche alrededor de dos cucharaditas de aceite en el sartén y caliéntelo sobre un fuego lento. Cuando el aceite empiece a calentarse añada los ingredientes que haya picado. Déjelos cocer durante unos 10 minutos hasta que la zanahoria esté algo blanda y la cebolla quede suave y brillante.

Después eche los tomates. Deje que los ingredientes se sigan cocinando de 15 a 20 minutos sin tapar el sartén. Si la salsa se ve demasiado espesa, añada 1/4 de taza de agua.

Cuando la salsa esté lista, sírvala sobre la pasta caliente y ¡disfrútela!

Indicar los pasos en orden

Usar palabras de secuencia antes de cada paso

Ensayo persuasivo

Un **ensayo persuasivo** es un ensayo que expresa una opinión sobre algo. El escritor trata de convencer a su público para que esté de acuerdo con esa opinión y tome acción.

Cómo escribir un ensayo persuasivo

- Comienza atrayendo la atención de tu público y expresando tu opinión.
- Explica al menos tres razones para apoyar tu opinión.
- Da tu razón más importante al final.
- Apoya cada razón con hechos y detalles.
- Usa palabras emotivas para persuadir al lector.
- Escribe una conclusión que resuma tu opinión y que invite al lector a tomar acción.

Elegir tu nombre

Expresión de la opinión

En la mayoría de los lugares del mundo a las personas les dan sus nombres los padres cuando nacen. Esto tiene sentido, ya que no puedes pasar los primeros años de tu vida sin nombre. Sin embargo, yo creo que cuando las personas crecen deberían tener la oportunidad de elegir su propio nombre.

Apoyar la razón

Hay muchas razones por las que tiene sentido que las personas puedan ponerse su propio nombre. Una razón es que a muchas personas no les gustan los nombres que les han puesto. Y por eso pienso que las personas toman apodos. Si pudieras elegir tu propio nombre, entonces todo el mundo te llamaría por un nombre que te gusta.

Otra razón por la que todas las personas se deberían poner sus nombres ellos mismos es que les permitiría mostrar su creatividad. A la gente se le ocurrirían nuevos nombres o diferentes formas de escribir sus nombres viejos. Esto haría más especiales los nombres.

Apoyar la razón

Pero más que nada, pienso que las personas deberían elegir su nombre porque el nombre diría algo acerca de ellos. Por ejemplo, a mí me gusta bailar y siempre me han dicho que lo hago con gracia. Eso a mí me agrada. Yo me llamaría Gracia. Siempre me ha gustado mi nombre pero creo que Gracia diría más de mí.

La razón más importante

Lenguaje emotivo

Hechos y detalles

Me parece que hay muchas buenas razones para dejar que la gente elija su nombre. Pienso que debería haber una ley que permita a las personas cambiar su nombre a cierta edad. La gente debería escribir a sus congresistas sobre esto. Si quisieran mantener su nombre de nacimiento, podrían. Pero me parece que la mayoría de las personas cambiarían su nombre. Sé que yo lo haría.

Conclusión que resume la opinión y sugiere acción

Ensayo de ventajas y desventajas

Un **ensayo de ventajas y desventajas** explica en qué se parecen y en qué se diferencian dos cosas. El propósito de este tipo de escritura es enseñar o informar al lector.

Cómo escribir un ensayo de ventajas y desventajas

- Escribe una oración con la idea principal.
- Usa detalles para apoyar tu oración principal.
- Pon los detalles en un orden lógico.
- Resume la idea principal en la conclusión.

La vida en la ciudad

Idea principal

Vivir en la ciudad tiene sus ventajas y desventajas. Yo crecí en el campo pero me mudé a la ciudad hace dos años. Si tuviera que escoger entre vivir en la ciudad y vivir en el campo escogería la ciudad.

Detalles que apoyan la idea principal

La vida en la ciudad ofrece muchas cosas. Hay muchos lugares donde divertirse. Hay estadios, museos y cines donde se muestran todas las últimas películas. Se pueden tomar también todo tipo de cursos interesantes. Yo tomo clases de baile folclórico irlandés. Mi hermana toma clases de karate y mi hermano está aprendiendo a tocar flauta. Donde vivo ahora, puedes ir a casi todas partes en transporte público.

Esto es fenomenal ya que mi hermana mayor me puede llevar a sitios en tren o autobús.

Lo mejor de vivir en la ciudad es que conoces chicos y chicas de otras ciudades y otros países. En el campo todos mis amigos son del mismo pueblo. En mi nueva escuela la mitad de mis amigos vienen de países como India, Corea, Rusia, Pakistán y Jamaica. ¡He aprendido a decir "buenos días" en siete idiomas!

Sin embargo, hay algunas cosas de vivir en la ciudad que no están tan bien. En mi ciudad hay demasiada población. Las ciudades a menudo están sucias, a veces el aire huele mal y suele haber mucho ruido. No duermo tan bien en la ciudad como en el campo. Y lo que menos me gusta de la ciudad es que mis amigos del campo no viven aquí. Los echo de menos.

Los detalles puestos en orden

Después de todo, pienso que la vida en la ciudad ha sido mejor para mí. La gente a menudo vive y trabaja en la ciudad y se va de vacaciones al campo. Creo que eso es lo que yo quiero hacer. Aunque me gustan algunas cosas del campo, no renunciaría a la vida en la ciudad.

La conclusión resume la idea principal

Informe de investigación

En un **informe de investigación** el escritor investiga acerca de un tema usando información de muchas fuentes. El escritor toma notas y hace un esquema antes de escribir el informe.

Cómo escribir un informe de investigación

- Escribe una introducción interesante.
- Organiza tus subtemas en párrafos.
- Apoya tus subtemas con hechos y detalles.
- Concluye con un resumen de tu informe.
- Haz una lista de las fuentes que usaste al final de tu informe. Ver Citaciones bibliográficas, página 533.

Título

Introducción interesante
Subtema

El pez martillo

El pez martillo es un animal grande. Algunos pueden pesar 1,500 libras y medir hasta 20 pies de largo. Su piel se siente suave pero sus escamas te pueden cortar.

El pez martillo es de color verde oscuro con aletas gris carbón. Tiene la cabeza más extraña de todos los tiburones. Su cabeza tiene forma de T y es casi plana. Nadie sabe por qué su cabeza tiene esta forma. Algunos científicos piensan que esto les hace más fácil encontrar comida. Mueven la cabeza de un lado a otro, como un detector de metales, buscando sus presas.

Subtema

El pez martillo es carnívoro. Come peces, cangrejos, langostas y otros peces martillo, pero lo que más le gusta es la raya. El pez martillo puede saber con sus sentidos si hay una raya bajo la arena. Baja nadando hasta el fondo del océano para encontrar su comida.

El lugar donde vive un animal se llama hábitat. Los hábitats del pez martillo incluyen los océanos Pacífico, Atlántico e Índico. Vive con otros peces martillo en grupos grandes llamados escuelas. Puede haber más de cien peces martillo nadando juntos en una escuela.

Las crías del pez martillo nacen vivas. Pueden nacer entre dos y cuarenta crías a la vez. Las madres no alimentan a sus crías ni tampoco les hacen un hogar. Las crías tienen que cuidar de sí mismas desde que nacen.

Los peces martillo son animales hermosos. También son miembros importantes de la comunidad del océano. Si quieres ver un pez martillo de cerca, puedes visitar el acuario de tu ciudad.

Cuento

En un **cuento**, el escritor describe personajes y eventos creados. Un cuento tiene *personajes*, un *lugar* y un *escenario*. El propósito de un cuento es entretener a los lectores.

Cómo escribir un cuento

- Escribe un comienzo describiendo el escenario y el personaje o personajes del cuento.
- Presenta un problema que los personajes deberán resolver.
- Da un orden a los sucesos, de primero a último.
- Incluye el diálogo que cuenta el cuento.
- Cuenta la manera en la que el personaje resuelve el problema.

"La princesa, el oso y la galleta"

Cuenta acerca del escenario y los personajes

Érase una vez una princesa que vivía en una pequeña casa en el bosque. Un día un gigante tiró una galleta tan grande que aplastó su casa. La princesa se puso triste; entonces se le ocurrió una idea: "¡viviré dentro de la gran galleta!" Hizo habitaciones entre los pedacitos de chocolate. En ese momento parecía una buena idea.

Cuenta acerca del problema

Un día un oso al que le gustaban mucho los dulces olió la casa. Quería comérsela.

—Hola, princesa —gruñó el oso—. Despídete de tu casa. ¡Me la voy a comer en la cena! —Se veía muy hambriento.

Ordena los sucesos

La princesa pensó rápidamente. —Mi sopa es mucho mejor que esta vieja galleta rancia. Pruébala —le dijo.

Al oso no le gustó la sopa. —Buen intento, princesa, pero ahora la galleta es mía!

—¡Espera!—gritó la princesa—. Tú pareces ser un oso que sabe lo que quiere. ¿Qué cosa haría para que la sopa supiera mejor?

—Bueno, yo no soy cocinero, pero creo que se podría usar un poco de miel; algunas zanahorias también estarían bien; ¡ah, y yo odio la canela! Tú le pusiste mucha a la sopa. ¡Ahora quítate del camino antes de que te coma a ti también!

La princesa no se dio por vencida; dijo —¡Espera! Tengo algo de miel pero no tengo ningunas zanahorias. ¿Podrías encontrar algunas? A los osos les encanta mi sopa de zanahoria.

—Lo haré, pero es mejor que esa sopa esté muy buena.

El oso se marchó a buscar las zanahorias. Mientras tanto la princesa espolvoreó canela por toda la casa. Cuando el oso volvió él añadió las zanahorias a la sopa. Al oso le encantó, pero aún quería comerse la casa. —Adelante— dijo la princesa—. El oso tomó un bocado gigante de la puerta principal.

—¡Guac! ¡canela!—dijo el oso—. Sabes qué, tienes razón, me gusta la sopa mucho más que la galleta, gracias por la cena— dijo y se fue. A partir de entonces, el oso dejó la casa de galleta con pedacitos de chocolate y canela de la princesa en paz.

Carta comercial con sobre

En una **carta comercial**, el escritor puede solicitar información o expresar una opinión. Además del *encabezamiento, saludo, cuerpo, cierre* y *firma*, una carta comercial necesita una *dirección interna*, que es la dirección del destinatario.

Cómo escribir una carta comercial

- Escribe el encabezamiento y la fecha en la parte superior derecha y la dirección interna hacia el margen izquierdo.
- Usa mayúsculas en la primera palabra del saludo y después de éste utiliza los dos puntos (:)
- Usa un lenguaje claro, formal y conciso en el cuerpo.
- Deja doble espacio entre párrafos y no uses sangría.
- Añade un cierre como *Atentamente* y firma tu nombre.

Encabezamiento

65 El Camino Way
El Paso, Texas 79901
7 de diciembre de 20--

Dirección interna

California Division of Tourism
P.O. Box 1499
Sacramento, CA 95812

Saludo

A quien corresponda:

Cuerpo

Estoy escribiendo un informe de investigación para mi clase de estudios sociales. Mi tema es "Geografía de California". Agradeceré cualquier información que puedan enviarme con referencia a la geografía de California. Estoy muy interesado en el Valle Yosemite, el Lago Tahoe y el árbol viviente más alto en el Parque Nacional Redwood.

Agradezco cualquier ayuda que puedan darme.

Atentamente,

Bianca Flores

← Espacio entre párrafos

← Cierre

← Firma

Cómo escribir un sobre

- Escriba la dirección de correo en el centro del sobre.
- Escriba la dirección del remitente en la esquina superior izquierda del sobre.
- Ponga una estampilla de correo en la parte superior derecha.

Dirección del remitente

Estampilla

Dirección de correo

497

Párrafo de información

Un **párrafo de información** habla sobre un tema. Cada frase da un hecho o detalle sobe el tema.

Cómo escribir un párrafo de información

- Escribe una frase principal sobre un tema. Indica su tema y la idea principal.
- Escribe frases que den hechos o detalles sobre el tema. Estas frases apoyan la frase principal del tema.
- Escribe una frase de cierre para resumir la información.

Tema

Los cantantes buenos utilizan varios métodos que los ayudan a cantar mejor. Antes de empezar a cantar, los cantantes buenos respiran profundo. La respiración hace que las notas suenen más altas y fuertes. Ellos respiran profundamente después de cada frase y pronuncian cuidadosamente cada palabra; de esa manera la gente puede entender lo que están cantando. Cuando cantan en un grupo, un buen cantante escucha a la gente que está cerca. Esto puede ayudar al cantante a cantar las notas correctas. Los cantantes buenos que siguen estos consejos se vuelven aún mejores.

Frase de cierre

Carta amistosa

En una **carta amistosa**, el escritor comparte pensamientos y sentimientos personales con un amigo.

Cómo escribir una carta amistosa

- El encabezamiento contiene su dirección y la fecha.
- Usa mayúsculas en la primera letra de la primera palabra del saludo.
- Escribe el mensaje en el cuerpo de la carta.
- Añade un cierre como *Afectuosamente* o *Tu amigo* y firma tu nombre.

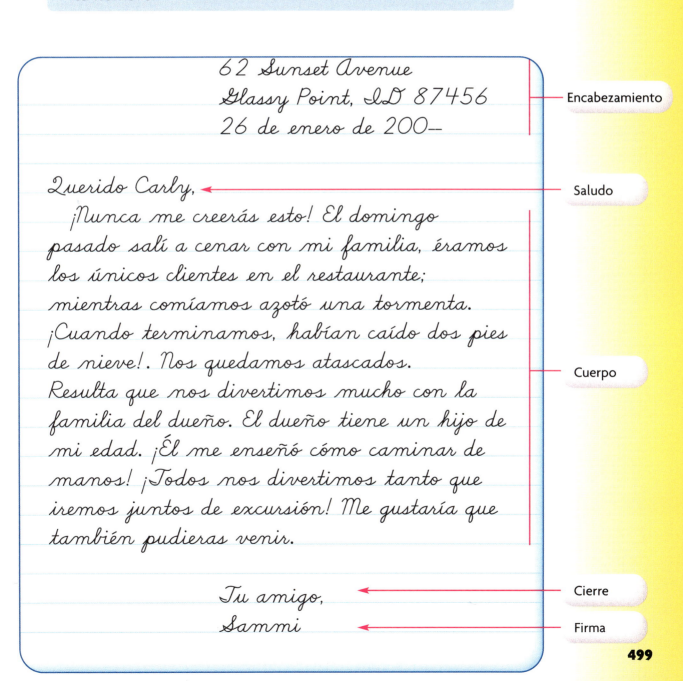

Párrafo de comparación

Un **párrafo de comparación** muestra como se parecen dos cosas. Explica la primera cosa, luego muestra como la segunda se le parece.

Cómo escribir un párrafo de comparación

- Escribe una frase de un tema. Indica qué cosas se parecen.
- Usa detalles para describir la primera cosa. Haz una imagen clara.
- Usa detalles para mostrar en qué se parece la segunda cosa a la primera.
- Escribe una frase para resumir tu párrafo.

Introduce el tema

Tigre, mi gato, se parece mucho a un perro.

Escribe sobre la primera cosa

La mayoría de los perros son muy amistosos; les gusta jugar y seguir a sus dueños. Cuando sus dueños no están, los perros esperan en la puerta de entrada. Cuando los dueños regresan, los perros se ponen muy contentos.

Escribe sobre la segunda cosa

Tigre también es muy amistoso. Cuando hay gente nueva de visita, se sube a su regazo. Mi mamá dice que Tigre se sienta cerca de la puerta cuando yo estoy en la escuela. Cuando llego a casa él rueda por el piso hasta que yo lo acaricie!

Concluye con un resumen

Con Tigre tengo un perro y un gato al mismo tiempo.

Párrafo de contraste

Un párrafo que contrasta muestra la diferencia entre dos cosas o ideas. Explica la primera cosa. Después explica como la segunda es opuesta a la primera.

Cómo escribir un párrafo de contraste

- Escribe una oración sobre un tema. Explica qué cosas son diferentes.
- Utiliza detalles para explicar la primera cosa. Explícala bien.
- Demuestra porqué la segunda opción es diferente de la primera. Utiliza detalles para que la diferencia quede clara.
- Escribe una oración que resuma tu párrafo.

La cocina de mamá es diferente a la de papá. A mamá le gusta hacer comidas rápidas y fáciles. Ella nunca utiliza libros de cocina ni especias exquisitas. Cuando le toca a ella cocinar, comemos cazuela de atún o un bocadillo de carne. A papá le gusta intentar cocinar con recetas nuevas. Antes de empezar a cocinar, él busca ideas. Entonces compra todas las especias e ingredientes que necesita. Cuando él cocina, nosotros comemos cosas como chili y chop-suey. Como mamá y papá cocinan de formas tan distintas, ¡siempre como de forma muy variada!

Presenta el tema

Habla de la primera cosa

Explica por qué la segunda cosa es diferente.

Termina con un resumen

Poesías: con rima y sin rima

La **poesía** es una de las formas que los escritores usan para hablar de un tema. Las poesías además permiten a los poetas compartir sentimientos. La gente que escribe poesías escoge las palabras cuidadosamente. La elección de la palabra es importante porque ayuda a crear ritmo y rima.

Cómo escribir una poesía

- Describe tu tema. Utiliza palabras fuertes y explícitas.
- Utiliza palabras descriptivas que hablen de tu tema. Ellas muestran tus pensamientos y tus sentimientos.
- Lee tu borrador en voz alta. Escucha el ritmo.
- Escribe un título para tu poesía.

Título

En noviembre

Los gansos se elevan sobre mi cabeza
Son una flecha blanca
en el cielo.

Yo los sigo en mi bicicleta
Se mueven como relámpagos
Yo soy el trueno que llega tras ellos.

Cuando desaparecen
yo me voy a casa
a mirar la danza de las chispas
en la chimenea.

Palabras explícitas

Un **poema con rima** tiene palabras que riman al final de cada línea. A veces todas las líneas riman. Otras veces sólo algunas de ellas riman. Este es un poema con rima:

Mi perro

Sus oídos son colgantes
Su nariz es larga
Nosotros pensábamos que se quedaría
siempre pequeñito
¡Chico! ¡Qué equivocados estábamos!

Una **quintilla** es un poema divertido. Tiene cinco líneas. Las líneas 1, 2 y 5 riman. Las líneas 3 y 4 riman entre ellas, pero no riman con las demás.

Había una vez un pez de colores que se
llamaba Fee.
Su forma de nadar era algo digno de verse.
¡Cuando su pecera se rompió,
él empezó a nadar hacia atrás
en vasos y tazas de té!

Muchos poemas no tienen rima. Un tipo de **poema sin rima** es el **haiku**.
La línea 2 tiene siete sílabas.

Atardecer

El sol se desliza hacia abajo.
Va pintando las nubes de rojo y de oro.
Pronto las estrellas comenzarán a brillar.

Invitación

Una **invitación** es una carta corta y amigable. Se utiliza para invitar a alguien a una fiesta o a un evento.

Cómo escribir una invitación

- Escribe un encabezamiento, un saludo, un desarrollo, una despedida y firma.
- En el desarrollo explica el evento. Invita a la persona a asistir a él.
- Di cuándo y dónde será el evento. Escribe todos los detalles que la persona debe saber.

Encabezamiento

817 Oak Lane
Harleysville, PA 19438
4 de mayo del 2000

Saludo

Querida Sara:

Desarrollo

Estoy preparando una fiesta de cumpleaños para mi hermana Ana. Su cumpleaños es el 27 de mayo. La fiesta empezará a la 1:30 pm en la pista de patinaje. Patinaremos y comeremos pizza. Por favor, dime si puedes venir. Mi número de teléfono es el 555 57 98.

No le digas nada sobre la fiesta a Ana. ¡Es una sorpresa!

Despedida

Tu amiga,

Firma

Alicia

Mensajes telefónicos y formularios

Cuando se toma un **mensaje telefónico** es importante escribir la información que la persona que ha llamado desea comunicar.

Cómo escribir un mensaje telefónico

- Escribe el nombre del destinatario.
- Escribe el nombre de la persona que ha llamado.
- Escribe el mensaje de la persona que ha llamado y su numero de teléfono.
- Escribe tu nombre al final del mensaje.

Mensaje telefónico

Para: Carla — Nombre del destinatario
De: Alfredo — Nombre de la persona que ha telefoneado.
Fecha: 4 de mayo Hora: 7:35 P.M. — Fecha y hora
Te recogerá esta noche a las 8:45
Llámalo al número (718) 555-2384. — Mensaje
Cecilia — Tu nombre

Un **formulario** es un documento con espacios o líneas en blanco que tienen que ser completadas por una persona.

Cómo llenar un formulario

- Lee el formulario completamente antes de escribir nada sobre él.
- Fíjate si la información debería escribirse en mayúsculas.

Licencia para perros en Brook City Por favor en mayúsculas — Petición de escribir en mayúsculas.

Gómez — Apellido
Mini — Nombre
R. — Inicial
4 Wright Way — Dirección
Brook City — Ciudad
Ohio — Estado
45345 — Código postal
4 de abril de — Fecha de nacimiento del perro
Taffy — Nombre del perro
Hembra [X] Macho [ ]

Escribir las respuestas en el espacio estrictamente destinado a ellas.

505

Pautas para la escritura

Escritura expresiva: *narrativa personal*

Las mejores narrativas personales contienen todos los elementos de la siguiente lista. Puedes usarla de esta forma:

Antes de escribir Lee la lista de verificación para recordar lo que puedes hacer para escribir una excelente narrativa personal.

Mientras escribes Comprueba que hayas incluido todos los elementos de la lista de verificación para mejorar tu narrativa personal.

Cuando termines de escribir Usa la lista de verificación para asegurarte de que hayas cubierto todos los elementos.

PUNTUACIÓN DE 4 ★★★★

★ La narrativa cumple su propósito. Los lectores que tengo en mente la disfrutarán.

★ La narrativa tiene un principio claro que expresa el problema. Después se presentan los sucesos en orden temporal, y el final ofrece una solución del problema.

★ La narrativa es descriptiva y contiene muchos detalles que ayudan al lector a visualizar lo que ocurre.

★ La narrativa contiene palabras y frases interesantes, tales como sustantivos concretos, verbos vívidos, palabras sensoriales y comparaciones.

★ Las oraciones están escritas de distintas maneras para que la lectura resulte amena.

★ La narrativa contiene pocos errores de ortografía, gramática y puntuación.

¿Qué otros elementos te parece que son importantes en una narrativa personal?

Escritura Informativa: *Ensayo de instrucciones*

Los mejores ensayos de instrucciones contienen todos los elementos de la siguiente lista de verificación. Puedes usarla de esta forma:

Antes de escribir Lee la lista de verificación para recordar lo que puedes hacer para escribir un excelente ensayo.

Mientras escribes Comprueba que hayas incluido todos los elementos de la lista de verificación para mejorar tu ensayo de instrucciones.

Cuando termines de escribir Vuelve a usar la lista de verificación para asegurarte de que hayas cubierto todos los elementos de un excelente ensayo de instrucciones.

PUNTUACIÓN DE 4 ★★★★

- ★ El ensayo de instrucciones cumple su propósito. Los lectores que tengo en mente lo disfrutarán.

- ★ El principio expresa claramente el tema. El desarrollo del tema presenta los datos o las instrucciones siguiendo una secuencia, y el final ofrece una solución del problema.

- ★ El ensayo es descriptivo y contiene muchos detalles que dan más información sobre los datos o las instrucciones.

- ★ El ensayo contiene palabras y frases interesantes, sobre todo sustantivos concretos.

- ★ Las oraciones están escritas de distintas maneras para que la lectura resulte amena.

- ★ Contiene pocos errores de ortografía, gramática y puntuación.

¿Qué otros elementos te parece que son importantes en un ensayo de instrucciones?

Pautas para la escritura

Escritura persuasiva: *Ensayo persuasivo*

Los mejores ensayos persuasivos contienen todos los elementos de la siguiente lista. Puedes usarla de esta forma:

Antes de escribir Lee la lista de verificación para recordar lo que puedes hacer para escribir un excelente ensayo.

Mientras escribes Comprueba que hayas incluido todos los elementos de la lista de verificación para mejorar tu ensayo persuasivo.

Cuando termines de escribir Vuelve a usar la lista de verificación para asegurarte de que hayas cubierto todos los elementos de un excelente ensayo persuasivo.

PUNTUACIÓN DE 4 ★★★★

- El ensayo persuasivo cumple su propósito. Logra persuadir a un tipo de lector determinado.

- El principio del ensayo expresa claramente tu opinión y desarrolla las razones que la respaldan. Al final reiteras tu opinión y dices lo que se puede hacer para solucionar el problema.

- El ensayo contiene detalles, descripciones o ejemplos que dan más información sobre las razones.

- El ensayo contiene palabras y frases interesantes tales como sustantivos concretos, verbos vívidos, palabras sensoriales, expresiones emocionales y comparaciones.

- Las oraciones están escritas de distintas maneras para que la lectura resulte amena.

- Contiene pocos errores de ortografía, gramática y puntuación.

¿Qué otros elementos te parece que son importantes en un ensayo persuasivo?

Escritura informativa: *Ensayo de ventajas y desventajas*

Los mejores ensayos de ventajas y desventajas contienen todos los elementos de la siguiente lista de verificación. Puedes usarla de esta forma:

Antes de escribir Lee la lista de verificación para recordar lo que puedes hacer para escribir un excelente ensayo de ventajas y desventajas.

Mientras escribes Comprueba que hayas incluido todos los elementos de la lista de verificación para mejorar tu ensayo de ventajas y desventajas.

Cuando termines de escribir Vuelve a usar la lista de verificación para asegurarte de que hayas cubierto todos los elementos de un excelente ensayo de ventajas y desventajas.

PUNTUACIÓN DE 4 ★★★★

- ★ El ensayo cumple su propósito. El tipo de lector para el que fue escrito puede entenderlo.

- ★ El principio del ensayo presenta claramente el tema. El desarrollo del tema explica la información y las ideas. El final presenta un resumen o una conclusión.

- ★ El ensayo es descriptivo y contiene muchos detalles que dan más información sobre el tema.

- ★ El ensayo contiene palabras y frases que ayudan al lector a comprender cómo se relacionan las ideas.

- ★ Las oraciones están escritas de distintas maneras para que la lectura resulte amena.

- ★ Contiene pocos errores de ortografía, gramática y puntuación.

¿Qué otros elementos te parece que son importantes en este tipo de ensayo?

Pautas para la escritura

Escritura informativa: *Informe de investigación*

Los mejores informes de investigación contienen todos los elementos de la siguiente lista. Puedes usarla de esta forma:

Antes de escribir Lee la lista de verificación para recordar lo que puedes hacer para escribir un excelente informe.

Mientras escribes Comprueba que hayas incluido todos los elementos de la lista de verificación para mejorar tu informe.

Cuando termines de escribir Vuelve a usar la lista de verificación para asegurarte de que hayas cubierto todos los elementos de un excelente ensayo de investigación.

PUNTUACIÓN DE 4 ★★★★

★ El ensayo cumple su propósito. El lector puede entenderlo.

★ El principio del ensayo presenta claramente el tema. El desarrollo del tema explica la información y las ideas. El final presenta un resumen o una conclusión.

★ El ensayo presenta ideas e información de distintas fuentes.

★ El ensayo es descriptivo y contiene muchos detalles. También puede contener partes narrativas que dan más información.

★ El ensayo contiene palabras y frases que ayudan al lector a comprender cómo se relacionan las ideas.

★ Las oraciones están escritas de distintas maneras para que la lectura resulte amena.

★ Contiene pocos errores de ortografía, gramática y puntuación.

¿Qué otros elementos te parece que son importantes en un ensayo de investigación?

Escritura expresiva: *Cuento popular*

Los mejores cuentos contienen todos los elementos de la siguiente lista. Puedes usarla de esta forma:

Antes de escribir Lee la lista de verificación para recordar lo que puedes hacer para escribir un excelente cuento.

Mientras escribes Comprueba que hayas incluido todos los elementos de la lista de verificación para mejorar tu cuento.

Cuando termines de escribir Vuelve a usar la lista de verificación para asegurarte de que hayas cubierto todos los elementos de un excelente cuento.

PUNTUACIÓN DE 4 ★★★★

⭐ El cuento cumple su propósito. Los lectores que tengo en mente lo disfrutarán.

⭐ El cuento tiene personajes vívidos y un escenario. Al final del cuento, los personajes resuelven un problema.

⭐ El cuento es descriptivo y contiene muchos detalles que ayudan al lector a visualizar lo que ocurre.

⭐ El cuento contiene palabras y frases interesantes, tales como sustantivos concretos, verbos vívidos, palabras sensoriales y comparaciones.

⭐ Las oraciones están escritas de distintas maneras para que la lectura resulte amena.

⭐ Contiene pocos errores de ortografía, gramática y puntuación.

¿Qué otros elementos te parece que son importantes en un cuento?

Destrezas de estudio y estrategias

Dar un vistazo y repasar un texto

Dar un vistazo es una manera de ver rápidamente una selección para conocer las ideas principales que se cubren en un libro, artículo o selección.

Presta especial atención a las siguientes partes de un libro o revista cuando das un vistazo a un texto:

- **tabla de contenido**
- **títulos y encabezamientos de los capítulos**
- **introducción**
- **palabras claves**
- **índice**

El título indica el tema del artículo.

EL DECIMOSEXTO PRESIDENTE

Los encabezamientos indican el tema de cada sección.

Trabaja y estudia

Abraham Lincoln y su familia se trasladaron a Illinois en 1830. Allí el joven de veintiún años trabajó duro para ganarse la vida y **estudiar derecho** para convertirse en abogado.

La oración que presenta el tema expresa la idea principal de la sección.

Abraham Lincoln **ejerció el derecho** en Illinois, y llegó a ser conocido como uno de los mejores y más honestos abogados del estado. Lincoln deseaba ayudar a la gente y servir a su país. Entonces ingresó a un **partido político**.

Las palabras claves dicen más cosas acerca del encabezamiento.

Repasar un texto es otra manera de leer rápidamente. Al repasar un texto se buscan las palabras claves, que hablan del tema en el que te has interesado. Las palabras claves suelen aparecer en los títulos, encabezamientos o a lo largo del texto.

BP3R y S-D-A

BP3R es una serie de pasos que te ayudan a entender y recordar lo que has leído.

- **B** **Busca** Identifica títulos, encabezamientos y palabras claves para determinar el tema.
- **P** **Pregunta** Anota cualquier pregunta.
- **R** **Responde** Busca las respuestas a tus preguntas a medida que lees.
- **R** **Recita** Lee en voz alta la información importante para recordarla mejor.
- **R** **Repasa** Identifica la idea principal del texto.

Un cuadro **S-D-A** es una herramienta que te ayuda a identificar uno o más propósitos de lectura para leer con mayor rapidez y atención.

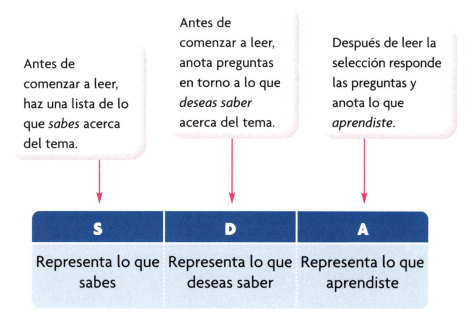

Después de leer piensa en nuevas preguntas que se te ocurran. ¿Dónde puedes encontrar las respuestas?

Usar las partes de un libro

La **página del título**, la **página del** *copyright* y la **tabla de contenido** aparecen al principio del libro.

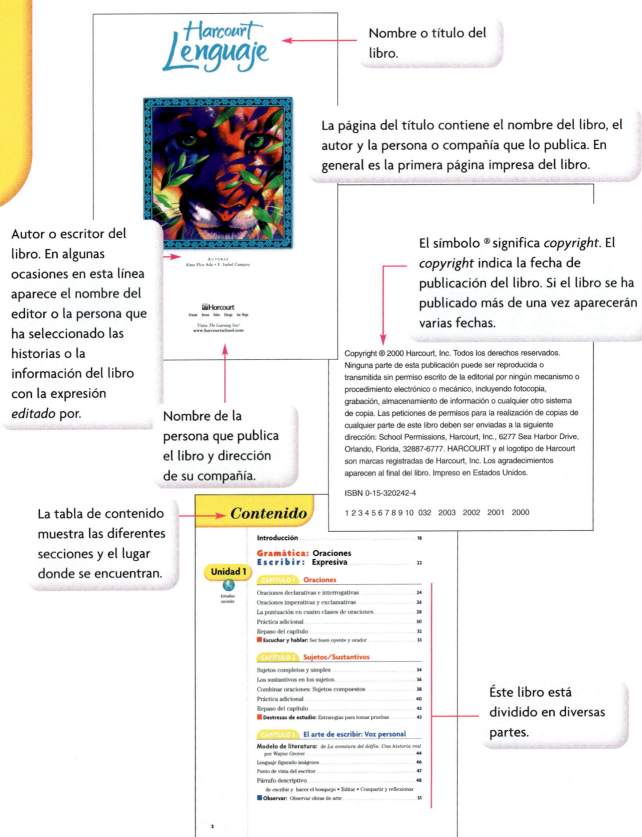

Nombre o título del libro.

La página del título contiene el nombre del libro, el autor y la persona o compañía que lo publica. En general es la primera página impresa del libro.

Autor o escritor del libro. En algunas ocasiones en esta línea aparece el nombre del editor o la persona que ha seleccionado las historias o la información del libro con la expresión *editado* por.

El símbolo ® significa *copyright*. El *copyright* indica la fecha de publicación del libro. Si el libro se ha publicado más de una vez aparecerán varias fechas.

Nombre de la persona que publica el libro y dirección de su compañía.

La tabla de contenido muestra las diferentes secciones y el lugar donde se encuentran.

Éste libro está dividido en diversas partes.

Índice y glosario

Los libros de texto y otros libros de no ficción presentan algunas características especiales como el índice y el glosario, los cuales ayudan a encontrar información para hacer un uso más eficaz del libro.

A continuación aparece un ejemplo de algunas entradas de un **glosario** de un libro de texto de ciencias.

hábitat n. m. (pl. hábitats). Territorio en el que una especie o un grupo de especies encuentran un complejo uniforme de condiciones de vida a las que están adaptadas.

hábito (lat. habitum, vestidura). Forma de conducta adquirida por la repetición de los mismos actos.

hablar v. tr. (lat. fabulari). Articular palabras.

hacendoso, a adj. Diligente en las tareas domésticas.

El glosario está organizado en **orden alfabético.**

El glosario contiene el **significado** de las palabras más significativas del libro.

El **índice** muestra dónde se encuentra la información acerca de los temas que se tratan en el libro.

Una **entrada** es un elemento importante del libro.

Los **números** indican las páginas del libro donde se encuentra información acerca de un tema.

gato doméstico 15, 17, 25–50

gato montés, 2–4, 10–14, 20, 42–51; comparar con el gato doméstico, 65; *ver también* gato callejero

Una **subentrada** es un elemento menor o más específico en relación a una entrada.

Una **referencia** señala otra entrada en la que se encuentra información acerca de un tema similar.

Usar un diccionario

Un **diccionario** es un libro con una lista de palabras, su definición y la indicación de cómo se pronuncian.

Orden alfabético

Las **palabras** de un diccionario aparecen en orden alfabético. Todas las palabras que comienzan por la misma letra están juntas en la lista. Si dos palabras comienzan por la misma letra, se colocan en función de la segunda letra. Si las dos primeras letras son las mismas, se colocan en función de la tercera letra, y así sucesivamente.

primera letra	segunda letra	tercera letra	cuarta letra
aventura	base	sal	pareja
elefante	bicicleta	santo	parcela
moda	bocadillo	Sara	París

Las **palabras guía** se encuentran al principio de cada página. La palabra guía de la izquierda es la misma que la primera palabra de la página.

Una **entrada** es cada palabra listada en el diccionario.

Después de cada entrada aparecen unas **abreviaturas** que la describen, por ejemplo, señalando si se trata de una palabra en género masculino (m.) o femenino (f.).

pesar v. intr. [1] Tener un peso determinado, o un peso notable. 2. Fig. Valer, tener gran influencia o importancia.

pescuezo n. m. Parte de los animales desde la nuca hasta el tronco.

peto n. m. (latin pectum). Pieza del vestido que se coloca sobre el pecho. 2. Armadura defensiva que servía para cubrir el pecho.

pionero,a n. (fr. pionnier). Explorador o colonizador de tierras. 2. Persona que inicia una actividad nueva, preparando el camino a los que vendrán después.

La **definición** explica el significado de cada entrada. A menudo las palabras tienen más de un significado.

La palabra guía que aparece a la derecha de la página es la misma que la primera palabra de la página.

→ **navegación**

navegación n. f. Ir un vehículo o ir en un vehículo por el agua o el aire. /v. intr. 2. Informática. Realizar con gran facilidad las acciones necesarias para obtener la información buscada en un conjunto de datos informatizado.

niebla n. f. (lat nebulam). Nube que reposa sobre la superficie terrestre, constituida por gotas de agua. 2. Fig. Confusión u oscuridad en algún asunto. 3. Nube, mancha en la córnea. 4. Munición para armas de caza.

nítido, a adj. Limpio, transparente. 2. No confuso, muy preciso.

noble adj. y n. m. y f. (lat. nobilem). Que por nacimiento o por decisión de un soberano, goza de ciertos privilegios y tiene ciertos títulos. /adj. 2. Que tiene distinción o señorío. 3. Magnánimo. 4. Dícese de algunos materiales muy finos.

Algunas palabras con más de un significado pueden tener también distintas **funciones gramaticales.** Por ejemplo, la palabra **noble** puede ser sujeto o adjetivo, dependiendo de su significado.

Función gramatical

El diccionario indica la **función gramatical** de cada palabra. Por ejemplo, la abreviatura *n.* significa nombre. Fíjate en las abreviaturas del cuadro.

n.	**nombre**
pl.	**plural**
pron.	**pronombre**
v.	**verbo**
adj.	**adjetivo**
adv.	**adverbio**

Usar Internet

Internet, a menudo llamada "red", es una red que conecta las computadoras de todo el mundo. Una **red** es un grupo de computadoras que están conectadas electrónicamente. Internet es una "red de redes" que usan millones de personas. De hecho computadoras de cada continente y casi cada país están conectadas a Internet.

Cómo conectar

Hay algunas cosas que debes saber antes de conectar a la red. Necesitas una computadora, por supuesto, y también un módem. Un **módem** es un aparato que conecta la computadora a la línea telefónica. La mayoría de estos aparatos ya vienen incorporados a la computadora.

También necesitas un programa de **software** que permita a tu computadora comunicarse con otras computadoras a través de Internet. El software de la computadora incluye cosas como información en discos y CD-Rom.

Software de computadora

E-Mail

Una vez que estás conectado a la red puedes usar el correo electrónico llamado en inglés **e-mail** (*electronic mail*). El e-mail permite a las personas enviar mensajes y es mucho más rápido y conveniente que el correo ordinario. El correo electrónico se usa para fines profesionales y personales. Igual que en el correo ordinario, se pueden enviar tanto palabras como imágenes. El e-mail también se puede usar para enviar sonidos e imágenes de video.

Dirección de correo electrónico

Una dirección de correo electrónico te permite enviar y recibir mensajes en la red. Para enviar un mensaje a alguien necesitas conocer su dirección de correo electrónico.

Dirección de correo electrónico

Las direcciones de Internet tienen dos partes separadas por el símbolo @ (que procede inglés *at*: en). La primera parte de la dirección es el **buzón**, donde normalmente aparece el nombre del **usuario**. A la segunda parte se le llama **dominio**. Cuando escribas la dirección de correo electrónico de alguien asegúrate de escribir correctamente toda la información.

Búsquedas en la red

Internet puede ser una fuente muy buena para encontrar información reciente acerca de un tema. Para realizar una búsqueda detallada en Internet es aconsejable utilizar un **motor de búsqueda**. Un sistema de búsqueda te permite hallar **sitios de red** relevantes al teclear palabras claves o frases que describen el tema.

¡Disfrútalo, pero ten cuidado!

Al utilizar Internet es importante tu seguridad y la protección de tu privacidad.

- Nunca des a nadie información privada acerca de ti o tu familia.
- Nunca des la dirección o el número de teléfono de tu escuela sin pedir antes permiso a un adulto.
- Habla con un adulto inmediatamente en cuanto aparezca en pantalla algo que te hace sentir mal.
- Habla con un adulto inmediatamente si recibes un mensaje que te asuste o te enfade.
- Nunca accedas a encontrarte con una persona que has conocido a través de Internet..
- Recuerda que al conectar con la red estás expuesto/a al público. Y se aplican las mismas normas.
- Di a tus padres o tutores cuál es tu clave secreta para que puedan ayudarte a acceder a tu cuenta cuando lo necesites. No des tu clave secreta a nadie más.

Usar una enciclopedia

Una enciclopedia es una fuente de información acerca de muchos temas. Algunas enciclopedias se encuentran en CD-Rom. La mayoría viene en una **colección** o grupo de libros. Cada libro se llama **volumen**. Los volúmenes están numerados y organizados por orden alfabético.

Los nombres del primer y del último tema de cada volumen aparecen en el **lomo** o lado del volumen. En algunos casos sólo aparecen las primeras letras del primer y del último tema.

Las **palabras guía** aparecen al principio de cada página. En la página izquierda, indican el primer artículo de la página; y en la página derecha, indican el último artículo de la página.

Rancho   821

La información acerca de un tema se denomina **artículo**.

Las **palabras clave** dentro de los artículos suelen aparecer en **letra negrita** o cursiva. Son términos importantes relacionados con un tema. En ocasiones las palabras clave son el tema de un artículo diferente.

Rancho se refiere en general al lugar donde se crían vacas y ovejas. Este artículo trata del cuidado de vacas y ovejas. Para más información acerca de ranchos para turistas, los lugares donde los turistas pueden conocer cómo era la vida en el Viejo Oeste, ver **Rancho para turistas.**

520

Usa el índice de una enciclopedia

La mayoría de las enciclopedias tienen un volumen independiente titulado índice. Un índice es la lista en orden alfabético de los temas tratados en la enciclopedia. También indica el volumen y la página donde se encuentra cada tema y cada artículo en torno al tema.

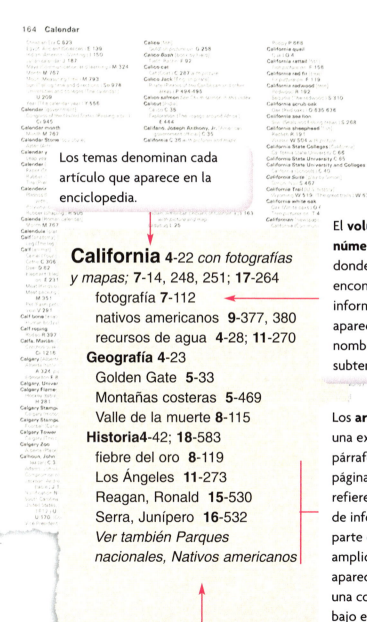

Los temas denominan cada artículo que aparece en la enciclopedia.

El **volumen** y el **número de la página** donde puedes encontrar la información siempre aparece después del nombre del tema o subtema.

Los **artículos** pueden tener una extensión desde un párrafo hasta varias páginas. Los subtemas se refieren a diferentes clases de información que son parte de un artículo más amplio. Los subtemas aparecen por lo general en una columna al margen bajo el tema.

Las **referencias** se encuentran bajo los temas en el índice, y se conectan con otros artículos que contienen información acerca del tema que se trata.

521

Usar periódicos y diarios

Un **periódico** es una publicación impresa de periodicidad regular, por ejemplo, semanal o mensual. Hay periódicos que aparecen tres o cuatro veces al año. Las revistas pertenecen a este grupo.

A cada nueva copia de un periódico se le llama **número**. Cada número contiene una nueva colección de escritos denominados **artículos**. Hay publicaciones especializadas en temas concretos como la geografía, la salud o los deportes. Otras en cambio tratan una variedad de temas. Las revistas de noticias se centran en los acontecimientos relevantes de la actualidad, y por lo general se publican semanalmente.

Las tres partes importantes de una publicación periódica son la **portada**, la **tabla de contenido** y los **artículos**.

La **portada** es la página frontal del periódico.

En la portada suele aparecer un **titular** en letras destacadas. El titular introduce la **historia de portada**, que es el contenido más importante del periódico, y se suele presentar con trabajos gráficos como fotografías o dibujos.

El **nombre** del periódico y la **fecha** de publicación aparecen en la portada, generalmente en la parte superior.

Cada artículo trata un tema. En la mayoría de los periódicos el propósito de los artículos es informar al lector acerca de sus correspondientes temas.

La **tabla de contenidos** presenta el título de cada artículo del número del periódico. También incluye el número de la página donde se encuentran, Suele aparecer en las primeras páginas de la publicación.

522

Un **diario** contiene información de interés para su público, es decir, las personas que viven en un área determinada. Los diarios aparecen cada día y centran su atención en las noticias de actualidad.

En general todos los diarios organizan la información de la misma manera. La mayoría tiene **primera página**, una página **editorial** y distintas **secciones**.

La **primera página** contiene artículos con las noticias más importantes del día. Los artículos responden a las preguntas *quién, qué, cuándo, dónde, por qué y cómo*. Un diario típico tiene las partes siguientes:

El **nombre** del periódico y su fecha de publicación aparecen en la primera página.

El **índice** suele aparecer en la parte inferior de la primera página. Indica página donde se encuentran las distintas secciones del diario: editorial, el tiempo, los deportes, etcétera.

BOLETÍN DIARIO
16 de mayo de 2000

Estación espacial casi terminada
Los últimos materiales enviados a la estación

El **titular** presenta la noticia más importante del día en letras destacadas. Bajo el titular aparecen los artículos acerca del tema.

Índice:
Editoriales 12
TV y ocio 16
Tiras cómicas 18
Crucigramas 19
Deportes 22
Anuncios clasificados 36

Editorial

Local

New School Okayed for Elm Street

Las distintas **secciones** contienen artículos de diversos temas. Un tema muy común son las **historias de interés humano**, las cuales en general se centran en cosas ocurridas a las personas. Por ejemplo, una historia de interés humano sería una noticia acerca de un voluntario de una comunidad de vecinos.

New Sheriff Elected Today

Un **tira cómica política** es un dibujo de humor diseñado para persuadir al lector de alguna cosa.

Los **editoriales** expresan las opiniones del diario y tratan de convencer a sus lectores para que sigan sus puntos de vista. En esta sección aparecen dos tipos de textos: los comentarios de periodistas y escritores, y las cartas al director de los lectores.

Usar un atlas

Un **atlas** es un libro de mapas de todo el mundo o de una región o país concreto. Existen diversos tipos de mapas.

- Los **mapas políticos** muestran países con sus correspondientes estados y provincias. Aparecen las capitales, ciudades importantes, pueblos y carreteras.
- Los **mapas físicos** muestran los recursos naturales de un país o región, como montañas, ríos y lagos.
- Los **mapas de población** muestran el número de habitantes de un lugar.

También hay mapas de climas y de productos fabricados en un lugar.

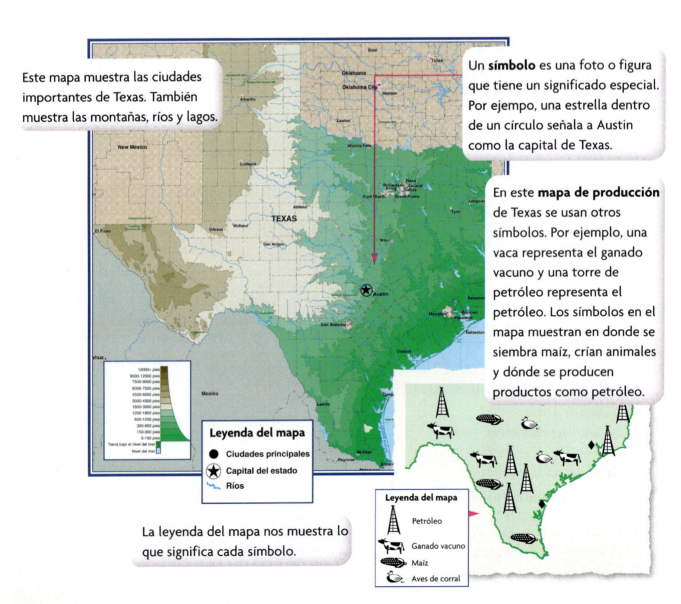

Este mapa muestra las ciudades importantes de Texas. También muestra las montañas, ríos y lagos.

Un **símbolo** es una foto o figura que tiene un significado especial. Por ejemplo, una estrella dentro de un círculo señala a Austin como la capital de Texas.

En este **mapa de producción** de Texas se usan otros símbolos. Por ejemplo, una vaca representa el ganado vacuno y una torre de petróleo representa el petróleo. Los símbolos en el mapa muestran en donde se siembra maíz, crían animales y dónde se producen productos como petróleo.

La leyenda del mapa nos muestra lo que significa cada símbolo.

Usar un almanaque

Un **almanaque** es un libro con información acerca de un tema. El tema puede ser un lugar, gente, el tiempo, la historia, los deportes o actividades de cualquier clase. Los almanaques se publican una vez al año.

Francia

Nombre del país: Francia **Área/Extensión:** 211,208 millas cuadradas **Población:** 58,978,172 (cerca de 59 millones de habitantes) **Idioma:** Francés **Capital:** París **Principales recursos económicos:** hierro, automóviles, aviones, minas, ropa

Los almanaques tienen información sobre diferentes países. Por ejemplo, un almanaque tendrá información sobre Francia.

Océanos

Océanos del mundo	
Nombre del océano	Área en millas cuadradas
Océano Pacífico	64,000,000
Océano Atlántico	31,815,000
Océano Índico	25,300,000
Océano Ártico	5,440,200

Un almanaque muestra alguna información en tablas y cuadros. Por ejemplo, en la sección de océanos se podrá encontrar una tabla como ésta.

Texas

Historia

Stephen F. Austin empezó la primera colonia de americanos en Texas. En 1821 él y otros americanos se asentaron alrededor del río Brazos. En ese tiempo Texas era parte de México.

Símbolos del estado de Texas
- **Flor del estado:** gorra azul
- **Pájaro del estado:** ruiseñor
- **Árbol del estado:** nogal
- **Lema del estado:** amistad

Un almanaque muestra información sobre lugares e historia.

Los almanaques suelen tener un **índice** con la lista de los temas que trata. Si buscas en el índice un tema encontrarás la página donde se encuentra la información que necesitas.

Usar mapas

Un **mapa** es el dibujo de una región o área determinada. Existen mapas de países, estados, ciudades o incluso pequeños pueblos. También hay mapas mundiales.

Los mapas ayudan a las personas a imaginar lugares, muestran las diferentes extensiones de las regiones y también presentan ciudades, montañas o ríos. Algunos mapas incluyen las carreteras de una zona para ayudar a las personas a desplazarse.

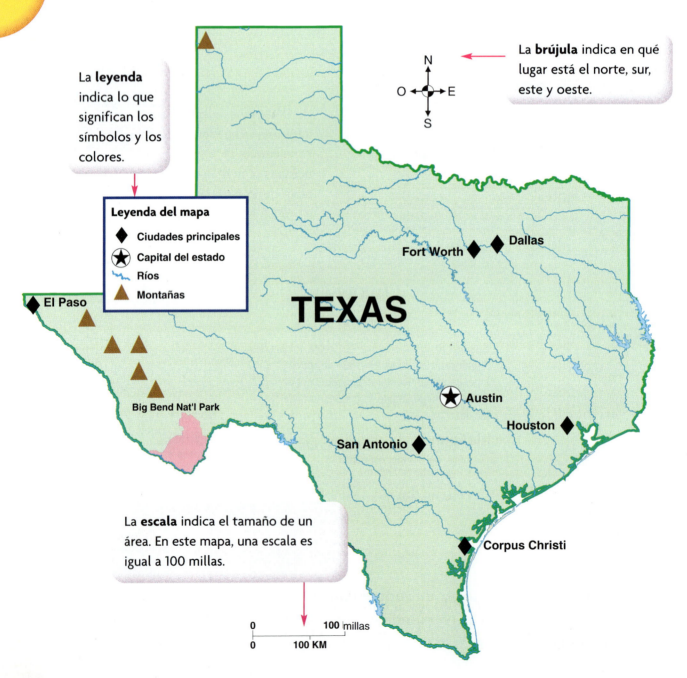

La **leyenda** indica lo que significan los símbolos y los colores.

Leyenda del mapa
◆ Ciudades principales
★ Capital del estado
~ Ríos
▲ Montañas

La **brújula** indica en qué lugar está el norte, sur, este y oeste.

La **escala** indica el tamaño de un área. En este mapa, una escala es igual a 100 millas.

526

Usar gráficas

Las **gráficas** se usan para comparar tamaños, cantidades, crecimiento y otras clases de información que se pueden calcular con números. Existen distintas clases de gráficas, incluyendo **gráficas de barras** y **gráficas de líneas**.

Una **gráfica de barras** usa barras para mostrar y comparar números.

El **título** indica la información que muestra la gráfica.

Estas **clasificaciones** indican la población.

Estas **clasificaciones** indican los nombres de las ciudades. Se encuentra la población de una ciudad al comparar la parte superior de la barra a los números de la izquierda. Houston, por ejemplo, tiene alrededor de 1,800,000 habitantes (1 millón 800 mil).

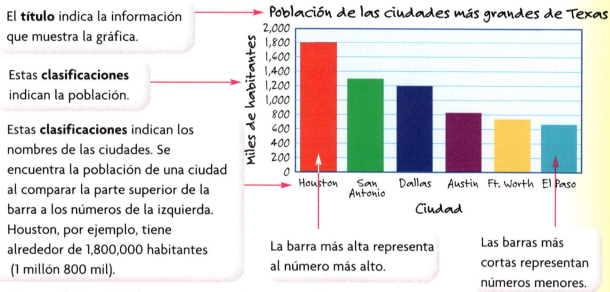

La barra más alta representa al número más alto.

Las barras más cortas representan números menores.

Una **gráfica de líneas** usa puntos en un línea para representar números. Se suele emplear para mostrar cómo algo cambia a través del tiempo.

Estas **clasificaciones** indican la temperatura en grados Farenheit.

El **título** indica de qué se trata la gráfica.

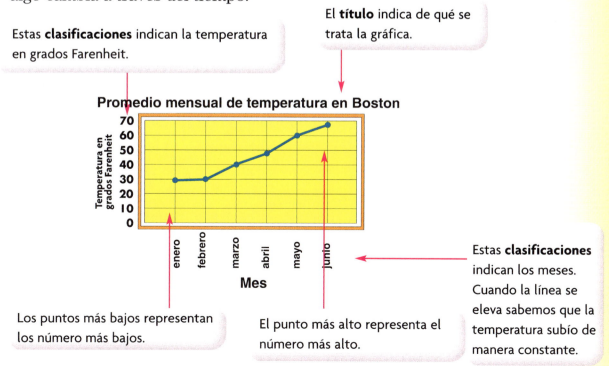

Los puntos más bajos representan los número más bajos.

El punto más alto representa el número más alto.

Estas **clasificaciones** indican los meses. Cuando la línea se eleva sabemos que la temperatura subío de manera constante.

Usar tablas

Una **tabla** es una manera de organizar información para leerla fácilmente. Sigue los pasos para leer una tabla:

Cómo leer una tabla

1. Lee el título de la tabla e indica el tema.
2. Lee el encabezamiento de cada fila. Los **encabezamientos de filas** se encuentran a la izquierda de la tabla e indican la información que se encuentra a la derecha.
3. Lee el encabezamiento de cada columna. Los **encabezamientos de columnas** indican la información que se encuentra debajo.
4. Lee la **información de la caja** correspondiente a cada encabezamiento de columna y cada encabezamiento de fila.

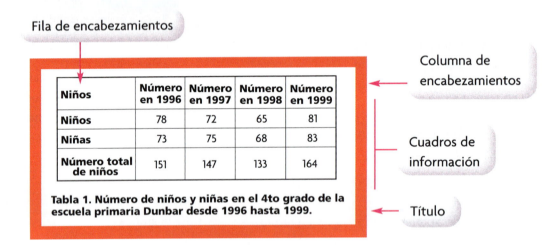

Tabla 1. Número de niños y niñas en el 4to grado de la escuela primaria Dunbar desde 1996 hasta 1999.

Esta tabla muestra el número de niños, el número de niñas y el número total de la clase de cuarto grado entre 1996 y 1999. Busca el número 78 en la información de la caja. El encabezamiento de columna indica que el número 78 corresponde al año 1996, y el encabezamiento de fila indica que corresponde al número de niños. De modo que sabes que en el año 1996 había 78 niños en la clase de cuarto grado.

Usar tablas para comparar

Al leer el encabezamiento de columna y de fila correspondiente a cada caja sabemos que había más estudiantes de cuarto grado en 1999 que en los años anteriores, y que había más niños que niñas en 1996, y más niñas que niños en 1997.

Usar cuadros

Un **cuadro** es un sistema visual de explicar una información. Es un dibujo que muestra información.

Un **cuadro de secuencia** muestra un proceso. El cuadro de secuencia siguiente presenta los pasos a seguir para cocinar un pastel.

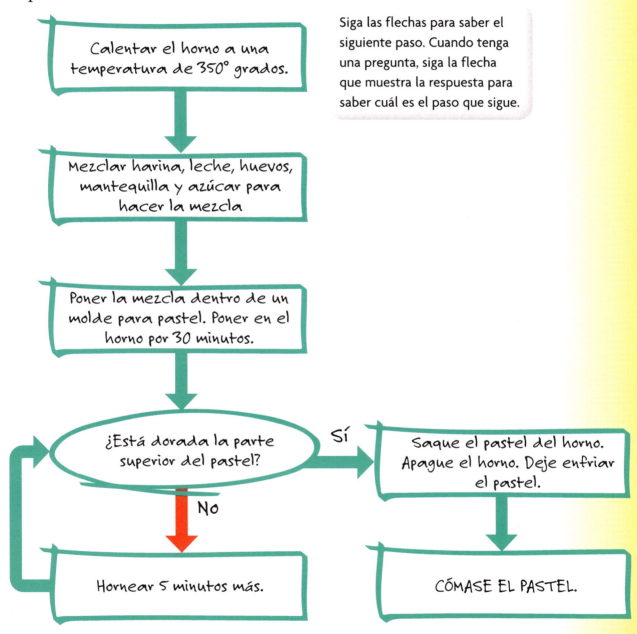

Tomar notas en tarjetas

Tomar notas te puede ayudar a entender y recordar una lectura. Si tomas notas en **tarjetas** puedes organizar la información para entender mejor lo que has leído.

1. Usa una tarjeta para tomar notas de un tema. Escribe el encabezamiento del tema en cada tarjeta.

2. Escribe solamente dos o tres datos bajo el encabezamiento de la tarjeta. Numera cada dato.

3. Si hay muchos datos en una sola tarjeta, divídelos en varias tarjetas y numéralas.

4. Cuando termines de leer, revisa las notas de tus tarjetas. Es muy posible que tengas que reordenarlas para entender mejor el tema. Estudia y recuerda los encabezamientos y los datos en tus tarjetas.

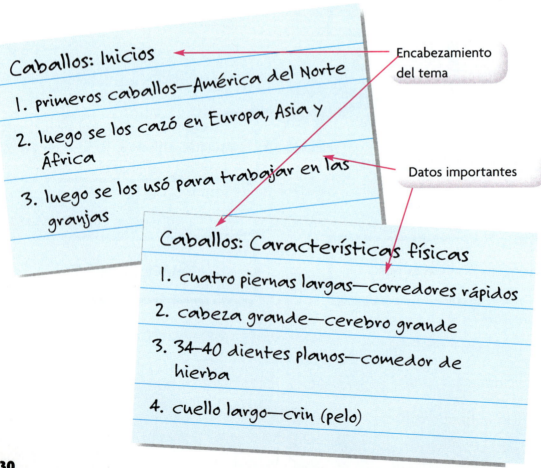

Tomar notas con organizadores gráficos

Los dibujos llamados **organizadores gráficos** ayudan a entender y recordar información a través de las formas de los gráficos y la posición de las palabras.

Red

Una **red** es un dibujo que muestra cómo cosas diferentes se relacionan entre sí.

Un árbol de familia es una clase de red que presenta el parentesco entre los miembros de una familia.

En el árbol de familia se puede ver, por ejemplo, que Marta es la hija de Alberto, Felipe es el hijo de Raquel, Luisa es la abuela de Miguel y Samuel es el marido de Marta.

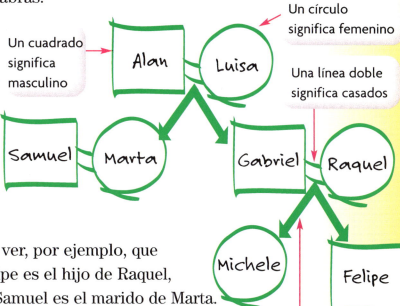

Diagrama de Venn

Un **diagrama de Venn** te ayuda a entender en qué se parecen y en qué se diferencian dos cosas. Cada círculo del diagrama de Venn contiene una lista de las características que pertenecen a cada una. Las características que comparten las dos aparecen en una lista central que cubre parte de los dos círculos laterales.

El círculo de la izquierda describe las características del béisbol. El círculo de la derecha presenta las características del baloncesto. La zona donde los dos círculos coinciden muestra las características comunes de los dos deportes.

Béisbol
9 jugadores, se juega en un campo de juego, no se toma el tiempo, una carrera marca un punto

Ambos
usan pelota deporte de equipo, necesita correr y velocidad

Baloncesto
5 jugadores, se juega en una cancha, se toma el tiempo, una canasta marca uno, dos o tres puntos

531

Resumir información

Un **resumen** es un texto reducido con los principales puntos de una información que se ha escuchado o leído. En ocasiones el resumen puede constar sólo de una o dos oraciones.

Debes escribir los resúmenes con tus propias palabras. Así entenderás y recordarás mejor lo que has leído.

Un **resumen** contiene

- la idea principal
- los puntos más importantes que apoyan la idea principal

Estudia el párrafo de la izquierda y busca la idea principal. Después busca los detalles importantes que incluirías en el resumen. Fíjate en la columna de la derecha para decidir cómo se puede resumir este párrafo en una oración.

Idea principal

Las personas han recurrido a muchas fuentes diferentes de energía para llevar a cabo sus tareas. En los tiempos primitivos se usaban animales para realizar trabajos de carga y arado de campos. Después se empezó a emplear el poder del viento en la navegación. El viento y el agua también se utilizaron para los molinos, donde se convierte el grano en harina. Sólo hace dos siglos se comenzó a usar el vapor para hacer funcionar las máquinas. En el mundo moderno la electricidad es la principal fuente de energía y combustibles como el petróleo, el carbón y el gas natural se emplean para generar electricidad. Recientemente se ha comenzado a usar la energía nuclear como fuente de energía eléctrica.

Resumen
Las fuentes de energía que se han empleado para realizar tareas humanas han cambiado a lo largo del tiempo.

Datos importantes acerca de cómo las fuentes de energía han cambiado a lo largo del tiempo.

Citas bibliográficas

Los escritores incluyen una **bibliografía** al final de sus textos para mostrar las fuentes que han empleado en su investigación. Una cita bibliográfica indica dónde se encuentra la información acerca de un tema determinado. La citas bibliográficas están ordenadas según el apellido de su autor.

Ejemplos:

Libro

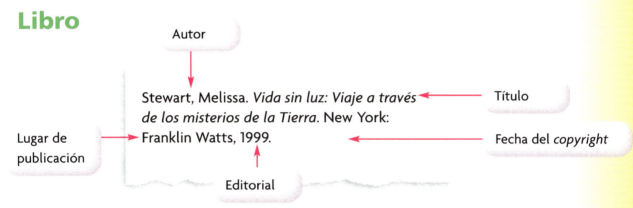

Artículo de diario o revista

Sitio de Internet

Esquema

Un **esquema** es un método de organizar información para mostrar las principales partes y los detalles de un tema. Por ejemplo, sirve para ordenar un informe de investigación. En general los esquemas siguen el mismo modelo.

Consejos para realizar un esquema

- Haz un esquema antes de escribir. Úsalo como guía para organizar tus ideas.
- Al tema del esquema se le llama **título**.
- A las partes más importantes del tema se les llama **temas principales**. Escribe los temas principales después de números romanos y puntos.
- A los detalles del tema principal se les llama **subtemas**. Escribe los subtemas después de letras mayúsculas y puntos.

Fíjate en este esquema para un informe sobre un gorila famoso.

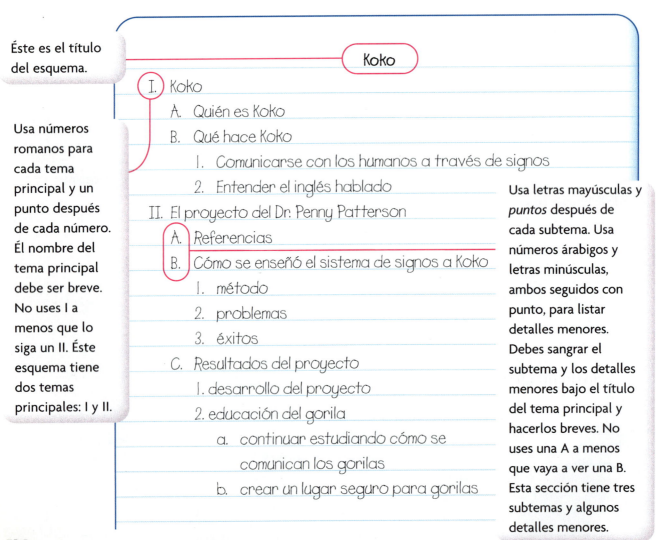

Estrategias para tomar una prueba

Tener un buen plan para tomar pruebas te ayudará a relajarte y hacerla mejor. Para hacer bien una prueba debes comenzar a prepararte mucho tiempo antes del día de la prueba. A continuación aparecen algunos consejos que te ayudarán a aprender y estudiar para realizar una prueba.

Cada día

1. **Escucha con atención.** Pregunta si no entiendes algo.
2. **Toma notas.** Guarda tus notas en un cuaderno. Revisa tus notas cada día después de clase.
3. **Haz todas las tareas de casa.** Las tareas de casa son la práctica de lo que aprendes en la escuela. Si no entiendes alguna parte de tus tareas pregunta al maestro en clase al día siguiente.

Estudiar para la prueba

1. **Reúne todos los libros y notas que necesitas antes de comenzar a estudiar.**
2. **Estudia en un lugar tranquilo donde nadie te moleste.** Asegúrate de tener buena luz para leer.
3. **Toma pequeños descansos al estudiar.** Tomar pequeñas pausas mantendrá tu mente fresca y alerta.
4. **Toma notas cuando estudias.** Recordarás mejor las ideas y los datos más importantes.

Día de la prueba

1. **Toma un buen desayuno.** Un buen desayuno ayudará a tu mente a mantenerse despierta para la prueba.
2. **Sigue todas las direcciones con cuidado.** Escucha todas las indicaciones de tu maestro y lee todas las indicaciones de la prueba.
3. **Responde primero las preguntas fáciles.** Deja las preguntas difíciles para el final para concentrarte mejor en ellas.
4. **Revisa tu trabajo.** Asegúrate de que has seguido correctamente las indicaciones y has respondido todas las preguntas.

Pruebas de respuestas múltiples

Una **prueba de respuestas múltiple**s por lo general presenta preguntas seguidas de varias respuestas. Sólo una opción responde correctamente la pregunta.

No todas las pruebas de respuestas múltiples son iguales. Algunas piden que se complete una palabra o frase que falta, y otras en cambio piden que se identifique y se corrija un error.

A continuación aparecen algunos consejos:
- Lee con atención todas las indicaciones.
- Lee con atención la pregunta.
- Piensa en todas las respuestas posibles.
- Elimina las respuestas que sabes que no son correctas.
- Revisa tus respuestas antes de entregar la prueba.

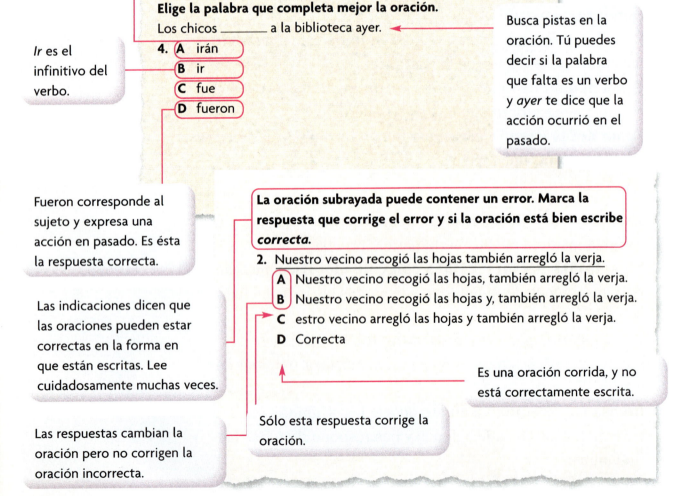

Irán corresponde a *chicos*, pero expresa una acción en el futuro no en el pasado.

Ir es el infinitivo del verbo.

Elige la palabra que completa mejor la oración.
Los chicos _____ a la biblioteca ayer.
4. A irán
   B ir
   C fue
   D fueron

Busca pistas en la oración. Tú puedes decir si la palabra que falta es un verbo y *ayer* te dice que la acción ocurrió en el pasado.

Fueron corresponde al sujeto y expresa una acción en pasado. Es ésta la respuesta correcta.

La oración subrayada puede contener un error. Marca la respuesta que corrige el error y si la oración está bien escribe *correcta*.
2. Nuestro vecino recogió las hojas también arregló la verja.
   A Nuestro vecino recogió las hojas, también arregló la verja.
   B Nuestro vecino recogió las hojas y, también arregló la verja.
   C estro vecino arregló las hojas y también arregló la verja.
   D Correcta

Las indicaciones dicen que las oraciones pueden estar correctas en la forma en que están escritas. Lee cuidadosamente muchas veces.

Es una oración corrida, y no está correctamente escrita.

Sólo esta respuesta corrige la oración.

Las respuestas cambian la oración pero no corrigen la oración incorrecta.

Pruebas de ensayo

Las **pruebas de ensayo** te piden que escribas una respuesta en tus propias palabras. Una prueba de ensayo te hace una pregunta o te pide que escribas acerca de un tema.

Como en cualquier clase de escritura, es importante pensar en la respuesta y el público al tomar una prueba de ensayo. Al iniciar una prueba de ensayo, lee con atención la pregunta para decidir cuál debe ser tu propósito. ¿Se te pide que informes o que convenzas a una audiencia? ¿Se te pide que compares algo?

Una prueba de ensayo debe organizarse y escribirse con mucho cuidado. Como en un ensayo, se debe establecer el punto principal con claridad al principio. Se deben incluir detalles para apoyar la idea principal, y se deben seguir los pasos del proceso de escritura —preescritura, bosquejo, revisión, edición— para planear y escribir una buena respuesta. Los capítulos de escritura de este libro presentan recursos para hacer bien una prueba de ensayo.

A continuación aparecen algunos consejos para realizar una prueba de ensayo:

1. **Lee con atención la indicación.** Fíjate en las palabras clave como explica, compara, contrasta o describe.

2. **Desarrolla un plan.** Antes de comenzar a escribir, haz un breve esquema de los datos o de tus ideas para organizar tu ensayo.

3. **Escribe una respuesta completa.** Apoya tu respuesta con datos y detalles. Escribe tu respuesta usando oraciones y párrafos completos.

4. **Revisa tu escritura.** Lee tu respuesta y asegúrate de que has incluido suficientes datos de apoyo. Revisa la puntuación y la ortografía, y verifica que cada oración esté completa.

Estrategias de ortografía

Pasos de estudio para aprender una palabra

PASO 1 **Pronuncia** la palabra. Intenta recordar la palabra cuando alguien la usa. Piensa en su significado.

PASO 2 **Mira** la palabra. Busca prefijos, sufijos u otras partes que conozcas. Piensa en otras palabras que tengan sílabas y significados parecidos.

PASO 3 **Deletrea** la palabra para ti mismo. Piensa en cada uno de los sonidos. Intenta grabar la palabra en tu mente.

PASO 4 **Escribe** la palabra mientras la miras. Observa la forma en que has escrito las letras. Si no has escrito la palabra clara ni correctamente, vuélvela a escribir.

PASO 5 **Comprueba** lo que has aprendido. Cubre la palabra y escríbela nuevamente. Si no la has escrito correctamente, repasa los pasos anteriores.

Consejos para localizar errores de ortografía

Corregir palabras mal escritas es una parte muy importante del proceso de escritura. Los errores de ortografía hace que los escritos sean confusos y poco eficaces. Aquí te ofrecemos unos consejos para que busques errores y los corrijas:

1 **Corrige dos veces tu escrito.** Lee despacio y atentamente para buscar errores de ortografía.

2 **Corrige con un compañero.** Un compañero puede ver errores que a ti se te hayan pasado. Recuerda: ¡cuatro ojos ven más que dos!

3 **Corrige de atrás para adelante.** ¡Eso es! Si lees de atrás para adelante, tendrás que poner más atención en cada palabra antes de pasar a la siguiente.

Instrucciones para crear una lista de palabras nuevas

Es importante que hagas tu lista de palabras en una libreta. Puedes organizar las palabras en orden alfabético, ya sea por tema, por la estructura gramatical o por cualquier otra categoría. Sigue estas instrucciones.

1 **Verifica** las palabras que has escrito para ver si tienen errores de ortografía.

> (raromente) visto aquí

2 **Emplea** un diccionario para ver cómo se escribe la palabra.

> raramente
> (raromente) visto aquí

3 **Escribe** correctamente la palabra, acompañándola de una definición, un sinónimo o un antónimo. Escribe una oración en la que incluyas esa palabra.

> raramente: muy pocas veces
> Nosotros raramente nos enfermamos.

Palabras que suelen escribirse m[

abajo	bombón
abanico	bóveda
abdomen	cabello
abeja	calzaba
abstracto	capataz
ácido	cerrojo
adicción	chiquillo
agüero	coexistir
ahí	colibrí
ahijado	compañía
amnesia	creería
anexión	dálmata
atmósfera	descompuesto
azteca	desorden
bajorrelieve	dominó
ballet	empujar
banquillo	enhorabuena
bibliotecario	esdrújula
bilingüe	expulsó

extraño	náutico
fatalidad	nariz
flequillo	ordeñar
frágil	pálido
garrapata	perenne
germen	persuasivo
grillo	pigmento
habichuela	pólvora
hibernar	quinceavo
hocico	rabo
impaciente	régimen
incapaz	salvavidas
izquierda	tambor
joya	tinieblas
kilómetro	torceré
lámina	ubicar
llanura	vacío
microbio	yema
millonésimo	zoológico

Modelos de caligrafía

Alfabeto cursivo

$A\ B\ C\ D\ E\ F\ G\ H$

$I\ J\ K\ L\ M\ N\ \tilde{N}\ O$

$P\ Q\ R\ S\ T\ U\ V$

$W\ X\ Y\ Z$

$a\ b\ c\ d\ e\ f\ g\ h$

$i\ j\ k\ l\ m\ n\ \tilde{n}$

$o\ p\ q\ r\ s\ t\ u\ v$

$w\ x\ y\ z$

Alfabeto cursivo D'Nealian

A B C D E F G
H I J K L M
N Ñ O P Q R S
T U V X Y Z

a b c d e f g h
i j k l m n ñ
o p q r s t u
v w x y z

Diccionario de sinónimos

Cómo usar un diccionario de sinónimos

Los **sinónimos** son palabras que tienen casi el mismo significado que otras palabras. Los **antónimos** son palabras que tienen un significado opuesto a otras palabras.

En un diccionario de sinónimos se clasifican las palabras y sus sinónimos. A veces aparecen también los antónimos. El diccionario de sinónimos es una herramienta importante porque nos ayuda a ampliar nuestro vocabulario y nuestra escritura. Si tuvieras que contar una historia acerca de una conversación podrías escribirla de la siguiente manera:

Usa un diccionario de sinónimos para:
- encontrar una palabra más expresiva o interesante.
- encontrar una palabra más precisa.
- reemplazar una palabra muy repetida.

> —¿Usted sabe que día es hoy? —yo **dije**.
> —Sí, yo lo sé —**dijo** mi profesor. —Hoy es viernes.—
> —¡También es mi cumpleaños! —**dije** a toda mi clase.

Sin embargo, el uso continuo de la palabra *dijo* o *dije* es muy pobre en una conversación. Un diccionario de sinónimos te ayuda a encontrar palabras adecuadas para escribir el pasaje de esta otra manera:

> Yo **pregunté**—¿Usted sabe que día es hoy?—
> —Sí, lo sé —**contestó** mi profesor. —Hoy es viernes.—
> —¡También es mi cumpleaños! —**anuncié** a toda mi clase.

Las palabras que hay en la versión revisada son mucho más exactas y vivas. *Exacta* significa que la palabra tiene el significado correcto. *Viva* significa que la palabra hace que el lector se forme una imagen mental. Usa este diccionario de sinónimos para que tu escritura sea más entretenida.

Tranquilo es una entrada. Las entradas están colocadas en orden alfabético. Las palabras de gran impacto son de color verde.

La abreviatura *adj.* te informa de la parte de la oración.

Abreviaturas

s.	sustantivo
v.	verbo
adj.	adjetivo
adv.	adverbio
prep.	preposición

Las entradas van seguidas de una **definición** y un ejemplo. Recuerda que no todos los sinónimos tienen el mismo significado.

tranquilo *adj.* No agitado ni preocupado; sin excitación ni movimiento: A pesar de la presión, él está muy *tranquilo*.
apacible Sereno y amable. Su mirada *apacible* me hizo sentir confianza.
relajado Refiriéndose a un sentimiento. Con el té de hierbas me sentí más *relajado*.
ANTÓNIMOS: agitado, excitado, preocupado

Apacible y *relajado* son sinónimos. Los sinónimos aparecen en *cursiva*.

Agitado y *excitado* son antónimos. Los antónimos aparecen en **negrita**.

Índice

Encontrarás más palabras en el **índice** del diccionario de sinónimos. En el índice están relacionadas en orden alfabético las entradas, los sinónimos y los antónimos.

Carril es un sinónimo. Está impreso en letra cursiva. *Carril* aparece como sinónimo de la palabra **calle**. El diccionario de sinónimos define cada sinónimo.

carril **calle** *s.*
tarde *adj.*
después **antes** *adv.*

Tarde es una entrada. Está impresa en color. El diccionario de sinónimos define todas las entradas.

Después es un antónimo. Está impreso en letra negrita. Encontrarás que **después** aparece como antónimo de la entrada **antes**.

545

accidental *adj.* Inesperado; imprevisto: La pérdida *accidental* de mi tarea hizo que la tuviera que repetir.

azar Que ocurre sin una razón definida o sin seguir una pauta: Parece que el entrenador eligió al *azar* a los jugadores de ayer.

casual Que ocurre sin motivo aparente: A veces, una charla *casual* con alguien puede cambiar tu vida.

imprevisto No intencionado: Tuvimos que hacer una parada *imprevista* porque el auto se dañó.

inesperado No planificado; no previsto: La tormenta *inesperada* estropeó la vacación de los montañistas.

ANTÓNIMOS: artificioso, designado, intencionado, previsto

agarrar *v.* capturar o tomar algo: La policía quería *agarrar* al sospechoso.

atrapar Agarrar algo de forma rápida: Pudimos *atrapar* al conejo cuando salía de su guarida.

recoger Agarrar algo de nuevo: Tuve que *recoger* todas las monedas que se cayeron al piso.

secuestrar Tomar por la fuerza a otra persona: *Secuestrar* a una persona es un grave delito.

sujetar Agarrar algo con firmeza: Ayúdame a *sujetar* esta tabla, por favor.

ANTÓNIMOS: liberar, dejar, soltar

alto *adj.* A gran distancia del suelo: mi gato estaba en lo *alto* del tejado.

elevado Construido a una altura alta: Los trenes *elevados* van a gran velocidad.

enorme Tan grande que las demás cosas parecen muy pequeñas: La *enorme* pila de cajas estaba a punto de derrumbarse.

majestuoso Muy alto en el aire: Vemos las *majestuosas* montañas al fondo.

ANTÓNIMOS: bajo, corto

amigable *adj.* Que muestra amistad y amabilidad: En mi barrio vive mucha gente *amigable*.

agradable Placentero; de carácter amistoso: El Sr. Lon es el profesor más *agradable* de todos los que conozco.

amable Que tiene tendencia a comprender: Los bomberos voluntarios fueron muy *amables* con la gente.

leal Que profesa la amistad por encima de todo: Tu cuñado es una persona muy *leal* a su familia.

sociable Abierto a la demás gente: Óscar es el muchacho más *sociable* de todos.

ANTÓNIMOS: desagradable, rudo, molesto, insoportable, antipático

antes *adv.* En el pasado: Tanya sabía qué hacer porque ya había ido al hospital *antes*.

anteriormente Un tiempo del pasado: *Anteriormente* había perdido la pelota, pero ahora la golpeó con fuerza.

temprano Algo que tiene lugar pronto: Ella se levantó hoy más *temprano* que ayer.

ya Anterior a un tiempo específico: A la hora de la cena *ya* tenía mi tarea hecha.

ANTÓNIMOS: después, más tarde, luego

área *s.* Una región o sección: El *área* de juegos está en la tercera planta.

dominios Un terreno o territorio controlado, o de especial importancia: No veremos lagartijas porque sus *dominios* están en las colinas.

región Un área sin límite determinado: En la *región* sur del estado hay lagos, bosques y ciudades.

sección Parte de un área mayor: Noemi vive en la *sección* de los supermercados.

territorio Un área con límites claros: Muchos animales marcan su *territorio*.

zona Área de uso especial: Nadie puede levantar una fábrica en la *zona* residencial.

asustar *v.* Causar temor, especialmente por sorpresa: Me sentí *asustado* con la película de ciencia ficción.

acobardar Intimidar, hacer que alguien se sienta cohibido: Rubén se sintió *acobardado* ante el grupo de matones.

alarmar Llenar de temor; avisar de una emergencia: La ambulancia y los bomberos *alarmaron* a los vecinos.

espantar Asustar para que se alejen, especialmente los animales: Con el ruido de la motocicleta, las gallinas se *espantaron*.

intimidar Hacer que otros sientan timidez o temor: El hombrón dio un manotazo para *intimidar* al flaco.

ANTÓNIMOS: acomodarse, animar, reconfortar, relajar

aventura *s.* Experiencia emocionante o inusual: Las *aventuras* de Lynn comenzaron cuando partió el barco.

escapada Una salida peligrosa: Su loca *escapada* le va a causar problemas.

experiencia Un suceso que le ocurre a alguien: Si juegas en las Ligas Mayores será una gran *experiencia*.

vivencia Una experiencia difícil, que pone a alguien a prueba: La tormenta de anoche fue una *vivencia* que nunca olvidaré.

bajo *prep.* Directamente debajo: El niño se sentaba *bajo* el cuadro de su abuelo.

abajo En la parte inferior con relación a otra: Fui al piso de *abajo* a recoger la maleta.

debajo En un lugar bajo: Mira *debajo* de la foto y encontrarás la nota.

ANTÓNIMOS: encima, arriba

barco *s.* Un vehículo grande que flota en el agua: El *barco* transportó mucha gente por el estrecho de Bengala.

ferry Un barco que transporta gente una distancia corta: Antes del puente de Brooklyn, la gente viajaba en un *ferry*.

petrolero Nave grandísima que transporta petróleo: El Exxon Valdez fue el *petrolero* que causó el derrame.

submarino Barco que viaja por debajo del agua: El *submarino* cruzó el Atlántico sin ser visto.

transatlántico Barco grande para el transporte de gente a lugares lejanos: Los *transatlánticos* pueden navegar por el río Hudson.

bebé *s.* Un niño o niña muy pequeño: El *bebé* tiene los dedos muy chiquititos.

chiquilín Un niño muy pequeño que todavía no habla ni anda: La madre llevó a su *chiquilín* al doctor.

nene Un niño pequeño que ya puede andar: Este camión de juguete lo puede empujar cualquier *nene*.

recién nacido Un niño que acaba de nacer: La mamá salió del hospital con su *recién nacido*.

ANTÓNIMOS: adulto, mayor

calle *s.* Lugar reservado para vehículos y peatones: En la *calle* de mis amigos no se puede patinar.
avenida Calle ancha: La Quinta *Avenida* es muy famosa en Nueva York.
autopista Carretera donde los vehículos pueden ir a gran velocidad: La *Autopista* del Sol está en Italia.
bulevar Calle ancha en la que puede haber árboles y paseos: Nos gusta pasear por el *bulevar* para charlar con los amigos.
carril Parte de la carretera por donde van los vehículos en una fila: Si quieres adelantar a otro auto, tienes que ir al *carril* de la izquierda.

campo *s.* El terreno que está lejos de los pueblos y ciudades: mi padre se dedica a cosechar el *campo*.
granja Lugar dedicado a la cría de animales y a las cosechas: Mi tío tiene una *granja* de gallinas.
zona rural Territorio alejado de las ciudades, ya sea de granjas o salvaje: Las *zonas rurales* tienen menos población que las ciudades.
ANTÓNIMOS: ciudad, metrópolis

caro *adj.* Que cuesta mucho; que el precio es alto: Tendré que ahorrar mucho porque mi bicicleta es *cara*.
costoso Que hay que pagar un alto precio o esfuerzo: Subir la motocicleta al ático fue muy *costoso*.
inestimable De mayor valor que cualquier pago: La Declaración de la Independencia es un tesoro *inestimable*.
preciado Querido por el valor sentimental; apreciado: El collar de mi abuela es un objeto muy *preciado*.
valioso Que cuesta mucho dinero: Las joyas que pusieron en la caja fuerte eran muy *valiosas*.
ANTÓNIMOS: barato, económico, asequible

clase *s.* Grupo de cosas que tienen algo en común: Esta es mi *clase* de torta preferida.
categoría Una división, sección o clasificación específica: La música no está en la misma *categoría* que las ciencias sociales.
grado Grupo de cosas que tienen el mismo nivel de calidad: Estas botellas de aceite son del mismo *grado*.
raza Un grupo particular que comparten las mismas características físicas: El pastor alemán es una *raza* de perro que usan mucho los ciegos.
variedad Clase de cosas distintas a otras parecidas: La *variedad* de manzanas reinetas es muy apreciada.

comprender *v.* Entender el significado de algo: Me lo dijiste tan claro que lo *comprendí* a la primera.
asimilar Entender algo y hacerlo de uno propio: Estudié la lección pero no *asimilé* mucho.
captar Recibir impresiones, especialmente con los sentidos: El gato *capta* enseguida si hay perros alrededor.
entender Comprender lo que alguien dice o una situación: No se si *entiendo* lo que quiere decir este problema de matemáticas.
percibir Manera rápida de entender algo: Cuando Sergio entró por la puerta, *percibí* que traía malas noticias.
vislumbrar Llegar a conocer por medio de señales o indicios: No *vislumbro* ninguna solución al problema del paro.

construir *v.* Hacer algo uniendo materiales: Daniel necesita *construir* una casa para su perro.

crear Dar vida a algo nuevo: Los buenos escritores saben *crear* personajes divertidos.

edificar Construir edificios: Los arquitectos quieren *edificar* una torre de treinta plantas.

erigir Construir hacia arriba: La ciudad va a *erigir* una estatua en honor al héroe.

ANTÓNIMOS: destruir, derribar, romper, demoler

correr *v.* Mover rápidamente los pies, a mayor velocidad que cuando andamos: Tuve que *correr* para llegar a tiempo.

adelantar Correr más deprisa para ponerse delante de otros: Durante la carrera tuve que *adelantar* a dos contrincantes.

avanzar Moverse adelante continuamente: Tenemos que *avanzar* más si queremos llegar a la cima.

esprintar Correr más deprisa durante unos instantes; acelerar: Para alcanzar a mis compañeros tuve que *esprintar* al final de la carrera.

recorrer Caminar grandes distancias: Al llegar al Gran Cañón quisimos *recorrer* todos los caminos.

trotar Mover a paso rápido, especialmente los caballos: A mi caballo le gusta *trotar* por las praderas.

ANTÓNIMOS: gatear, arrastrarse, caminar

crecer *v.* Aumentar de tamaño, de edad, de cantidad: Si quieres ver tus plantas *crecer* tienes que regarlas todos los días.

agrandar Ganar en tamaño, expandirse: Marina sabe que el árbol de su patio se *agranda* más y más.

brotar Empezar a crecer; nacer: Las flores de los árboles comienzan a *brotar* en la primavera.

desarrollar Expandirse o incrementar gradualmente: Los mamíferos se *desarrollan* según crecen.

inflamar Crecer anormalmente: Si pones crema en esa picadura, evitarás que se te *inflame*.

ANTÓNIMOS: disminuir, marchitar, decaer, atrofiarse

cuidado *s.* Tener preocupación; proteger: Ben hizo su examen sin poner mucho *cuidado*.

atención Hecho de dirigir la mente hacia algo; concentrarse: Ella sólo ponía *atención* a los ladridos del perro.

consideración Pensar con atención; reflexionar: Hemos escuchado tu relato y lo tendremos en *consideración*.

inquietud Interés y preocupación por algo: Cuando se cayó su hermano, sintió una gran *inquietud*.

decir *v.* Hablar a otras personas: Los granjeros de al lado *dicen* que la cosecha ha sido buena.

afirmar Decir algo sin esperar una respuesta: El profesor *afirmó* que nuestro equipo ganaría un premio.

comunicar Decir algo para que se conozca: Le *comuniqué* a mi tía mi decisión de casarme.

manifestar Decir algo relacionado con las ideas propias: Le *manifestaré* mi opinión acerca de la basura.

mencionar Hablar en público para dar a conocer algo: Pronto *mencionarán* al ganador del concurso.

murmurar Hablar en voz baja y con los labios casi cerrados: Ramón me *murmuró* algo al oído, pero no le entendí.

pronunciar Sacar a relucir las palabras; expresar una opinión: El director *pronunció* un discurso de despedida.

diferente *adj.* Que no es igual: Me gustan las *diferentes* clases de postre.

distinto Consistente de elementos sin relación alguna: Esta lista es *distinta* a la que vimos ayer.

opuesto Que es lo contrario a otra cosa: Mis dos hermanos son como el polo *opuesto*.

variado Consistente de varias clases: Vamos a comprar una caja de chocolates *variados*.

ANTÓNIMOS: correspondiente, relacionado, similar

dibujar *v.* Crear un dibujo: ¿Puedes *dibujar* en el pizarrón tu animal favorito?

bosquejar Hacer un dibujo rápido, a modo de orientación: Si no tienes mucho tiempo, puedes *bosquejar* la escena.

diseñar Dibujar un plano: El profesor nos ayudó a *diseñar* el plano de la cueva.

divertido *adj.* Que causa risa o buen humor: Adriana me contó un chiste muy *divertido*.

cómico Que causa diversión, a veces de forma natural: Los esquiadores más *cómicos* son los principiantes.

entretenido Lo que causa entretenimiento: El programa de televisión no fue tan *entretenido* como esperaba.

humorístico Que tiene relación con la risa y diversión: Diana me contó una escena *humorística* de la película.

ocurrente Humor inteligente: La frase del Dr. Salmerón fue muy *ocurrente*.

ANTÓNIMOS: triste, apagado, melancólico, apenado, afligido

elegir *v.* Decidirse por algo: Necesito *elegir* una camisa para hoy.

decidir Hacerse a una idea; hacer un juicio: Vamos a ver la lista de películas para *decidir* cuál queremos ver.

seleccionar Optar por una entre varias alternativas: El entrenador quiere *seleccionar* al equipo suplente.

votar Decidir formalmente: Es importante *votar* por la persona adecuada.

ANTÓNIMOS: desechar, rehusar, rechazar

extraño *adj.* Peculiar, fuera de lo común: Los sonidos que venían del sótano eran muy *extraños*.

curioso Que causa la atención por lo inusual: El croquis del tesoro era muy *curioso*.

insólito Algo fuera de lo común; que ocurre de repente: Fue *insólita* la reacción que tuvo tu padre cuando me vio.

peculiar Cosa característica de algo o alguien: El vecino de la esquina es un tipo muy *peculiar*.

raro Algo inusual: Fue muy *raro* que el tren se retrasara tanto.

ANTÓNIMOS: común, normal, ordinario, usual

fácil *adj.* Que requiere poco esfuerzo: La tarea de ayer fue muy *fácil*.

comprensible Fácil de entender mentalmente: Las ideas que me dieron ayer fueron bastante *comprensibles*.
sencillo Algo muy fácil: Coser aquel botón fue muy *sencillo*.
simple Fácil de comprender o hacer: Ayer me contaron una historia muy *simple*.
ANTÓNIMOS: complicado, difícil, duro, comprometido, arduo

ganar *v.* Acertar, lograr una meta: Yo puedo *ganar* a mi tío al ajedrez.
derrotar Vencer completamente: Para *derrotar* al equipo azul debemos entrenar mucho.
dominar Ganar a base de mayor poder o fuerza: Debido a la experiencia, el atleta *dominó* la prueba.
superar Vencer completamente y sin dudas: Marco llegó a *superar* el miedo que tenía a la oscuridad.
triunfar Tener éxito o lograr la victoria: Alejandra *triunfó* sobre los insectos que le plagaban el jardín.
vencer Ganar a otra persona o grupo: George Washington fue capaz de *vencer* al ejército inglés.
ANTÓNIMOS: fallar, perder, rendirse

grande *adj.* De mucho tamaño: La señal es más *grande* de lo que parecía a lo lejos.
enorme Más grande de lo habitual: Aquel árbol es *enorme*.
gigantesco Del tamaño de un gigante: Paul Bunyan llevaba un hacha *gigantesca*.
gran (apócope de grande) Enorme y de buenas cualidades: El *gran* palacio era la atracción de la ciudad.
grandísimo Muy grande: Los lagos del Norte son *grandísimos*.
inmenso Que cubre una gran extensión: El *inmenso* desierto fue el cementerio de los exploradores.
tremendo Muy grande de tamaño: Hay un *tremendo* dinosaurio en el Museo de Historia Natural.
ANTÓNIMOS: pequeño, miniatura, chiquito, ínfimo

gritar *v.* Hablar a voces: Le tuve que *gritar* a las vacas para que no rompieran la cerca.
chillar Hablar dando gritos: Los seguidores del equipo no pararon de *chillar*.
rugir Dar gritos; manera de hablar ciertos animales: Los leones del circo le *rugieron* al domador.
vociferar Dar voces estruendosas: Estaban tan enfadados que no dejaron de *vociferar*.
ANTÓNIMOS: murmurar, susurrar, musitar

helado *adj.* Extremadamente frío: A Francisco se le quedó la cara *helada* cuando salió a la calle.
ártico Extremadamente frío; relacionado con el Polo Norte: Las temperaturas *árticas* causaron que la nieve no se derritiera.
congelado Causado por las temperaturas muy bajas: En el verano me gusta tomar esas bebidas *congeladas*.
frígido Temperatura por debajo de los 32 grados Fahrenheit: Las *frígidas* temperaturas nos obligaron a quedarnos en casa.
glacial sumamente frío: Un frío *glacial* destruyó la cosecha.
ANTÓNIMOS: caliente, hirviente, cálido, caluroso, achicharrante

idea *s.* Pensamiento; manera de entender los conceptos: ¿Quién tiene *idea* de cómo cocinar arroz?
concepto Una idea general: El *concepto* del correo electrónico es muy simple.
invento El producto de un poder creativo: El teléfono es un *invento* útil y maravilloso.
noción Una idea o impresión que el creador no ha desarrollado aún: Tengo una *noción* de lo que se trata, pero tengo que investigarlo.

imagen *s.* Dibujo, pintura, grabado, fotografía: la *imagen* muestra a mi ciudad tal como es.
boceto Un dibujo rápido, esquemático: Emilia ha hecho un *boceto* de su nuevo dormitorio.
cuadro Imagen creada con pintura: Me gusta el *cuadro* que hay en el comedor de tu casa.
fotografía Imagen creada con una cámara: Gracias a la *fotografía* supe que tenías una peca en la barbilla.
instantánea Una fotografía tomada con una cámara sencilla: Mi amigo me hizo esta foto *instantánea* en la Casa Blanca.
retrato Imagen de una persona: El *retrato* del tío Juan te quedó perfecto.

inteligente *adj.* Que tiene conocimientos y capacidad de razonar: La decisión de poner un toldo ha sido muy *inteligente*.
despierto Persona vivaz: Guillermo es un chico muy *despierto*.
ingenioso Capacidad para resolver problemas, normalmente en poco tiempo: Raimundo fue tan *ingenioso* que solucionó el problema de la gotera.
listo Persona despierta, atenta a lo que ocurre: Esta niña es muy *lista*, no se le escapa nada.
sagaz Calidad de inteligente y calculador: Sólo una persona tan *sagaz* pudo entender el porqué del crimen.
talentoso Persona inteligente: Cecilia es una muchacha muy *talentosa*.
ANTÓNIMOS: torpe, ignorante, bruto, inútil

intento *s.* Acto para lograr algo: Su primer *intento* de cocinar galletas fue un desastre.
empujón Un esfuerzo grande: Con un buen *empujón* sacarás el auto del lodo.
esfuerzo Uso de energía para lograr algo: Rebeca hizo un *esfuerzo* para subir a la cima.

malo *adj.* Que de alguna manera no es bueno; de pobre calidad: Es *malo* insultar a tus compañeros.
horrible Muy malo o desagradable: La comida del restaurante era *horrible*.
inadecuado Insuficiente para cumplir un propósito: La búsqueda del anillo perdido fue *inadecuada*.
ANTÓNIMOS: benéfico, favorable, bien, bueno

mañana *s.* Parte del día entre el amanecer y el mediodía: Esta *mañana* no me ha cundido mucho el trabajo.
alba Hora temprana del día en la que aún no ha salido el sol: Catalina se sentó en su porche durante las horas del *alba*.
amanecer Las primeras horas de la mañana: A las horas del *amanecer*, mi abuelo va a ver las vacas.

salida del sol Momento en que vemos el sol por primera vez en el día: Con la *salida del sol* comienza un nuevo día.
ANTÓNIMOS: atardecer, anochecer, puesta de sol

mejor *adj.* Superior a los otros: Luis es el *mejor* corredor de la clase.
favorito Que gusta más que otras cosas: La asignatura *favorita* de Kim es el arte.
selecto De buena clase o calidad: María consiguió unos asientos muy *selectos* para la ópera.
valioso Que tiene gran valor; merecedor de un premio: El Sr. Reyes está muy orgulloso de sus *valiosos* tomates.
ANTÓNIMOS: indeseado, peor, pobre

mirar *v.* Dirigir la mirada hacia algo: Me gusta *mirar* cómo el elefante agarra la nuez con su trompa.
escanear Mirada rápida; buscar con la computadora: Vamos a *escanear* esto a ver si encontramos el artículo de la vida en Marruecos.
observar Mirar o ver atentamente: Si vas al bosque, podrás *observar* el comportamiento de los conejos.
ojear Mirada rápida: Vete a *ojear* por la ventana y dime si hace mal tiempo.
vislumbrar Ver algo de manera adivinadora: *Vislumbro* que has debido tener problemas con tu amiga.

necesario *adj.* Que nos hace falta: Es *necesario* que el auto tenga un buen motor.

esencial Absolutamente necesario: El sujeto y el predicado son parte *esencial* de la oración.
importante Que tiene valor: La luz del sol y el agua son *importantes* para el crecimiento de las plantas.
obligatorio Solicitado o necesario formalmente: Para ir a la universidad tienes que aprobar los exámenes *obligatorios*.
vital Necesario para la vida: La sangre es *vital* para los seres humanos y para muchos animales.
ANTÓNIMOS: nimio, opcional, innecesario

otra vez *adv.* Otro tiempo: Me gustaría escuchar esa canción *otra vez*.
de nuevo Una vez más, con posibilidad de cambios: Quiero mejorar esto, así que lo voy a hacer *de nuevo*.
nuevamente Otra vez de distinta manera: *Nuevamente* voy a escuchar su historia.
una vez más Por última vez: Antes de entregar su examen, Basilio comprobó sus respuestas *una vez más*.

pago *s.* Algo de valor dado a cambio de bienes o servicios: El *pago* del alquiler fueron cien dólares.
compensación Pago que se hace a cambio de daños o pérdidas: Isidro recibió una *compensación* por el golpe que le dieron.

ganancias Dinero recibido por trabajos, por ahorros o por inversiones: Gracias al trabajo de Hortensia, las *ganancias* de la empresa mejoraron.

honorarios Una cantidad fija de dinero a cambio de un servicio: El abogado ha subido sus *honorarios*.

recompensa Cantidad de dinero entregada a cambio de una buena acción: la familia me dio una *recompensa* por encontrar su gatito.

salario Cantidad de dinero que se fija por un trabajo: Llevo muchos meses ganando el mismo *salario*.

preguntar *v.* Buscar una respuesta. Mamá decidió *preguntar* si el teatro empezaría temprano.

consultar Preguntar sobre algo: Tengo que *consultar* a la Sra. David acerca del programa de computadoras.

indagar Buscar para saber algo concreto: Primero debes *indagar* sobre la salida del tren.

interrogar Preguntar en busca de resolver una cuestión: La policía *interrogó* a un sospechoso.

solicitar Preguntar educadamente: Ésta es tu oportunidad de *solicitar* un aumento.

problema *s.* Una situación que causa dificultad o confusión: El *problema* era que no tenía dinero para el autobús.

aprieto Una situación difícil, especialmente económica: Me vi en un *aprieto* cuando perdí el dinero.

conflicto Situación de difícil salida: Mis vecinos tienen un *conflicto* de donde aparcar el carro.

dificultad Situación difícil: A pesar del gran problema, no tuve *dificultad* en solucionarlo.

preocupación Situación que causa intranquilidad o temor: Teresa tenía gran *preocupación* porque su canario no cantaba.

ANTÓNIMOS: solución, desenlace, arreglo

profesor *s.* Persona que enseña una o varias materias: El *profesor* de matemáticas se puso enfermo.

entrenador Persona que enseña a otras personas a mejorar en un deporte: La *entrenadora* de baloncesto no es muy alta.

maestro Persona que enseña una materia, especialmente las primeras letras: Me acuerdo de la *maestra* de kindergarten.

preparador Persona encargada de la forma física de los atletas: El *preparador* de fútbol me puso hielo en la pierna.

quizás *adv.* Posibilidad de algo: *Quizás* Samuel termine la carrera.

acaso Posibilidad de otra alternativa: No sé si *acaso* mi diccionario tendrá la palabra adecuada.

posiblemente Quizás, tal vez: *Posiblemente* no vaya a tu casa si se hace de noche.

tal vez Tiene la misma acepción que quizás: Si no te duermes, *tal vez* puedas ver la cascada.

rápido *adj.* Que se mueve rápido en poco tiempo: Sólo tengo tiempo para un juego *rápido* de ajedrez.

deprisa Que se mueve a gran velocidad: Si queremos llegar al tren, tendremos que andar *deprisa*.

veloz Que tiene capacidad de moverse rápidamente: El caballo que alazán es el más *veloz* de todos.
ANTÓNIMOS: pesado, lento, despacio

real *adj.* No imaginario; no falso: Pinocho quería ser un niño *real*.
genuino Ser cierto, con cualidades propias: Estos tomates son *genuinos* de Madagascar.
objetivo Basado en hechos reales: El testimonio del ladrón fue bastante *objetivo*.
verdadero Basado en la verdad: Te voy a contar la *verdadera* historia de Marco Polo.
ANTÓNIMOS: falso, mentiroso, engañoso

recordar *v.* Guardar en la mente; pensar otra vez: La fotografía me hizo *recordar* mis viejos amigos.
acordarse Volver a traer a la memoria algo que estaba olvidado: Ya me he *acordado* de donde he puesto el reloj de pulsera.
revivir Recordar algo con la intención de que ocurra otra vez: Me gusta *revivir* los momentos que pasé en la playa.

reír *v.* Hacer sonidos de alegría: Los buenos chistes me hacen *reír*.
carcajearse Reírse estrepitosamente: No pude por menos que reírme a *carcajadas* cuando me caí por vez primera en el charco.
sonreír Risa sin emitir sonido: La carita tan linda del bebé me hizo *sonreír*.

respuesta *s.* Una contestación a una pregunta: Cuando mi profesor me preguntó, le di mi *respuesta* a la clase.
contestación Una réplica o reacción: La *contestación* que le di al director me costó un castigo.

explicación Una respuesta en la que se dan razones de algo: La *explicación* de Matilde tenía mucho sentido.
versión Una declaración explicativa: Di mi *versión* de los hechos.

ruido *s.* Sonido poco placentero: El *ruido* impidió que Carlota durmiera bien.
caos Desorden ruidoso: Siempre que hay una venta de camisas se forma un gran *caos*.
estruendo Un ruido muy fuerte y confuso: No pude aguantar el *estruendo* de la excavadora.
jaleo Gran ruido producido por la gente: Cuando discutieron los vecinos armaron un *jaleo* tremendo.
tumulto Ruido producido por mucha gente: Cuando el árbitro anuló el gol, los aficionados armaron un *tumulto*.
ANTÓNIMOS: tranquilo, quieto, silencio

salvaje *adj.* Que no es doméstico; cruel o violento: Los animales *salvajes* son peligrosos.
fiero Calidad salvaje de muchos animales: Entre los animales más *fieros* están los felinos.
incontrolable Que no tiene control: Hipólito es *incontrolable*, hace lo que le viene en gana.
turbulento Que está agitado o se mueve mucho: Las aguas *turbulentas* hicieron zozobrar la canoa.
violento Que usa la fuerza para dominar a otros: La pelea de los boxeadores fue muy *violenta*.
ANTÓNIMOS: plácido, calmado, controlado, gentil

segundo *s.* La sesentava parte de un minuto; corto periodo de tiempo: En un *segundo* te atiendo.

instante Un breve espacio de tiempo: Cayó la bomba y en un *instante* todo fue el caos.

lapso Tiempo breve, imperceptible: El cielo era azul y en un breve *lapso* todo cambió.

momento Un periodo muy corto de tiempo: En el *momento* en que me desperté supe que fue una pesadilla.

santiamén Espacio corto de tiempo: La torta estaba tan rica que me la comí en un *santiamén*.

ANTÓNIMOS: eternidad, infinito

sobre *prep.* Que está encima de algo: He dejado la bolsa de la compra *sobre* la mesa.

encima En lugar o puesto superior respecto de uno inferior: Me dejé el reloj *encima* de la cama.

ANTÓNIMOS: bajo, por debajo, abajo

sujetar *v.* Conectar una cosa a otra: Usa un sujetapapeles para *sujetar* la tarjeta y la ficha.

atar Sujetar firmemente: Necesito *atar* este paquete para que no se salga nada.

enganchar Sujetar con un gancho o cuerda: El vaquero *enganchó* su caballo al poste.

unir Juntar o conectar: Al *unir* las oraciones tendrás un párrafo.

ANTÓNIMOS: romper, desconectar, separar, soltar

tarde *adj.* Llegada posterior a la prevista: Nos perdimos el comienzo de la película porque llegamos *tarde*.

atrasado Algo que no va a tiempo: El vuelo estaba *atrasado* a causa de la tormenta.

retrasado Que va por detrás de la hora prevista: El autobús se había *retrasado* y tuvimos que esperar mucho.

vencido Algo que ocurre más tarde de lo estipulado: Tuve que llevar corriendo los libros a la biblioteca porque el plazo estaba *vencido*.

ANTÓNIMOS: adelantado, pronto, temprano, puntual, prematuro

tienda *s.* Lugar donde se vende mercancía: Voy a ir a la tienda con mi madre.

almacén Lugar donde se vende mercancía, a veces al por mayor: En el *almacén* de muebles no les quedaban lámparas antiguas.

mercado Lugar donde se vende principalmente comida: En el *mercado* tienen las mejores chuletas de cerdo.

puesto Lugar pequeño en que se venden periódicos y baratijas: En el *puesto* de pipas no hacen falta ventanas.

supermercado Mercado grande que funciona como autoservicio: En el *supermercado* vi treinta marcas de jugo.

tranquilo *adj.* Que no está agitado ni molesto; que lleva un sentimiento de paz: A pesar de los problemas, él parecía muy *tranquilo*.

apacible Sereno y amable; reposado: Su mirada *apacible* nos llenó de confianza.

plácido Calmado: La noche de luna llena fue muy *plácida*.

relajado Que produce un sentimiento de calma: El té de hierbas me dejó totalmente *relajado*.

sereno Relajado; sin prisas: A los amigos de Zacarías les asombraba lo *sereno* que era Antonio.

suave Tenue, leve: El viento *suave* movió las hojas del árbol.

ANTÓNIMOS: excitado, bruto, duro, nervioso

viejo *adj.* Que muestra los efectos de la edad: El *viejo* tren ya no servía para transportar pasajeros.

anciano Muy viejo, persona muy mayor: No desaproveches la ocasión y escucha el consejo del *anciano*.

antiguo Perteneciente a un tiempo pasado: El *antiguo* reloj de mi abuela sigue dando la hora en punto.

arcaico Perteneciente a un tiempo muy anterior: Estas computadoras se quedan *arcaicas* en menos de cinco años.

caduco Perteneciente a un época o moda pasada: Este billete de 50 centavos está *caduco*.

usado Algo que no es nuevo; de segunda mano: En la venta de garaje compramos un abrigo *usado*.

ANTÓNIMOS: contemporáneo, actual, fresco, nuevo

Índice del diccionario de sinónimos

A

abajo **bajo** *prep.*

abajo **sobre** *prep.*

acaso **quizás** *adv.*

accidental *adj.*

achicharrante **helado** *adj.*

acobardar **asustar** *v.*

acomodarse **asustar** *v.*

acordarse **recordar** *v.*

actual **viejo** *adj.*

adelantado **tarde** *adj.*

adelantar **correr** *v.*

adulto **bebé** *s.*

afirmar **decir** *v.*

afligido **divertido** *adj.*

agarrar *v.*

agradable **amigable** *adj.*

agrandar **crecer** *v.*

alarmar **asustar** *v.*

alba **mañana** *s.*

almacén **tienda** *s.*

alto, -a *adj.*

amable **amigable** *adj.*

amanecer **mañana** *s.*

amigable *adj.*

anciano, -a **viejo** *adj.*

animar **asustar** *v.*

anochecer **mañana** *s.*

anteriormente **antes** *adv.*

antes *adv.*

antiguo, -a **viejo** *adj.*

antipático **amigable** *adj.*

apacible **tranquilo** *adj.*

apagado **divertido** *adj.*

apenado **divertido** *adj.*

aprieto **problema** *s.*

arcaico, -a **viejo** *adj.*

arduo **fácil** *adj.*

área *s.*

arrastrarse **correr** *v.*

arreglo **problema** *s.*

arriba **bajo** *prep.*

ártico, -a **helado** *adj.*

artificioso **accidental** *adj.*

asequible **caro** *adj.*

asimilar **comprender** *v.*

asustar *v.*

atar **sujetar** *v.*

atardecer **mañana** *s.*

atención **cuidado** *s.*

atrapar **agarrar** *v.*

atrasado, -a **tarde** *adj.*

atrofiarse **crecer** *v.*

autopista **calle** *s.*

avanzar **correr** *v.*

avenida **calle** *s.*

aventura *s.*

azar **accidental** *adj.*

B

bajo **alto** *adj.*

bajo **sobre** *prep.*

bajo *prep.*

barato **caro** *adj.*

barco *s.*

bebé *s.*

benéfico **malo** *adj.*

bien **malo** *adj.*

boceto **imagen** *s.*

bosquejar **dibujar** *v.*

brotar **crecer** *v.*

bruto **tranquilo** *adj.*

bueno **malo** *adj.*

bulevar **calle** *s.*

C

caduco, -a **viejo** *adj.*

cálido **helado** *adj.*

caliente **helado** *adj.*

calle *s.*

calmado **salvaje** *adj.*

caluroso **helado** *adj.*

campo *s.*

caos **ruido** *s.*

captar **comprender** *v.*

carcajearse **reír** *v.*

caro, -a *adj.*

carril **calle** *s.*

casual **accidental** *adj.*

categoría **clase** *s.*

chillar **gritar** *v.*

chiquilín **bebé** *s.*

chiquito **grande** *adj.*

ciudad **campo** *s.*

clase *s.*

comercio **tienda** *s.*

cómico **divertido** *adj.*

complicado **fácil** *adj.*

comprender *v.*

comprensible **fácil** *adj.*

comprometido **fácil** *adj.*

común **extraño** *adj.*

comunicar **decir** *v.*

concepto **idea** *s.*

conflicto **problema** *s.*

congelado **helado** *adj.*

consideración **ciudado** *s.*

construir *v.*

consultar **preguntar** *v.*

contemporáneo **viejo** *adj.*

contestación **respuesta** *s.*

controlado **salvaje** *adj.*

correr *v.*

correspondiente **diferente** *adj.*

corto **alto** *adj.*

costoso

instantánea

costoso **caro** *adj.*
crear **construir** *v.*
crecer *v.*
cuadro **imagen** *s.*
cuidado *s.*
curioso **extraño** *adj.*

D

de nuevo **otra vez** *adv.*
debajo **bajo** *prep.*
decaer **crecer** *v.*
decidir **elegir** *v.*
decir *v.*
dejar **agarrar** *v.*
demoler **construir** *v.*
deprisa **rápido** *adj.*
derribar **construir** *v.*
derrotar **ganar** *v.*
desagradable **amigable** *adj.*
desarrollar **crecer** *v.*
desconectar **sujetar** *v.*
desechar **elegir** *v.*
desenlace **problema** *s.*
designado **accidental** *adj.*
deslizarse **correr** *v.*
despacio **rápido** *adj.*
después **antes** *adv.*
destruir **construir** *v.*
dibujar *v.*
diferente *adj.*
difícil **fácil** *adj.*
dificultad **problema** *s.*
diseñar **dibujar** *v.*
disminuir **crecer** *v.*
distinto **diferente** *adj.*
divertido, -a *adj.*
dominar **ganar** *v.*
dominios **área** *s.*
duro **tranquilo** *adj.*
duro **fácil** *adj.*

E

económico **caro** *adj.*
edificar **construir** *v.*
elegir *v.*
elevado **alto** *adj.*
empujón **intento** *s.*
encima **bajo** *prep.*
encima **sobre** *prep.*
enganchar **sujetar** *v.*
engañoso **real** *adj.*
enorme **grande** *adj.*
enorme **alto** *adj.*
entender **comprender** *v.*
entrenador **profesor** *s.*
entretenido **divertido** *adj.*
erigir **construir** *v.*
escanear **mirar** *v.*
escapada **aventura** *s.*
esencial **necesario** *adj.*
esfuerzo **intento** *s.*
espantar **asustar** *v.*
esprintar **correr** *v.*
estruendo **ruido** *s.*
eternidad **segundo** *s.*
excitado **tranquilo** *adj.*
experiencia **aventura** *s.*
explicación **respuesta** *s.*
extraño *adj.*

F

fácil *adj.*
fallar **ganar** *v.*
falso **real** *adj.*
favorable **malo** *adj.*
favorito **mejor** *adj.*
ferry **barco** *s.*
fiero **salvaje** *adj.*
fotografía **imagen** *s.*
fresco **viejo** *adj.*
frígido **helado** *adj.*

G

ganar *v.*
gatear **correr** *v.*
gentil
genuino **real** *adj.*
gigantesco **grande** *adj.*
glacial **helado** *adj.*
grado **clase** *s.*
gran **grande** *adj.*
grande *adj.*
grandiosísimo **grande** *adj.*
granja **campo** *s.*
gritar *v.*

H

helado, -a *adj.*
hirviente **helado** *adj.*
horrible **malo** *adj.*
humorístico **divertido** *adj.*

I

idea *s.*
imagen *s.*
importante **necesario** *adj.*
imprevisto **accidental** *adj.*
inadecuado **malo** *adj.*
incontrolable **salvaje** *adj.*
indagar **preguntar** *v.*
indeseado **mejor** *adj.*
inesperado **accidental** *adj.*
inestimable **caro** *adj.*
ínfimo **grande** *adj.*
infinito **segundo** *s.*
inflamar **crecer** *v.*
inmenso **grande** *adj.*
innecesario **necesario** *adj.*
inquietud **cuidado** *s.*
insólito **extraño** *adj.*
insoportable **amigable** *adj.*
instantánea **imagen** *s.*

559

instante   **salida del sol**

instante **segundo** *s.*
intencionado **accidental** *adj.*
intento *s.*
interrogar **preguntar** *v.*
intimidar **asustar** *v.*
invento **idea** *s.*

J

jaleo **ruido** *s.*

L

lapso **segundo** *s.*
leal **amigable** *adj.*
lento **rápido** *adj.*
liberar **agarrar** *v.*
luego **antes** *adv.*

M

maestro **profesor** *s.*
majestuoso **alto** *adj.*
malo *adj.*
mañana *s.*
manifestar **decir** *v.*
marchitar **crecer** *v.*
más tarde **antes** *adv.*
mayor **bebé** *s.*
mejor *adj.*
melancólico **divertido** *adj.*
mencionar **decir** *v.*
mentiroso **real** *adj.*
mercado **tienda** *s.*
metrópolis **campo** *s.*
miniatura **grande** *adj.*
mirar *v.*
molesto **amigable** *adj.*
momento **segundo** *s.*
murmurar **decir** *v.*
murmurar **gritar** *v.*
murmur **decir** *v.*
musitar **gritar** *v.*

N

necesario, -a *adj.*
nene **bebé** *s.*
nervioso **tranquilo** *adj.*
nimio **necesario** *adj.*
noción **idea** *s.*
normal **extraño** *adj.*
nuevamente **otra vez** *adv.*
nuevo **viejo** *adj.*

O

objetivo **real** *adj.*
obligatorio **necesario** *adj.*
observar **mirar** *v.*
ocurrente **divertido** *adj.*
ojear **mirar** *v.*
opcional **necesario** *adj.*
opuesto **diferente** *adj.*
ordinario **extraño** *adj.*
otra vez *adv.*

P

pago *s.*
peculiar **extraño** *adj.*
peor **mejor** *adj.*
pequeño **grande** *adj.*
percibir **comprender** *v.*
perder **ganar** *v.*
pesado **rápido** *adj.*
petrolero **barco** *s.*
plácido **tranquilo** *adj.*
plácido **salvaje** *adj.*
pobre **mejor** *adj.*
por debajo **sobre** *prep.*
posiblemente **quizás** *adv.*
preciado **caro, -a** *adj.*
preguntar *v.*
prematuro **tarde** *adj.*
preocupación **problema** *s.*
previsto **accidental** *adj.*
problema *s.*

profesor *s.*
pronto **tarde** *adj.*
pronunció **decir** *v.*
pueblo **campo** *s.*
puesta de sol **mañana** *s.*
puesto **tienda** *s.*
puntual **tarde** *adj.*

Q

quieto **ruido** *s.*
quizás *adv.*

R

rápido *adj.*
raro **extraño** *adj.*
raza **clase** *s.*
real *adj.*
rechazar **elegir** *v.*
recién nacido **bebé** *s.*
recoger **agarrar** *v.*
reconfortar **asustar** *v.*
recordar *v.*
recorrer **correr** *v.*
región **área** *s.*
rehusar **elegir** *v.*
reír *v.*
relacionado **diferente** *adj.*
relajado **tranquilo** *adj.*
relajar **asustar** *v.*
rendirse **ganar** *v.*
respuesta *s.*
retrato **imagen** *s.*
revivir **recordar** *v.*
romper **sujetar** *v.*
romper **construir** *v.*
rudo **amigable** *adj.*
rugir **gritar** *v.*
ruido *s.*

S

salida del sol **mañana** *s.*

salvaje

salvaje *adj.*

santiamén **segundo** *s.*

sección **área** *s.*

secuestrar **agarrar** *v.*

segundo *s.*

seleccionar **elegir** *v.*

selecto **mejor** *adj.*

sencillo **fácil** *adj.*

separar **sujetar** *v.*

sereno **tranquilo** *adj.*

silencio **ruido** *s.*

similar **diferente** *adj.*

simple **fácil** *adj.*

sobre *prep.*

sociable **amigable** *adj.*

solicitar **preguntar** *v.*

soltar **sujetar** *v.*

soltar **agarrar** *v.*

solución **problema** *s.*

sonreír **reír** *v.*

suave **tranquilo** *adj.*

submarino **barco** *s.*

sujetar **agarrar** *v.*

sujetar *v.*

superar **ganar** *v.*

supermercado **tienda** *s.*

susurrar **gritar** *v.*

T

tal vez **quizás** *adv.*

tarde *adj.*

temprano **antes** *adv.*

temprano **tarde** *adj.*

territorio **área** *s.*

tienda *s.*

tranquilo **ruido** *s.*

tranquilo, -a *adj.*

transatlántico **barco** *s.*

tremendo **grande** *adj.*

triste **divertido** *adj.*

triunfar **ganar** *v.*

trotar **correr** *v.*

tumulto **ruido** *s.*

turbulento **salvaje** *adj.*

U

una vez más **otra vez** *adv.*

unir **sujetar** *v.*

usado, -a **viejo** *adj.*

usual **extraño** *adj.*

V

valioso **mejor** *adj.*

valioso **caro** *adj.*

variado **diferente** *adj.*

variedad **clase** *s.*

veloz **rápido** *adj.*

vencer **ganar** *v.*

vencido, -a **tarde** *adj.*

verdadero **real** *adj.*

versión **respuesta** *s.*

viejo *adj.*

violento **salvaje** *adj.*

vislumbrar **mirar** *v.*

vislumbrar **comprender** *v.*

vital **necesario** *adj.*

vivencia **aventura** *s.*

vociferar **gritar** *v.*

votar **elegir** *v.*

Y

ya **antes** *adv.*

Z

zona **área** *s.*

zona rural **campo** *s.*

Glosario

Cómo usar el glosario

Al igual que un diccionario, el glosario que sigue enumera las palabras en orden alfabético. Contiene las palabras de *El poder de las palabras*, así como términos gramaticales y formas de escritura que se tratan en este libro. Para buscar una palabra, un término gramatical o una forma de escritura, búscalo por la primera letra o palabra del término que buscas.

Para ahorrar tiempo, usa las **palabras guía** de la parte superior de cada página. Son la primera y la última palabra definidas en esa página. Fíjate en las palabras guía para ver si la palabra que buscas cae entre ambas según el orden alfabético.

Aquí tienes un ejemplo de un artículo de glosario:

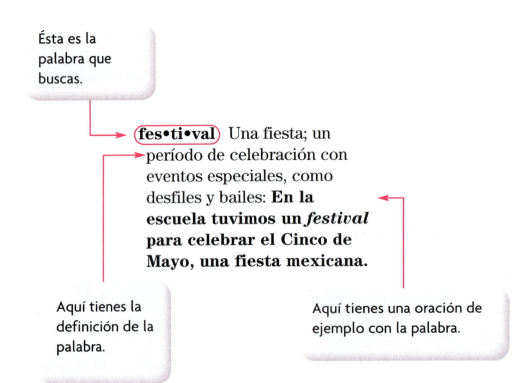

abreviatura Forma reducida de una palabra. La mayoría de las abreviaturas llevan un punto: **En feb. el Sr. y la Sra. Suárez se mudaron para un apto. en N.Y.**

adjetivo Palabra que describe o modifica un sustantivo o pronombre. Dice qué tipo, cuánto y cuáles. **El gato pequeño amarillo es muy juguetón.**

adverbio Palabra que describe y modifica un verbo, un adjetivo u otro adverbio. **El caballo de Rita corre muy rápido.**

aficionado Persona que realiza una actividad por disfrute personal y no por dinero. **Rita es aficionada a tocar el violín en la orquesta de la comunidad.**

anatomía Estudio de las partes y órganos del cuerpo de los seres humanos y animales. **La persona que quiera convertirse en enfermera, médico o veterinario debe estudiar *anatomía*.**

anfibio Animal que puede vivir en la tierra y en el agua. **La rana es un tipo de *anfibio*.**

antónimo Palabra que significa lo opuesto de otra. **Este es el *antónimo* de Oeste.**

aproximadamente Adverbio que denota cercanía. Alrededor, cerca, casi: **Me despierto aproximadamente a las 7 de la mañana.**

artículo Palabra que se antepone al nombre para indicar su género y número. **Le servimos un plátano y una manzana en el plato.**

astrónomo Persona que estudia las estrellas y los planetas. **El astrónomo que visitó nuestra clase nos prestó el telescopio para mirar Venus.**

atmósfera Capa de gas que rodea la Tierra. **El estado del tiempo depende de las condiciones de la atmósfera.**

biografía

biografía La historia de la vida de una persona y sus experiencias. **Cuando leí la biografía de Helen Keller supe cómo venció sus impedimentos físicos.**

bosquejo autobiográfico Texto basado en una experiencia de la vida del escritor. **Mi bosquejo autobiográfico fue sobre mi primer día en la escuela.**

botánico Científico que estudia la vida de la plantas. **Mi tío es botánico y trabaja en un invernadero.**

carrusel Caballitos, tiovivo. **Los caballitos de madera del carrusel tienen muchos colores.**

carta amistosa Una carta para compartir sentimientos e ideas personales. **Le escribí una carta a mi abuela sobre mi primer día en la escuela.**

carta comercial Carta formal de tipo profesional, por ejemplo, para solicitar un trabajo o presentar un informe. **Mi clase escribió una carta a la directora para presentar un informe de la campaña de limpieza.**

cita directa Palabras exactas que alguien ha dicho. Las comillas se usan antes y después de una cita directa. **"Las niñas del equipo de baloncesto practicarán después del almuerzo", dijo el entrenador.**

cláusula Grupo de palabras que tienen sujeto y predicado. Algunas cláusulas pueden ser oraciones y otras no. **Rita fue a la tienda. Cuando Rita fue a la tienda . . .**

cláusula dependiente Grupo de palabras que tienen sujeto y predicado pero que no forman una oración. No expresa un idea completa. **Porque yo no estaba allí . . .**

cláusula independiente Grupo de palabras que tienen sujeto y predicado. Una cláusula independiente puede ser una oración porque expresa una idea completa. **Roma es la capital de Italia.**

cláusula independiente

564

coma Signo de puntuación usado de las siguientes formas: para separar partes de una frase e indicar pausa, palabras introductorias; para separar tres o más sujetos en un sujeto compuesto; para separar tres o más predicados en un predicado compuesto; para separar una cláusula dependiente introductoria en una oración compleja; y antes de una conjunción para separar cláusulas independientes en oraciones complejas. **Sí, mis asignaturas favoritas son ciencias, francés y español. Pedro es tu maestro de español, la señorita Rita, ¿es de México o de Barcelona? La semana que viene cuando la veas, pregúntale a ella.**

comillas Se usan antes y después de una cita directa para separarla del resto de las palabras de la oración. También se usan antes y después de los títulos de cuentos, poemas y canciones. **El profesor dijo: "Mañana no hay clase". Mi cuento favorito es "Caperucita Roja".**

cómo escribir un ensayo Explica paso a paso el proceso para hacer algo. **Es importante usar palabras que indican secuencia en cómo hacer un ensayo, así los lectores pueden seguir los pasos correctamente.**

comparar con adjetivos Usar adjetivos para comparar o contrastar cosas, lugares, o personas. **Esta casa es más grande que la mía. La casa de la esquina es la más grande de la calle. Yo creo que las rosas son las flores más bonitas que existen.**

comparar con adverbios Usar adverbios para comparar acciones. **Pedro escribe más rápido que Tomeo. Algunas personas hablan más calmadas que otras. Nuestra banda toca más alto que todas las demás.**

competencia Concurso. **Nuestro equipo de baloncesto ganó la competencia el año pasado.**

565

concordancia entre sujeto y verbo El sujeto y el verbo tienen que concordar. Si el sujeto de un verbo en presente es singular, el verbo tiene que ser singular. Si el sujeto es plural, el verbo tiene que ir en plural. **Mi perro duerme todo el día. Estos perros son buenos cazadores.**

conjunción Palabra utilizada para unir sujetos compuestos, predicados compuestos y oraciones compuestas. *Y, o, pero* son conjunciones. **Pedro y Tony vendrán temprano y se irán tarde. Mi hermano toca la flauta, pero no practica mucho.**

coreógrafo Persona que crea piezas de danza. **Margarita ha diseñado una coreografía para la producción musical de fin de curso.**

cuento Forma expresiva de escritura que tiene un escenario, una trama y personajes. **Algunos animales en los cuentos actúan como las personas.**

cuentos tradicionales Cuento tradicional que se transmite oralmente. **Mi abuela me contó un cuento tradicional acerca de cómo se formó el océano.**

cultura Ideas y modo de vida de un grupo de personas. La cultura incluye el idioma, las costumbres, la música, el arte, la comida y los juegos. **Para mantener la cultura viva, nosotros hablamos español en la casa.**

delta Donde desemboca un río. Espacio de tierra formada por los sedimentos arrastrados por un río. **En los deltas la tierra siempre es muy fértil.**

detalle Información relacionada con el tema principal. **El escritor da muchos detalles de su gato saltando y maullando dentro del carro.**

detalle sensorial Detalle que se refiere a los sentidos. **Los detalles sensoriales como el olor de una sopa o el sonido de los motores de lo carros ayudan a los lectores a formarse una idea de la escena.**

devastar Destruir, dejar algo en ruinas. **Los huracanes pueden devastar comunidades enteras especialmente cerca de la costa.**

diálogo Conversación en la que participan dos o más personas. En el diálogo se utiliza la raya para indicar quién habla. **—Puedo nadar de espaldas, —dijo Juan. —Prefiero el estilo mariposa —contestó Andrea.**

doble negación A veces es necesario usar dos palabras de negación en la misma oración para darle a ésta un significado negativo. Cuando se usa doble negación, una de las palabras negativas va delante del verbo: **No quiero comer nada dulce.**

dos puntos Signo de puntuación que se utiliza antes de nombrar una serie de elementos y para indicar una conclusión. **Ayer compré lo siguiente: manzanas, fresas y naranjas.**

economía Ganancia y administración del dinero y de los recursos de una familia, un negocio, una comunidad o un país. **La economía de este pueblo de Nueva Inglaterra está basada en la pesca.**

elaboración Dar detalles sobre un tema. **Un escritor debe utilizar la elaboración de esa manera para que los lectores puedan entender y ver lo que quiere decir.**

ensayo de ventajas y desventajas Un ensayo que explica los aspectos positivos y negativos de algo. **Rita habló a la clase acerca de las cosas buenas y malas de tener un perro.**

erosión Desgaste de tierra y rocas producido por la acción del viento y el agua. **La erosión puede cambiar la forma de la línea de la costa.**

escritura descriptiva Escritura que describe una persona, un lugar, una cosa, o un hecho. La escritura descriptiva incluye detalles que permiten al lector ver, oír, sentir y oler lo que se describe. **Los escritores incluyen colores, olores y sonidos en su escritura descriptiva.**

escritura expresiva Escritura que muestra los sentimientos del escritor acerca de algo. **Poemas, cuentos, ensayos y descripciones son formas de escritura expresiva.**

escritura informativa Escritura que ofrece información con datos. **Leyendo la escritura informativa de mi compañero de clase, aprendí mucho sobre los planetas.**

escritura persuasiva Cualquier tipo de escritura que expresa una opinión y trata de hacer entender a la gente otro punto de vista o de cambiar sus puntos de vistas. **En mi ensayo de escritura persuasiva trato de convencer a la gente de que la música cubana es la mejor.**

estudio de personaje Forma expresiva de escritura para describir los personajes de un cuento. **Pedro habla del sentido del humor de su mamá en el estudio de personaje que escribió.**

extra sensible Por encima o más allá de la sensibilidad y de los sentimientos normales. **Los murciélagos tienen unos oídos extra sensibles.**

formulario Documento en el cuál la persona escribe información sobre líneas impresas o en espacios en blanco. **Yo puse mi nombre y dirección en el formulario que llené para pedir una revista.**

frase preposicional Grupo de palabras que hacen una preposición, el objeto de la preposición y las palabras que median entre ellos. **Luis agregó tomates a su bocadillo de queso.**

geólogo

geólogo Científico que estudia la historia y la estructura de la tierra. **Un geólogo visitó nuestra escuela y nos habló sobre los minerales de nuestra área.**

guión Marca de puntuación utilizada para separar algunas palabras compuestas y unir las sílabas de una palabra que ha sido separada al final de un renglón. **Claudia es una activista anti-drogas.**

hábitat Lugar donde un animal o una planta vive o crece naturalmente. **El hábitat del león se encuentra en las llanuras de África.**

herencia Tradición y costumbres que se van pasando de generación en generación. **La celebración de Hannukah forma parte de la herencia judía.**

homófona Palabra que suena igual que otra palabra pero que se escribe de forma diferente y no tiene el mismo significado. **Hay personas que dicen "ay" cuando están emocionadas.**

irrigar

informe de investigación Informe a través del cual el escritor investiga un tema usando diferentes fuentes de información. El escritor toma notas, escribe un resumen y luego hace un bosquejo. **Pedro estuvo en la biblioteca agrupando información sobre los leopardos para escribir su informe de investigación.**

imaginación Lenguaje vívido usado para describir; lenguaje dirigido a los sentidos. **Yo uso este ejemplo de imaginación en mi poema: "Algunas nubes parecen barcos de algodón".**

invitación Una carta pequeña en la que se pide alguien que asista a una fiesta u otro evento. **Mi familia recibió una invitación de boda.**

irrigar Llevar agua a diferentes lugares en el campo usando mangueras, pipas o canales. **La gente en la antigüedad sabía cómo irrigar sus campos.**

569

lenguaje figurado Palabras usadas de una manera inusual para crear una descripción vívida. **Mi hermano usa el lenguaje figurado cuando compara su voz ronca con la sirena de un barco.**

lienzo Tela de lino para pintar y, por extensión, pinturas sobre este material. **Los artistas usan papel para pintar acuarelas y lienzos para pintar al óleo.**

literatura Tipo especial de escritura que muestra imaginación y habilidades artísticas. **Para Lisa la novela es una de sus formas preferidas de literatura.**

marino Relativo al mar, o formado por el mar, o encontrado en el mar. **Los científicos estudian las ballenas, los arrecifes de coral y los fondos marinos.**

mensaje telefónico Llamada telefónica a una persona que no ha contestado el teléfono. **Le dejé a mi hermana un mensaje telefónico.**

narración personal Cuento acerca de una experiencia del escritor. **En su narración personal Carolina habla sobre su viaje a Italia.**

negativa Palabra que significa "no". Algunas negativas son: nunca, no, ninguno, nada, ni. **Nadie ordenó pasteles. Nunca vas a ganar el juego. Ni sabes como se llama.**

nombres comunes Palabras que nombran a una persona, lugar, cosa o idea. Empiezan con minúscula. **El niño vive con su familia en un apartamento en la ciudad.**

nombre posesivo del singular Un nombre que indica lo que alguien o algo tiene o posee. **Los ojos del gato son azules. Mi pelo es negro.**

nombres propios Nombre que dice exactamente el nombre de una persona, lugar o cosa. Palabras que nombran a la gente, lugares, títulos, festividades, días de la semana, meses o años. **Marina practicó baloncesto todos los martes del mes de octubre.**

nombre singular Sustantivo que nombra a una persona, lugar o cosa. **El piloto voló en su avión a través del país.**

nota de agradecimiento Nota donde se le da las gracias a alguien. **La secretaria le escribió una nota de agradecimiento a todo el que la ayudó a poner las mesas.**

ocupación Trabajo con el que una persona se gana la vida. **La ocupación de mi mamá es manejar un autobús escolar.**

oportunidad Momento o circunstancia conveniente. **Cuando su autor favorito habló en la biblioteca, Pedro aprovechó la oportunidad y le hizo preguntas.**

oración Grupo de palabras que dan forma a una idea completa. Una oración empieza con mayúscula y termina con un punto, y tiene sujeto y predicado. **Yo disfruto el juego de pelota. ¿Cuántos años tienes tú?**

oración compleja Oración formada por una cláusula independiente y de por lo menos una cláusula dependiente. **Cristina quiere unos patines nuevos porque los viejos no le sirven. Cuando su mamá fue de compras le compró patines nuevos.**

oración compuesta Oración formada por dos cláusulas o más independientes conectadas por una coma y/o las conjunciones *y, o, pero*. **Terminé la tarea y ahora puedo ver la televisión. Pedro quiere trabajar en el jardín, pero la tierra está muy fangosa.**

oración declarativa Una oración que dice algo y termina con un punto. **A alguna gente le gusta trabajar al aire libre.**

oración introductoria Primera oración en una pieza de escritura. Trata de captar la atención del lector. **La primera oración ofrece datos interesantes acerca de las pirámides.**

571

oración exclamativa Oración que expresa sentimientos fuertes. Empieza y termina con signos de exclamación. **¡Dios mío, que rápido va este tren!**

oración imperativa Oración que da una orden. Generalmente empieza con una palabra de acción y termina en un punto. **Dime tú nombre.**

oración interrogativa Oración que hace una pregunta. Empieza y termina con signos de interrogación: **¿Cuánto tiempo llevas aquí?**

oración principal Oración que expresa la idea principal del párrafo. **Sin una oración principal los detalles de un párrafo tal vez no tienen mucho sentido.**

oración simple Una oración que expresa una idea completa. Contiene sólo una cláusula independiente. **La familia de mi madre viene de Italia.**

oraciones combinadas Reunir información e ideas que se relacionan en una sola oración en vez de en dos o tres oraciones separadas. **Rita va a la escuela. Pedro va a la escuela.** (combinada) **Pedro y Rita van a la escuela.**

palabras que indican secuencia Las palabras que indican en qué orden están dispuestas las cosas. **Una secuencia de palabras como antes, primero, después o finalmente, pueden hacer más fácil seguir la escritura.**

palabras vívidas Palabras fuertes que dejan una profunda impresión en el lector. **Cambié las palabras azul oscuro por azul radiante para que fueran palabras más vívidas.**

párrafo Grupo de oraciones sobre una idea principal. **El primer párrafo en el ensayo ofrece información y datos sobre el tema.**

párrafo comparativo Un párrafo que habla sobre la similitud entre dos o más cosas. **Larissa está escribiendo un párrafo donde compara el patinaje sobre hielo con el ballet.**

párrafo de contraste Un párrafo que habla sobre las diferencias entre dos o más cosas. **Mario está escribiendo un párrafo donde compara a los jugadores de béisbol con los jugadores de fútbol.**

pedestal La base que soporta una columna, una estatua, un búcaro, o algo similar. **El pedestal era del mismo color de la estatua.**

perseverar Mantenerse firme haciendo algo a pesar de cualquier contratiempo. **Elisa perseveró, a pesar de estar lastimada, y ganó una medalla.**

poema Forma de escritura donde el escritor expresa sus sentimientos. **Escribí un poema sobre la tristeza que me causa ver a los leones enjaulados.**

predicado Palabra o palabras que indican cuál es el sujeto de la oración y lo que hace. **El perro ladra. Lisa cocina panes y dulces. Estos guantes son muy cálidos.**

predicado completo Palabras que indican en la oración cuál es el sujeto y lo que hace. **Pedro va más al cine y al teatro que a ninguna parte.**

predicado compuesto Dos o más predicados que tienen el mismo sujeto. Están unidos por *y, o, pero*. Tres o más predicados necesitan comas que los separen. **Elisa compra, vende y cambia sellos.**

predicado simple Palabra principal o palabras en el predicado completo de una oración. El predicado simple siempre es un verbo. **Nosotros trabajamos muy duro en la escuela. Ellos arreglaron la situación.**

preposición Palabra que indica cómo un sustantivo o un pronombre están relacionados con otras palabras dentro de la oración. Algunas preposiciones son *arriba, antes, por, desde, en, cerca, de, con*. **Lisa puso sus zapatos en el gabinete. La casa está cerca de la biblioteca. Empezó a nevar antes de tiempo.**

pronombres Palabras que toman el lugar de uno o más sustantivos. Algunos pronombres son: *yo, tú, el, ella, nosotros.* **A nosotros nos gustaría compartir con ella.**

pronombre del sujeto Pronombre que toma el lugar de uno o más sustantivos en el sujeto de la oración. **Ellos coleccionan gorras de béisbol. Ella está atrasada.**

pronombres demostrativos Demuestran. Concuerdan en género y número con su antecedente. Cuando *éste, ése* y *aquél,* van delante de un sustantivo, son adjetivos y no llevan acento. **Éstos son los que quiero leer. Me gustan aquellos pasteles.**

pronombres posesivos Indican posesión. Concuerdan en género y número con su antecedente. **El libro de cuentos es mío. El sombrero rojo es tuyo.**

prosperar Crecer vigorosamente, florecer. **Estas plantas prosperan cuando reciben bastante agua y luz del sol.**

punto Marca de puntuación utilizada después de las abreviaturas o al final de las oraciones declarativas o imperativas. **La Sra. y el Sr. Suárez se fueron a bailar. Corta el césped antes de la cena.**

punto de vista del escritor Manera en que el escritor se expresa a sí mismo para mostrarle al lector cómo se siente con respecto al sujeto sobre el que escribe. **Pienso que los perros son magníficas mascotas.**

recreación Actividad o juego que divierte o relaja. **Nadar y leer son mis formas preferidas de recreación.**

reseñar un libro Escribir acerca de un libro. Se resumen datos importantes y se dice por qué gustó o no. **El escritor que reseñó el libro piensa que es una novela muy larga.**

resumen Breve explicación de la idea principal y los datos más importantes de un escrito. **El periódico publicó un resumen del discurso del gobernador.**

secuencia Serie ordenada de cosas que guardan entre sí cierta relación. **Una secuencia clara de los hechos hizo que el alcalde tomara una decisión.**

signos de exclamación Aparecen al principio y al final de las oraciones exclamativas. **¡Qué corredor más rápido!**

signos de interrogación Aparecen al principio y al final de la oraciones interrogativas. **¿Quién recogió las flores?**

sinónimo Palabra que tiene el mismo significado o casi el mismo significado que otra palabra. **Rápido y veloz son sinónimos.**

sujeto Persona, lugar, o cosa que realiza la acción en una oración. **Nina y Kori viven en Washington, D.C.**

sujeto completo Palabras que indican quién o que está realizando la acción en la oración. **Muchos bomberos valientes de la brigada voluntaria fueron a la ceremonia.**

sujeto compuesto Dos o más sujetos unidos por *y, o*. Tienen el mismo predicado. **Rosa y Lisa van a ganar con sus bicicletas nuevas. Los gatos, los perros y los pájaros son mascotas populares.**

sujeto simple Palabra o palabras principales en el sujeto completo de una oración. **La estación local de radio da el informe del tiempo.**

sustantivo Palabra que nombra a una persona, lugar, cosa o idea. Indica quién o qué. **Mi amigo Pedro vive en una casa grande en Brooklyn.**

575

tiempo verbal Forma del verbo que indica el tiempo de la acción: presente, pasado, futuro. **Hoy estamos en Texas. Ayer estuvimos manejando por Oklahoma. Mañana llegaremos a Arizona.**

transcontinental Ir de un lado del continente a otro. **Manejar de California a Maine es un viaje transcontinental.**

urbano Relativo a la ciudades; acerca de la vida de las ciudades. **El tráfico y las multitudes a veces son problemas urbanos.**

verbo Palabra que indica cuál es el sujeto de la oración y qué es lo que hace. **El viento cerró las persianas. Camerón corre rápido. Hanna y Sam están hambrientos.**

verbo en pasado Verbo que indica que la acción ocurre en pasado. **Alina tocó el violín en el concierto.**

verbo en presente Verbo que indica que la acción ocurre en presente. **Carmen está pintando el atardecer.**

verbo en futuro Verbo que indica acción que ocurrirá el en futuro. **Luis competirá el lunes.**

verbo principal Verbo más importante en el predicado. Indica la acción. **Justine va a bailar en el ballet. Yo la he visto antes.**

verbo auxiliar Verbo que acompaña al verbo principal para explicar mejor la acción. Aparece antes del verbo principal. **Ella debía saber dónde han estado los niños. Pablo puede hablar francés aunque nunca ha ido a Francia.**

verbo copulativo Verbos que sirve de unión a una palabra o más con el predicado. **Los muchachos parecen tranquilos. Julia es una actriz. Ella fue la estrella en la obra de teatro.**

vitaminas Sustancias que se encuentran en los alimentos y que nuestro cuerpo necesita para crecer y estar saludable. **La vitamina D es importante para mantener los huesos duros.**

vívido Muy brillante, fuerte, intenso. **Algunas cotorras tienen en las plumas unos tonos verdes, rojos y azules muy vívidos.**

voluntario Persona que ofrece su ayuda sin recibir ningún pago a cambio. **El asilo para los animales siempre tiene voluntarios para ayudar.**

voz personal Manera especial que tiene una persona de expresar sus ideas. **Con el uso de la jerga en ciertos tipos de escritura un escritor puede mostrar su voz personal.**

El poder de las palabras

aficionado Cada miembro de la sociedad teatral local es actor o director **aficionado**.

anatomía Los estudiantes de la clase de **anatomía** aprendieron el nombre de todos los huesos del cuerpo.

anfibio Un **anfibio** joven, como el renacuajo, se parece más a un pez que a un animal terrestre.

aproximadamente Cada semana corro **aproximadamente** tres millas.

astrónomo Un **astrónomo** usa telescopios en su trabajo.

atmósfera El humo tóxico que sube por el aire contamina la **atmósfera**.

biografía Aprendí acerca de los focos en una **biografía** de Thomas Edison.

botánico Un **botánico** que visitó nuestra escuela nos dijo por qué las plantas necesitan agua y luz.

carrusel Cuando viajé en un **carrusel** del parque de diversiones, escogí un caballo morado y naranja.

competencia Estos pianistas se están preparando para una **competencia** nacional.

coreografiar Los estudiantes de las clases de baile van a **coreografiar** las escenas de danza para la presentación.

crecer Pienso que tu planta va a **crecer** bien cuando le dé más sol.

cultura Los cuentos populares y las celebraciones suelen ser parte de la **cultura**.

delta La riqueza del suelo de un **delta** es ideal para la agricultura.

devastar Un tornado puede **devastar** un pueblo en pocos minutos.

economía Comprar y vender hace que la **economía** se mantenga activa.

erosión La **erosión** ha causado grandes agujeros en estas rocas.

extremadamente sensible Ese animal es **extremadamente sensible** a los sonidos.

geólogo El **geólogo** escogió la especialidad de los volcanes.

hábitat El zoológico recrea el **hábitat** de los animales.

herencia Algunas creencias y costumbres son parte de nuestra **herencia**.

irrigar Los agricultores tienen que **irrigar** para lograr que los cultivos tengan suficiente agua.

lienzo El retrato de George Washington está pintado al óleo en un **lienzo**.

literatura Uno de los libros más famosos de la **literatura** infantil es *La telaraña de Carlota*.

marino Hay un biólogo **marino** que estudia los hábitos de las nutrias.

ocupación Sara quiere ser veterinaria, una **ocupación** que ella piensa da gran satisfacción.

oportunidad Nuestra visita al museo de arte nos dio la **oportunidad** de ver las pinceladas en las pinturas.

pedestal La estatua no se mantiene parada porque el **pedestal** está roto.

perseverar Las personas fuertes suelen **perseverar** para no fallar otra vez.

recreación La **recreación** de mi familia es ir de campamento.

secuencia Cuenta la historia con su **secuencia** correcta, desde el principio hasta el final.

transcontinental Nuestro vuelo **transcontinental** fue de Boston a Los Ángeles.

urbano A mi padre le gusta vivir en un lugar **urbano**, y por eso no sale de Chicago.

vitamina Los cítricos tienen mucha **vitamina** C.

vívido Los pintores usaron un colorido **vívido** para pintar puestas de sol.

voluntario Mi trabajo de **voluntario** en el hospital es leer libros a los pacientes.

Índice

A

Abreviaturas 96–100

Ada, Alma Flor 184

Adjetivos 18, 262–263, 266–270, 468–469

  adjetivo o adverbio 266–267, 269

  artículos 102–103, 108–110

  comparar 274–280

  después de verbos copulativos .. 262–263

Adverbios 18, 264–270

  adverbio o adjetivo 266–267

  comparar 274–280

  modificar verbos 264–267

Almanaque, usar un 525

Analizar el modelo

  carta comercial persuasiva 189

  cuento popular 431, 433

  ensayo de instrucciones 143, 145

  ensayo persuasivo 217, 219

  escritura expresiva 44

  escritura informativa 112, 328

  escritura persuasiva 184

  estudio de personaje 403

  informe de investigación 361, 363

  narrativa personal 75, 77

  párrafo informativo 333

  párrafo de contraste 254, 258

  párrafo descriptivo 44, 49

  tema de escritura 116

  ventajas y desventajas 285, 287

Antecedente del pronombre 234–242

Antecedentes 234–235, 240–242

Antes de escribir

  carta comercial persuasiva 189

  contraste 259

  cuento popular 434

  ensayo de instrucciones 146

  ensayo de ventajas y desventajas .. 288

  ensayo persuasivo 220

  escritura expresiva 49

  estudio de personaje 403

  informe de investigación 364

  instrucciones 117

  narrativa personal 78

  párrafo informativo 333

Antónimos 183, 281

Anuncio comercial 129

Arte. *Ver* Escribir sobre otras materias; Conexión con la escritura

Arte de escribir, El. *Ver* Conexión con la escritura: El arte de escribir

Atlas, usar un 524

Auto-preguntarse 317

Aventuras con un delfín: Una historical real 44

Ayudas visuales 355

B

Bibliografías 533

Bosquejar 19

  carta comercial persuasiva 189

  contraste 259

  cuento popular 435

  ensayo de instrucciones 147

  ensayo de ventajas y desventajas .. 289

  ensayo persuasivo 221

  informe de investigación 365

  instrucciones 117

  escritura descriptiva 49

  estudio de personaje 403

  narrativa personal 79

  párrafo informativo 333

  personaje 403

Bueno, bien 266–267

Búsqueda en Internet 335

580

Captar la atención del lector 185–187
Carta
   amistosa 382–383, 499
   comercial 188–190, 382–383, 496
   persuasiva 188–190
Carta comercial y persuasiva 188–190
Citas
   directas 406–407, 412–414
   puntuación 410–414
Cláusulas 318–327, 471
   dependientes 320–326, 336–344
   independientes 318–319, 322–326,
                          336–339, 342–344
Coloquial 397
Comas 378–379, 382–386, 474
   cartas 382–385
   comillas 388–389, 394–395
   citas 410–411
   dos puntos 382–386
   oraciones complejas 336–344
   oraciones compuestas 64–70
   predicados compuestos 56–57
   series 378–379, 384–385
   sujetos compuestos 38–39
Combinar oraciones 66–70
   frases preposicionales 312–313
   predicados compuestos 56–57
   oraciones compuestas 64–70
   sujetos compuestos 38–39
Comillas 388–389, 394–395, 475
Comparar 276–280
Compartir
   carta comercial persuasiva 190
   contraste 260
   cuento popular 438
   ensayo de instrucciones 150
   ensayo de ventajas y desventajas 292

   ensayo persuasivo 224
   escritura expresiva 50
   estudio de personaje 404
   informe de investigación 368
   instrucciones 118
   narrativa personal 82
   párrafo informativo 334
Computadora. *Ver* Tecnología
Concordancia entre pronombre
   y antecedente 234–242
Concordancia entre sujeto y verbo ....
                        168–172, 178–182
Conexión con la escritura
   Arte 127, 171, 181, 199, 207, 251, 313, 391, 411
   Ciencias 105, 245, 263, 265, 273
   El arte de escribir 27, 55, 67, 99, 107,
        123, 135, 169, 175, 197, 205, 235, 267,
        269, 277, 321, 337, 341, 353, 379, 389, 409, 421
   El diario de un escritor 21, 25, 35, 41,
        47, 59, 69, 93, 109, 115, 121, 131, 133, 167, 177, 187,
        195, 203, 239, 247, 249, 257, 275, 309, 319, 331, 347,
              383, 395, 401, 407, 419, 423
   Escritura de la vida real 31, 37, 57, 95,
            103, 125, 137, 179, 193, 241, 311,
                    381, 393, 413
   Estudios sociales 29, 39, 53, 209, 263, 315,
                  323, 343, 349, 417
   Salud 97, 237, 339
   Tecnología 63, 65, 165, 279, 351, 385
Conrad, Pam 213
Contrastar 254
   palabras de contraste 261
   párrafos de contraste 258–260, 501
Corregir:
   cuento popular 437
   ensayo de instrucciones 149
   ensayo de ventajas y desventajas 291
   ensayo persuasivo 223
   informe de investigación 367
   narrativa personal 81

Correo electrónico (e-mail) 519

Cuaderno

   destrezas de estudio

      y estrategias 512–537

   diagrama de oraciones 480–483

   diccionario de sinónimos 544–561

   estrategias de ortografía 538–539

   glosario 562–577

   modelos de escritura 484–505

   modelos de caligrafía 542–543

   palabras que suelen

      escribirse mal 540–541

Cuadro

   S-D-A 513

   uso 355, 529

Cuento popular 426–438, 511

   partes 432–433

Cursiva, títulos en 388–389

D

Dar un vistazo 317, 512

Datos 173

Dependientes, cláusulas 320–326

Desarrollo de destrezas

   citas bibliográficas 533

   dar un vistazo y repasar un texto .. 512

   entender líneas cronológicas 61

   esquemas 327, 534

   estrategias de lectura 317

   estrategias para

      tomar pruebas 43, 535–537

   estrategias 512–537

   resumir información 532

   BP3R 513

   tomar notas en organizadores

      gráficos 531

   tomar notas en tarjetas 530

usar cuadros 529

usar gráficos 52

usar Internet 518–519

usar las partes de un libro 514–515

usar mapas 526

usar materiales de referencia 111

usar periódicos y diarios 522–523

usar tablas 528

usar un almanaque 525

usar un atlas 524

usar un diccionario de sinónimos ... 183

usar un diccionario 516–517

usar una enciclopedia 520–521

Destrezas de la biblioteca

Detalles 255, 257, 329, 331

   analizar 255

   sensoriales 399, 401–402

Diagrama de oraciones 480–483

Diálogo 408–414

   puntuación 410–411

   citas 408–409

Diccionario de sinónimos 544–561

   uso 183, 544–545

Diccionario, usar un 183, 516–517

Direcciones

   habladas 119

   escritas 116–118

Discurso persuasivo 191

Dos puntos 380–386, 474

E

Editar:

   carta comercial persuasiva 190

   contraste 260

   estudio de personaje 404

   instrucciones 118

   párrafo descriptivo 50

párrafo informativo 334

Elaboración 254–261

cuento popular 435–436

ensayo de ventajas
y desventajas 289–290

ensayo de instrucciones 147–148

ensayo persuasivo 221–222

informe de investigación 365–366

narrativa personal 79–80

Enciclopedia

electrónica 279

uso 111, 520–521

Ensayo

ensayo persuasivo . . . 212–225, 488–489, 508

ensayo de instrucciones 140–150,
486–487, 507

ensayo (informe)
de investigación . 356–369, 492–493, 510

ensayo de ventajas
y desventajas 282–293, 490–491, 509

Entender el proceso de escritura 19

Entrevista, conducir una 243

Escribir

captar la atención del lector 185,
187, 219

carta comercial persuasiva 188

contraste 254

descripción 44

detalles sensoriales 399, 401–402, 433

detalles 255, 257, 329, 331

elaboración 254–260, 287

escritura expresiva 44–50, 328–404

escritura informativa . . . 254–260, 328–334

escritura persuasiva 184–190

estudio de personaje 398, 402–404

lenguaje figurado 45–46

instrucciones 116–118

metáforas 45–46

oraciones introductorias 185, 187

oraciones efectivas 184–190

oraciones principales 329, 331

ordenar ideas 113–114

organizar información 332–334

palabras de secuencia 113, 115, 329–330

palabras fuertes 255–256

palabras vívidas 399–400, 402, 433

párrafos de contraste 258

punto de vista del escritor 45, 47

razones 255, 257

símiles 45–46

voz personal 77

Escribir sobre otras materias

Arte 230

Ciencias 156, 298

Estudios sociales 88, 374

Salud 444

Escritor, El diario de un. *Ver* Conexión
con la escritura

Escritura

descriptiva 44–45

expresiva 44–50, 398–404

informativa 112–118, 254–260, 328–334

persuasiva 184–190

Escuchar y hablar

conducir una entrevista 243

dar un discurso 225

dar instrucciones orales 119

discusión persuasiva 191

hechos y opiniones 173

presentar una historia 439

propósito e idea principal 101

trabajo en equipo 139

orador eficaz 83

Espectáculo multimedia 369

Esquema, hacer un 534

Estrategias de lectura 317

Estrategias para tomar pruebas . . . 43, 535

pruebas de ensayo 537

pruebas de respuestas múltiples . . . 536

Estudio de personaje 402–404

583

F

Formulario telefónico 505
Formularios 505
Fotos 355
Fragmentos de oración 346–347, 350–354
Frases 318–326
Frases preposicionales 310–316

G

Gramática
    adjetivos y adverbios ... 262–270, 272–280
    cláusulas 318–326
    coma y dos puntos 378–386
    oraciones 24–32
    oraciones simples y compuestas .. 62–70
    preposiciones 308–316
    pronombres 234–242, 244–252
    sujetos/sustantivos 34–42, 92–100
    verbos/predicados 52–60
    verbos auxiliares 130–138
    verbos de acción y verbos
        copulativos 120–128
    verbos en futuro 192–200
    verbos en pasado 174–182
    verbos en presente 164–172
    verbos irregulares 202–210
    verbos principales y
        verbos auxiliares 130–138
Glosario 515, 562–577
Gráficas
    computadora 151
    uso 355, 527
Greenfield, Eloise 73
Grover, Wayne 44

H

Hablar. *Ver* Escuchar y hablar
Hellums, Julia Pemberton 112
Historias 511
    presentar 439

I

Idiomas 397
Ilustraciones 425
Imágenes, comparar 45–46
Imperativa 26–32
Información, Organizar 112–118
Informe de investigación 356–368,
                                  492–493, 510
    partes 362–363
Instrucciones, Ensayo de 140–150
Interés del lector, captar el 185, 187
Invitación 504

L

Lenguaje figurado 45–46
Libros, Usar partes de 514–515
Líneas cronológicas 61
Little, Lessie Jones 73
Llewellyn, Claire 283
Lowell, Susan 427

M

Manual de estudiante 479–591
Mapa, usar un 355, 524, 526
Marcas editoriales 50, 81, 118, 149, 190,
                                  223, 260, 291, 334, 367

584

Materiales de referencia 111
Mayúsculas
   primera palabra de
      una oración 28–29, 62
   nombres propios 92–93
Me llamo María Isabel 184
Medios visuales 201
Mensaje telefónico 505
Metáfora 45
Mi niñez 72
Modelos de escritura 484–505
   carta amistosa con sobre 499
   carta comercial con sobre 496
   ensayo de instrucciones 486–487
   ensayo de ventajas
      y desventajas 490–491
   ensayo persuasivo 488–489
   formularios 505
   historia 494–495
   informe de investigación 492–493
   invitación 504
   mensaje de teléfono 505
   párrafo comparativo 500
   párrafo de contraste 501
   párrafo informativo 498
   poema 502–503
Modelos de literatura
   cuento popular 426–431
   ensayo de instrucciones 140–143
   ensayo de ventajas
      y desventajas 282–285
   escritura informativa 328
   escritura persuasiva 184, 212–217
   estudio de personajes 398
   informe de investigación 356–361
   narrativa personal 72–75
   párrafo de contraste 254
   párrafo de instrucciones 112
   párrafo descriptivo 44
Modelos de caligrafía 542, 543

Modificar adjetivos
   y otros adverbios 272–273
Modificar verbos 264–267
Morris, Neil 328
Motor de búsqueda 415

N

Narrativa personal 72–82, 484, 506
Negación doble 418–419, 422–424
Newman, Nanette 398
¡No olivides las anchoas!
   Un libro sobre Pizza 112
Nombres. *Ver* Sustantivos
Nombres propios 92–93, 98–100
Nosotros 238–239

O

Observar
   arte 51
   comparar imágenes 129
   comparar puntos de vista
      usando imágenes 201
   entender líneas cronológicas 61
   ilustraciones 425
   presentación multimedia 369
   transmitir informaciones
      usando imágenes 355
Opiniones 173
Oraciones
   acuerdo entre sujeto
      y verbo 168–172, 178–182
   combinadas 38–39, 56–57, 66–70
   complejas 336–344, 472
   completas 62–63
   compuestas 62–70, 348–349, 457
   corregir errores 350–351

declarativas 24–25, 28–32

diagramar 480–483

efectiva 184–191

exclamativas 26–32

fragmentadas 346–347, 350–354, 473

imperativas 26–31

interrogativas 24–25, 28–31

predicados 62, 68, 130

introductorias 185–186

puntuación 28–29

simples 62–70, 457

seguidas 348–349

sujetos 62, 68

Orador eficaz, ser un 83

Orador y oyente, ser un buen 33

Organizar

cuento popular 435–436

ensayo de instrucciones 147–148

ensayo persuasivo 221–222

ideas 113–114

información 112–118

informe de investigación 365–366

narrativa personal 79–80

ventajas y desventajas 289–290

Ortografía

palabras que suelen

escribirse mal 540–541

estrategias 538–339

P

Palabras

clave 415

de conexión 64, 66–67, 320–325

que suelen escribirse mal 540–541

de fácil confusión 420–424, 477

de negación 418–419

en secuencia 113, 115, 329–330

vívidas 255–256, 399–400

Párrafos 328–335

comparativos 500

de contraste 258, 501

descriptivos 48

informativos 332–334, 498

Pautas de escritura

escritura expresiva: cuento

popular 511

escritura expresiva:

narrativa personal 506

escritura informativa: ensayo de

instrucciones 507

escritura informativa: ensayo de

ventajas y desventajas 509

escritura informativa: informe

de investigación 510

escritura persuasiva:

ensayo persuasivo 508

Pensar y escribir 47, 115, 187, 257, 331, 401

Periódicos, usar 522–523

Pirotta, Saviour 357

Poder de las palabras, El 578–579

aficionado 388

anatomía 92

anfibio 361

aproximadamente 44

astrónomo 244

atmósfera 234

biografía 75

botánico 262

carrusel 202

competencia 406

coreógrafiar 192

cultura 62

delta 346

devastar 285

economía 52

erosión 272

extremadamente sensible 254

frondoso 143

586

geólogo	120
hábitat	102
herencia	318
irrigar	336
lienzo	164
literatura	174
marino	130
ocupación	24
oportunidad	184
pedestal	217
perseverar	431
recreación	378
secuencia	112
trascontinental	328
urbano	308
vitamina	416
vívido	398
voluntario	34

Poemas
   con rima ... 503
   sin rima ... 503

Portafolio ... 21
   cuento popular ... 438
   ensayo de instrucciones ... 150
   ensayo de ventajas y desventajas ... 292
   ensayo persuasivo ... 224
   informe de investigación ... 368
   narrativa personal ... 82

Predicados
   completos ... 52–53, 58–60
   compuestos ... 56–60
   simples ... 52–53, 58–60
   verbos en ... 54–55

Prefijos ... 211

Preposiciones ... 18, 308–316, 470
   complemento de
   la preposición ... 310–311, 314–315

Presentación con medios
   audiovisuales ... 369

Promesa de hermano ... 212

Procesador de textos ... 293

Pronombres ... 18, 234–242, 244–252, 466–467
   acuerdo con
      el antecedente ... 234–235, 240–242
   antecedentes ... 234–235, 240–242
   de complemento ... 236–237, 240–242
   plural ... 234–235, 240–242
   posesivo ... 244–245, 250–252
   singular ... 234–235
   sujeto ... 236–237, 240–242

Propósito, buscar ... 101

Proceso de escritura ... 19
   cuento popular ... 432–438
   ensayo de instrucciones ... 146–150
   ensayo de ventajas y
      desventajas ... 288–292
   ensayo persuasivo ... 220–224
   informe de investigación ... 364–368
   narrativa personal ... 78–82

Propósito y público
   cuento popular ... 434
   ensayo de instrucciones ... 146
   ensayo de ventajas y desventajas ... 288
   ensayo persuasivo ... 220
   informe de investigación ... 364
   narrativa personal ... 78

Pruebas de respuestas múltiples,
   estrategias para tomar ... 536

Pruebas de ensayo, estrategias
   para tomar ... 537

Publicar. *Ver* Compartir
   cuento popular ... 438
   ensayo de instrucciones ... 150
   ensayo de ventajas y desventajas ... 292
   ensayo persuasivo ... 224
   informe de investigación ... 368
   narrativa personal ... 82

Público y propósito. *Ver*
Propósito y público

Puntos ... 28, 29

abreviaturas 96–100

oraciones declarativas 24–25, 28–29

oraciones imperativas 26–29

Puntos de exclamación 26–31

Punto de vista

del escritor 45, 47

comparar 201

Puntuación 28–29, 62, 406–407, 410–414

abreviaturas 96–100

citas directa 406–407, 412–414

comas 38–39, 56–57, 64, 336, 344, 348–352,
378–379, 382–386, 388–389, 410–414

comillas 388–389, 394–396, 475

cursiva 388–389

diálogo 408–414

dos puntos 380–386

guiones 408–414

mayúsculas 24–32, 92–93, 96–100

oraciones combinadas 38–42, 56–60,
66–70

oraciones 24–32, 62–70

puntos 24–29, 62, 96–97, 388–389

puntuación 410–414

signos de exclamación 26–29, 62

signos de interrogación 24–25, 62

títulos 388–389, 394–396

R

Razonamiento 255, 257

Referentes. *Ver* Antecedentes

Reflejar

carta comercial persuasiva 190

contraste 260

cuento popular 438

ensayo de instrucciones 150

ensayo de ventajas y desventajas . . 292

ensayo persuasivo 224

escritura expresiva 50

estudio de personaje 404

informe de investigación 368

instrucciones 118

narrativa personal 82

párrafo informativo 334

Regionalismos 397

Repasar 317, 512

Resumir información 532

Revisar

cuento popular 436

ensayo de ventajas y desventajas . . 290

ensayo de instrucciones 148

ensayo persuasivo 222

informe de investigación 366

narrativo personal 80

Ríos en la selva tropical, Los 357–361

Ríos y lagos 328

Rotner, Shelley 112

S

Salvaje, mojado y tempestuoso 283–285

Semillas de frutas 141–143

Selección de vocabulario 398–404

analizar 399

Ser 130

formas 124–128

Signos de interrogación 24–25, 62

citas directas 406–407

diálogo 408–414

oraciones interrogativas 24–25

títulos 388–389, 394–396

Signos de puntuación 28–29, 62

Silver, Donald M 254

Símiles 45

Sinónimos 183, 281

Sitio, Internet 415

Sobres 496, 499

Spider, el gato horripilante 398

SQ3R 513
Subrayar títulos 388–389, 394–395
Sufijos 211, 271
Sujetos
    completos 34–35
    compuestos 38–42, 64
    plurales 166–169
    simples 34–37, 40–42
    singulares 166–169
Sustantivos 34–42
    comunes 92–93, 98, 100
    plurales 94–95, 98–100
    propios 92–93, 98–100
    singulares 94–95, 98–100

T

Tabla S-D-A 513
Tablas, usar 355, 528
Tecnología. *Ver* Conexión con la
    escritura
    búsqueda en Internet 335
    enciclopedia electrónica 253
    gráficos con computadora 151
    preparar un vídeo 345
    presentación multimedia 369
    usar Internet 415, 518–519
    usar un programa procesador
    de texto 293
Tiempos. *Ver* Verbos 164–165, 196–197
Títulos 388–389, 394–395, 475
    mayúsculas 24–32, 92–95, 96–100
    palabras escritas 388–389
    personas 92, 96–97
    subrayados 388–389, 394–395
Tomar notas 327
Tortuga y la liebre, La 427–431
Trabajo en equipo 139

U

Un pequeño patio cuadrado 254
Usar información electrónica de la
    biblioteca 253
Uso
    acuerdo entre sujeto y verbo ... 168–169
    adjetivos 266–267
    adverbios 266–267
    cláusulas dependientes
    e independientes 322–323
    negación 418–419, 423
    tiempos verbales 196–197
    verbos usados
    incorrectamente 206–207

V

Verbos
    auxiliares 130–138, 192, 202, 204–207
    concordancia entre sujeto
    y verbo 178–179
copulativos 122–128
    de acción 120–121, 126–128
    en futuro 192–199
    en pasado 174–177, 180–182, 204–207, 463
    en predicados 54–55, 456
    en presente 164–172, 202, 462
    incorrecto 206–209
    irregulares 202–210
    plurales 168–169
    principales 130–138, 192
    ser 124–127
    singulares 168–169
    tiempos verbales 164–165, 196–197
Vídeo, planear un 345
Vocabulario. *Ver* El poder de las
    palabras
    antónimos 281

claves de contexto......................271
claves estructurales...................271
coloquial..................................397
idiomas....................................397
líneas de palabras.....................405
palabras de otros idiomas..........387
palabras que expresan contraste...261
prefijos....................................211
regionalismos...........................397

sinónimos................................281
sufijos.....................................211
Volver a leer.............................317
Voz personal.........................44–50

W

Wilkes, Angela..........................141

591

Acknowledgments

For permission to translate/reprint copyrighted material, grateful acknowledgment is made to the following sources:

Atheneum Books for Young Readers, an imprint of Simon & Schuster Children's Publishing Division: From *Me llamo María Isabel* by Alma Flor Ada. Text copyright © 1993 by Alma Flor Ada.

Candlewick Press Inc., Cambridge, MA: From *Wet, Wild and Windy* by Claire Llewellyn, illustrated by Chris Forsey. Text copyright © 1997 by Claire Llewellyn; illustrations copyright © 1997 by Walker Books Ltd.

Maria Carvainis Agency, Inc.: "A Brother's Promise" by Pam Conrad from *Within Reach*, edited by Don Gallo and Susan Hill. Text copyright © 1993 by Pam Conrad. Published by HarperCollins Publishers.

Crabtree Publishing Company: From "Great Lakes" in *Rivers & Lakes* by Neil Morris. Copyright © 1998 by Crabtree Publishing Company.

Dorling Kindersley Limited, London: "Fruit Seeds" from *My First Garden Book* by Angela Wilkes, illustrated by Dave King and Brian Delf. Copyright © 1992 by Dorling Kindersley Limited, London.

HarperCollins Publishers: From "A Special Day" in *Dolphin Adventure: A True Story* by Wayne Grover. Text copyright © 1990 by Wayne Grover.

The McGraw-Hill Companies: From "Night Life" in *One Small Square Backyard* by Donald M. Silver. Text copyright © 1993 by Donald M. Silver.

Northland Publishing, Flagstaff, AZ: The Tortoise and the Jackrabbit by Susan Lowell, illustrated by Jim Harris. Text copyright © 1994 by Susan Lowell; illustrations copyright © 1994 by Jim Harris.

Orchard Books, New York: From *Hold the Anchovies! A Book About Pizza* by Shelley Rotner and Julia Pemberton Hellums. Text copyright © 1996 by Shelley Rotner and Julia Pemberton Hellums.

Pavilion Books: From *Spider the Horrible Cat* by Nanette Newman. Text copyright © 1992 by Bryan Forbes Ltd.

Steck-Vaughn Company: From *Rivers in the Rain Forest* by Saviour Pirotta. Text copyright © 1999 by Steck-Vaughn Company. Published by Raintree Steck-Vaughn Publishers, an imprint of Steck-Vaughn Company.

Scott Treimel New York, on behalf of Eloise Greenfield: From *Childtimes: A Three-Generation Memoir* by Eloise Greenfield and Lessie Jones Little. Copyright © 1979 by Eloise Greenfield and Lessie Jones Little; copyright © 1971 by Pattie Ridley Jones.

Photo Credits

Page Placement Key: (t)-top (c)-center (b)-bottom (l)-left (r)-right (fg)-foreground (bg)-background.

Harcourt Photos by Ken Karp.

Abbreviations for frequently used stock photo agencies:
PR - Photo Researchers, NY; SM - The Stock Market NY; TSI -Tony Stone Images.

Unit One:
22-23 Ted Horowitz/SM; 24 Lawrence Migdale/TSI; 27 Peter Steiner/SM; 29 Doug Armand/TSI; 31 National Portrait Gallery, Smithsonian Institution/Art Resource, NY; 34 Bill Stormont/SM; 35 Charles Gupton/TSI; 37 TSI; 39 Carl Purcell/PR; 41 Index Stock Photography; 43 Vincent Oliver/TSI 46 Luc Hautecoeur/TSI; 47 Art Wolfe/TSI; 51 Courtesy of the Freer Gallery of Art, Smithsonian Institution, Washington, D.C. FSC-GR-74; 52 Thomas Del Brase/SM; 53 D. Trask/SM; 57 Zigy Kaluzny/TSI; 59 Victoria Bowen/Harcourt; 65 Mark Segal/TSI.

Unit Review: Ch. 1 Rafael Macia/PR; Ch. 2 Pascal Crapet/TSI; Ch 4 Peter M. Fisher/SM; Ch 5 Andrea Wells/TSI.

Unit Two:
90-91 Manfred Mehlig/TSI; 94 Lori Adamski Peek/TSI; 99 Bob Torrez/TSI; 103 Linda Bailey/Animals Animals; 104 Frank Herholdt/TSI; 105 Stephen Krasemann/TSI; 107 Stephen Frink/TSI; 112 Laurie Evans/TSI; 114 Corbis-Bettman; 130 Chesher/PR; 131 Darryl Torckler/TSI; 135 Tom Brakefield/SM.
Unit Review: Ch. 7 Michael Kevin Daly/SM; Ch. 8 Art Wolfe/TSI; Ch. 10 G. Brad Lewis/TSI; Ch. 11 David Hall/PR.

Unit Three:
162-163 Terry Sinclair/Harcourt, courtesy of Civic Theatres of Central Florida; 171 Dale E. Boyer/TSI; 175 Stephen Johnson/TSI; 177 The Kobal Collection; 187 Chad Ehlers/TSI; 186 Lori Adamski/TSI.
Unit Review: Ch. 13 Lawrence Migdale/TSI; Ch. 14 Chuck Gillies/SM; Ch. 16 Joseph Sohn/TSI; Ch. 17 Charles Krebs/TSI.

Unit Four:
232-233 Giovanni Simeone/The Stock Market; 234 Mary Van de Ven/Pacific Stock; 235 David Woodfall/Tony Stone Images; 239 Eunice Harris/PR; 243 Rich Frishman/TSI; 244 W.B. Spunbarg/The Picture Cube/Index Stock Photography; 245 NASA/PR; 246,247, 248 NASA; 256 Peter Cade/TSI; 272 Don Mason/SM; 273 David Muench/TSI; 276 David Woods/SM; 277 Tibor Bognar/SM; 279 Bill Bachman/PR.
Unit Review: Ch. 19 Hans Strands/TSI; CH. 20 Jerry Schad/PR; Ch. 22 Linda Burgess/TSI; Ch. 23 Tom Bean/TSI.

Unit Five:
306-307 Index Stock Photography; 313(br) David Bramley/TSI; 315 Stuart Westmorland/TSI; 343 Nick Gunderson/TSI.
Unit Review: Ch. 25 David M. Grossman/PR; Ch. 26 Greg Leary/Harcourt; Ch. 28 Zefa-Kotoh/SM; Ch. 29 Jbboykin/SM.

Unit Six:
376-377 Ray Mathis/SM; 390(bl) Jack Daniels/TSI; 399 Wayne Eastep/TSI.
Unit Review: Ch. 31 Stephen Kraseman/TSI; Ch. 32 Ken Cavanagh/PR; Ch. 34 DiMaggio/Kalish/SM; Ch. 35 TSW Agriculture File/TSI.

Unit Wrap-Up:
Unit 1 Sean Ellis/TSI; Unit 2 Rudi VonBriel/Index Stock Photography; Unit 3 Planet Art CD; Unit 4 Paul Steel/SM; Unit 5 Lance Nelson/SM; Index Stock Photography.

Photo Credits Gr. 4 Language Arts "A" Printing (Incomplete)

Illustration Credits

Karen Prichett 133, 134, 139; **Amy Price** 55, 101 **Andy Levine** 56, 76, 80, 166, 165, 174, 178, 286, 292, 362, 368, **Anni Matsick** 198, 199, 201; **Bart Rivers** 28, 176, 236, 411; **Daphne McCormack** 62, 106, 109, 262, 317; **Donna Turner** 111, 144, 181, 196, 194, 322, 324, 336, 395, 406, 418, 420; **Elizabeth Wolf** 25, 33, 36, 338; **Jean Hirashima** 26, 129, 320, 418; **Margaret Kusahara** 98; **Marsha Slomowitz** 201, 204, 261, 378, 380, 383, 397, 425, 432, 438; **Meryl Treatner** 206, 207, 343; **Michael Maydak** 249, 251, 253; **Patrick Gnan** 54, 71, 179; **Stacey Schuett** 92, 95, 97, 137, 348, 382, 387; **Gregg Harris** 238, 241, 275, 281; **Daniel Tesser** 325, 326; **Steve Royal** 383; **Edubey Cruz** 205

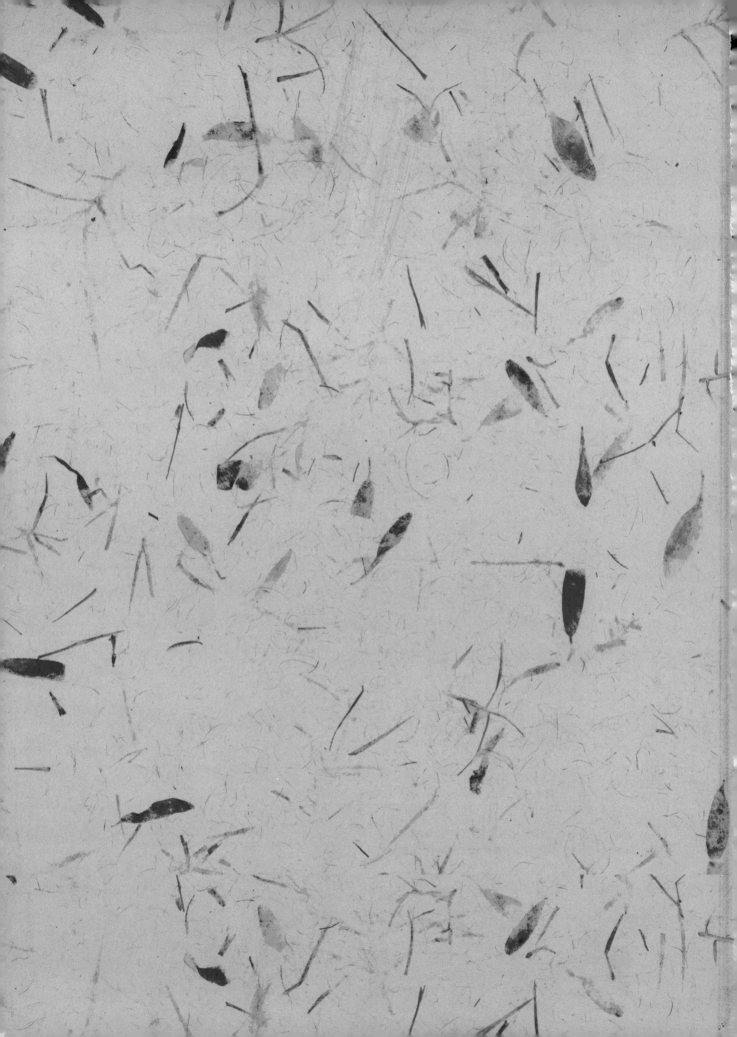